21世纪教师教育系列教材·学科教学论系列

新理念
地理教学论
（第三版）

主　编　李家清
副主编　张胜前　李文田
编　委　陈　实　杜晓初　黄莉敏　王树婷
　　　　赫兴无　李家清　张胜前　李文田

北京大学出版社
PEKING UNIVERSITY PRESS

图书在版编目(CIP)数据

新理念地理教学论/李家清主编. —3版. —北京：北京大学出版社，2021.9
21世纪教师教育系列教材·学科教学论系列
ISBN 978-7-301-32441-7

Ⅰ.①新… Ⅱ.①李… Ⅲ.①中学地理课－教学研究－师范大学－教材 Ⅳ.①G633.552

中国版本图书馆CIP数据核字（2021）第176692号

书　　　名	新理念地理教学论（第三版） XINLINIAN DILI JIAOXUELUN（DI-SANBAN）
著作责任者	李家清　主编
责任编辑	李淑方
标准书号	ISBN 978-7-301-32441-7
出版发行	北京大学出版社
地　　　址	北京市海淀区成府路205号　100871
网　　　址	http://www.pup.cn　　新浪微博：@北京大学出版社
微信公众号	通识书苑（微信号：sartspku）　科学元典（微信号：kexueyuandian）
电子邮箱	编辑部 jyzx@pup.cn　总编室 zpup@pup.cn
电　　　话	邮购部 010-62752015　发行部 010-62750672　编辑部 010-62753056
印　刷　者	河北滦县鑫华书刊印刷厂
经　销　者	新华书店
	787毫米×1092毫米　16开本　22.5印张　580千字
	2009年3月第1版　2013年8月第2版 2021年9月第3版　2024年12月第5次印刷
定　　　价	68.00元

未经许可，不得以任何方式复制或抄袭本书之部分或全部内容。
版权所有，侵权必究
举报电话：010-62752024　电子邮箱：fd@pup.cn
图书如有印装质量问题，请与出版部联系，电话：010-62756370

内 容 简 介

本书以培养 21 世纪中学地理教师必备的地理教学素养为主旨,系统研究和阐明了中学地理课程发展、地理新课程、地理新教材、地理教学设计、地理教学技能、地理学习理论、地理教学评价、地理教学活动和地理教学科研等问题。特别注重帮助理解新课程理念,落实课程标准内容,培养核心素养,把握教材体系;注重教学设计,习得教学技能,提升施教能力;培养核心素养,注重教学理论与教学实践结合,讨论的每个问题,都安排有教学案例。这些对于指导中学地理教学和推进新课程改革都有重要意义和参考价值。

全书视野开阔、内容丰富、逻辑明晰,结构严密、语言酣畅、形式活泼,信息量大,富有现代气息,可读性强,操练性强,便教利学。本书可作为 21 世纪我国高等学校地理科学专业教师教育课程教材,也可作为广大中学地理教师开展新课程改革研究的参考用书。

主 编 简 介

李家清,华中师范大学城市与环境科学学院教授,博士生导师,全国首届教育硕士优秀指导教师,华中师范大学首届"我心目中的好导师";中国教育学会地理教学专业委员会副理事长;全国高师地理教学论专业组副主任;教育部高中地理课程标准(实验)编制组核心成员;教育部《义务教育地理学科教师培训课程标准》研制负责人之一;教育部"国培计划"首批培训专家;教育部教师教育国家级精品课程"中学地理教学设计"项目负责人;教育部"国培计划"全国高中地理教师培训华中师大班首席专家;教育部"国培计划"全国高校地理骨干教师培训者培训华中师大班首席专家;湖北省精品课程"地理教学论"负责人。主要从事地理课程与教学论理论研究与教学工作;出版主编或编著教材、著作 10 余部;发表学术论文 150 余篇。

第三版前言

教育是国家核心竞争力的依托，是国家强盛的基石。教师是发展教育的第一资源。教育强国，必须优先发展教师教育。中国共产党第十八次全国代表大会以来，提出了"立德树人"的教育宗旨，教师教育进一步得到重视。国家把加强教师队伍建设提高到了前所未有的高度，制定了一系列有关促进教师专业发展的政策。国务院先后出台了《国务院关于加强教师队伍建设的意见》(2012)《全面深化新时代教师队伍建设改革的意见》，为教师培养和发展定向指航。教育部颁布了《中学教师专业标准（试行）》（以下简称《专业标准》）为培养教师提出了"标准"规范，并实施了中小学教师资格考试；2017年教育部颁布了《普通高等学校师范类专业认证实施办法（暂行）》，建立了师范生的教育考核制度，进一步加强了师范类专业建设；2018年春，教育部颁布了《普通高中地理课程标准（2017年版）》，标志着我国基础地理教育课程改革进入了新阶段；2021年教育部颁布了《中学教育专业师范生教师职业能力标准（试行）》（以下简称《能力标准》），旨在提高师范类专业人才培养质量，从源头上提升教师队伍教书育人的能力水平。

地理教师是教师队伍的重要组成。"地理教学论"是地理科学教师教育专业的一门必修课程。"地理教学论"是研究地理教学活动，揭示地理教学规律，并用于指导地理教学实践的课程。本书《新理念地理教学论（第三版）》（以下简称"第三版"）是对《新理念地理教学论（第二版）》（以下简称"第二版"）的修订和发展。2013年第二版出版发行以来，受到了广大读者的好评和使用。随着国家一系列政策对教师队伍培养要求的不断提升，特别是基础教育课程改革的深化，《普通高中地理课程标准（2017年版）》的颁布（以下简称"新课标"），"立德树人"，培养学生必备的地理学科核心素养就成为地理教师教学工作的根本任务。与"前课标"（《普通高中地理课程标准（实验）》）相比，新版高中地理课程标准在课程性质、基本理念、课程目标、课程结构、课程内容、学业质量和实施建议要求等方面都有很大的发展和变化。新版高中地理课程标准，既是对过去10余年丰富而生动的高中地理课程教学改革实践的总结与提升，又是对走进新时代，体现新精神，迈入新阶段，踏上新征程的新纲领和"动员令"。第三版针对第二版存在某些内容不适应课程改革发展的地方进行了修订，在继承、创新、发展上主要体现在以下几方面。

继承和发展了教育教学特性。教育教学素养是地理教师职业素养的核心。地理教师的教育教学素养是通过学习和理解教育教学的基本理论和方法，通过参与学习实践活动形成和发展的。第三版保留了第二版由"基础理论篇""教学实践篇""教师发展篇"组成的基本结构，包括地理课程基本理论、地理课程改革与新课程、地理教师专业发展等章节。第三版在这些章节中注意更新和补充了紧密结合地理教师素养培养要求的《专业标准》《能力标准》相关内容；注意更新和补充了基础教育课程改革动态和国际地理教育前沿，聚焦中学地理新课程、新教材、新理念、新教法。继承和发展了第二版的教育教学特性。

贯彻和落实了"新课标"思想。第三版增加了"新课标"与"前课标"理念、目标、结构等的比较栏目，能帮助师范生深刻地认识"新课标"在"前课标"基础上的发展变化的主要内容；"立德树人""培养学生地理核心素养"是"新课标"的宗旨，第三版在"标准链接""学习卡片"等栏目中注意直接引述"课标"有关内容，能促进师范生对"新课标"内容的直接认知、识记，进而通过参与"学习实践"栏目活动加深体验和理解；通过叙述性正文，解读、分析"新课标"的课程目标内容及其价值，能掌握"新课标"主要特征；通过"新课标"教科书与"前课标"教科书在内容选择和活动设计等方面的变化比较，能理解"新课标"下的"新教材"；通过"新课标"课程理念指引下的地理教学设计、地理教学实施、地理教学评价等内容的更新和参与"学习实践"活动体验，能为贯彻和落实"新课标"奠定坚实基础。

更新和补充了案例研究内容。教材中的案例研究从功能上看，往往会有知识性案例、原理性案例和方法性案例等。案例研究对提升师范生的教学能力具有重要意义。案例素材的鲜活性和时代性对案例功能的发挥往往具有制约作用。第三版注意更新和补充了案例研究内容；更新和补充了"新课标"教科书相关的案例内容，能帮助认识"新课标"下的教科书特点，发挥教科书作为最重要教学资源的功能；更新和补充了地理教学设计的案例内容，有利于深入讨论实践"新课标"，落实培养学生地理核心素养的方法、路径。核心素养是关键能力、意志品格和价值观念在真实问题中的表现，通过"学习实践"活动，体验核心素养的培养机理。更新和补充了地理"学习实践"活动案例内容。更新和补充了以"学业要求"和"学业质量"为取向的地理教学评价的案例内容。"学业质量"评价是"新课标"的亮点，也是改革中难点。通过"学业质量"评价的案例内容研究，有利于把握地理核心素养培养的情境创设、过程引导、结果评价，提升教学效果。

积极更新素材。素材是教材最基本的信息载体。素材的时代性是保障教材科学性、教学性的基础。第三版根据地理教育改革的新进展，不但积极更新素材，而且是多方面的更新，几乎涵盖了所有篇章，力图把新鲜的改革信息和素材奉献给读者。如，"基础理论篇"中有地理教学论发展的新趋势；地理课程发展和地理课程改革的新内容。尤其是对课程新理念解读、课程新目标理解、课程新结构解析、课程新内容研究、学业质量水平评价等进行了信息置换与更新；还介绍了高中地理四个版本新教材的新特点。"教学实践篇"中更新了理论解析、实例举证、实践背景、方法革新、教学案例等。这些新素材能为地理师范生准确把握课程改革的新内涵提供条件。

适当增加内容。内容是教材的视角方式，是教材思想长度、宽度、厚度的表征。新版高中地理课程标准在"教学建议"中提出了要"重视问题式教学；加强地理实践活动；深化信息技术应用；开展思维结构评价；关注表现性评价"等的要求。这是进一步推进教学改革的新要求、新内容，也将成为新课程教学实践的新常态。综合实践活动、研学旅行活动也是近年来地理课程和教学改革实践中涌现出来的新形式、新内容。这些是地理师范生必备的教学实践指导技能。第三版在"教学实践篇"的地理教学设计、地理课堂教学实施、地理教学评价和地理实践活动等的相关章节中，对上述内容给予高度关注和适度增加，以期能满足地理师范生的专业发展需要。

注意加强和突出教师关键能力的培养。"教学实践能力"是《能力标准》的重要组成，也是教师的关键能力组成。第三版十分注意加强和突出教师关键能力的培养，一是在"标准链接"栏目中增加了直接引述《能力标准》的有关规定和要求，能帮助师范生知道并理解教学实践能力应该"做些什么"，以及"做到什么程度"。如"教学实践能力"中有关"学科素养""信息素养""掌握技能""分析学情""设计教案"等方面的能力要求；在"自主发展能力"中有关"发展规划""反思改进""学会研究"等方面的能力要求。二是在"随堂讨论""学习实践"等活动性栏目中增加要求，能在结合相关内容进行理论学习的基础上，开展研究性学习，通过"做"的实践活动、任务驱动的方式，解决教学中的实践问题，培养必备的教师关键能力。如"选择《普通高中地理教科书地理第一册》中的一个专题，分析教科书内容选择特点、内容组织模式、内容表述方法"；"在《中学地理教学参考》杂志中选择一篇地理教学设计研究论文进行学习评价并交流"；"选择高中地理一节教学内容，依据地理教学设计的理论，完成一个规范的教学设计方案"；"选择一节高中地理课题中的一个教学因子内容，进行激发动机、感知信息、理解信息、巩固信息和迁移应用五个环节的学习过程设计"等。

第三版修订紧密联系了我国高等师范教育改革和发展的实际,努力贯彻了教育部颁布的《专业标准》《能力标准》和普通高等学校师范类专业认证的精神和具体要求;注意落实"新课标",用好"新教材",促进"立德树人",培养学生地理核心素养;吸收和反映高等师范院校地理教育改革和基础地理教育课程改革涌现出来的新鲜成果,体现了时代性、前沿性。

第三版修订由李家清主持完成。研究生梁秀华、王伟栋、唐光祥在参与搜集信息、整理资料方面做了大量工作。北京大学出版社副编审李淑方女士对全书进行了深入审读、细致编辑,付出了诸多智慧,在此深表谢意!

编者
2021 年 7 月

第二版前言

基础教育是国家强盛的基石。全面推进素质教育是我国基础教育改革和发展的根本任务。进入21世纪,我国基础教育课程改革蓬勃发展,2000年,新一轮基础教育课程改革全面启动,2001年和2003年教育部分别颁布《全日制义务教育地理课程标准(实验稿)》《普通高中地理课程标准(实验)》,2011年颁布《义务教育地理课程标准》。这些都是我国基础地理教育课程改革发展的标志。新的地理课程体系指向21世纪公民必备的地理素养,满足学生不同的地理学习需要,学习对生活有用的地理,学习对终身发展有用的地理。新的地理课程在课程理念、课程功能、课程结构、课程内容、课程实施、课程评价和课程管理等方面,都较原来有较大发展和重大创新。

教师教育是国家教育的保障,也是高等师范院校的根本。高等师范地理教师教育以服务基础地理教育为宗旨。基础地理教育新课程对地理教师教育提出了新的范式,地理教师既要有健全的人格品质,厚实的学术根底,宽阔的学习视野;又必须有先进的教育理念,娴熟的教学技能,进取的专业精神,能知晓学生的认知规律,开展地理教学的实践能力。新课程要求地理教师既是地理学科知识的"经师",又是地理学科教育的"人师",能为推进地理新课程改革与发展做出重要贡献。

"地理教学论"是高等师范院校地理科学专业一门很重要的必修课程,它是研究地理教学活动,揭示地理教学规律,并用于指导地理教学实践的学科。"地理教学论"不仅对地理课程的学科内容、知识体系做深入的研究和解读,还对"为什么教""教什么""如何教""怎样学""教得如何""学得怎样"等方面要进行具体的探索和实践。"地理教学论"对于培养优秀的地理教师,对于指导地理教师职后学习,对于地理教师适应专业化发展需求,都具有重要作用。

2011年,《义务教育地理课程标准》正式颁布,我们在教学实践的基础上,进一步进行修改和完善《新理念地理教学论》,旨在培养新型地理教师,适应地理课程改革的需要,力求突出几方面的特色:

教师教育性。全书以教育部教师教育发展精神为指导,着眼于满足地理教师基本素养和专业成长需求,内容体系由基础理论篇、教学实践篇和教师发展篇三个板块组成。基础理论篇主要介绍和论述地理教学论学科发展及其理论基础、地理教学论研究的主要任务,地理课程发展、地理新课程改革、地理教材设计与编写等基本理论;教学实践篇解释和阐明地理教材分析与运用、地理教学设计、地理课堂教学技能、地理教学评价、地理实践活动的基本原理和方法;教师发展篇旨在探索和前瞻现代地理学习理论,地理教师专业发展和地理教学课题研究等问题。

继承发展性。随着地理教学内容和方法、手段的更新,我国地理教学论的研究和探索也日益深入,并不断涌现出许多优秀的研究成果。特别是近年来,伴随地理新课程的改革深化,先后有几部有关地理教学论的教材出版。《新理念地理教学论》注意梳理、借鉴前人的研究成果,并特别注重总结、吸纳新课程地理教学实践中表现出来的新成果、新经验、新方法,赋予鲜活性,体现继承性和发展性。

案例研究性。每一个具体的地理教学过程都有相关情景,都有不可或缺的人和事,都具有一定的案例特性。它涉及着教学思想、教学目标、教学内容、教学方法、教学媒体和教学过程。因此,地理教学案例具有说理性,它是进行理论学习的中介;地理教学案例具有示范性,它对教学实践具有指导作用。本书设计、收集、整理、精选了各类地理教学案例120多个,呈现给学习者,以期通过学习研究,分析和透视,得到感悟和启迪。

教学指导性。本书编写体例每一章包括：本章概要、学习目标、关键术语、正文、案例分析、随堂讨论、学习卡片、标准链接、学习实践、本章小结、拓展研究、课程链接和参考文献等栏目，旨在为教与学提供建议和指导。

本书编写人员主要是高等师范院校长期从事地理教学论的任课教师，以及地理课程与教学论方向的博士研究生，全书共12章，具体分工是：第1章、第2章、第5章由华中师范大学李家清编写；第3章、第6章第6节由信阳师范学院李文田编写；第4章及第8章第3节由咸宁学院王树婷编写；第6章第1,2,3,4,5节由咸宁学院黄莉敏编写；第7章、第9章第1,2节由华中师范大学陈实编写；第8章第1,2,4节及第9章第3节由新乡学院赫兴无编写；第10章由华中师范大学张胜前编写；第11章、第12章由湖北大学杜晓初编写。由李家清负责统稿，张胜前、李文田也参加了统稿工作。全书由李家清定稿。

我们期待着这本《新理念地理教学论》(第二版)教材，能较好地反映国内地理教学论教学研究的先进水平，满足国内高师院校地理科学专业地理教学论的教学需求，给本门课程教与学带来新的气息与活力。我们知道，教材达到这样的意境和高度是相当难的，但我们也深知，"路漫漫其修远兮，吾将上下而求索"的深意。我们竭力完成这一成果，并期盼实践的检验。我们真诚欢迎所有使用本教材的师生、读者提出宝贵的意见和建议，我们将虚心学习、合理吸收、不断改进、完善提高，以使这一凝聚着集体智慧的成果，成为优秀之作，为提升高师地理教学论的教学质量做出贡献。

北京大学出版社的多位编辑为本书的出版付出了高端的智慧和艰辛的劳作，在此付梓之际，致以真挚的谢忱！

本书不仅可以作为高师院校地理科学专业的教材，亦可作为各级各类教育学院、教师进修学校以及地理教育硕士课程班参考用书。

编者

2013年7月

目 录

基础理论篇

第1章 绪论 …………………………………………………………………… (1)
 1.1 地理教学论的学科发展 ………………………………………… (1)
 1.2 地理教学论的发展基础与研究任务 …………………………… (6)

第2章 地理课程发展 ………………………………………………………… (18)
 2.1 国外中学地理课程发展 ………………………………………… (18)
 2.2 我国中学地理课程发展 ………………………………………… (27)

第3章 地理课程改革 ………………………………………………………… (35)
 3.1 地理课程的基础知识 …………………………………………… (35)
 3.2 地理课程改革的目标 …………………………………………… (44)
 3.3 地理新课程的基本结构 ………………………………………… (50)

第4章 地理教材的设计与编写 ……………………………………………… (66)
 4.1 地理教材的设计 ………………………………………………… (66)
 4.2 地理教材的编写 ………………………………………………… (74)
 4.3 发展中的中外地理教材 ………………………………………… (88)

教学实践篇

第5章 地理教材的分析与运用 ……………………………………………… (98)
 5.1 地理教材分析 …………………………………………………… (98)
 5.2 地理教材运用 …………………………………………………… (110)

第6章 地理教学设计 ………………………………………………………… (119)
 6.1 地理教学设计概述 ……………………………………………… (119)
 6.2 地理教学目标设计 ……………………………………………… (126)
 6.3 地理教学方法选择 ……………………………………………… (132)
 6.4 地理教学媒体选择 ……………………………………………… (139)
 6.5 地理教学过程设计 ……………………………………………… (145)
 6.6 说课 ……………………………………………………………… (153)

第 7 章　地理课堂教学实施 …………………………………………………… (160)
　　7.1　引言 ……………………………………………………………………… (160)
　　7.2　地理课堂教学语言技能 ………………………………………………… (162)
　　7.3　地理课堂教学推进的技能 ……………………………………………… (165)
　　7.4　地理教学"三板"技能 ………………………………………………… (183)
　　7.5　计算机辅助地理教学运用技能 ………………………………………… (190)

第 8 章　地理教学评价 ………………………………………………………… (197)
　　8.1　新课程地理教学评价 …………………………………………………… (197)
　　8.2　地理学习评价 …………………………………………………………… (206)
　　8.3　地理试卷的设计 ………………………………………………………… (212)
　　8.4　地理教师评价 …………………………………………………………… (222)

第 9 章　地理实践活动 ………………………………………………………… (231)
　　9.1　地理实践活动概述 ……………………………………………………… (231)
　　9.2　地理实践活动类型 ……………………………………………………… (234)
　　9.3　地理研究性学习 ………………………………………………………… (251)

教师发展篇

第 10 章　现代地理学习理论 ………………………………………………… (261)
　　10.1　地理学习概述 ………………………………………………………… (261)
　　10.2　地理学习方式 ………………………………………………………… (273)
　　10.3　学习理论与地理学习策略 …………………………………………… (277)

第 11 章　地理教师专业发展 ………………………………………………… (289)
　　11.1　现代地理教师的素养 ………………………………………………… (289)
　　11.2　现代地理教师专业化发展 …………………………………………… (295)
　　11.3　行动研究与教师专业发展 …………………………………………… (305)

第 12 章　地理教学课题研究 ………………………………………………… (320)
　　12.1　地理教学课题研究的过程 …………………………………………… (320)
　　12.2　地理教学课题研究的方法 …………………………………………… (325)
　　12.3　地理教学研究论文的撰写 …………………………………………… (335)

> 基础理论篇

第1章 绪 论

本章概要

地理教学论在我国经历了早期地理教学论、发展时期地理教学论,并进入了当代地理教学论时期。地理教学论以地理教学系统为对象,研究地理课程的目的和功能、研究地理教学的内容与形式、研究地理课程资源的开发与利用、研究地理教学的过程与方法,揭示地理教学系统诸要素相互作用及其规律;阐明地理教学论的地理科学基础、教育学基础、学习理论基础和教育技术学基础。地理教学论能够指导和促进地理教师的专业成长。

学习目标

通过本章的学习你可以
1. 说明早期地理教学论、发展时期地理教学论和当代地理教学论的主要特征;
2. 列举组成地理教学系统中的基本要素,并能说明它们之间的相互联系;
3. 列举地理教学事项,说明地理教学论的地理科学基础、教育学基础;
4. 列举地理教学事项,说明地理教学论的学习理论基础、教育技术学基础;
5. 概括说明地理教学论怎样促进地理教师的专业成长。

1.1 地理教学论的学科发展

关键术语

◆ 地理教学论　　◆ 早期地理教学论　　◆ 发展时期地理教学论　　◆ 当代地理教学论

地理教学论是研究地理教学活动,揭示地理教学规律并用于指导地理教学实践的学科。

地理教学论作为一门学科,在我国有近百年的发展历程。随着我国地理教育改革的不断深化,地理教学论在理论研究和实践指导方面的作用和地位也在不断提升。我国基础地理教育改革的实践证明,地理教学论在地理教育发展过程中具有不可或缺的指导地位,显示出旺盛的生命力。而地理教学论本身的发展,却经历了一个曲折的发展过程。回顾和研究地理教学论的历史进程,对于揭示其发展规律,前瞻地理教学论的未来走向,明确地理教学论在新课程改革中的科学地位,更好地推进地理教学论的深入发展,在指导和促进地理教师专业成长中更好地发挥作用,具有重要意义。

学习卡片

　　学科教学论要研究分析一门科学的发展历史和现状,以及其发展的内在逻辑,结合学生的认知特点,遵循教育规律,把它组织成一门学科,是一次理论上的飞跃。

顾明远.学科现代教学理论书系·化学教育史[M].南宁:广西教育出版社,1996.

1.1.1 早期的地理教学论

1904年,清朝政府颁布《奏定学堂章程》,推行癸卯学制,全国"小学堂"和"中学堂"都开设地理课程。这是我国近代正式在中小学开设地理课程的开端。

《奏定学堂章程》规定在初级和中等师范学堂分别设置"各科教授法"课程,强调"教好",明确要求:"①各教科教授详细节目,讲授时不可紊其次序,误期指挥,尤贵使互相贯通印证,以为补益。②凡讲授之法,以讲解为最重,讲解明则领悟易。"①我国的"地理教授法"课程由此正式产生,也可称之为我国早期的地理教学论。

这一时期,有关"中学地理教授法"的著述并不多,而"小学地理教授法"的研究相对较多。如谢洪赉编写的《地理教授法》、南洋公学发行的《小学地理教授法》、姚明辉编著的《高等小学地理教授法》等,都是关于小学阶段的地理教授法,以研究地理教学内容、地理教授方法和地理教学技能为主。究其原因,这与学校地理课程开课时间不长、地理教学理论研究和实践总结有限,专门从事研究的人员少,研究力量单薄等方面密切相关。

1919年我国著名教育家陶行知先生提出了"教学做合一"的教育思想,强调"教的法子和学的法子联络",应将"教授法"改名为"教学法"。这是我国教育思想的一次重大改革和发展,得到了全国同行的广泛响应。在这种教育思想的影响下,地理教学法的名称正式确立。怎样从"教授法"向"教学法"转变的研究不断增加。特别是地理教学研究的重点逐步由小学转移到中学阶段后,关于地理教学法方面的研究和著述明显增多。有褚绍唐的《中学地理教学法述要》(《地学季刊》1936年第2期)、葛绥成的《地理教学法》(中华书局,1932年)、刘虎如的《小学地理科教学法》(商务印书馆,1934年)、褚绍唐的《地理学习法》(中华书局,1935年)、田世英的《中学地理新教法》(商务印书馆,1942年),等等。我国近代地理学的奠基人之一竺可桢先生在1929年著的《地理教学法》一文中曾指出:"①凡教学地理,必须自己知至未知。自儿童日常所惯于见闻之物,而推广至于未睹未闻;自个人所受环境之影响,而推广及于社会全体。是故教学地理,开始必须自本土地理着手。②教授地理者,须洞悉儿童之能力,揣摩儿童之心理,而伸缩其所授之教材。地理范围既广,与历史、数学、博物各科关系极其密切,故教授地理者,应与各科教员,时通声息,以期互相印证。"竺可桢所提出的上述地理教学原理,重视乡土、联系社会、注意联系相关学科,注意学生学习心理,今天读来,仍觉得很亲切。

我国早期地理教学论,以地理教授法的名称出现,继之称地理教学法,初步确立了地理教学论的学科框架,这是具有划时代意义的。这一时期研究内容主要是地理教授法或地理教学法,课程研究几乎没有涉及,研究视野还比较狭小,研究内容也比较单薄。但有由"地理教授法"向"地理教学法"转变的过程,虽然仅一字之差,表明这一时期地理教学思想由重"教"向重"教和学"方向跨出了关键的步伐,显示了我国现代地理教育思想的萌芽。

1.1.2 发展时期的地理教学论

1949年,中华人民共和国成立以后,"地理教学法"的名称被继续沿用。20世纪50年代初期,我国各行各业学习苏联,教育也未能例外。地理教育界引进了许多苏联版本的地理教学法著作。如:库拉左夫的《地理教学法》(正风出版社,1953年)、鲍格达诺娃的《小学地理教学法》(人民教育出版社,1954年)、毕比克的《中学世界地理教学法》(人民教育出版社,1954年)、包洛文金的《自然地理教学法》(人民教育出版社,1955年)、巴朗斯基的《学校经济地理教学法概论》(人民教育出版社,1956

---

① 杨尧.中国近现代中小学地理教育史[M].西安:陕西人民教育出版社,1991:55.

年),等等。这些苏联地理教学法著作对我国当时的中小学地理教育思想,尤其是地理教学原则、地理知识教学和地理技能教学等方面产生过广泛和深入的影响。

20世纪60年代,由于有些人片面理解地理教学法的名称,以为"地理教学法"仅仅是研究地理教学方法的学科,没有涉及地理教学实践中关于地理教材的分析和研究,不能满足对地理教学的理论和实践指导,并强调关于地理教材的研究也应体现在学科的名称中,所以一度将"地理教学法"改称为"地理教材教法"①。实际上"地理教材教法"这一名称,重在体现了一个"教"字,把"地理教学法"仅仅局限在"教"的范畴里,这对于早在20世纪20年代陶行知所倡导的"教"与"学"并重的教学思想而言,应该说是一个认识上的乃至实践上的倒退。其实,地理教学法在学科对象上不仅仅在研究教材教法,也在研究地理教学目的、地理课程的设计、地理学习心理、地理教学评价、地理教学的组织形式和地理教师的专业成长等。

20世纪60年代中期到70年代中期,历时10年的"文化大革命"给我国的教育事业造成极大的损害,地理教育也未能幸免,中小学地理课程几乎停开,地理教学论也就无所研究。

20世纪70年代末至80年代,随着教育的振兴,地理教育事业进入了一个新的发展时期,地理教学法的研究也日趋繁荣。1980年教育部颁布了高等师范院校《中学地理教学法教学大纲》②。以此为依据,编辑出版的地理教学法教材多达十几种。如:褚绍唐等编著的《地理教学法》、褚亚平等编著的《中学地理教学法》、王毓梅等编著的《中学地理教学法》、曹琦主编的《中学地理教学法》、喻成炳等编著的《地理教学法》,等等。

这一时期,地理教学论出现过地理教材教法称谓,后又回归到地理教学法,仍以研究"如何教"为主要取向,但研究指导"如何学"已有很多关注,拓展了地理教学法的研究视野,提升了研究的理论层次,提出了一系列的地理教学原则:如直观性原则、启发性原则、巩固性原则、精讲多练原则、理论联系实际原则和可接受性原则③,开展了对地理教学过程的教学方法研究,开展了新的教学方法,开展了中学地理教学手段的现代化方面的初步研究;对有关地理课程与地理教材方面的探索不断增加。如曹琦等主编的《中学地理教学法》有关学校地理发展概况、地理课程的设置与演变、中学地理教材内容的选择和中学地理教材内容的配置等内容。

标准链接

学科素养:了解拟任教学科学发展历史、现状和趋势,掌握学科的基础知识、基本理论、体系结构与思想方法,能分析其对学生素养发展的重要价值,理解拟任教学科的核心素养的内涵。

中华人民共和国教育部.中学教育专业师范教师职业能力标准(试行)[S].2001.

随堂讨论

列举地理教学事项,比较说明我国早期的"地理教学论"和发展时期的"地理教学论"的发展变化。

---

① 陈澄.地理教学论[M].上海:上海教育出版社,1999:3.
② 中华人民共和国教育部.中学地理教学大纲[M].北京:人民教育出版社,1980.
③ 王毓梅,等.中学地理教学法[M].武汉:湖北教育出版社,1983.

1.1.3 当代地理教学论

20世纪80年代末至90年代初,在首都师范大学褚亚平教授等学者的倡导下,开展了关于"地理教育学"课程的讨论,许多从事地理教育研究的专家纷纷响应,进行了较为深入的探索,并相应出版了多个版本的"地理教育学"相关著作。这些地理教育学著作起点高、观点新、理论性强,"是由学校地理教学全过程的研究,转向学校地理教育原理以及实现最佳地理教育效益的能动因素研究的重要标志"。我国地理教育的发展表明,"地理教育学"的研究,对于推动我国地理教学理论的研究,起了很大的作用。许多专家认为,从"地理教育学"研究的内容体系及其指导层面上看,它作为地理教育硕士研究生的专业课程和中小学地理教师继续教育的高级理论课程比较适合,"而要实现对地理学科教学实践活动具体的、操作性的指导,就仍然需要开设地理教学法课程。也就是说,地理教育学和地理教学法,它们都应有各自的功能和价值"[①]。

1992年国家教委师范司分别组织召开了全国文科、理科"学科教学论"课程研讨会。会议对大学本科设立各学科"学科教学论"达成了共识。1999年华东师范大学陈澄教授主编的我国第一部《地理教学论》由上海教育出版社出版。在此以后,相继出版了:杨新主编的《地理教学论》(湖南师范大学出版社,2000年),卞鸿翔、李晴著的《地理教学论》(广西教育出版社,2001年)。这些"地理教学论"著作在吸纳20世纪80年代以来"地理教学法"研究成果的基础上,通过继承与创新,建构了地理教学论新体系,以培养地理教师专业素养为核心,涉及地理课程论、地理教学方法论、地理教学媒体论、地理课堂教学论、地理教学评价论、地理活动论、地理教学心理分析、地理教学科研论等专题内容,在地理教育理论和地理教学实践两个层面上进行了深入研究。"地理教学论"与"地理教学法"相比,其框架体系、理论基础、研究内容和研究方法等方面都有明显的推进和发展。从"地理教学法"到"地理教学论"是对我国地理教学实践总结的提升和地理教学理论研究的飞跃,也是我国地理教学论学科研究科学化的重要标志。

2001年基础教育课程改革以"为了中华民族的复兴,为了每位学生的发展"为核心理念,要求"改变课程过于注重知识传授的倾向",要引导学生学会学习、学会生存、学会做人。基础地理教育课程改革,给"地理教学论"提出了许多新的研究命题。2000年后,白文新、袁书琪主编的《地理教学论》(陕西师范大学出版社,2003年),林宪生主编的《地理教学论》(中国科学文化出版社,2003年),王民主编的《地理新课程教学论》(高等教育出版社,2003年),胡良民等编著的《地理教学论》,(科学出版社,2005年),陈澄主编《新编地理教学论》(华东师范大学教育出版社,2007年)等相继出版,这些著作既涉及了基础教育地理新课程的理念和内容,也解读了经典地理教学理论、成熟地理教学实践经验。2018年教育部颁布《普通高中地理课程标准(2017年版)》,地理教育进入了以落实"立德树人"为宗旨,以培养学生地理核心素养为根本任务的新时代。我国当代"地理教学论"研究步入了一个新的发展时期。

我国"地理教学论"的称谓经历了发生、发展变化的过程。它由最初称为地理教授法,经历了地理教学法—地理教材教法、地理教学法—地理教育学—地理教学论的变化。

我国当代地理教学论,进入了科学发展时期,研究视野比较开阔,研究体系也日臻完善,通过研究地理课程论、地理教材论,研究地理教与学的理论,包括地理教学方法论、地理教学心理论、地理教学媒体技术论、地理教学评价论和地理教学科研论等。地理教学论在帮助和促进地理教师的专业成长方面发挥愈来愈重要的作用。

[①] 陈澄.地理教学论[M].上海:上海教育出版社,1999:5.

案例 1-1

不同时期的"地理教学论"

1983年王毓梅等编著的《中学地理教学法》由湖北教育出版社出版。该教材共9章。

第一章绪论,包括中学地理教学法的研究对象和任务、中学地理教学法与其他科学的关系及其研究方法、中学地理教师的任务和对他们的基本要求、我国中学地理教学发展简况、国外中学地理教学现状等5节内容;

第二章中学地理教学目的和内容,包括目的要求、中学地理教学内容及其安排、地理教学中应注意的问题等3节内容;

第三章中学地理教学的基本任务,包括地理基础知识及其教法、地理基本技能及其训练、地理教学中的思想政治教育等3节内容;

第四章中学地理教学的特点和主要原则,包括地理课的特点、学生掌握地理知识的过程、地理教学的基本原则等3节内容;

第五章主要方法包括地理教学中的口讲法、地理教学中的比较法、地理教学中的观察法、几种教学新法介绍和中学地理教学手段的现代化等5节内容;

第六章中学地理课的类型、结构及其运用,包括地理综合课、地理练习课和复习课、地理观察课和参观课、地理考试考察课等4节内容;

第七章教师的教学活动,包括备课、教学研究活动等2节内容;

第八章地理课外活动,包括天象观察、气象观、地震预报、乡土地理研究、其他等5节内容;

第九章中学地理教学的直观教具及其设备等。

1999年陈澄教授主编的我国第一部《地理教学论》由上海教育出版社出版。该教材共十章。

第一章 绪论,包括地理教学论的对象和任务、地理教学论的学科性质、地理教学论的理论基础和研究方法等3节内容;

第二章地理教学目的论和地理教学过程论,包括地理教学目的和地理教学过程等2节内容;

第三章地理课程论,包括地理课程概述、我国中学地理课程设置、国外一些国家中学地理课程的设置、地理课程标准、地理教材的编订、中学地理教材分析等6节内容;

第四章地理教学方法论,包括地理教学方法概述、地理教学方法的分类、地理教学的主要方法、地理教学方法的优选等4节内容;

第五章地理教学媒体论,包括地理教学媒体概述、地理教学媒体的特点、几种常用的地理教学媒体、地理教学中的多媒体组合等4节内容;

第六章地理课堂教学论,包括地理课堂教学目标设计、地理课堂教学方法和教学媒体的设计与运用、地理课堂教学技能的设计与运用、地理课堂教学过程设计、地理教案设计等5节内容;

第七章地理教学评价论,包括地理教师授课质量评价、地理学习质量评价、地理考试等3节内容;

第八章地理活动教学论,包括地理活动概述、地理活动的基本形式和内容、地理活动的组织和管理等3节内容;

第九章地理教学心理论,包括地理学习心理分析、地理教师心理分析等2节内容;

第十章地理教学科研论,包括地理教学科学研究概述、地理教学科研几种常用方法、地理教学科研论文的撰写、地理教学经验和体会型文章的撰写等4节内容。

学习实践

1. 比较案例1-1中不同时期"地理教学论"教材的基本框架,说明地理教学论有哪些发展变化。
2. 列举地理教学事项,说明认识和理解我国地理教学论学科发展历史的重要意义。

3. 列举地理教学事项,说明地理教学论在促进地理教师专业成长方面的主要功能。

1.2 地理教学论的发展基础与研究任务

关键术语

- ◆ 地理教学论研究对象 ◆ 地理教学论发展基础
- ◆ 地理教学论研究任务 ◆ 地理教学论研究方法

1.2.1 地理教学论的研究对象

1.2.1.1 确定地理教学论研究对象的意义

"对象问题是一门学科的理论框架和一般问题。一门学科如果没有恰当的理论框架和不解决自己的一般问题,那么它在处理具体问题时往往被迫回到这个一般问题上。"[①]讨论和确定地理教学论的研究对象是进行地理教学论研究的前提。"教育学是研究人类教育现象及其一般规律的学科,是从总结教育实践经验的过程中逐渐形成理论,经过长期积累而发展起来的。"[②]"心理学是研究行为和心理过程的一门科学。"[③]地理科学是研究人类赖以生存和发展的地理环境,以及人类活动与地理环境关系的一门科学。可见,不同学科之间的研究对象是不同的。"科学研究的区分,就是根据科学对象所具有的特殊的矛盾性。因此,对于某一现象的领域所特有的某一种矛盾的研究,就构成某一门科学的对象。"[④]

明确的学科研究对象为学科研究范围的界定和研究任务的确立提供了科学依据。不同的学科在研究过程中的研究方法也有明显的差异。明确的学科研究对象也为寻求有效的研究方法提供了科学依据。

 学习卡片

一门学科究竟具有哪些特性并不取决于研究者的主观意志。它在本质上是由学科的研究对象决定的。研究对象的不同,研究角度、方法不同,就使得不同的学科具有不同的特性,而对学科特性的进一步揭示和确认又是学科研究对象问题的不断深入。

李定仁,徐继存.教学论研究二十年[M].北京:人民教育出版社,2001:26.

1.2.1.2 地理教学论研究对象的表述

地理教学论的形成和发展其根本原因就是它具有不同于其他学科特定的研究对象,有不同于其他学科的特殊矛盾性。地理教学论要解决基础地理教育"教什么"及"为什么教","怎样教"和"如何学"之间存在的矛盾。这些矛盾构成了地理教学论的主要矛盾,也推动了地理教学论的学科发展。

概括而言,地理教学论的研究对象就是地理教学系统,组成地理课程与教学系统诸多要素相互作用的本质。地理教学论揭示地理课程与教学系统要素相互作用的基本规律。

---

① 李定仁,徐继存.教学论研究二十年[M].北京:人民出版社,2001:23.
② 顾明远.教育大辞典[M].上海:上海教育出版社,1998:789.
③ 顾明远.教育大辞典[M].上海:上海教育出版社,1998:1744.
④ 毛泽东选集第1卷[M].北京:人民出版社,1965:309.

学习卡片

深信地理教育为今日和未来世界培养活跃而又负责任的公民所必需。

国际地理联合会地理教育委员会.地理教育国际宪章[J].冯以浤,译.地理学报,1993;48(4).

1.2.1.3 地理教学论研究对象的基本内涵

地理教学系统是一个由地理课程、地理教学目标、学生、教师、教学方法、教学媒体、教学评价和教学环境等多因素组成的复合系统。认识组成因素及其主要功能对于理解地理教学论研究对象具有重要意义。

地理课程 地理课程是指地理课业及其进程。地理课程主要探索"教什么"及"为什么教"等问题。其基本形式主要有地理课程标准、地理教材(包括地理教科书、电子音像教材、地图册)等。因此,地理课程是最有实质性的因素。

地理教学目标 地理教学过程是为实现一定的教学目标而进行的特殊的认识活动,没有地理教学目标的教学活动是不存在的,所以教学目标是地理教学过程必不可少的要素之一。地理教学目标是地理教学活动预期所要达到的结果,是地理教学活动开始前的设计和要求。

案例 1-2

"交通运输线、点的区位选择"教学目标设计

(1) 结合南昆铁路的建设能描述影响交通运输线区位的主要因素;
(2) 结合上海港的建设,能描述交通运输点区位的主要因素;
(3) 能够分析南昆铁路的有关图表,归纳概括影响铁路区位的主要因素,初步形成地理问题的分析能力;
(4) 学会运用上海港位置图,总结概括港口区位选择的一般规律,并能独立完成航空港、车站的区位选择;
(5) 能认识交通在人类社会发展中的重要作用,形成优先发展交通运输的观念;
(6) 能知道祖国建设的日新月异,初步树立科技是第一生产力的观念。

随堂讨论

地理教学目标在地理课堂教学中有哪些作用?

学 生 学生是学习的主体,没有学生的参与,地理教学也就没有意义,没有学生也就不存在地理教学系统。从这个意义上说,学生是教学活动过程中的根本要素。在地理教学过程中,面对以地理教材为基本学习资源的客体,学生是认识的主体。教师的"教",主要是为了引领学生去认识地理世界,在教学过程中,教师的主要责任是"导"。教师对地理教育目标的贯彻是通过"教"的过程才得以进行,并以学生学习质量为其评价标准。学生作为认识主体,在整个教学系统中是具有生命力的要素,是最活跃、最丰富多彩的要素。学生要素主要指学生的身心发展水平、已有的知识结构、个性特点、能力倾向和学习前的准备情况等,通过地理教学过程促进学生主体的发展。

地理教师 在地理教学过程中,学生的学习活动一般都是在教师的指导下进行的。在地理教学活动中教师是不可替代的因素,而且地理教学过程中要依靠教师来发挥主导作用。教师因素主要指教师的思想和地理专业水平、个性修养、教学态度、教学能力等。"教师不仅是学生和教材之间的中介,还是教学和社会联系的中介。教师教是为学生服务的,但又起主导作用。教师决定教学认识的方向、内容、途径等,并且对它的结果和质量负责。"①

地理教学方法　地理教学方法是教师和学生为完成一定教学任务在共同活动中所采取的教学方式、途径和手段。地理教学方法的选择主要是依据教学目标、教学内容、学生特点、教学时间、教学设施条件和教师所具有的素养。地理教学方法是地理教学活动中活跃性很强的因素。地理教学的实践表明,地理教师能够在地理教学实践中不断创造符合地理教育发展所需要的教学方法,推动地理教育改革的深入发展。

地理教学媒体　地理教学媒体是储存和传递地理教学信息的载体。没有媒体,教学信息就不能传播,也就不能形成地理教学活动,所以媒体也是地理教学活动的一个重要因素。随着教育技术的不断发展,新的教学媒体不断涌现。尤其是计算机多媒体进入地理课堂,VR、AR技术的不断创新,大大增强了地理教学过程的情景性、生动性、互动性和生成性,对提高地理教学质量发挥了重要作用。如何发展传统教学媒体的优势、如何发挥现代教学媒体的优势,是地理教学论需要探索的理论和实践问题。

地理教学评价　有教学就有评价。教学评价是对教学的价值判断。教师推进教学进程的主要依据就是教学评价。传统的地理教学评价重选拔、重甄别,存在诸多弊端,不利于学生的健康成长和全面发展,也不利于地理教师的专业成长。新课程倡导发展性的教学评价,要求教师运用真实性评价、表现性评价等积极的教学评价方法手段,改革地理教学,促进学生的学习,促进教师的专业成长。

地理教学环境　地理教学活动必须在一定的空间条件下进行。这种空间条件既有有形的教学物质环境,包括校园的内外是否美化,教学设备和布置是否齐全、合理与整洁,以及实验室、实验设备、图书资料,等等。又有无形的人文环境,包括师生之间、同学之间的人际关系,校风、班风,课堂上的学习气氛等。所有这些环境条件既然是地理教学活动必须依靠的,因此它就必然是构成地理教学活动的一个要素。优化的环境条件有利于教学活动的顺利开展。如地理活动室等,能为地理教学创设教学情景提供便利。不利的环境场所如拥挤、嘈杂的教学空间,必然影响师生的教学心境,对教学活动的开展造成负面作用。

地理教学过程中,各教学因素都有其各自独立的地位和作用,又在相互影响和相互制约。现代教学论认为,教学过程不仅仅是一个认识过程,更是促进能力与个性发展培养核心素养的过程。教学的主要任务是帮助学生学习知识的同时能进行观念的转化、能力的形成。地理教师只有注意协调各个因素的作用,才能发挥地理教学过程因素的整体功能,实现教学过程的最优化。因此,地理教学论的研究是要分析组成地理教学系统要素的内涵及其相互联系的方式,揭示地理教学的本质,揭示地理教学的规律,形成地理教学理论体系,指导地理教学实践。

 随堂讨论

1. 地理教学系统由多个要素组成,设计绘制组成地理教学要素的相互关系图。
2. 根据"关系图",讨论说明组成地理教学要素的相互关系及其作用。
3. 简要说明地理课堂教学目标与学生发展的关系。

---

① 王策三.教学认识论[M].北京:北京师范大学出版社,2002:3.

学习卡片

地理教师必须是专业教师！教师是教育中最宝贵的资源，所以——同时，也由于地理学的复杂性，受过大学教育并且受到地理学专业教育的教师是必不可少的。

国际地理联合会地理教育委员会.地理教育国际宪章[J].冯以浤,译.地理学报,1993,48(4).

1.2.2 地理教学论的学科性质

地理教学论的研究对象是地理教学系统，地理教学论研究地理课程和教学过程中诸多因素相互影响和作用的规律，是研究地理教育现象的，是教育范畴中的一个领域。因此，在学科门类上地理教学论隶属于教育科学，从纵向关系上看，是教育科学学科体系中教育学的下位学科课程与教学论的分支学科，从横向关系上看，地理教学论和语文教学论、数学教学论、生物教学论等并列于分科教学论领域。

科学研究的历史表明，学科的性质也取决于学科的研究对象。一方面，地理教学论要从理论上研究地理教学系统诸多要素相互作用的本质，认识和揭示地理教学系统要素相互作用的基本规律，形成地理教学理论，具有理论学科性质的特点。如地理课程设置的基本理论、地理教材编写的基本理论、学生地理学习心理理论，地理教学过程的基本规律等；另一方面，地理教学论又特别重视研究地理教学理论对地理教学实践的指导作用。如系统科学原理在地理教学中的应用研究；建构主义学习理论在地理教学中的应用研究，等等。因此地理教学论的学科性质是既有理论特点，又有实践性很强的特点。它是一门蓬勃发展的"理论性与实践性并重的学科"[①]。

1.2.3 地理教学论的发展基础

任何一门学科的发展都会经历发生、发展并逐渐走向成熟的"科学成长"过程。地理教学论"科学成长"的过程状态与学科成长的"土壤"息息相关。这些"土壤"就是地理教学论发展相关的学科。它构成了地理教学论发展的理论基础。地理教学论发展的理论基础涉及哲学、地理科学、教育学、心理学、思维科学、系统科学、传播学、行为科学、教育技术学等。其中地理科学、教育学、心理学中的学习理论、系统科学、行为科学和教育技术学等对地理教学论的发展和影响最为密切。学习地理教学论必须了解和研究地理教学论的理论基础，才能更好地了解和掌握地理教学论的科学内涵和研究方法，进行有目标的学习研究。

案例 1-3

高中地理新教材 人口迁移[②]（节选）

一、人口迁移的概念与分类

人口自然增长是人口变动的一个方面；人口机械增长，即迁入人口的增加值，则是人口变动的另一个方面。虽然人口迁移(Population Migration)对世界范围的人口增长一般不具有影响，但对特定国家或地区的人口增长，有时却产生显著影响。

---

① 陈澄.地理教学论[M].上海：上海教育出版社,1999：14.
② 朱翔,等.普通高中地理课程标准实验教科书地理Ⅱ[M].长沙：湖南教育出版社,2004：16.

人口迁移是人口迁移的一种形式,是指人们变更定居地的空间流动行为。例如,人们离开自己原来住所,到比较远的地方定居。住所不变的空间移动,如季节移动、短期旅行等,不属于人口迁移。所以,不能把人口任何形式的空间流动都看作是人口迁移。

根据人口迁移空间范围的不同,人口迁移可以分为国际迁移和国内迁移两种类型。国际迁移,是指一个国家的居民进入另一个国家定居的现象,它包括永久性移民、外籍工人流动、国际难民定居等。国内迁移则是指一个国家内部的居民从一个行政区进入另一个行政区定居的现象。由于社会发展的大趋势是城市化和劳动力由第一产业向第二、三产业转移,因而,由农村到城市的人口迁移,是发达国家历史上和发展中国家当前人口迁移的主要类型。

活动 ………………………………………………………………………………… 思考

1. 下列人口流动中,哪些属于人口迁移?
① 外出度假、旅游、上街购物;② 张成高中毕业考取大学到异地读书;③ 王艳从甲县A中学转到乙县B中学读书;④ 2015年在德国难民营生活的叙利亚难民。

2. 下列人口迁移事件中,哪些是国际迁移,哪些是国内迁移?
① 北宋末年,由于战争引起的中原人民大规模南迁;② 19世纪,俄国向西伯利亚流放犯人;③ 明清时期我国广东、福建等人民移居东南亚④ 改革开放以来,大批农村剩余劳动力前往大城市和沿海经济发达地区工作并定居。

随堂讨论

地理教材是地理教学论研究的重要内容之一,结合案例内容,讨论说明地理教学论的发展基础。

1.2.3.1 地理教学论的地理科学基础

地理教育的主要目的是培养现代公民必备的地理学科核心素养。显然,没有地理科学也就无所谓地理教育,没有地理学科课程设置。地理教育目的的确定,必须依据地理科学的基础理论。地理教育的基本内容必须取材于地理科学。因此,地理科学是地理教学论最基本,也是最重要的科学基础。在一定程度上讲,地理科学的水平决定着地理教育的水平。地理学是研究地理环境以及人类活动与地理环境关系的科学,具有综合性和区域性等特点。地理学兼有自然科学和社会科学的性质,在现代科学体系中占有重要地位,对于解决当代人口、资源、环境和发展问题,建设美丽中国,维护全球生态安全具有重要作用。高中地理课程是与义务教育地理课程相衔接的一门基础学科课程,其内容反映地理学的本质,体现地理学的基本思想和方法。地理课程旨在使学生具备人地协调观、综合思维、区域认知、地理实践力等地理学科核心素养,学会从地理视角认识和欣赏自然与人文环境,懂得人与自然和谐共生的道理,提高生活品位和精神境界,为培养德智体美全面发展的社会主义建设者和接班人奠定基础。[①]

认识地理教学论的地理科学基础有着十分重要的理论和实践意义。首先,地理课程设置、地理教材编写、教学内容的选择和地理教学原则的制定等问题,要体现地理科学的特点。"地理学科的教学内容应该是地理科学中公认的基本概念、基本原理、基本事实以及最新成果,并且地理学科的教学内容还要受制于社会的需要以及学生身心发展的需要。"[②]其次,在地理教学实践中,教师要充分运用地理科学的研究方法指导教学实践。地理科学的地理图表方法、综合分析方法和野外地理考察方法等,

---
① 中华人民共和国教育部.普通高中地理课程标准(2017年版)[S].北京:人民教育出版社,2018.
② 陈澄.地理教学论[M].上海:上海教育出版社,1999:19.

对指导开展有效的地理教学具有重要作用。最后,地理教师必须具备厚实的地理科学专业的地理基础知识和基本理论,随着地理教育发展的需要,还要求地理教师的教学素养要不断提高,其中一个重要的方面,就是要不断地进行地理科学知识的更新。了解和熟悉地理科学的新成就、新进展,才能更好地开展地理教学实践。

 学习卡片

> 地理学必须是一门独立的学科!地理学架起了沟通自然科学和社会科学的桥梁,地理学的问题与很多学科都有关,从地质学、水文学、生物学到历史、社会学、政治学、经济学和其他学科,所以地理学是一个跨学科的科学。将地理学研究及其全部内容结合到历史、社会学、政治学或其他学科中会导致课程安排中内容过多而且地理学内容过少。这些多学科课程是导致广泛缺乏地理知识的重要原因。为了保证我们年轻一代着实为将来做好准备,地理学必须成为一门独立的学科,必须由受过专业地理教育的教师来讲授,同时必须属于学校课程安排中的核心课程。
>
> 国际地理联合会地理教育委员会.地理教育国际宪章[J].冯以浤,译.地理学报,1993,48(4).

1.2.3.2 地理教学论的教育学基础

教育学是研究教育现象及其规律的科学。现代教育实践的广泛性、丰富性以及生产和科学技术的迅猛发展,对教育学的发展提出了新要求、开拓了新领域。"现代教育学主要内容包括教育的本质、教育与社会发展的关系,教育与儿童身心发展的关系,教育目的、教育制度,教育工作的任务、过程、内容、方法、组织形式和原则以及教师和学生,教育的管理等。"[1]地理课程与地理教学现象也属于教育现象。地理教学论在学科门类上隶属于教育学,现代教育学所揭示的教育一般规律和基本原理是地理教学论最重要的理论基础。教育学中教学论所阐释的课程理论、教学理论、学习理论、教学评价理论等一般理论对建立地理教学论的基本框架有重要的指导作用。实际上,地理课程的设置、地理教材的编写和地理教学过程的设计,必须遵循教育的基本规律,都离不开教育学的指导。"教育学的研究方法,也为地理教学论的研究所借鉴和应用;教育学的许多现成词汇和工作语言,使得地理教学论的叙述变得较为方便和简洁;教育学的很多研究新成果,也会被地理教学论所汲取、消化。"[2]

地理教学论在具体的实践研究中所揭示的地理教育教学规律、形成的地理课程与教学理论也为丰富教育学及其课程与教学论提供了理论素材,在一定程度上也会大大促进教育学及其课程与教学论的发展。

1.2.3.3 地理教学论的学习理论基础

学生在地理教学论中处于核心位置。学习理论是"揭示人类学习活动的本质和规律,解释和说明学习过程的心理机制,指导人类学习,特别是指导学生的学习和教师的课堂教学的心理学原理或学说"[3]。学生学习地理的过程是一个心理发展的过程。地理教学过程的任何活动,归根到底是要帮助学生获得地理知识与技能,培养学生的地理核心素养,促使学生在行为上发生持久的变化。这些目标都是需要学生通过地理学习过程才能获得。因此,学习理论是地理教学论的一个重要的基础,要充分注意学习理论对地理教学论的指导。

---

[1] 顾明远.教育大辞典[M].上海:上海教育出版社,1998:790.
[2] 陈澄.地理教学论[M].上海:上海教育出版社,1999:16.
[3] 张奇.学习理论[M].武汉:湖北教育出版社,1999:1.

第一,在地理课程目标制定、地理课程设置和地理教材内容选择和编排上,都要把学习理论作为重要依据,充分考虑学生的认知特点。如《义务教育地理课程标准(2011年版)》课程设计思路指出,义务教育地理课程原则上不涉及较深层次的地理成因问题。① 而《普通高中地理课程标准(实验稿)》在设计思路中要求:"高中地理课程注重与实际相结合,要求学生在梳理、分析地理事实的基础上,逐步学会运用基本的地理原理探究地理过程、地理成因以及地理规律等。"②

第二,地理教学方法和媒体的设计与选择,要把学习理论作为重要依据。许多教学素养好的地理教师十分注重运用当代学习理论指导地理教学实践。当代学习理论对我国地理教学影响最大的有斯金纳行为主义学习理论及其程序教学、布鲁纳的"认知—发现"学习理论、皮亚杰的建构主义的学习理论、奥苏贝尔的有意义学习理论和加涅的认知学习理论等。这些学习理论运用到地理教学实践中,在指导学生的"学"方面,能够发挥积极作用。

第三,激发学生的地理学习动机,营造良好的地理学习氛围,进行地理教学评价,要把学习理论作为重要依据。学生为什么要学习地理?在什么样的教学环境下学习地理,以及如何看待学生的地理学习过程和学习结果?这些都是地理教学论必须认识和应该研究的问题。地理教学实践表明,应用学习理论有利于认识和解决这些问题。

当然,地理教学实践及其应用研究,对于丰富和发展学习理论也具有重要意义。

1.2.3.4 地理教学论的行为科学基础

行为科学是研究人类行为的一门综合性科学。行为科学研究个体行为,对人的行为进行微观的考察和研究。研究考虑影响个体行为的各种心理因素,即人对于周围环境的知觉与理解,包括人的思维方法、归因过程、动机、个性、态度、情感、能力、价值观等方面。所有这些又与实际活动中的需要、兴趣、达到目标的行为有着密切的关系。行为科学研究群体行为,研究群体行为的特征、作用、意义,群体内部的心理与行为,群体之间的心理与行为,群体中的人际关系、信息传递方式,群体对个体的影响,个人与组织的相互作用,等等。

人类的学习就其实质来说,是一种个体行为与环境相互作用而获得知识、能力和经验的文化活动。学生的地理学习则是在教师的"教"与学生的"学"一系列行为过程中习得的结果。讲解、提问、回答、讨论、交流、演示、实验等地理教学行为都是教学思想与学习过程的外在行为表现。学生的地理学习既有个体行为特征,也有群体行为特征。行为科学研究的理论和方法对地理教学论研究具有指导作用。

1.2.3.5 地理教学论的系统学科基础

以控制论、信息论、系统论为基本内容的系统科学既是现代自然科学的一般方法论,又是社会科学、思维科学发展综合的结果。现代教学论的发展过程中,受到了系统科学理论的深刻影响。

系统是指为达到共同的目的,具有相互作用、相互联系的许多要素构成的一个事项整体。系统类型按其性质可分为自然系统,人工系统;开放系统,封闭系统。

地理教学系统是由地理课程、教师、学生、教学目标、教学媒体、教学方法、教学过程、教学评价、教学环境诸多要素构成的人工系统。

系统科学的整体原理、有序原理、反馈原理对地理教学具有指导意义。根据整体原理指导要求,地理课程编制要树立全局意识,具有整体的观念,处理好影响地理课程的各种因素,选择和安排好不同地理学习阶段的课程内容。运用整体原理指导地理教学,从地理教学目标的制定,到地理教学过程的实

---

① 中华人民共和国教育部.义务教育地理课程标准(2011年版)[S].北京:北京师范大学出版社,2012.
② 中华人民共和国教育部.普通高中地理课程标准(实验稿)[S].北京:人民教育出版社,2003:2.

施,不仅要注意发挥系统中各部分的功能,更重要的是注意发挥各部分相互联系形成的整体功能。

根据有序原理,处理地理教学应注意系统要素的关系,更要特别重视系统内部各要素结构的序。从教学展开的过程看,有时间的序,如教学开始、教学进行、教学结束。在不同的时间段内,学生学习的心理准备和特征是不同的。地理知识的"序"表现为地理知识的结构。地理概念、地理规律、地理原理等地理程序性知识处在核心部位。

反馈原理认为任何系统只有通过反馈信息,才可能实现有效控制,从而达到目标,或者说,没有反馈信息的系统,要实现系统有效的控制,从而实现目标是不可能的。在教学过程中,地理教师往往根据教学反馈信息,进行比较、纠正和调整教学,提高教学信息输入的质量,可以有效地促进地理教学系统的良性运行。

1.2.3.6　地理教学论的教育技术学基础

教育技术学,亦称"教育工艺学"[①]。它是以教学理论、学习理论、传播理论和系统科学理论为基础,依据教学过程的客观性,应用现代科学技术成果,在既定的教学目标下探求提高教学效果的技术手段和教学过程优化的理论、规律和方法。

教育技术学研究的范畴包括视听教学的理论与技术、计算机辅助教学的理论与技术、教学设计与教学评价技术、远距离教学的理论与技术、教学管理技术、教育技术的研究方法和教学媒介的新技术、新方法等。随着现代科学技术成果的不断革新和涌现,现代科学技术成果也不断被应用到地理教学实践中,如地球运动、天气和气候变化、城市发展等许多地理现象和地理的成因过程,通过计算机辅助教学,变抽象为形象生动的直观模拟展示,对提高地理教学过程的质量和效率发挥了重要作用。

教育技术学研究的理论和技术对于地理课程设计与地理教学实践具有借鉴意义。尤其是教育技术学所探讨的视听教学的理论与技术、计算机辅助教学的理论与技术、教学设计与教学评价技术等,更是有重要的指导意义。

案例1-4

地理科学与地理学科

地理科学是研究地理环境结构、形成和演变规律,以及人类经济、政治、文化与地理环境相互关系的科学。地理学科是根据教育目的而设置的一个学科,通过培养人才促进地理科学的发展。作为教育的地理学科与作为科学的地理科学,二者之间有着密切的联系,存在相互作用,但又存在许多区别。

地理科学追求的是科学价值,在于揭示地理规律,发展地理理论,促进地理科学发展。当代地理科学研究以人地关系为主线,以可持续发展为核心,旨在促进社会可持续发展、经济可持续发展和生态可持续发展。

地理学科追求的是教育价值,培养公民必备的地理素养。它取材于地理科学。学校地理教育的内容,由于受课程目标、教学任务、教学时数和教学对象等客观因素的限制,只能是地理科学知识中的一部分。

在我国学校地理学科课程的设置只有100多年的历史,而地理科学发展的历史则十分悠久。地理学科研究方法与地理科学研究方法也不尽相同。地理科学主要是研究地理事物之间的相互关系,主要采用如地理综合分析法、地理观察法、地理图表法、地理信息系统等定性和定量方法。地理学科主要是指导学生认识地理事物之间的关系,主要采用如讲授法、发现法、地理观察法、地理图表法等。两者采用的方法虽有联系,但区别是主要的。

---

① 顾明远.教育大辞典[M].上海:上海教育出版社,1998:755.

随堂讨论

1. 结合案例并联系中学地理教材内容,说明地理科学的发展对地理教育的影响。
2. 结合案例并联系实际,说明地理学科教育对地理科学发展的促进作用。

1.2.4 地理教学论的主要研究任务

1.2.4.1 研究地理课程目的和功能

比较我国不同时期的地理教学大纲和地理课程标准,可以看出不同时期的地理教育的目的和功能是有差异的。它体现了地理教育的时代性和社会需求。比较同一时期,不同国家的地理课程标准或地理教学大纲,可以看出不同国家的地理教育的目的和功能也是有差异的,这是因为,国情不同对地理教育功能的定位也是有差别的。

地理教学论研究地理教育的目的,就是要阐明地理学科的性质,阐明符合时代需求的地理教学的地位和功能。新课程背景下的地理课程目的和功能研究,需要说明人地协调观、综合思维、区域认知、地理实践力的基本内涵,阐明"培养学生必备的地理学科核心素养"反映新课程改革提出的当代地理教育的基本目标和基本理念,体现对地理教学实践具有引领作用,导向作用。

标准链接

> 地理课程旨在使学生具备人地协调观、综合思维、区域认知、地理实践力等地理学科核心素养,学会从地理视角认识和欣赏自然与人文环境,懂得人与自然和谐共生的道理,提高生活品位和精神境界,为培养德智体美全面发展的社会主义建设者和接班人奠定基础。
>
> 中华人民共和国教育部.普通高中地理课程标准(2017年版)[S].北京:人民教育出版社,2018.

1.2.4.2 研究地理教学的内容与形式

实现地理课程的目的,体现地理教育的功能,需要以地理教学内容为载体。不同时期的地理教学内容与形式是不同的。地理教学论要研究地理教育发展规律,通过地理教育的国际比较,阐释地理科学发展的时代特点,结合学生身心发展和社会需要,为学校地理课程设置、地理课程标准的制定、地理课程内容与形式的选择提供理论依据。研究地理教材的编写要求,为地理教材的编写提供理论指导;跟踪比较研究地理教材,为地理教材的质量提升提供编写指导。

目前,我国供使用的高中地理课改新教材有"人教版""中图版""湘教版"和"鲁教版"共4个版本,可从以下方面展开研究:

1.2.4.3 研究地理课程资源的开发与利用

课程资源是学生进行地理学习的基本资源。地理教学论要以地理课程标准为依据,研究地理课程资源的开发与实践;研究如何落实基础教育改革,倡导国家课程、地方课程和校本课程;研究三级课程资源的开发利用与整合。

1.2.4.4 研究地理教学的过程与方法

地理教学过程系统是由地理课程、教师、学生、教材、教学方法、教学媒体、教学评价,以及教学环境等多个因素组成的功能系统,各个因素之间存在相互作用和相互影响。地理教学论要研究地理教学系统因素的内在联系,揭示地理教学规律,指导地理教学实践。

教与学的过程在一定意义上讲是教师教的心理活动与学生学的心理活动的基本过程。"教育和心理学的密切关系已成为一种常识。"高中地理新课程在课程的基本理念、课程设计思路、课程目标、内容标准、实施要求等方面与课改前的高中地理有诸多方面的变化和创新发展。高中地理课程环境的变化必然引起高中地理教与学的心理发展和变化。因此,地理教师的心理学素养、创新教学理念、教学策略的选择和教学方法的运用是否符合心理学的规律影响地理教学质量。学生是地理教学系统中的核心因素。在新课程的基本理念、教学目标和教学内容要求下,教师如何针对高中生地理学习的心理特点,包括学习兴趣、学习动机、情感态度、价值取向、认知结构、个性差异、地理智力、创新意识等特点,开展教学实践?这需要心理学的理论指导。

高中地理新课程教与学的心理研究可以围绕下列问题展开:地理新课程教师心理特征研究;地理教师教学创新能力培养的心理机制研究;高中地理新课程标准下学生地理学习动机与学习兴趣、地理学习的认知特征、地理学习的个性差异研究;高中学生地理学习潜能开发与提高学习效能的研究;高中地理必修课程的地理学习心理的研究;高中地理选修课程的地理学习心理研究;优化地理学习过程以减轻学业负担的心理学研究;学生地理学习倦怠的心理机制与干预策略研究;高中地理学困生的学习机制研究;学习理论的地理教学应用研究等。

地理教学方法与技能是完成地理教学任务的手段和形式。研究地理教学方法与技能,包括媒体的选择与运用、创新教学的方法和技术、有效的教学模式和教学方法,可为地理教学方法和技能的选择提供科学依据,提高地理教学的效果。

1.2.4.5 研究地理教师的成长与发展

21世纪国际教育委员会认为:教学质量和教师素质的重要性无论怎样强调都不过分。地理教师作为一个职业,有很强的社会性和专业性。它具有社会性,就要求教师有很强的责任意识,崇高的职业道德感。它具有专业性,不仅要求地理教师要有宽厚的地理专业知识,还要有教育意识、学生意识、服务意识、发展意识和专业精神。这些基本意识和素养是地理教师在教学生涯中不断生成的。2021年,教育部颁布了《中学教育专业师范生职业能力标准(试行)》,为教师培养质量提供了新指向,为教师专业发展提出了新要求。

地理教育实践表明,地理教师的成长与发展具有阶段性。不同时代,地理教师的素质结构也有较大区别。地理教学论研究地理教师成长与发展,主要是探讨地理教师有效成长与发展的途径和策略,通过提高地理教师的素养,更好地促进地理教育教学的发展。

地理课程改革带来的课程环境变化,既给地理教师提供了充分展示教学智慧的宽广平台,创造了发展机遇,也带来了新的甚至是严峻的挑战。研究高中地理新课程与教师成长是地理教学论不可逾越的时代命题。深化高中地理新课程与教师成长及教学行为变化研究,要能够为在全国推行高中地理新课程,促进地理教师更好更快成长提供示范。这些研究,如:新课程下促进高中地理教师成长的机制研究;新课程高中地理教师教学行为特征研究;新课程优秀高中地理教师教学经验研究;新课程专家型地理教师与普通地理教师教学差异比较研究;新课程地理教师角色调适能力、课堂教学能力、探究教学能力、反思能力的成长与实践研究;新课程高中地理教师专业化发展、职业能力评价标准研究等。

1.2.5 地理教学论研究的主要方法

研究方法是科学研究中解决问题的手段。地理教学论研究的主要方法有调查法、实验法、观察法、文献法、经验总结法等。这些方法与地理教学科学研究的方法是通用的。本书将在第11章专门论述地理教学科学研究方法,并结合案例说明这些方法的基本特点和运用中应注意的问题。

学习实践

1. 比较我国不同时期的两部地理教学大纲或课程标准中的地理教学目的,说明其发展变化并分析原因。
2. 联系实际,说明地理教学论对地理教师专业成长的基本途径。

本章小结

1. 在我国地理教学论称谓经历了发生、发展变化的过程。它由最初称为地理教授法,到地理教学法—地理教材教法、地理教学法—地理教育学—地理教学论的变化。这也是我国早期地理教学论、发展时期地理教学论和当代地理教学论研究思想和研究内容发生变化的基本原因。
2. 以地理教学系统为对象。地理教学系统是由地理课程、教师、学生、教学目标、教学媒体、教学方法、教学过程、教学评价、教学环境诸多要素构成的人工系统,每个要素具有不可替代的功能。
3. 地理教学论研究地理课程的目的和功能、地理教学的内容与形式、地理课程资源的开发与利用、地理教学的过程与方法,揭示地理教学系统诸要素相互作用及其规律。
4. 地理教学论研究阐明地理教学论的地理科学基础、教育学基础、学习理论基础、行为科学基础和教育技术学基础。地理教学论能帮助和促进地理教师的专业成长。

本章思考题

1. 我国地理教学论经历了三个发展时期,试从社会发展、教育发展和地理科学发展三个方面分析对其产生的影响。
2. 选择高中地理新教材中的一节内容,说明教育学和学习理论的指导意义。
3. 选择地理教学系统中的一个或两个要素,说明研究该要素对促进地理教学发展的重要意义。
4. 走访附近中学地理教师,了解当前地理教学研究中需要研究的主要问题及其解决思路。

拓展学习

案例 1-5

地理课程与地理教学的关系

人们对课程与教学的关系有多种认识,如图 1-1 所示。"在我国,由于长期受苏联教育研究模式的影响,人们习惯于把课程论作为教学论的组成部分加以研究,课程论被视为关于教学内容的理论,致使'课程与教学之间的区别和彼此之间的联系具有不确定性'。"[①]实际上"课程内容在课堂教学中主要以教材的形式出现,教学内容是师生为达到教学目标所进行的对话内容。教学内容≠课程内容。"[②]新一轮的基础教育课程改革需要研究许多关于"教什么"及"为什么教"的课程理论、课程研制的问题,并在全国范围内开展了广泛而深入的讨论、研究和实践。

图 1-1 地理课程与教学关系图

---

① 郝德永.课程研制方法论[M].北京:教育科学出版社,2000:27.
② 靳玉乐.论课程与教学关系的重建[J].基础教育课程,2006(5).

2003年夏志芳教授主编《地理课程与教学论》由浙江教育出版社出版。这是我国第一部"地理课程与教学论",具有标志性意义。它首次用"与"字将地理课程和地理教学并列,并指出"地理教师面临众多的课程问题,涉及地理课程理念、目标、实施、评价、资源等问题。这些问题是具体的而不是抽象的,对于每个地理教师都是回避不了的"①。地理教育发展与改革实践要求我们需要更多地关注和研究地理课程问题。从这个意义上讲,将《地理教学论》更名为《地理课程与教学论》更具有时代意义。

思考与讨论

《地理教学论》发展为《地理课程与教学论》对我国地理教育发展与研究的重要意义。

课程链接

中国地理课程网:http://geo.cersp.com
地理课程网:http://www.dilike.net
中学地理教学资源网:http://www.yeschool.net/zhp
地理教学网:http://www.dljxw.com
中国教育学会地理教学研究会:http://www.gezhi.sh.cn/geography/CN/

参 考 文 献

[1] 课程教材研究所. 20 世纪中国中小学课程标准·教学大纲汇编·地理卷[M]. 北京:人民教育出版社,2001.
[2] 杨尧. 中国近现代中小学地理教育史[M]. 西安:陕西人民教育出版社,1991.
[3] 王策三. 教学认识论[M]. 北京:北京师范大学出版社,2002.
[4] 王毓梅,等. 中学地理教学法[M]. 武汉:湖北教育出版社,1983.
[5] 曹琦. 中学地理教学法[M]. 北京:高等教育出版社,1989.
[6] 陈澄. 地理教学论[M]. 上海:上海教育出版社,1999.
[7] 杨新. 地理教学论[M]. 长沙:湖南师范大学出版社,2000.
[8] 卞鸿翔,李晴. 地理教学论[M]. 南宁:广西教育出版社,2001.
[9] 夏志芳. 地理课程与教学论[M]. 杭州:浙江教育出版社,2003.
[10] 顾明远. 教育大辞典[M]. 上海:上海教育出版社,1998.
[11] 白文新,袁书琪. 地理教学论[M]. 西安:陕西师范大学出版社,2003.
[12] 林宪生. 地理教学论[M]. 北京:中国科学文化出版社,2003.
[13] 王民. 地理新课程教学论[M]. 北京:高等教育出版社,2003.
[14] 胡良民,等. 地理教学论[M]. 北京:科学出版社,2005.
[15] 陈澄. 新编地理教学论[M]. 上海:华东师范大学教育出版社,2006.
[16] 中华人民共和国教育部. 普通高中地理课程标准(2017 年版)[S]. 北京:人民教育出版社,2018.

---

① 夏志芳. 地理课程与教学论[M]. 杭州:浙江教育出版社,2003:49.

第 2 章 地理课程发展

本章概要

国外学校地理课程发展经历了近代学校地理课程时期和现代学校地理课程时期。20世纪90年代以来,国际地理课程改革广泛而深入,涉及了地理课程地位、类型、目标、内容和地理课程的学习方式等问题。

我国学校地理课程在清末正式设置,经历了清末时期、民国时期,中华人民共和国时期。中华人民共和国成立以来又经历不同的发展阶段,学校地理课程地位、课程设置和课程内容在不断发展变化。目前进入了地理新课程改革时期。

学习目标

通过本章的学习你可以

1. 介绍我国和国外学校地理课程发展历程;
2. 理解国外学校地理课程改革的主要趋势;
3. 解释中华人民共和国成立以来我国学校地理课程内容的发展变化及其原因。

学习卡片

课程(curriculum),作为学校教育这个系统中的"软件",是最重要的、最繁难的教育问题之一。教育的实践,就是以课程为轴心展开的。

钟启泉. 现代课程论[M]. 上海:上海教育出版社,2003.

2.1 国外中学地理课程发展

关键术语

◆ 国外近代地理课程 ◆ 国外现代地理课程改革

案例 2-1

> **世界第一部地理教科书**
>
> 地理科学的起源几乎与人类历史同样悠久,而正式的学校地理教育始于17世纪中叶,比地理科学要晚得多。1658年,捷克教育家夸美纽斯所著的《世界图解》出版,被称为世界上第一部地理教科书。该书又名《可见的世界》《宇宙奇观》,是作者根据他所提出的适应自然和直观教学原则写成的一部小学地理教科书。其附有插图的短文150篇,内容包括自然(宇宙、地理、植物、动物、人体等)、人类活动(手工业、农业、交通、文化等)、社会生活(国家管理、法院)和语言文字等方面,试图授予儿童以百科全书式的知识。《世界图解》在欧洲广泛流行。

随堂讨论

1. 为什么学校地理课程的发展历史与地理科学发展的历史有所不同？
2. 根据你的了解，列举事项，说明国外地理课程的主要特点。
3. 根据你的了解，列举事项，说明国外地理教学的主要特点。

2.1.1 国外近代中学地理课程的发展

中学设置地理课程是社会发展到一定阶段的历史产物。西方古代学校，学生学习地理知识是结合在有关学科学习中进行的。例如，古代埃及人为了预测尼罗河的泛滥时间，就产生了天文学；要测量和计算被尼罗河水淹没的土地，就产生了算术和几何学，这样，地理知识的学习就和天文学、数学结合起来了。

到了近代，地理作为一门学科单独在中小学设置课程，是17世纪中叶捷克教育家夸美纽斯所主张，并逐渐为西方学校普遍接受。夸美纽斯在其名著《大教学论》中阐明了地理作为独立学科学习的必要性，确定了学校地理教育各个阶段应学习的地理内容和教学原则，"他还亲自编写了《世界图解》教科书。他的这些教育活动，对学校地理教育的形成和发展具有划时代的意义"[①]。

地理作为一门学科课程出现在中学课程体系中，是社会发展对教育培养人才的需要。因为西方进入资本主义时代以后，随着科学的进步，资本主义民主国家的建立，航海事业的兴起，生产和生活实践迫切需要地理知识。可见，学校地理课程的出现，是地理学科的社会价值在社会发展中的体现。

18世纪初，地理作为独特的学科课程又传到了俄国，并逐步扩展到世界各国。在地理科学发展和科学技术进步的影响下，世界各国中学地理课程也在不断变化，表现出来的是不同时代中学地理课程有着不同的特点。

2.1.2 国外现代中学地理课程的发展

现代中学地理课程开始于第二次世界大战之后，并经历了20世纪60年代和20世纪90年代以来两次大的改革浪潮。

1988年，时任国际地理学会地理教育委员会主席的豪佰利希教授提出：地理课作为一门独立的学科，人们关心的是这门学科能否担当起解决未来的、本国的以及全球的对策和环境问题。地理教育能否担负起综合教育的任务，能否使学生得到发展以及能否满足公众和社会所能理解的需要。大多数热情的、适应能力强的、富有改革精神的地理学家和地理教师们将对此做出完满的解答。

20世纪90年代以来，世界范围内掀起新一轮的地理教育改革是以地理课程改革为中心的改革。世界各国纷纷推出了地理课程改革的新理念、新方案。地理课程改革成为地理教育改革的先导。

---

① 陈可馨，宫作民. 地理教育比较研究[M]. 北京：教育科学出版社，1993：20.

学习卡片

历史的经验清楚地告诉我们：一切文明的成果，都是人类共同的财富。巍巍高山，不辞土石而成其高；茫茫大洋，不拒细流而成其大。只有在继承和发扬本民族优秀文化的同时，汲取世界其他民族的进步文化，才能建设社会主义的物质文明和精神文明。过去在对待外国文化上走过的曲折道路又告诉我们：盲目排外固然要落伍吃亏，全盘照搬也会贻误后代。只有深深植根于本民族的土壤中，才能使嫁接的枝叶长出新芽蓓蕾。任何简单的移植都不会成功。无论是批判还是借鉴，都须以客观的了解和科学的研究为前提条件。

江山野.简明国际教育百科全书[M].北京：教育科学出版社，1997：1.

2.1.3 国外中学地理课程的改革特点

（1）地理课程地位提升，设置类型多样

近年来，国际中学地理课程改革使课程地位在基础教育中明显提升，其特点是：地理课程一般都作为必修课程；地理课程设置多样化；地理开课年限长；地理课时较多。如英国地理课时约占中学课时总量的10%（高中另增加选修地理课时）；法国初中、高中地理每周共12课时；日本高中地理总课时量为210节。

世界主要发达国家地理课程类型在性质上有两种：一是作为必修课程，二是作为选修课程，多数国家将地理列为必修课程。1991年美国政府在《美国2000年教育纲要》中，把地理与英语、数学、科学、历史一起列为5门核心课程；1993年，在《2000年目标：美国教育法》中，以法律形式将地理及其他6门学科指定为必修课程；1994年，在正式颁布的《地理为了生活：国家地理标准1994》中，辟专章论述了地理作为一门课程的重要性。在英国，结束了长期没有国家统一地理课程标准的历史，1993年英国颁布了《国家地理课程》，把地理列为10门必修课程之一。在日本，自2004年起实行的高中地理课程标准中，高中地理在社会科中有地理A、地理B；在高中理科中有地理1a、地理1b，地学2，都作为限定性选择必修课程，并安排地理知识类选修课程；此外，还开设社会见习、地理见习、地学见习等地理活动课程。法国、德国和俄罗斯等国，地理课程一直被列入高中阶段的必修课程之中。

世界各国由于国情不同，教育体制存在"国定制"或"联邦制"等方面的差异，中学地理课程的开课年限和课时设置也有一定差别，但地理课程的开课年限和课时分配有比较充分的保证。许多国家在开课年限上，从小学高年级到高中连续开设地理课，或从初一到高三都开设地理课；在课时总量上一般均占到中学课时总量的10%左右（参见表2-1）；地理课程的具体名称也不尽相同。除地理外，还有地球科学、环境科学、地球和宇宙科学、经济地理、全球地理、世界经济和社会地理、天文学、地质学……在法国除了为一般学生设置地理课程外，高中阶段还分别为旅游方向、音乐舞蹈方向、科技方向的学生设置了专门的地理课程。

表2-1 世界部分国家高中地理课程设置[①]

国家	地理课时设置	说明
英国	约占中学课时总量的10%，高中另增加选修地理课时	规定所有公立学校5~14岁的学生必须学习地理课程，14~16岁的学生可以选修地理

---

① 陈澄,樊杰.普通高中地理课程标准(实验)解读[M].南京：江苏教育出版社，2003：12.

续表

国家	地理课时设置	说明
法国	初中、高中地理共12课时/周	高中阶段每年开设地理课,高中的第二、第三学年分文理班开设地理课程
俄罗斯	初中、高中共11课时/周,总课时达374节(不包括高中选修课)。	国家规定高中阶段,每个年级均开设地理课程。必修课程有俄罗斯自然地理、俄罗斯人口和经济地理、世界经济和社会地理
日本	高中地理总课时为210节	高中地理为限定选择必修课,分为地理A、地理B、地理1a、地理1b、地学2
德国	高中阶段地理课程共5～10课时/周	初中阶段和高中阶段,每个年级每周都开设1～2节地理课,重视环境教育
美国	高中地理课时由各地学校自定	高中地理课程内容主要有地球和宇宙科学、环境科学、经济地理,可以自由选择
澳大利亚	高中地理总课时为220节	高中阶段9～10年级地理必修100学时,11～12年级分为预备课程和高级证书课程,课时均为120课时

随堂讨论

对照表2-1,比较我国目前中学地理课程设置和课时,说明我国中学地理课程设置和课时的特点,并分析原因。

(2)地理课程目标全面,重视能力培养

进入20世纪90年代,国际地理课程改革的特点之一是在高中地理课程目标上更加关注学生的全面发展。美国认为,高中地理学习可以使学生掌握有关的世界地理知识,在全球经济竞争、环境保护、文化交流以及分析国际事务方面具有地理的视角和能力。强调"学生要能面对国际的竞争,足以应付新时代和新世界变化的要求",同时认为"课程标准必须适应全球经济体系的需求,训练负责任、有生产力的公民"。德国、英国等国,把高中地理教育与环境教育紧密结合,渗透生态保护、环境伦理与道德、环境素养等观念,拓展了地理教育的领域,满足了社会对地理教育的要求。澳大利亚认为"地理教育应该培养学生基本的地理素养,以承担未来的生活角色,如生产者、消费者、休闲者以及公民应该具备的地理素养"。

高度重视培养学生的地理技能和能力是国际地理课程改革的另一特点。如美国《国家地理课程标准》为了加强地理技能和能力培养,要求学生地理学习过程应遵循五个步骤,即提出地理问题、收集地理资料、组织地理资料、分析地理资料和回答地理问题。英国《国家地理课程标准》规定高中地理教育有五大目标:地理技能、区域地理、自然地理、人文地理和环境地理,并将地理技能列为五大目标之首,其中特别强调地图运用和野外技能两个方面;规定要淡化、粗化知识内容,强化、细化地理技能和能力要求。

由于国情不同,各国的地理课程存在一定差别。如日本在高中地理知识目标中要求系统掌握现代世界地理知识。美国要求掌握地理基本概念,理解自然环境与技术、社会之间的内在联系及其在空间的表现,了解世界地理知识、人文地理知识。在对地理技能及能力培养目标方面,日本强调收集、整理和图形化处理地理资料的技能;培养学生从区域出发分析世界地理现象、地理问题的能力;形成基本地理观点,掌握基本地理思维方式。澳大利亚新南威尔士州要求学生:获取地理信息、反省以前的学习,提出地理问题,辨别和收集地理信息,处理地理信息,组织和综合地理信息,交流地理信息,回答地理问题,应用地理信息,作为活跃的和知情的公民参与社会公务。在地理情感态度与价值观的目标方面,加拿大安大略省的课程标准中以"学习态度"来统一情感、观念方面的目标。日本也是以"态度"表述情感、观念等目标,要求关心世界地理问题和地理现象。美国提出的"观念目标"是形成正确评价人地关系的价值观念;具备地理素质而对社会负有责任感;树立世界各国人民之间相互依存,各种文化并存的观念。

20世纪90年代以来,以国际经济合作与发展组织(OECD)为首的等大型国际组织预感到21世纪将是一个知识、信息爆炸式增长的时代,每一位公民在知识经济的挑战和全球化的浪潮中要想实现成功则必须具备终身学习的能力。这一能力又包括了若干技能和素养,国际经合组织把这种个人终身发展必备的关键能力定义为核心素养。此后,美国、法国、英国、德国、芬兰、日本、新加坡等纷纷改革基础教育,把培养地理核心素养作为学生学习地理课程之后需要达成的目标。

（3）课程组织以区域学习或专题学习为基本结构

各国地理课程内容组织大体上可划分为三种结构类型:一是区域学习结构,二是专题学习结构,三是区域学习和专题学习相结合的学习结构。如法国主要采用的是区域学习结构,从初中到高中的地理课程设计为"世界地理—非洲、亚洲、美洲地理—欧洲地理—法国地理—欧洲地理—世界地理"学习顺序,体现循环上升,不断发展。美国各州较为普遍的是初中地理课程以地球、世界地理和美国地理等区域地理内容为主;高中地理课程有"地球和宇宙科学""环境科学""经济地理"等内容,具有专题学习的特征。英国初中地理课程主要讲授区域地理,高中地理课程主要讲授系统地理。加拿大、德国等则采用区域学习与专题学习相互结合的结构形式,如表2-2;表2-3。

表2-2 加拿大安大略省高中地理课程组织

年级	课程内容
10年级	加拿大地理:加拿大发展的地理因素　资源与环境管理
11年级	社会学科课程:社会问题　文化问题　政治问题　法律问题　经济问题　环境问题(其中环境问题要求能解释环境对经济活动、人口增长、城市化及生活标准的影响) 地球科学课程:地球的物质　风化和侵蚀　构造与火山作用　构造与地震　资源与环境　海洋　天文观察与宇宙　星与银河系　太阳与太阳系　地球与月球　空间技术　大气　气压与风　蒸发、降水和天气　地球的历史
12年级	要求学生理解地理学的性质,鉴别人类、地方和资源是怎样相互联系,懂得自然和人文系统必须进入资源管理和可持续发展领域

表2-3 德国巴伐利亚州高中地理课程组织

年级	课程内容
11年级	德国地理:地形和政区划分　德国的自然空间　地理科学理论的形成 德国的经济和社会福利地区　德国在欧洲的地位　家乡地区的结构分析
12年级	欧洲地理:欧洲概况　欧洲地中海国家的空间利用和结构　阿尔卑斯山地区为旅游地和欧洲的过境区　西欧的经济　地区结构和相互关系　转变中的东欧中部和南部　美国/加拿大—苏联/后继国:比较其他大区　大区域的自然条件　大地区的开发和利用:地理生态问题　城市结构/城市化、变化情况、民族
13年级	第三世界地理:热带和干旱的亚热带的自然潜力　社会经济因素的作用、经济利用的形式及其地理生态问题　地区间的差异、发展的设想　发展中国家在国际国家系统中的地位和关系　南北矛盾　发展策略　援助措施　世界经济次序 亚太地区地理:发展条件和发展途径　亚太地区的自然条件　日本的工业发展　亚太地区的其他发展道路　亚太地区的发展对德国和欧洲的反作用

（4）地理课程内容以人地关系为主线，以可持续发展为核心

人口、资源、环境和区域发展等问题是世界各国高中地理课程的基本内容，突出人地关系，以可持续发展为核心成为世界各国的共识。英国《国家地理课程标准》列出5大目标，涉及人口、资源和环境等多方面的人地关系问题。美国《国家地理课程标准》中，设计有6大问题和18项标准，有关人口、资源、环境和区域发展方面的内容就占有两大问题，7项标准。两大问题分别是人文系统、环境和社会。7项标准是人口的特征、分布和迁移；地球上文化模式的特征和复杂性；经济互相依赖的形式和网络；人类聚落的发展过程和形态；地球自然和人文系统以及它们的联系和相互作用；人文和自然系统相互作用的结果；变化中的资源的意义及其重要性等。日本、德国、法国等国家的地理课程有关人口、资源、环境问题等人地关系方面的内容都有较大比重。俄罗斯、澳大利亚开设的课程是这方面的典型代表，重在培养学生树立可持续发展观念，如表2-4；表2-5。

表2-4 俄罗斯11年级（高中）"全球地理"课程内容

序号	课程内容体系	序号	课程内容体系
1	现代全球问题理论和全球地理	10	全球食品形势
2	人类全球问题	11	全球能源形势
3	生物圈是生物的全球组织	12	全球资源形势
4	人类开发地球	13	全球欠发达国家和地区形势
5	全球生态	14	世界海洋问题
6	大气、水、土壤的污染及其后果，控制污染	15	国家间与地区间的全球问题
7	世界各大区域的生态保护	16	现代的其他全球问题
8	核威胁与保卫和平	17	人类全球问题的相互关系和未来的预测及前景
9	全球的人口形势		

表2-5 澳大利亚新南威尔士州高中地理课程内容体系

年级	课程内容
11年级	世界中的澳大利亚 　　总论：澳大利亚环境　澳大利亚人和生态环境 　　综合：当代澳大利亚
12年级	全球环境 　　核心主题：自然资源的利用　居民聚落和生活方式 　　单元供选部分：食物和农业　制造业和技术革命 世界经济发展　濒危的地球　核子时代的世界能源 澳大利亚的近邻 　　总论：澳大利亚近邻的文化多样性和文化接触　自然资源管理　澳大利亚与近邻关系 　　单元供选部分：食物和乡村地区城市化 经济发展　濒危的环境　政治紧张

随堂讨论

1. 列举事项，说明国外地理课程改革共同性，并说明基本原因。
2. 对照我国高中地理课程标准（实验）说明高中地理课程与国外地理课程目标和地理课程内容取向的相同点和不同点。

学习卡片

在一个日渐缩小的世界上,学生需要更高的国际交往能力,以便在经济、政治、文化、环境和安全等广泛的项目上进行合作。

国际地理联合会 地理教育委员会.地理教育国际宪章[J].冯以浤,译.地理学报,1993,48(4).

(5) 地理课程实施中突出探究式教学

地理课程实施是保证课程目标实现的关键。世界各国都在进行课堂教学改革,在地理教学中注重培养学生能力,突出探究式教学(包括研究性学习),已成为国际地理教学的重要趋势。

日本地理课程实施中的探究式教学

日本为面向21世纪对教育制度进行多方面的改革。在地理课程实施中,提出要重视学习方法指导和解决问题能力培养,并把研究性学习制度化。

研究性学习在日本被称为综合学习。设立综合学习的目的是为了改变知识偏重的倾向,培养学生的自主性和创造性。为了给学校有充分的自主权,并没有规定综合学习内容,让学生根据自己的兴趣选择学习内容,所选内容可包括自然体验、社会体验、观察、实验、体验学习、调查、情报收集、环境教育、福利及健康教育等方面。学生开展综合学习的方式是多样的,可以进行分组学习,也可以不同年龄组进行学习;既可邀请本校教师担当指导老师,也可聘请校外的能人或专家担任辅导教师。日本十分注意对综合性学习的方法指导,如案例2-2。

日本对综合学习的评价要求将评价观念从重视学习结果的评价转移到重视学习过程的评价上来,主要评价学生是否对所学内容感兴趣及关心的程度。评价的方式不由分数决定,可采取写报告、发表作品、参加讨论等形式给予一定评价。综合学习的评价结果不记入学生学习记录簿。

案例2-2

关于"身边地区"的研究性学习

野外观察——按以下步骤进行身边地区的调查

1. 确定调查目的

突出地区观察、调查目的和目标,确定调查题目。

2. 准备资料

在实地考察前,利用资料进行调查。地形图、统计、调查报告、历史记录等都是很好的资料。学校、市政府、村公所、图书馆等各处都有这些资料。实际上,与原封不动地利用统计资料的数字相比,把它们制成分布图和图表,更容易理解地区特色。通过新旧地图、平面图、照片等的对比,能充分理解地区变化。

3. 野外观察和访问

根据调查情况,选择访问地点。确定观察和访问的内容及路线,最好制成线路图。在野外观察时,确认事先利用地形图等理解地形、土地利用、聚落、铁路、公路等情况在实际中的状况,并且对地形图上未注明的事项,进行现场走访、确认。

4. 野外观察总结

利用作业地形图、图表、公布图等资料把调查的资料总结成文。

——日本 清水书院版

英国地理课程实施中的探究式教学

依据教师对课程内容及活动的控制程度,英国将教学策略划分为封闭式、引导式和开放式三种类型。开放式教学主要是进行探究式学习。要求学生在教学过程中联系生活实际,开展社区和问卷调查等活动,培养学生解决现实生活中实际问题的能力。英国《国家地理课程标准》中明确要求14岁的学生要能够利用原始资料和二手资料,使用信息技术,基于地图和图表、航片、统计资料和卫片,选择信息并描述形态和关系,实地素描、绘制剖面图和简单的轮廓图;要求学生在每个学期选择1个或2个研究课题独立或合作完成。通过提出假设、设计实验方案、搜集和处理数据、得出结论等步骤,培养学生的创新思维和实践能力。

美国地理课程实施中的探究式教学

美国地理教师在课堂中所用的教学方法是多种多样的,如利用图像系统和心理地图[①]的教学方法、运用实验媒体(包括课堂演示活动和课外实践活动)教学方法、运用计算机多媒体教学方法和案例研究的教学方法等。

案例研究就是一种探究式教学方法,一般是针对一个较为典型的地理问题进行研究。如选定一个区域进行实地调查或通过互联网获取区域信息,通过模拟的游戏对某种地理过程进行重现等。

在美国,案例研究的探究式教学方法运用较为普遍,案例2-3是美国地理教师关于"使我们的环境更加舒适:探索全球相互依赖性"课题的教学设计,我们从中可以了解美国地理课程实施中的探究式教学的一般特点。

案例2-3

美国地理课堂中的探究式教学设计

主题:使我们的环境更加舒适:探索全球相互依赖性

展区:空间认识

水平:中学(6~9年级)

和地理课程标准的关系:

标准1

能够以空间的视点为基础进行信息的搜集、处理和表示,知道如何使用地图等地理的表现工具和技术

标准2

把人、场所、环境有关的信息进行组织化,能在头脑中形成地图

标准3

使用地球上的人类、场所、环境的空间结构进行分析的方法

概述:

在这节课里,学生会对于形成一个相互依赖的全球共同体的一些不利的因素有一个更深的理解。为了达到这个目的,学生就会开展通过展区1空间认识的旅行,通过看世界阅览器预测呈现的因素之间的可能的联系。搜集一个洲里的某一个地区的信息从而对该地区进行评估,然后写出该地区所需要的而其他的地区可以提供的名单。最后学生会写一个报告,在该报告中包括他们对所选择的洲的关注、该洲的需求等以分享他们对于全球相互依赖性的理解。

目标:

学生能够探究独立自主和相互依赖的基础;

学生会使用一些技能以搜集信息,推测可能的结果然后作研究;

学生会写一个口头的演讲稿,用具有说服力的证据(视觉的和阐述性的)来阐述他们对本课的理解。

---

① 所谓"心理地图",也称为脑中地图,就是对于人、地和环境信息,按照它们的空间结构加以适当整理后,在学生头脑中编绘一幅"地图",以有效地储存和记忆各种自然和人文地理信息。

具有导向性的问题：

人口增长、语言、生物种类和数量、表面温度、日照时间和宗教等因素是怎样影响一个地区的需求以及和其他他地区保持相互依赖的能力的？

如果一个地区想和其他的地区保持更紧密的联系，应该考虑哪些因素？

讨论：

为了了解学生的已有认知以及激发学生的求知欲，问学生关于语言和宗教是怎样影响一个地区和其他地区的合作以满足他们的需求的看法。还可以就日照时间、森林覆盖率和人口增长问学生相同的问题。然后让学生进入展览馆，点击展区1并找出世界阅览器。做完这些之后，让学生通过点击世界阅览器进入程序并开始虚拟旅行以熟悉这个展区所涉及的6个主题。讨论不同的因素是怎样影响一个国家的需求的。

任务：

通过小组活动做一个报告，其中包括视觉的和书面的材料，用来和他们的同学分享交流关于一个地区独立自主和相互依赖的基础。

学生小组首先要推测一个地区成为全球共同体所要考虑的因素。当对一个地区的资产和潜力作了评估之后，学生就可以一起搜集关于一个地区实际的进口和出口、生活水平、区位以及关于经济繁荣、环境优美方面的资料。学生可以通过使用网站搜集信息。

最后的报告应该包括他们的预测以及理由，以及就所选地区创造一个反映所搜集的数据的现实的图画。

活动：

1. 当学生参观完世界阅览器的展览并填完明信片后，让返回到开头并记录关于所选地区的信息，比如他们应该搜集关于他们那个地区的"人口增长、语言、生物种类、表面温度、日照时间和宗教等的信息"。

2. 当他们搜集完数据后，让每组预测所选地区的优势和劣势以及需求。学生要注意所选地区的潜在的资产——有助于促进一个地区经济、工业和环境可持续发展的因素。学生可以推断由于人口或者经济的增长导致一个地区可能产生的问题。最后，让学生推测在他们那个地区哪种货物最多并能出口贸易进入国际市场。学生可以写下他们的推测，然后比较他们的推测和实际发现。

3. 为了做比较，学生可以通过网络搜集所选地区的资料。

学生会搜集到关于一个洲的资源、它的实际出口和进口、生活标准方面的资料和文件，以及其他可以帮助他们描述所选地区的数据。

评估：

最后，学生小组作班级报告以展示他们学习过程的每一步——他们的推测、数据的搜集以及对数据的分析，形成一个美好的全球未来所需要考虑的一些因素等。该报告和资料可以根据学生推测的清晰度和深度，以及所搜集的支持和反驳的证据的质量进行评估。

拓展：

以班级为单位，让学生根据所收集的资料画一幅世界地图并用箭头展示洲际之间的相互依赖性。

让学生比较自己制作的洲际相互依赖图和通过从网上（nationalgeographic.com）获得的政治地图，比较过程中注意社会因素对全球化的影响，比如政治领导、经济、同盟和历史。

让学生使用国家地理新闻网址搜集关于洲际关系的资料，并和原始的洲际关系图进行比较。注意将来可能出现的一些问题以及通过理解全球相互依赖性避免更多冲突的可能的方法。

学习实践

1. 解释地理课程实施中探究式教学的基本思想。
2. 地理课程实施中探究式教学有哪些基本方式？
3. 联系中学地理教学中的一个课题，谈谈进行探究式教学的思路。

2.2 我国中学地理课程发展

关键术语

◆ 清末地理课程　　◆ 民国地理课程　　◆ 中华人民共和国成立后的地理课程

 随堂讨论

1. 根据自己掌握的材料,说明我国学校地理课程发展历史与国外相比,有哪些不同。
2. 列举地理教学事项,说明中华人民共和国成立以来,我国学校地理课程发展的主要特点。

我国地理学发展的历史悠久,但古代学校中没有专门开设地理课程。到了19世纪,只是在北京和沿海城市的一些新式学校才开始有了地理课程。1904年清末实施"废科举,办学校"的教育改革,中小学才正式设立地理课程,迄今约百年历史。与西方国家比较,我国中小学地理课程的设置时间较晚,这与我国封建统治的历史较长有重要关系。我国中学地理课程发展,由于受到社会、政治、经济、教育等多种因素的影响,也经历了多次演变。

 学习卡片

课程是学校教育的核心。在课程开发过程中所做出的决策,不管有意或无意,都极大地影响着教师教什么,学生学什么,教师采用怎样的教学程序,学生进行怎样的学习活动,以及教师怎样组织教学来促进持续而整合的学习。

课程史是课程领域的全部记忆。没有它我们就不可能对当代的问题有一个全面的了解;如果没有人能够查明从前发生的事情,我们只好重新发明教育之轮,而无法认识到过去已有的成功和不成功的教育模式。

课程史还有另一种功能。这种功能不仅仅是一种实用的东西,它还是一种情感上的事情。我们以此发展一种对我们祖先的责任感,而且也许我们会激起一种抱负去继续他们的事业。

坦纳(D. Tanner),坦纳(L. Tanner).学校课程史[M].崔允漷,等译.北京:教育科学出版社,2006.

2.2.1　清末时期中学地理课程

1904年清政府颁布《奏定学堂章程》(以下简称《章程》)。这是我国最早制定的在全国普遍实施的第一个学制。《章程》正式规定在中小学开设地理课程。这个时期的中小学共14年,其中初等小学5年,高等小学4年,中学5年。中学讲授地理总论、中国地理、外国地理和地理文学。在教育目的上着重"地理知识教育和爱国思想教育,地理技能方面兼描地图"[①]。《章程》指出:"凡教地理者,在使知大地与人类之关系,其讲外国地理尤须详于与中国有重要关系之地理,且务发明中国与列国相较之分际,养成其爱国心性志气。其讲地文,须就中国之事实教之。"[②]

---

① 杨尧.中国近现代中小学地理教育史[M].西安:陕西人民教育出版社,1991:28.
② 课程教材研究所.20世纪中国中小学课程标准·教学大纲汇编·地理卷[M].北京:人民教育出版社,2001:48.

表 2-6 清末中学各年级地理课程

年级	一	二	三	四	五
地理科目	地理总论；亚洲地理 中国地理	中国地理	外国地理	外国地理	地文学
每周课时	2	3	2	2	2

清末时期中学地理课程是我国地理课程的初创时期，"在内容上，以区域地理为主，普通地理（包括地理总论和地文学）次之；而在中外区域地理中，人文地理比重远大于自然地理比重"[①]。教材以地方志式的方式编排，形式呆板，内容也比较繁杂。

2.2.2 民国时期中学地理课程

1911—1948 年是民国时期。这一时期是我国地理课程变化比较频繁的一个时期。1911 年辛亥革命后，民国政府改革清末学制。民国政府教育部颁布《中学校令》。中学学制由 5 年改为 4 年。1913 年颁布的中学课程标准中，各年级均设地理。第一、二、三年级讲授地理概论，本国地理和外国地理；第四学年讲授自然地理和人文地理。1922 年仿效美国，推行六三三新学制。中学学科分为必修和选修两类，并采取学分制。初中必修科目中，公民、历史、地理合为社会科；高中地理为选修科，作为升入大学文科或商科的选修科目。1932 年将高中地理由选修改为必修，并制定了《高级中学地理暂行课程标准》，1932 年正式颁布课程标准。该标准规定第一学年讲授本国地理，第二学年讲授本国地理、外国地理，第三学年讲授外国地理、自然地理，如表 2-7 所示。

表 2-7 民国时期中学地理课程（1929—1932）

年级	初一	初二	初三	高一	高二	高三
课程内容	中国地理	中国地理	外国地理	本国地理	本国地理 外国地理	外国地理 自然地理
每周课时	2	2	2	2	2	2

1936 年至 1940 年，民国政府教育部为适应"抗战建国之需要"，对课程标准进行了两次修订，地理课程标准中增加了"国防和国防建设"内容，并增加了中国地理的课时。1948 年由于简化和调整课程内容，地理课时总量由 24 节减少到 18 节，其中初中地理课由每周 12 节减少到 10 节；高中不再单设自然地理，每周由 12 节减少到 8 节。

民国时期的地理课程设置连续性强，地理课时较多，课程内容以区域地理为主，变化较大。与清末时期相比，这一时期地理教材的编写打破了地方志式的编写模式，注意吸收当时地理科学研究的一些成果，增强了地理性，地理教材的质量有所提高，但教材中存在地理环境决定论和种族论等错误。

2.2.3 中华人民共和国成立以来中学地理课程

2.2.3.1 中华人民共和国初期至"文化大革命"时期的中学地理课程

1949 年，中华人民共和国成立，我国中学地理课程进入了一个崭新发展的历史时期。

中华人民共和国初期，百废待兴，学习当时苏联的教育体制。1956 年教育部颁布了《中学地理教育大纲草案》。这是中华人民共和国成立后制定的第一套完整的中学地理教学大纲。大纲草案规定

---

① 杨尧.中国近现代中小学地理教育史[M].西安：陕西人民教育出版社，1991：52.

初中三个年级学习自然地理、世界地理、中国地理;高中一、二年级学习外国经济地理、中国经济地理。1957年按照"课程要精简"的指示,初中地理减少一年,高中地理取消。1963年教育部颁发《全日制中学地理教学大纲(草案)》。该大纲规定:初中一年级学习中国地理,高中一年级学习外国地理。受"文化大革命"的影响,1966—1976年中学地理课程实际上处于停滞状态。

表2-8 中华人民共和国初期至"文化大革命"时期的中学地理课程(1949—1976)

年份	初一	初二	初三	高一	高二	高三	合计
1949—1952	中国地理(2)	中国地理(2)	外国地理(2)	中国地理(自然地理1950年)(2)	中国地理(2)	外国地理(2)	12
1953—1957	自然地理(3)	世界地理(2/3)	中国地理(3/2)	外国经济地理(2)	中国经济地理(2)		12
1958	地理(3)	地理(2)			经济地理(3)		8
1959—1962	地理(3)	地理(2)					5
1963—1965	中国地理(3)			世界地理(3)			6
1966—1976	地理(0—2)						0—2

(注:括号内为周学时数)

可以看出,从中华人民共和国初期到"文化大革命"前,我国中学地理课程内容区域取向是明显的。"文化大革命"对地理教育的冲击是十分严重的。

2.2.3.2 "文化大革命"后的中学地理课程

1976年结束"文化大革命",1977年全国恢复"高考"。1978年教育部颁发《全日制十年制学校地理教学大纲(试行草案)》,规定:地理在小学五、六年级开设。20世纪80年代初,中小学学制恢复到12年制,高中地理课恢复。1986年教育部颁发《全日制中学地理教学大纲》,并规定初中讲授中国和世界地理;高中讲授以人地关系为主线的系统地理。1990年对《全日制中学地理教学大纲》做了修订,1995年新教学计划高中增设了选修课。地理课程内容由"文化大革命"前的区域取向为主,向区域取向和系统取向并重的方向发展。地理课程内容的科学性和系统性明显提高。

表2-9 "文化大革命"后的中学地理课程设置(1977—2000)

年份	初一	初二	初三	高一	高二	高三	合计
1977—1980	中国地理(3)	世界地理(2)					(5)
1981—1993	中国地理(3)	世界地理(2)		地理(2)	地理(文科班)(3)		(7)(不包括选修)
1993—2000	地理(3)	地理(2)	地理(3)	地理(选修)(2)	地理(选修)(2)		(8)(不包括选修)

(注:括号内为周学时数)

2.2.3.3　2002年起实行的高中地理课程

1996年国家教委制订了新的高中课程计划,计划规定高中地理分为必修和选修。高中一年级开设必修课,讲授系统地理;高中二、三年级开设限定性选修课,讲授人文地理和中国区域地理研究。同时颁布了《全日制普通高级中学地理教学大纲(供试验用)》,这个大纲和人民教育出版社编写的教材于1997年开始在我国少部分地区试用。2000年教育部对经过试验的高中地理教学大纲进行了修订,并推广到全国10个省市继续试用。2002年教育部正式颁布了《全日制普通高级中学地理教学大纲》,设置了高中地理必修课程和选修课程。按照高中课程计划,规定高中地理必修课,每周3课时,课程内容为地理环境的基础知识和人地关系;高中地理选修课,累计每周4课时,课程内容为人文地理基础知识及中国国土整治和区域发展。该大纲还提出了高中地理研究性学习课题。

高中地理必修课课程

高中地理必修课课程内容为关于地理环境的基础知识和人地关系。2002年的《全日制普通高级中学地理教学大纲》的要求是:使高中学生了解人类生存的地理环境的组成及其主要特征,理解地理环境各组成部分之间的相互关系;了解人类活动对地理环境的影响、相应人文环境的形成和特点;了解人类活动与环境相互作用产生的重大问题,认识人类与环境协调发展的重大意义及实施途径。初步掌握必要的地理观察、学习、调查、运用图表和数据分析等的基本方法和技能;学会运用地理基本概念、原理分析评价地理问题。增强环境意识和全球观念,树立科学的人口观、环境观、资源观和可持续发展的观点。

高中地理选修课课程

高中地理选修课课程分为两部分:第一部分是人文地理基础知识,第二部分是中国国土整治和区域发展。

第一部分是人文地理基础知识及其在经济建设、社会发展和日常生活等方面的作用;初步掌握学习人文地理的调查、访问、分析资料等的基本方法,学习运用人文地理的基本概念和原理思考和分析问题。

第二部分是中国在自然条件和经济发展方面的区域差异,中国在区域国土整治和区域发展中面临的主要问题和解决办法。学生要树立区域可持续发展观念,能够联系国土整治和区域发展的基本理论和方法,分析本地国土整治中的一些实际问题。结合人文地理和中国国土整治方面的学习和实践活动,培养尊重客观规律、实事求是的科学态度,增强热爱祖国的情感。

高中地理研究性学习课题

2002年正式颁布的《全日制普通高级中学地理教学大纲》(以下简称《大纲》)首次提出了研究性学习课题。为了提高学生的自学能力和探究能力,《大纲》要求:高中地理每一学期要求学生至少做一次专题研究。每一研究课题,学生可独立完成,也可合作完成;要明确研究目的,拟定研究题目,采取可行的方法和步骤,得出结论(探究报告)。《大纲》拟定29个研究性学习课题供参考,学生也可以自行选择或设计其他课题。

2002年起实行的高中地理课程,有必修课程和选修课程,并倡导地理研究性学习。它体现了关注学生个性发展的课程取向,可以看成是我国地理新课程改革的一种导向。

案例 2-4

1990年《全日制中学地理教学大纲》(摘录)

教学目的

中学地理的教学目的,是在小学地理教学的基础上,使学生获得比较系统的地理基础知识和基本技能,并积极发展学生的地理思维能力和智力,培养他们学习地理的兴趣、爱好和独立吸取地理新知识的能力。

中学地理教学应使学生进一步受到爱国主义、国际主义、辩证唯物主义、历史唯物主义的思想政治教育以及有关的国情、国策教育,还要对学生进行科学的资源观、人口观和环境观的教育。此外,还应结合乡土地理的教学,对学生进行热爱家乡的教育,使他们树立把祖国建设成为社会主义现代化国家的雄心壮志。

案例 2-5

2000年《全日制普通高级中学地理教学大纲(试验修订版)》(摘录)

教学目的

1. 使学生获得比较系统的自然地理知识和人文地理基础知识。了解当代中国国土整治和区域发展所面临的重要课题。
2. 培养学生的地理基本技能、地理思维能力,以及地理探究能力;能够独立与人合作。运用地理科学的观念、知识和技能,对人类与环境之间的问题做出正确的判断和评价。
3. 帮助学生形成科学的人口观、资源观、环境观,以及可持续发展的观念;深化对国情、国力以及国策的认识;积极参与协调人类与环境关系的活动。
4. 深入进行爱国主义教育,培养学生热爱祖国的深厚感情,以及对社会的责任感。

随堂讨论

1. 比较1990年和2000年地理教学大纲在教学目的上发生了哪些变化?
2. 分析1990年和2000年地理教学大纲的教学目的变化原因。

标准链接

高中地理课程是与义务教育地理课程相衔接的一门基础学科课程,其内容反映地理学的本质,体现地理学的基本思想和方法。地理课程旨在使学生具备人地协调观、综合思维、区域认知、地理实践力等地理学科核心素养,学会从地理视角认识和欣赏自然与人文环境,懂得人与自然和谐共生的道理,提高生活品位和精神境界,为培养德智体美全面发展的社会主义建设者和接班人奠定基础。

中华人民共和国教育部.普通高中地理课程标准(2017年版)[S].北京:人民教育出版社,2018.

2.2.3.4 地理新课程改革

1999年《中共中央 国务院关于深化教育改革,全面推进素质教育的决定》提出:"调整和改革课程体系、结构、内容,建立新的基础教育课程体系";2001年6月《国务院关于基础教育改革与发展的决定》进一步明确了"加快构建符合素质教育要求的基础教育课程体系"的任务。于是,我国新一轮基础教育课程改革在世纪之交启动。2001年,教育部制定了《基础教育课程改革纲要》,确定了改革目标,指导各个学科开展课程改革。经过研制,2001年和2003年教育部分别颁布了《初中地理课程标准(实验稿)》和《普通高中地理课程标准(实验稿)》。经过10多年的改革实践,2011年教育部颁布《义务教育初中地理课程标准(2011年版)》;2013年,教育部启动了普通高中地理课程修订工作。2018年,教育部颁布了《普通高中地理课程标准(2017年版)》,标志着我国中学地理课程进入了新一轮改革时期。地理新课程改革将在第3章专题论述。

学习实践

分析说明中华人民共和国成立以来我国地理课程内容发生的变化及其原因。

本章小结

1. 17世纪中叶,国外学校正式设置地理课程,是近代学校地理课程的开端。捷克教育家夸美纽斯对学校地理课程的设置做出了重要贡献。

2. 现代中学地理课程开始于第二次世界大战之后。现代中学地理课程改革表现出地理课时较多,地理课程地位提升,有地理必修、选择性必修和选修课程,类型多样;地理课程培养目标全面,突出地理能力要求;课程组织以区域学习或专题学习为基本结构;课程内容以人地关系为主线、以可持续发展为核心;地理教学中突出探究式教学,重视培养学生自主学习和学会学习。

3. 我国学校地理课程在清末1904年正式设置。中华人民共和国成立以来又经历了不同的发展阶段,学校地理课程地位不稳、地理课程设置年级不断变化;地理课时较少,课程内容以区域取向为主;地理课程受"文化大革命"冲击严重。"文化大革命"以后地理教育在改革中得到发展,课程内容具有区域取向和系统取向并重的特点。目前进入地理新课程改革时期。

本章思考题

1. 试分析说明国际地理课程改革的趋势及其原因。
2. 试分析说明我国地理课程地位不稳的基本原因及其应对措施。

拓展学习

对照我国《普通高中地理课程标准(2017年版)》,研读日本高中地理学习指导要领,从地理课程目标、区域地理内容选择、地理信息技术运用等方面比较,说明共同性和差异性。

日本高中地理学习指导要领(2004)

地理A

目标

依据地域性考察现代世界的地理诸项课题,在认识对现代世界地理的同时,养成地理的见解与看法,并培养作为国际社会的主体而存在的日本人的自觉性与资质。

内容

1. 现代世界的特色与地理技能

通过对现代世界的地域性及动向的体验、劳作式学习了解现代世界的特色的同时,掌握地理技能。

(1)地球表面上的世界与地域构成

通过地球仪与世界地图的比较,我们能够了解地球表面的大陆与海洋的形状、世界各国的位置关系、方位、时差,以及日本的地理位置与领域等情况。

（2）相互联系的现代世界

随着交通与通信技术的发展,搜集与分析人与事物的国际移动等资料,使人们认识各个地域间的相对位置、距离等关系发生了变化,人们的地理视野不断扩大,同时各国之间的联系与国际贸易往来变得活跃与复杂起来。

（3）逐渐增加的多样化的人类活动与现代世界

通过搜集整理世界各地的消费与闲暇活动、观光、志愿者活动等资料,使我们认识到世界各地的人们的多样化活动与地理环境的关系。

（4）身边地域的国际化进展

人们的生活圈、行动圈与世界的联结,通过对诸多现象的地域调查及调查结果的信息化反映,我们了解到身边的地域的国际化进展和日本与世界日益联系的情况。

2. 地域性的现代世界课题

在现代世界的诸多组成课题中,应该把对异文化的理解及地球性课题的组成的研究放在重点位置,并以此做进一步的地域追踪调查,在加深对现代世界地理性的认识的同时形成地理性的见解与看法。

（1）世界生活、文化的考察

A. 各地区的生活、文化与环境

调查研究世界各地区的生活、文化与地理环境、民族性的关系,在掌握对生活、文化地理性的考察观点与方法的同时理解与尊重异文化。

B. 近邻诸国的生活、文化与日本

调查研究近邻诸国的生活、文化的特色,了解其与日本的共通性与异质性,形成考察的观点与见解并理解与尊重近邻国家的生活与文化。

（2）地球性课题的地理考察

A. 从各地域来看地球性课题

对环境、资源、能源、人口、食物及居住、城市问题以地球性与地域性的视野进行调查研究,地球性课题是超越地域性的课题,同时又会因地域的不同而有不同方式的呈现,这些课题的解决要依赖与各国及国际社会的共同努力。

B. 近邻诸国和日本共同致力于的地球性课题与国际协力

C. 调查研究近邻诸国和日本共同致力于的地球性课题,了解这些课题会因国家的不同而有所差异,问题的解决要依托于国际的共同努力,并考察日本在其间的作用。

课程链接

1. 美国教育部：http://www.ed.gov/index.jhtml
2. 美国国家地理：http://www.nationalgeographic.com/
3. 美国国家标准：http://www.hawaii.edu/hga/Standard/Standard.html
4. 英国教育部：http://www.dfes.gov.uk/
5. 英国国家课程在线：http://www.nc.uk.net/webdav/harmonise? Page/@id=6016
6. 英国国家课程行动：http://www.ncaction.org.uk/index.htm
7. 英国资格和课程：http://www.qca.org.uk/
8. 英国教师资源：http://tre.ngfl.gov.uk/
9. 英国地理教材网：http://www.cgpbooks.co.uk/index.asp
10. 德国教育和研究联邦部：http://www.bmbf.de/index.php

参考文献

[1] 课程教材研究所.20世纪中国中小学课程标准·教学大纲汇编·地理卷[M].北京:人民教育出版社,2001.

[2] 中华人民共和国教育部.普通高中地理课程标准(2017年版)[S].北京:人民教育出版社,2018.

[3] 杨尧.中国近现代中小学地理教育史[M].陕西:陕西人民教育出版社,1991.

[4] 陈可馨,宫作民.地理教育比较研究[M].北京:教育科学出版社,1993.

[5] 王民.地理比较教育[M].南宁:广西教育出版社,2006.

第 3 章　地理课程改革

本章概要

　　地理课程改革是当前基础地理教育改革的核心。本章内容由地理课程基础知识、地理课程改革目标、地理新课程基本结构三部分组成。主要阐述地理课程的含义与类型、地理课程发展的影响因素、地理课程改革背景、地理课程基本理念与地理新课程基本结构等内容。了解地理课程的基础知识，明确地理课程改革的背景和目标，掌握地理新课程的基本理念和基本结构，是顺利完成地理课程教学任务的必要条件，也是地理课程改革顺利进行的有效保障。

学习目标

通过本章学习你可以
1. 说出地理课程的含义与基本类型；
2. 举例说明影响地理课程发展的基本因素；
3. 简述地理课程改革的背景；
4. 解释地理新课程的基本理念；
5. 分析地理新课程的基本结构。

3.1　地理课程的基础知识

关键术语

◆ 地理课程　◆ 课程含义　◆ 课程类型　◆ 课程发展　◆ 影响因素

案例 3-1

> **关于地理课程含义的对话**
>
> 　　在一次地理课程改革研讨会中，有几位地理教师对地理课程含义进行了如下对话：
> 　　L 教师：地理课程不就是地理教材吗？就是地理教科书、地理教辅读物、地理教学参考资料、地图册以及地理练习册，等等。
> 　　W 教师：一谈到地理课程，大都会认为那是课程专家的事，教师面临的只是地理教学问题。但是随着地理课程改革的发展，教师对地理课程的认识正发生着观念上的变化，我觉得地理课程不仅仅包括你说的教材，地理课程应该是学校地理教育内容的总和。它并不等同于地理教材，而应由地理课程标准、地理课程方案、地理课程计划、地理教科书以及各种地理教学辅助材料等构成。
> 　　Z 教师：我认为地理课程是一个很广泛的概念，地理课程的含义随社会发展不断变化，如果让我给地理课程下一个定义，我还真难以做到。
> 　　H 教师：我比较同意 W 老师的看法，我认为现代的地理课程就是一切可以用于地理教育活动的知识、经验、活动以及环境的综合。包括地理教材、校园文化、教学环境、地理园等。

随堂讨论

1. 你对上述老师的对话有何感想?
2. 你认为地理课程的含义是什么?

地理课程是学校地理教育的实体或内容,它规定学校地理教什么,主要着眼于地理学科结构与地理学科内容;地理教学是学校地理教育的过程或手段,它决定学校地理怎么教,主要着眼于地理教学结构与地理教学活动。

3.1.1 地理课程的含义与类型

3.1.1.1 地理课程的含义

课程是一个使用广泛而又具有重要意义的术语。不同的人在不同的情景中,其内涵和外延会有很大的差异。在我国,"课程"一词始见于唐宋时期,从我国古代书中"课程"一词的用法来看,课程的含义既包括教学科目,又包括教学科目的教学顺序和教学时间。

在英语世界,课程(Curriculum)一词最早由英国教育学家斯宾塞(H. Spencer)提出。课程一词意为"跑道"(Race-course),根据这一词源,最常见的课程定义是"学习的进程"(Course of study),简称学程,既可以指一门学程,又可以指学校提供的所有学程。这与我国一些教育辞书对课程的解释基本上是吻合的。

随着社会发展,课程定义大致可以归纳为三类:学科说,将课程作为学科,这是使用最普遍也是最常识化的课程定义。如《辞海》:"课程即教学的科目,可以指一个教学科目,也可以指学校的或一个专业的全部教学科目,或指一组教学科目;"计划说或目标说,把课程视为教学过程要达到的目标,教学预期的结果或教学的预先计划[①]。如美国课程论专家塔巴(H. Taba)、麦克唐纳(J. Mac Donald)等学者认为:"课程即学习计划(program of studies)。"我国也有学者将课程定义为:"指导学生获得全部教育性经验的计划;"[②]经验说或体验说,将课程视为学生在教师指导下所获得的经验或体验,以及学生自主获得的经验或体验。美国学者泰勒(R. Tyler)、多尔(W. Doil)、史密斯(David Smith)等认为:"课程是有计划的学习经验"(Planned learning experience)。

地理课程的含义与课程的含义一样,也是随社会发展而不断变化的,就地理课程的含义而言,我国当前大多数地理科学者认为:"地理课程就是地理课业及其进程。通常来说,它具体包括地理课程标准(或地理教学大纲)和地理教材(包括地理教科书、地图册、音像教材)等。"[③]

从世界各国中学教育课程体系来看,尽管地理课程形式有所差异,但地理课程都是不可缺少的必修或选修课程之一。地理课程在基础教育当中的功能主要表现在使学生掌握现代公民必备的地理知识,增强学生的地理生存能力和学习能力;关注人口、资源、环境和区域发展等基本问题,以利于学生正确认识人地关系,形成可持续发展的观念等。这些功能是其他学科课程不可替代的。

---

① 袁振国.当代教育学[M].北京:教育科学出版社,2004:132.
② 李臣.活动课程研究[M].北京:教育科学出版社,1998:52.
③ 袁振国.当代教育学[M].北京:教育科学出版社,2004:132.

随堂讨论

1. 地理课程包括哪些方面的内容？
2. 地理课程主要具有哪些方面的教育功能？

3.1.1.2 地理课程的类型

案例 3-2

《基础教育改革纲要(试行)》有关课程类型结构的规定

针对我国现行课程类型结构单一的情况，《基础教育改革纲要(试行)》第二部分对课程类型结构做了明确阐述：

1. 整体设置九年一贯的义务教育课程。小学阶段以综合课程为主。小学低年级开设品德与生活、语文、数学、体育、艺术等课程，小学中高年级开设品德与社会、语文、数学、科学、外语、综合实践活动、体育、艺术(或音乐、美术)等课程。

初中阶段设置分科与综合相结合的课程。主要包括思想品德、语文、数学、外语、科学(或物理、化学、生物)、历史与社会(或历史、地理)、体育与健康、艺术(或音乐、美术)以及综合实践活动。积极倡导各地选择综合课程。学校应创造条件开设选修课程。

2. 高中以分科课程为主。为使学生在普遍达到基本要求的前提下实现有个性的发展，课程标准应有不同水平的要求，在开设必修课程的同时，设置丰富多彩的选修课程，开设技术类课程。积极试行学分制管理。

3. 从小学到高中设置综合实践活动并作为必修课程，其内容主要包括：信息技术教育、研究性学习、社会服务与社会实践以及劳动与技术教育。

4. 农村中学课程要为当地社会经济发展服务，在达到国家课程基本要求的同时，可根据先导农业发展和农村产业结构的调整因地制宜地设置符合当地需要的课程。城市普通中学也要逐步开设职业技术课程。

"课程类型是指课程的组织方式或设计课程的种类。"①研究课程类型，有助于理解课程的概念，有益于教师在课程实施中正确选择和对待各种课程类型。由于课程观不同，课程类型也有所不同，课程分类的焦点在于课程类型的划分依据。多数学者认为，课程类型划分应主要考虑课程表现形式、课程内容组织、课程的实施与课程管理等方面的差异。基于此，我国当前学校地理课程大致可分为如下几类。

（1）显性地理课程与隐性地理课程

"显性课程与隐性课程之间的界限，是以课程的表现形式为依据的。"②显性地理课程是学校情境中以直接的、明显的方式呈现的地理课程；隐性地理课程是学校情境中以间接的、内隐的方式呈现的地理课程。显性地理课程又称正式地理课程，是为实现地理教学目的而正式列入学校课程计划并按照学科实施的地理课程。

隐性课程，也称为潜在课程、隐蔽课程等，最早由美国学者杰克逊(Jackson)于1968年在其《教室生活》一书中提出。③ 隐性地理课程与正式地理课程相对应，是学校通过教育环境(包括物质的、文化

---

① 袁振国.当代教育学[M].北京：教育科学出版社，2004：132.
② 陈澄.新编地理教学论[M].上海：华东师范大学出版社，2007：25.
③ 袁书琪.地理教育学[M].北京：高等教育出版社，2001：222.

的和社会关系结构的),有意或无意传递给学生地理学习信息的教育活动和学生自发的地理学习活动。凡是正式地理课程明确了的教学内容,一般不属于隐性地理课程的范畴,隐性地理课程主要限定在学校范围之内的生活空间。如校园文化,学校或班级活动、学校团体交往活动等。

(2) 必修地理课程与选修地理课程

这是从地理课程实施来区分的两种类型。必修地理课程是所有学生都必须共同学习和掌握的地理课程;选修地理课程则以学生存在的差异为出发点,依据不同学生的特点与发展方向,容许学生根据自己的意愿选学的地理课程。必修地理课程是为了保证地理基本教育目标的实现,选修地理课程则是使地理课程适应学生多方面的需要。必修地理课程的主导价值在于培养和发展学生的共性,而选修地理课程的主导价值在于满足学生的兴趣、爱好,培养和发展学生的个性。两类课程相辅相成,各有其任务,不能偏废。

从课程价值观看,必修地理课程与选修地理课程之间的关系可以归结到"共性发展"与"个性发展"之间的层面。共性发展是指所有学生学习地理课程时都必须达到的普遍的基本要求;个性发展是指适合于不同学生个性、兴趣、爱好和能力倾向的有个性的发展。《基础教育课程改革纲要(试行)》规定:在高中阶段,为使学生在普遍达到基本要求的前提下完成有个性的发展,课程标准应有不同水平的要求,在开设必修课程的同时,设置丰富多样的选修课程。

标准链接

> 按照普通高中课程方案的规定,必修课程的内容应精选学生终身发展必备的地理基础知识和基本技能,以满足全体学生基本的地理学习需求。选择性必修课程内容应在必修课程的基础上加深、拓展,以满足部分学生升学考试或就业的需要。选修课程应提供多样化的课程清单,以满足不同学生出于兴趣爱好、学业发展或职业倾向等进行选课的需要。
>
> 中华人民共和国教育部.普通高中地理课程标准(2017年版)[S].北京:人民教育出版社,2018.

(3) 分科地理课程与综合地理课程

这是从课程内容的组织方式来区分的两种地理课程类型。分科地理课程是以地理学科逻辑知识为中心编排的地理课程,是依据地理教育目标和受教育者的发展水平从地理科学各分支学科中选择内容、组成课程,以学科逻辑知识体系制定标准,编写教科书,规定教学顺序、教学周期与学时的课程。它是我国当前学校地理教学课程的基本形式。分科地理课程以其严谨的逻辑结构、知识的系统性和简约性为特点。综合地理课程与分科地理课程相对应,它是打破学科组织的界限,强调学科之间的内在联系性,强调不同学科的相互融合。

分科地理课程是我国地理课程的传统,其优点是同地理科学各分支学科比较吻合,有较强的科学性与系统性,缺点是容易造成分支学科间的分隔,不利于解决实际问题的综合能力的发展。综合地理课程则正好相反。分科地理课程的主导价值在于使学生获得逻辑严密和条理清晰的地理知识与地理技能,综合地理课程的主导价值在于通过相关学科的整合,促进学生地理认识的整体性发展,并形成把握和解决问题的全面视野与方法。

(4) 国家地理课程、地方地理课程与校本地理课程

这是从地理课程的管理主体来区分的课程类型。新课程改革实行国家课程、地方课程与校本课程三级课程管理体系,其中,国家地理课程的主导价值在于通过地理课程体现国家的地理教育目标和地理教育价值,地方地理课程的主导价值在于通过地理课程满足地方社会发展的需要,校本地理课程的主导价值在于通过地理课程展示学校的地理办学特色和宗旨。

国家地理课程、地方地理课程与校本地理课程共同构成地理课程的三级管理体系,三者之间相互

联系、相互促进、共同完善。地方地理课程的建设不能游离于国家地理课程的总体框架,应该与国家地理课程相辅相成,弥补国家地理课程难以兼顾的部分,校本地理课程往往是地方地理课程某一方面的拓展与深化,可以进一步依据学校的具体情况补充地方地理课程难以兼顾的内容和问题。因而,国家教育部门、地方教育部门和学校应该对国家地理课程、地方地理课程和校本地理课程加强规划和整合,使得基础教育地理课程体系具有完整的框架体系,同时,在不同地方、不同学校又具有不同的特色。

表 3-1　不同地理课程类型的比较

划分依据	课程类型	特点	局限性
课程表现形式	显性地理课程	正式性、直接性	正式列入学校课程计划,按照学科教学要求实施,缺乏灵活性
	隐性地理课程	非强制性、易接受性	通过学校教育环境、校园文化等有意或无意传递给学生地理学习信息的教育活动和学生自发的地理学习活动。没有统一的规定与要求,差距大
课程实施要求	必修地理课程	共同性、强制性	主导价值在于培养和发展学生的共性,不利于学生地理学习的"个性发展"
	选择性必修地理课程		主导价值在于学生可以结合其未来高等教育学业与职业方向进行选择
	选修地理课程	选择性、多样性	主导价值在于满足学生的兴趣、爱好,培养和发展学生的个性。不利于学生地理学习的"共性发展"
课程内容组织方式	分科地理课程	知识的逻辑性、系统性、简约性	易造成地理分支学科间的分隔,不利于解决实际问题的综合能力的发展
	综合地理课程	知识的综合性	强调学科知识的综合,知识的逻辑性与系统性不强
课程管理主体	国家地理课程	强制性、统一性	以学生的一般地理学习需要为基础,难以顾及每个地方、每个学校、每个学生之间地理学习的差异
	地方地理课程	地方性、实用性	相对于国家地理课程有较大的地方适应性,相对于校本课程具有一定的统一性,不易做好三者之间的协调
	校本地理课程	灵活性、特色化	以学校为基地,以地理教师为课程开发主体,难以顾及与国家、地方地理课程间的统一

学习卡片

课程管理

为保障和促进课程适应不同地区、学校、学生的要求,实行国家、地方和学校三级课程管理。

教育部总体规划基础教育课程,制订基础教育课程管理政策,确定国家课程门类和课时。制订国家课程标准,积极试行新的课程评价制度。

省级教育行政部门依据国家课程管理政策和本地实际情况,制订本省(自治区、直辖市)实施国家课程的计划,规划地方课程,报教育部备案并组织实施。

学校在执行国家课程与地方课程的同时,应视当地社会、经济发展的具体情况,结合本校的传统和优势、学生的兴趣和需要,开发或选用适合本校的课程。

中华人民共和国教育部.基础教育课程改革纲要(试行)[S].2001.

随堂讨论

1. 除了上述地理课程类型外,你认为我国地理课程还可以分为哪些类型?
2. 结合你熟悉的中学,说出该学校地理课程设置有哪些类型?

3.1.2 影响地理课程发展的因素

案例 3-3

高中地理教学大纲主要内容的比较

1. 1986 年教育部《全日制中学地理教学大纲》

这是一部初中、高中合在一起的地理教学大纲。这是我国改革开放后教育部第一次规定高中地理教学大纲。高中部分的主要内容为:① 在中学地理课第一次讲述系统地理,以系统地理为主要内容,改变"地名+物产"的地理教学内容结构。从学科本位出发,知识结构强调系统性、理论性;② 以人地关系为主线,将中学地理教学内容纳入人地关系范畴,强调培养学生科学的资源观、人口观和环境观,受社会、政治因素的影响,这些内容(尤其是人文地理部分)政策性强,而地理性弱;③ 重视学生能力的培养,将基本的地理思维、方法和基本技能引入高中地理教学。

2. 1996 年教育部《全日制普通高级中学地理教学大纲(供试验用)》

与 1986 年大纲相比,主要内容变化为:① 高中地理教学内容打破了地理科学科的系统,以人地关系为主线,以可持续发展为指导思想,以培养合格公民为目标。自然地理部分以四大环境代替传统的圈层结构,人文地理部分则围绕人类的基础活动——生产、居住、联系和休闲,阐述人类活动与地理环境的关系;② 强调内容理论联系实际,大纲多处要求"用典型案例说明"和"结合实例说明"等,此外,将当今世界出现的一些重大环境问题、热点问题等联系到相关的知识内容中,体现了地理的综合性特点和在现代社会发展中的实用价值;③ 强调对学生进行思想教育,注意对学生进行价值观念教育,要求学生形成良好的行为规范,要求学生能够运用所学的地理观念、知识、技能,对人类与环境之间的问题做出正确的判断和评价。

3. 2000 年教育部《全日制普通高级中学地理教学大纲(试验修订版)》

这部大纲是对 1996 年大纲的修订,主要内容变化为:① 适应素质教育的要求,在大纲中第一次列入课题研究的要求。增加了"高中地理研究性课题",并附了 26 个课题供选择、参考;② 删减了一些过时、过难和地理教育价值不大的内容,增加了一些与社会、经济发展联系密切并反映地理科学新进展的内容;③ 对一些知识结构进行了调整和修改。如将高一"人类面临的全球性问题"和"可持续发展问题"两部分合为"人类面临的全球性问题和可持续发展",将高二"领土与国力"调整为"世界经济政治地理格局"等。

 随堂讨论

1. 比较案例 3-3 地理教学大纲主要内容,说明随时代发展高中地理课程内容主要发生了哪些方面的变化。
2. 由案例 3-3 地理教学大纲内容的发展变化,思考影响高中地理课程内容发展变化的主要因素。

教育实践表明,课程的发展是有规律的,地理课程的发展也是有规律的。从20世纪各国地理课程改革的实践,结合我国地理课程的发展实际可以看出,影响我国地理课程发展的因素很多,但主要受社会、学生、地理科学知识三大因素的制约。地理课程发展是"三因素"综合制约的结果。

3.1.2.1 社会因素对地理课程的影响

(1) 社会发展对地理课程的影响

社会发展开拓了地理课程的视野。改革开放30年来,我国社会取得了巨大进步,无论在物质文明,还是在精神文明方面都相继取得了一系列重大成就。现代化改变了人们的生产与生活方式,也导致了传统意识观念的变革。社会发展要求中学地理课程从全新的角度、广阔的视野去看待社会、经济和环境生态问题,去重新审视我们赖以生存的自然环境,对人地关系和可持续发展做出综合性和前瞻性的深入思考。这些都对中学地理课程的设置及内容变革和传授方式提出了新的要求。

社会发展除了对地理课程具有传统意义的需求之外,还有时代性的要求。21世纪,社会发展具有两个不容忽视的趋势:一是环境演变问题日益受到高度重视,环境伦理道德观及可持续发展观将成为人类新世纪的主流意识,在中学地理课程中,此观念如同一条主线贯穿始终。二是全球性问题正逐步融入人们的日常生活与生产活动中,社会结构显示出多样性与趋同性并存的发展趋势。在以往的地理课程中,存在自然地理与人文地理分开、割裂的现象,结果导致地理教育中社会视野的主观性和分析问题的局限性;部门地理科学与区域地理科学的内容编排亦存在着一定的脱节现象,不利于培养学生综合性和前瞻性地认识地理事物的能力。社会的发展要求设计新的地理课程时,要打破原有的思维定式,加强分析综合的力度,加大理解问题的深度,侧重于自然地理与人文地理的结合,部门地理与区域地理的结合,强调拓展学生的知识视野,培养学生敏锐的观察力和创造性的思维能力。并在情感态度与价值观等方面加强对学生进行正确的资源观、人口观和环境观的培养。

(2) 经济发展对地理课程的影响

经济发展对我国地理课程的影响是多方面的。第一,经济发展中出现的新理论、新现象、新趋势,如经济全球化、世界经济一体化、"一带一路""两山理论"知识经济等,将极大地丰富我国中学地理课程的内容。第二,经济发展中出现的各种实际问题,如城乡关系、新农村建设、生态恶化、土地覆盖与土地利用等,对地理课程的深化并与社会经济的实际结合提出了挑战。第三,经济发展中新理论、新技术、新方法的应用,使地理课程中经济分析、资源分析、区位分析、环境分析等方法与手段更为科学全面,既可以为课程增加更多生动有趣的辅助学习资料,也有利于培养学生分析问题、解决问题和独立思考的能力,以及创新意识。地理课程应紧密结合经济发展的各个方面,培养学生正视社会、投身现实、服务实际的观念,教会学生分析和解决各种社会经济现实问题的方法和手段,使所学的地理知识为经济建设服务,适应经济发展的需要。

经济全球化将从根本上改变传统的经济空间概念,改变以往区域经济自成体系的封闭状态,使得地理课程的有关内容必须作相应的改革和补充。首先,必须增加有关世界经济全球化的内容,使学生认识到地区和企业的经济活动不能只从国内或地区市场的需要来考虑,而要从全球范围来分析其可行性。其次,地理课程应当引导学生正确分析全球化经济形势和掌握世界经济的变化趋势,并根据不同年级学生的心理特征和认识能力,从不同的角度来分析认识世界经济全球化问题。知识经济的兴起,将导致人类生产活动的空间组织和演变机理发生重大变化。地理课程要使学生了解,随着知识经济的到来,传统经济的运作模式正在为知识经济的运作模式所取代,科技进步正在成为国家和地区经济竞争的关键,帮助学生树立"科学技术是第一生产力"的发展思想。市场经济体制的建立与完善,决定着经济发展的驱动力状况,影响着区域经济竞争优势的对比关系,进而影响到区域经济格局的变化。这些问题均应在地理课程中有所反映。

(3) 文化发展对地理课程的影响

文化包括物质文化、精神文化与制度文化三个方面。地理科学主要从区域性与综合性的角度研究文化现象以至文化内涵。文化发展对地理课程的影响,主要反映在区域文化景观的变化和差异方面,进而体现于国家和地区的文化内涵和精神文明。物质文化对地理课程的影响往往表现为直接性和动态性的内容。如对建筑文化、饮食文化、居住文化等的影响和表现。制度文化反映的是个人和他人、个体和群体之间的关系,制度一旦形成便成为人们社会行为的依据,并具备强制性和权威性,而且对物质文化与精神文化有重要的影响和制约作用,地理课程应从此角度出发,培养学生良好的公民素质和积极的社会态度。精神文化是人们认识地理环境、改造自然界,逐步实现人地关系协调的行为准则。在地理课程中应从此角度强调认识世界、改造世界的科学性与客观性,并把环境教育和可持续发展作为地理课程的核心内容。

中学地理应当将文化发展的新理念纳入课程建设中来,重点培养学生互助互爱的精神境界,珍视世界文化多样性的审美情趣、积极向上的道德准则和社会态度,以及正确的行为规范。例如,如何处理现代文化对传统文化的替代与整合;如何教育学生在选择现代文化的同时,保持对传统文化的理解、尊重与爱护,并将其中蕴含的文化精神继承下来等。中学地理课程还应从可持续发展角度,培养学生节俭的美德。此外,精神文化的发展对于人们的审美观也提出了更高的要求,中学地理课程也应注意加强地理美学和审美情趣方面的内容。

标准链接

> 掌握专业知识:掌握教育理论的基本知识,能够遵循中学教育规律、结合中学生认知发展特点,运用教育原理和方法,分析和解决教育教学实践中的问题。
>
> 中华人民共和国教育部.中学教育专业师范生教师职业能力标准(试行)[S].2021.

随堂讨论

1. 请结合高中地理新课程内容,说明社会因素对地理课程影响的具体表现。
2. 请用实例说明影响地理课程发展的文化现象。

3.1.2.2 学生因素对地理课程的影响

地理课程是为促进学生发展设置的,地理课程不仅受社会因素的制约,还受学生因素的制约。学生地理认知的发展有赖于地理课程的指引,地理课程的设计也须符合学生身心发展的年龄特征差异以及学生健康成长的基本需要。

学生身心发展的年龄特征差异对地理课程的影响主要体现在三个方面。

第一,学生身心发展的年龄特征影响地理课程类型的设置。由于学生身心的发展有着基本的范式和规律,因而地理课程的设置须满足学生身心全面发展的需要,一方面,要注意满足学生学习地理科学知识(即前人经验)的需要,这需开设促进学生地理认知、地理技能、地理审美等和谐发展的内容,比如在课程内容的设置上不仅要有自然地理内容,还要有人文地理内容,不仅要掌握地理知识,还要学习地理技能;另一方面,要适当满足学生获取某些地理直接经验的需要,这需设置促进学生地理基本素质充分而有特色发展的地理活动课程,比如"运用地图辨别方向""识别常用天气符号,能看懂简单的天气图"等。此外,由于学生具有不同的地理兴趣、爱好和能力倾向,这就要求地理课程不仅仅要有必修课,还要设置一定数目的选修课。

第二,学生身心发展的年龄特征影响地理课程目标的设计。一方面,地理课程目标的设计要反映每个学生身心发展的统一性,另一方面,学生身心发展的阶段性和连续性要求不同阶段的地理课程目标既有不同的重点,又能前后衔接。如:《义务教育地理课程标准(2011年版)》规定的总体目标和《普通高中地理课程标准(2017年版)》确定的总体目标就分别考虑了初中学生和高中学生的身心发展年龄特征。

第三,学生身心发展的年龄特征影响地理课程内容的编制。这突出地表现在学生心理特征的发展顺序对地理课程内容的逻辑顺序的制约。地理课程的编制只有将知识的逻辑顺序与学生的心理顺序辩证地统一起来,才能更好地发挥地理课程的育人功能。随着年龄的增长,中学生在记忆、思维、想象和创造等方面均表现出一定的心理特征,其中,对地理内容的兴趣取向和空间感知方面的变化,应是地理课程特别重视之处。一方面,初中学生学习地理的兴趣表现出稳定性差和可塑性强的倾向,而高中生对地理的兴趣则趋于稳定,其兴趣程度取决于对地理课程价值的认识,另一方面,初中学生更宜接受以感性材料为主和富含情感性色彩的地理内容,而高中阶段学生却呈现出喜欢具有思辨性和理智性地理内容的特点。

标准链接

> 普通高中地理课程的总目标是通过地理学科核心素养的培养,从地理教育的角度落实立德树人根本任务。
>
> 中华人民共和国教育部.普通高中地理课程标准(2017年版)[S].北京:人民教育出版社,2018.

随堂讨论

比较《义务教育地理课程标准(2011年版)》和《普通高中地理课程标准(2017年版)》中"区域地理知识"的要求,说明学生因素对地理课程的影响。

3.1.2.3 现代地理科学对地理课程的影响

地理科学知识与地理课程内容的关系是源与流的关系,人类长期积累的极其丰富的地理科学知识是地理课程的重要源泉。地理科学知识的发展对地理课程的内容与结构的改变均有重要的影响。

社会需求是现代地理科学发展的主要动力。从20世纪中期开始,科技突飞猛进,社会快速发展,带来了一系列的全球问题,诸如人口、资源、环境、发展等问题,对地理科学研究提出了新的要求。同时,科技进步也为地理科学提供了新的研究手段,使地理科学研究水平日益提高,并促使现代地理科学的研究内容和研究方法发生了重大变化。把握现代地理科学的发展趋势,对于正确设计和编制基础教育地理课程有至关重要的意义和作用。

目前,现代地理科学呈现出两个发展趋势并存的特点。一是从"过程"入手,采用实验微观研究的方法,探讨地理事物的成因和变化机理。自然地理侧重生物、化学和物理等过程的研究;人文地理侧重经济、文化和社会过程的探讨。由此导致地理科学在微观研究层面的进一步分化。二是以全球问题为对象,进行宏观层面的综合集成研究,解决人地关系、可持续发展及战略性问题。在地理科学内部表现为自然地理科学与人文地理科学的相互渗透,重大自然地理过程纳入了人类活动因素的驱动力研究,而人文地理研究也将资源与环境作为作用因素和决策目标的有机组成部分。在地理科学外部则更加强调四大圈层相互作用关系的研究,人类发展与环境问题成为新世纪地球系统科学的共同主题。

在加速发展的学科群中,由于全球性问题和社会多种需求(人类生存环境、资源、人口、发展等)所产生的紧迫性,地理科学将对其他学科产生巨大的推动作用,并对人类社会的生产方式、生活方式乃至思维方式产生广泛而深刻的影响。"地理科学的现状和发展趋势要求中学地理课程的知识教育目标要做出相应的变革,应当使学生不仅掌握基本的地理科学概念、原理和规律,还要了解这些知识产生的过程及其应用,还要了解地理科学的新进展和发展趋势。"①

学习实践

1. 请举例说出现代地理科学发展对中学地理课程内容的影响。
2. 结合地理教学实践,说明我国地理课程设置和发展中存在的问题。

3.2 地理课程改革的目标

关键术语

◆ 地理课程改革 ◆ 改革目标 ◆ 改革背景 ◆ 基本理念

课程目标是地理课程的基本要素之一,它是地理课程设置与课程实践所要达到的预期结果。这种预期结果产生于地理课程实施之前,表达了设置地理课程的一种期望。新一轮地理课程改革目标的确定,首先,必须落实《基础教育课程改革纲要(试行)》所确定的培养目标;其次,必须依据地理课程性质,符合地理课程的基本理念,顺应地理课程的设计思路。遵循上述原则,《义务教育地理课程标准(2011年版)》与《普通高中地理课程标准(2017年版)》分别规定了初中阶段和高中阶段地理课程的课程目标。

标准链接

> 义务教育地理课程的总目标是:掌握基础地理知识,获得基本的地理技能和方法,了解环境与发展问题,增强爱国主义情感,初步形成全球意识和可持续发展观念。
> 中华人民共和国教育部.义务教育地理课程标准(2011年版)[S].北京:北京师范大学出版社,2012.
> 普通高中地理课程的总目标是通过地理学科核心素养的培养,从地理教育的角度落实立德树人根本任务。具体目标为人地协调观、综合思维、区域认知和地理实践力。
> 中华人民共和国教育部.普通高中地理课程标准(2017年版)[S].北京:人民教育出版社,2018.

地理课程标准是国家对基础教育地理课程的总体设计与基本规范,体现了国家对不同学段的学生在人地协调观、综合思维、区域认知和地理实践力等方面的基本要求;它从整体上规定了地理课程的性质、目标、内容框架,并提出了地理教学和评价的实施建议。它是教材编写、地理教学、地理评价与地理考试命题的依据。课程标准的基本价值取向是培养合格的公民,内容选取从社会的需要和学生的发展出发,紧密联系学生生活实际和社会实践;标准的要求是刚性的,是对学生在经过某一阶段之后的学习结果的行为描述;标准注重全面发展,教、学并重;标准提倡评价方式多样化,过程性评价与结果性评价并重。

---

① 张超,段玉山.地理教育展望[M].上海:华东师范大学出版社,2002:287.

为了体现目标的层次性,地理课程标准将地理课程目标分为总目标和具体目标,总目标是宏观、综合、粗泛的目标,为了进一步明晰这一目标,地理课程标准又从人地协调观、综合思维、区域认知和地理实践力四个维度进行了细化,这四个维度在实施过程中是一个有机的整体,不能机械、教条地加以分割。正如整个基础教育改革一样,地理课程改革也受到各种因素的影响和制约,有其深刻的背景。

3.2.1 地理新课程改革的背景

3.2.1.1 知识经济对地理课程改革的影响

社会经济发展是课程改革的动因之一,课程总是伴随着一定社会经济的变化而变化。[①] 21 世纪是知识经济的时代。知识经济是相对于人类社会曾经经历过的农业经济、工业经济而言的,是人类生产方式的重大变革。知识经济对人才提出了新的要求,国民素质,人才的创新性,已经成为国家、民族在国际竞争和世界格局中的关键因素。知识经济的特征使得培养和开发人才的创新能力及掌握应用知识、信息的能力教育充满紧迫性。知识经济时代要求地理教育教会学生学会获取知识信息的本领而不是现成的、不变的地理知识,地理教育应该从教授系统的地理知识为主,变为培养学生独立自主的分析能力、创造能力和学会学习能力。

地理教育在知识经济时代所担负的历史使命非常重大,地理教育在迎接知识经济的挑战,培养 21 世纪合格人才应具备的知识结构方面具有不可替代的功能。知识经济对地理教育的要求,必然反映到学校地理课程中来,要求学校地理课程要适应未来社会对人的素质等各方面的要求,并全面反映未来社会的这些要求,这就要求对基础地理教育地理课程中适应时代发展要求的内容进行改革,以使地理课程与知识经济社会的发展相协调、相适应。

3.2.1.2 国际基础地理教育改革的影响

20 世纪初,地理课程在学校课程体系中的地位,被德国著名地理科学家赫特纳形象地描述为:"像小媳妇似的受到歧视。"[②]第二次世界大战后,许多国家将地理课程设置在"社会科"内,认为地理课程是社会科学、历史、公民学以及经济学的副产品,只能重复其他学科的问题。[③] 地理课程在学校课程体系中的地位一直很低。

20 世纪 80 年代以来,由于全球性人口、资源、环境与发展等问题日渐突出,地理科学在解决这些问题上又显示出巨大的优势,人们开始重新审视基础地理教育的价值,并认识到地理在解决人类所面临的这些困难和问题方面具有其他学科不可替代的功能与作用,从而意识到迫切需要公民接受高水准的地理教育,提高公民的地理素养,以应对这些困难和挑战。

1991 年,《美国 2000 年教育纲要》首次将英语、数学、科学、地理、历史一起列为 5 门核心课程;1993 年的《2000 年的目标:美国教育法》,以法律形式将地理及其他 6 门学科指定为必修课程,并提出:"2000 年所有美国学生都要具有运用地理科学的能力"的教育目标。这使地理课程处于十分重要的地位;1994 年,《面向生活的地理:国家地理标准 1994》论述了地理作为一门课程教学的重要性,提出了 18 项国家地理标准,推动了美国基础地理教育的改革与发展。

1992 年《地理教育国际宪章》(以下简称《宪章》)的颁布更推动了国际基础地理教育的改革与发展,《宪章》规定了国际地理教育的标准与指导路线,标志着国际地理教育正步入一个新的时期。继美国以后,英国结束了没有统一的地理教学标准的历史,1991 年,英国《国家地理课程》把地理列为 10

[①] 靳玉乐.新课程改革的理念与创新[M].北京:人民教育出版社,2003:3.
[②] 阿尔夫雷德·赫特纳.地理科学——它的历史、性质和方法[M].王兰生,译.北京:商务印书馆,1983:160.
[③] 张超,段玉山.地理教育展望[M].上海:华东师范大学出版社,2002:19.

门学校必修课程之一,明确提出了英国中小学地理课程的主要目的;在美、英地理教育复兴运动的影响下,欧洲和日本也开始重新审视本国的地理教育现状,并采取相应措施改革本国的地理教育:例如瑞典 1993 年将地理从"社会科"中独立出来,设置独立的地理课程,并列为学生的必修课程;日本从 2003 年 4 月开始,按照新的"学习指导纲要"要求,全面实施新的地理课程。

随着知识经济的到来和科技的迅猛发展,世界教育理念正发生深刻变化,美国国家地理标准的制定以"面向生活的地理"为口号;国际地理大会提出"国际理解"的倡议;德国提倡人类的互相谅解与和平意识教育;建立在"地球太空船"理念之上的"环境意识"是地理教育发展的重要理念,强调人类应对生态环境负责,协调人地关系,进而发展成为"可持续发展"的理念。世界各国地理教育改革的特色,构成了一幅波澜壮阔的新世纪基础地理教育改革的画面,为我国地理课程改革提供了可资借鉴之处,形成了我国地理课程改革背景之一。

3.2.1.3 我国地理素质教育改革的推进

20 世纪 90 年代我国基础教育中提出素质教育改革的发展战略,由于多种原因,改革成效并不明显。地理素质教育改革存在许多需要改进的问题:

地理课程目标缺乏完整性。我国地理课程目标偏重于认知能力的发展,对于学生的创造精神、实践能力关注不够,容易造成学生知识面窄、缺乏个性,创新能力和实践能力缺乏等片面发展现象,不能适应培养未来公民必备的地理学科核心素养的目标要求。

地理内容缺乏时代性。课程内容相对陈旧,未能适应时代要求;课程内容不同程度地存在着"繁、难、偏、旧"现象;课程内容与学生的生活实际联系不够;课程内容表述方式上成人化,趣味性差,可读性差,教师难教,学生难学,严重影响学生的全面发展。此外,在课程体系、评价机制、评价手段等方面也存在这样那样的问题。改革地理课程是适应 21 世纪地理教育发展的需要。

随堂讨论

1. 请结合实际,说出地理课程改革的主要背景。
2. 请结合实际说明知识经济对地理课程改革提出了哪些方面的要求。

3.2.2 地理新课程的基本理念

在基础教育改革背景的多种因素的影响下,2001 年我国正式启动了地理基础教育课程改革。《义务教育地理课程标准(2011 年版)》和《普通高中地理课程标准(2017 年版)》,提出了地理课程新理念和新目标,制定了地理课程新体系。

3.2.2.1 初中地理课程的基本理念

地理课程理念是地理课程标准要求设计的依据,是地理教学的指导思想,也是社会发展对地理课程要求的具体体现。义务教育地理课程标准依据社会需求、学科特点和学生的认知规律,将重点放在学生身上,体现学生主体,贯穿人本教学,将着眼点置于与学生生活联系密切的地理知识,传达地理思想,培养学生地理学习兴趣、地理实践能力和探究意识,提出了三条基本理念。

(1)课程的内容理念

初中地理课程的内容理念体现在基本理念的第一条"学习对生活有用的地理"和第二条"学习对终身发展有用的地理"。

"学习对生活有用的地理"是因为地理科学有丰富的生活价值,有利于学生认识地理在现实社会生活中的重要作用,有利于学生参加各类地理实践活动,有利于学生在地理学习中不断增进对地理科学的爱好,也有利于社会各界对现代地理科学应有社会地位的认识,重塑地理科学在社会生活中的重要形象,从而使学生产生学习地理的内在需要,使学生积极主动地投入地理学习中去。"地理基础知识和地理基本技能在现实生活中有十分重要的作用,现代地理科学知识与技能内容多、范围广,选择那些对于一般公民来说最基础、最有用的部分,从而构成义务教育初中阶段的地理课程内容,这是我国中学地理课程建设的一项基本任务。"[1]

"学习对终身发展有用的地理"是因为地理科学有丰富的科学价值、社会价值和文化价值。地理课程有着丰富的内涵和广阔的外延,它应该关注并能够影响学生的生命历程,促进每个学生的终身学习和未来发展,这是时代发展的要求,也是以学生发展为本的教育理念的充分体现。地理课程负有对学生终身发展及对学生生命价值实现的责任,地理课程的一大目标就是让学生学习富有生长性的地理知识,获得充满智慧性的地理知识与地理自学能力。新课程的核心理念是为了每一位学生的发展,地理课程要以人的发展为出发点和归宿,地理课程在能力发展方面,要致力于使学生形成从地方、区域乃至全球视野看待世界各种事物和现象的意识,形成特殊的地理思维品质、地理思辨能力和创造素质。培养对今日和未来世界负责的公民,为学生的终身发展奠定坚实的基础。

案例 3-4

地理新课程与学生生活

义务教育地理课程新教材十分注意密切联系学生生活,通过饮食地理、服饰地理、出行地理、聚落地理等地理素材,帮助学生认识就在自己生活中的地理现象。并以地理与生活的联系为线索编排内容,激发学习兴趣。

义务教育地理课程新教材"人教版"的开篇序言"与同学们谈地理"中的两个小标题分别是"生活离不开地理"与"学习地理,为了更好地生活"。新教材尤其注意挖掘学生生活经历与体验,对每一个学习内容都尽可能多地联系学生的生活实际,使学生感受到地理就在身边,是鲜活的。如"选择合适的交通运输方式",教材是这样写的:"现代社会中,人们需要利用不同的交通运输方式,加强地区与地区之间人员、物质的联系与交流。逐步完善的交通运输网和交通运输方式的多样化,为人们提供了多种选择。然而,如何选择合适的交通运输方式呢?这里面有不少学问。"以这样的方式引出问题的学习,不仅贴近生活,还易于激发学生的地理学习动机。

(2)课程的建设理念

"构建开放式地理课程"是地理课程的建设理念。地理学科的研究对象是地球表层系统,地球表层系统是一个复杂的巨系统,其系统内部及系统与其他系统之间,无时无刻不在发生着物质、信息、能量的传输过程,从而导致地理事项的千变万化,使人们对地理事物的认识也总是处于不断变化之中,地理学科研究对象的开放性也要求地理课程应具有一定的开放性。地理科学具有开放性的特点,它横跨自然科学和社会科学两大领域,既与自然科学中的物理、化学、生物等相联系,又与社会科学中的政治、历史等相联系。地理科学的开放性要求中学地理课程也应该具有一定的开放性。

构建开放式地理课程,要求地理课程要充分重视课程资源的开发利用,形成学校与社会、家庭密切联系、教育资源共享的开放性课程,从而不断拓宽地理学习空间,满足学生多样化的学习需求。开

---

[1] 王民.地理新课程教学论[M].北京:高等教育出版社,2003:28.

放性地理课程主要表现在课程内容的开放性、课程目标的开放性、课程形态的开放性、课程实施的开放性,以及课程资源的开放性等方面。开放性地理课程有利于拓展学生的知识视野,培养学生的创新意识,促进学生的个性发展。

随堂讨论

1. 请选择任一版本的初中地理新教材,思考其内容是如何体现初中地理课程基本理念的。
2. 请结合实际谈谈如何理解"学习对生活有用的地理"和"学习对终身发展有用的地理"。

3.2.2.2 高中地理课程的基本理念

普通高中地理课程标准从学生的全面发展和终身学习需要出发,从未来公民的素养出发,从地理教育需要出发,提出了高中地理新课程四大基本理念。

(1) 课程的内容理念

"培养学生必备的地理学科核心素养"是高中地理课程的内容理念。20世纪90年代以来国际地理教育的崭新特点就是重视对未来公民必备的地理核心素养的培养。学科核心素养是学生通过学习而逐步形成的正确价值观念、必备品格和关键能力。《普通高中地理课程标准(2017年版)》将地理学科核心素养概括为人地协调观、综合思维、区域认知和地理实践力四个维度。

人地协调观指人们对人类与地理环境之间关系秉持的正确的价值观。人地关系是地理学研究的核心主题。面对不断出现的人口、资源、环境和发展问题,人们越来越深刻地认识到,人类社会要更好地发展,必须尊重自然规律,协调好人类活动与地理环境的关系。"人地协调观"素养有助于人们更好地分析、认识和解决人地关系问题,成为和谐世界的建设者。

综合思维指人们运用综合的观点认识地理环境的思维方式和能力。人类生存的地理环境是一个综合体,在不同时空组合条件下,地理要素相互作用,综合决定着地理环境的形成和发展。"综合思维"素养有助于人们从整体的角度,全面、系统、动态地分析和认识地理环境,以及它与人类活动的关系。

区域认知指人们运用空间—区域的观点认识地理环境的思维方式和能力。人类生存的地理环境多种多样。将其划分成不同尺度、不同类型的区域加以认识,是人们认识地理环境复杂性的基本方法。"区域认知"素养有助于人们从区域的角度,分析和认识地理环境,以及它与人类活动的关系。

地理实践力指人们在考察、实验和调查等地理实践活动中所具备的意志品质和行动能力。考察、实验、调查等是地理学重要的研究方法,也是地理课程重要的学习方式。"地理实践力"素养有助于提升人们的行动意识和行动能力,更好地在真实情境中观察和感悟地理环境及其与人类活动的关系,增强社会责任感。

(2) 课程的建设理念

"构建以地理学科核心素养为主导的地理课程,满足不同学生自身发展的需要"是高中地理课程的建设理念。地理学习面临的任务是多元的,对于不同类型的学生来说,地理学习的含义也有差别,不同学生具有不同的地理学习需要。

侧重生活的地理,对应的是具有生存需要的学生和注重应用与操作的地理学习,地理和人们的日常生活密切相关,地理学习有利于增强生活能力,更大限度地满足生存需要。比如通过侧重生活的地理知识的学习,人们可以认识当地灾害的类型及其规律性和对居民的危害;可以根据地域环境特征,合理安排衣食住行;能够了解地域文化特色,理解异域文化,增强人际交往与合作等。

侧重文化的地理,对应的是具有素质要求的学生和强调常识与技能的地理学习,主要侧重于学生文化素养的提高。地理文化素养主要反映在:必备的地理知识、一般的地理技能以及正确的地理情感态度与价值观。

侧重科学的地理,对应的是具有探索意向的学生和倾向学科发展的地理学习。抱有这类需要的学生,他们所进行的地理学习往往和将来可能从事的地理学科及相关学科的研究有关。中学地理教学固然是为了绝大多数学生整体素质的提高,但培养一部分学生从事地理科研的兴趣和能力,也是不可缺少的历史重任。

为了满足不同学生自身发展的需要,应围绕地理学科核心素养培养的要求,构建科学合理、功能互补的课程体系,坚持基础性、多样性、选择性并重;精选利于地理学科核心素养形成的课程内容,力求科学性、实践性、时代性的统一,满足学生现在和未来学习、工作、生活的需求。

地理新课程的两门必修课程、三门选择性必修课程和九门选修课程均属于国家课程,这些课程的编排不仅体现了基础性,还体现了多样性与选择性。为"满足不同学生自身发展的需要",为给学生更多的选择余地,在此基础上,还可以根据当地经济、社会、文化发展的特点和学生不同地理学习的需求,进一步开发配合高中地理教育的"地方"课程和"校本"课程。同时,可以利用高中"综合实践活动"课程的时间与空间,开展地理与相关学科"携手"的研究性学习活动。

(3) 课程的学习理念

"创新培育地理学科核心素养的学习方式,重视对地理问题的探究"是高中地理课程的学习理念,这种教学理念不利于学生地理学科核心素养的形成,不利于创造性思维的培养,不利于学生的身心健康。

《基础教育改革纲要(试行)》明确指出:改变课程实施过程中过于强调接受学习、死记硬背、机械训练的现状,倡导主动参与、乐于探究、勤于动手,培养学生搜集和处理信息的能力、获取新知识的能力、分析和解决问题的能力以及交流与合作的能力。为此,地理课程标准提出"创新培育地理学科核心素养的学习方式,重视对地理问题的探究",倡导自主学习、合作学习和探究学习。除此以外,还强调"开展地理观测、地理考察、地理实验、地理调查和地理专题研究等实践活动"。这是因为,无论是开展野外观察观测、野外考察、社会调查等室外实习,或者是开展做实验、制作学具等室内操作,都主要是让学生自己观察、操作、练习、验证、搜寻、思索、判断、分析……这样既可提高地理学习对学生的吸引力,又能培养学生的实践能力,更能在实践过程中发现问题,进而在解决问题的过程中激发学生的潜能和创造力,有利于学生素质的全面提高。

(4) 课程的评价理念

《普通高中地理课程标准(2017年版)》第四条基本提出:"建立基于地理学科核心素养发展的学习评价体系。准确把握地理学科核心素养的水平划分,以学业质量标准为依据,形成过程性评价与终结性评价相结合的学习评价体系,科学测评学生的认知水平以及价值判断能力、思维能力、实践能力等的水平。全面反映学生地理学科核心素养的发展状况。"我们在新课程的实施过程中,对地理学习评价应注重以下几方面:

评价目标多元化:随着我国新课程的推广,人们对地理学习评价的认识正发生大的变化,过去仅仅以落实"双基"为目标,而忽视地理能力、地理意识、地理情感的做法已经遭到了人们的质疑和反对。地理学习评价应在知识与技能评价的基础上,关注学生的价值判断能力、理性思考能力、分析解决问题的能力及社会责任感的评价,关注学生在学习过程中表现出的思想与行为的变化,对学生进行全方位的关注与评价。

评价手段多样化:地理学习的评价类型多种多样,不同的评价方法有不同的适用范围,有的适用于评价学生学习过程中的表现,有的适用于评价学生地理知识与技能的掌握程度,有的则在学生情感态度与价值观的变化方面有独到的价值,所以,新课程提倡对学生地理学习进行评价时,要实事求是,从实际出发,选择和运用合适的评价手段,充分发挥各种评价手段的优势,取长补短。多样的评价手段能够针对不同的地理学习任务、不同水平的学生,起到及时了解学生学习状况、促进与鼓励地理学习的良好作用。

评价机制过程性:重视反映学生发展状况的过程性评价,要求在地理学习评价中不仅要重视评价结果,也要重视评价过程,关注学生在学习过程中的发展状况,关注学生在学习过程中的感悟和体验。注重地理学习评价的"三结合",即形成性评价与终结性评价相结合、定性评价与定量评价相结合、反思性评价与鼓励性评价相结合。

学习实践

1. 举例说出现代公民必备的地理学科核心素养包括哪些方面的内容?
2. 你认为如何结合实际做好满足不同学生地理学习的需要,请说出你的理由?
3. 对比初、高中地理课程的基本理念,说出二者有哪些相同和差异之处?

3.3 地理新课程的基本结构

关键术语

◆ 课程结构　◆ 课程内容　◆ 初中地理　◆ 高中地理　◆ 必修课程　◆ 选修课程

学习卡片

课程结构

课程结构是指课程体系的构成要素、构成部分之间的内在联系,它体现为一定的课程组织形式。既包括依据什么目标组织什么内容的问题,也包括以何种形式来组织的问题。

袁振国.当代教育学[M].北京:教育科学出版社,2004:140.

新地理课程标准从培养学生必备的地理学科核心素养出发,从地理教育需要出发,明确规定人地协调观、综合思维、区域认知、地理实践力的统一。新课标与旧课标相比,结构发生了很大变化,了解这些变化,是我们理解新课程结构的重要保证。

表 3-2　地理课程标准(2017年版)与地理课程标准(2003年版)比较

课程标准(2017年版)		课程标准(2003年版)	
前言	1. 修订背景 2. 修订工作的指导思想和基本原则 3. 修订的主要内容和变化	前言	1. 课程性质 2. 课程的基本理念 3. 课程设计思路
课程性质与基本理念	1. 课程性质 2. 基本理念	课程目标	1. 知识与技能 2. 过程与方法 3. 情感态度与价值观

续表

	课程标准(2017年版)		课程标准(2003年版)
学科核心素养与课程目标	1. 人地协调观 2. 综合思维 3. 区域认知 4. 地理实践力	内容标准	1. 必修课程 2. 选修课程
课程结构	1. 设计依据 2. 结构 3. 学分与选课	实施建议	1. 教学建议 2. 评价建议 3. 教科书编写建议 4. 课程资源的利用与开发建议
课程内容	1. 必修课程 2. 选择性必修课程 3. 选修课程		
学业质量	1. 学业质量内涵 2. 学业质量水平 3. 学业质量水平与考试评价的关系		
实施建议	1. 教学与评价建议 2. 学业水平考试命题 3. 教材编写建议 4. 地方和学校实施本课程的建议		
附录	1. 地理学科核心素养的内涵与表现 2. 地理学科核心素养水平划分		

与2003年课程标准相比,2017年课程标准的主要变化有三点:一是凝练了学科核心素养,并将其作为课程目标;二是研制了学业质量标准,规定学业质量标准是对学生在学习完本课程之后的表现的刻画,它是学科核心素养在具体教学中的体现;三是增强了指导性,如"教学提示""学业要求"尤其是在教学与评价建议中,课程标准介绍了几种教学模式和评价方法,并用相关案例具体说明,大大增强了课程标准的指导性。

随堂讨论

进行地理课程教学大纲、地理课程标准结构比较,举例说明发生了哪些方面的变化?

3.3.1 初中地理课程基本结构

案例3-5

初中地理课程基本结构

《义务教育地理课程标准(2011年版)》在第一部分设计思路中提出:7～9年级地理课程分为四大部分:地球与地图、世界地理、中国地理、乡土地理。基本结构如图3-1所示:

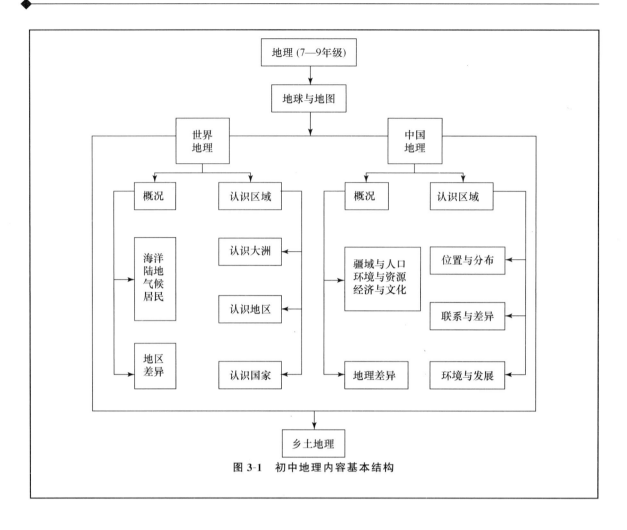

图 3-1　初中地理内容基本结构

《义务教育地理课程标准(2011年版)》(以下简称《标准》)构建了初中地理课程的总体框架。《标准》本着"全面推进素质教育,着眼于学生的全面发展和终身发展"这一出发点,强调变革"学科中心"下的地方志式的课程结构,努力创设一种以区域地理和乡土地理作为学习载体的地理课程,培养学生的地理实践能力和探究意识,激发学生的地理学习兴趣和爱国主义情感,使学生确立正确的人口观、资源观、环境观以及可持续发展观。与以往的初中地理课程相比,新课程在结构方面有以下特点。

课程内容以区域地理为主。把区域地理作为初中阶段学生地理学习的主要内容,符合初中学生的年龄特点和心理认知规律,7~9年级学生通过3~6年级科学、社会等综合性课程的学习,已初步对宇宙与地球、世界地理、中国地理等方面的知识有了一些大致的印象,通过初中区域地理的学习,也为学生进入高中阶段进一步学习地理知识及走向社会奠定基础。

增加课程弹性,为教学提供必要的空间。以往的地理课程过于强调学科知识的完整性,致使初中地理课程内容十分繁杂,造成地理知识的重叠与交叉,不利于地理课程的教学。新课程以学生的发展为中心,淡化学科体系,加强了课程的灵活性与选择性,增加了课程弹性,为教师学与学生学提供了必要的空间。主要表现在对四大部分内容的讲授顺序不做硬性规定,地理要素的学习采用不同的呈现方式,对区域的划分和选择留有自主空间等。

重视创新精神的培养。新课程非常重视学生创新精神的培养,首先是爱护和培养学生的学习兴趣,一方面删除了"繁、难、偏、旧"的内容,另一方面,将一些贴近生活反映当今世界热点问题的内容引进教材。其次是鼓励探究,重视营造宽松的学习环境,提倡建立多元化的评价目标和手段,激励学生创新。在实践能力培养方面,新课程提倡把乡土地理作为综合性学习的载体,学生可以通过搜集身边的资料,运用掌握的地理知识和技能,进行以环境与发展问题为中心的探究性实践活动。

随堂讨论

1. 初中地理内容为何以区域地理学习为主,请说出你的看法。
2. 比较新旧初中地理课程,说明初中地理新课程的变化。

3.3.1.1 地球与地图

本部分包括两个专题:地球与地球仪、地图。"地球与地球仪"专题要求学生在小学学习的基础上,认识地球和地球仪的有关知识。在教学方面的要求主要包括:通过学习人类对地球形状的认识过程,激发学生学习地球知识的兴趣;通过日常观察和实验,使学生认识地球的运动及对人类的影响等。"地图"专题要求学生通过对地图知识的学习,掌握有关的地理知识,知道日常生活中常用地图的用途,并学会运用有关的地图。本部分基本结构如图3-2所示。

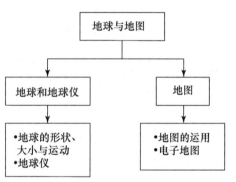

图3-2 地球与地图基本结构

3.3.1.2 世界地理

本部分包括海洋与陆地、气候、居民、地区发展差异、认识区域5个专题。

"海洋与陆地"主要介绍地球上海洋与陆地的变迁及海陆分布,要求学生通过地图和相关数据,认识地球上海洋与陆地的分布状况;通过学习地球表面的不断运动与变化,认识海陆分布是漫长地质演化的结果,培养学生海陆变迁的科学态度;通过板块学说知识的学习,培养学生的科学兴趣与方法。"气候"主要让学生认识天气、气候及其对人类生产、生活的影响,了解世界上主要的气候类型及造成全球气候差异的主要因素。"居民"专题主要介绍世界人口、人种、语言、宗教和聚落的知识,培养学生学习人文地理的兴趣。"地区发展差异"专题主要通过对世界上发达国家与发展中国家差别的介绍,使学生明白加强国际合作的重要性。"认识区域"专题要求学生通过对世界部分大洲、地区、国家的学习,认识所学区域主要的自然地理与人文地理特征,初步掌握区域地理学习的一般方法。本部分的基本结构如图3-3所示:

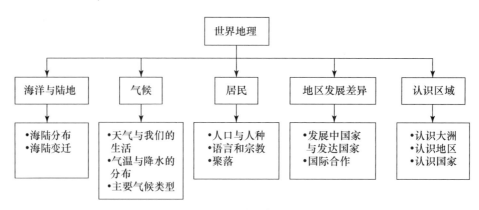

图 3-3 世界地理基本结构

3.3.1.3 中国地理

本部分包含疆域与人口、自然环境与自然资源、经济与文化、地理差异、认识区域 5 个专题。"疆域与人口"是中国地理的基础知识,主要介绍我国的疆域和行政区划、人口和民族等问题。"自然环境与自然资源"主要通过对我国自然环境与自然资源的介绍,使学生了解我国自然环境与自然资源的特点,培养学生合理利用与节约自然资源的意识。"经济与文化"主要包括我国农业、工业的分布概况,我国交通运输的大致格局,我国丰富多样的地方文化及对旅游业的影响等问题。"地理差异"主要介绍我国的四大地理区域,即北方地区、南方地区、西北地区和青藏地区,了解四大地区的自然地理方面的差异。"认识区域"通过部分不同尺度区域的学习,要求学生认识所学区域主要的自然地理与人文地理特征,进一步掌握区域地理学习的一般方法与过程。本部分的基本结构如图 3-4 所示:

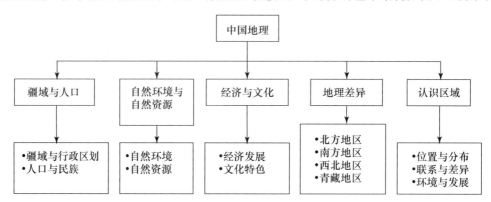

图 3-4 中国地理基本结构

3.3.1.4 乡土地理

乡土地理是初中地理课程的必学内容,只有一个专题。乡土地理帮助学生认识学校所在地区的生活环境,引导学生学以致用,培养学生实践能力,树立可持续发展的观念,增强爱国、爱家乡的情感。通过本部分的学习,要求学生学会分析、评价家乡的自然环境、生活环境、生态环境等,并有意识地将所学知识运用于平时生活当中,做到学以致用;懂得如何解决家乡在生态、资源利用、自然灾害等方面存在的问题,知道家乡的主要自然灾害与自然资源类型,知道合理利用资源、保护生态环境的重要性;了解家乡的人口变动情况,有正确的人口观;通过乡土地理的学习,应具有热爱家乡的深厚感情。

 随堂讨论

1. 结合初中地理课程标准,说出你对初中地理课程基本结构的认识。
2. 对于区域地理知识的学习,你认为"世界地理"和"中国地理"应先学习哪一部分,说出你的理由。

3.3.2 高中地理课程基本结构

案例 3-6

高中地理课程内容基本结构

《普通高中地理课程标准(2017年版)》"课程设计思路"共有3条,阐述了课程的设计依据,包括以下三个方面:立德树人的根本任务,地理学的学科体系以及学生发展的多元需求,课程标准"课程设计思路"所占篇幅虽不多,但是它勾勒出了整个高中地理课程的基本结构,正确领会和把握高中地理课程的基本结构,是编写教材或设计教学的重要保证。高中地理课程内容结构如图3-5所示:

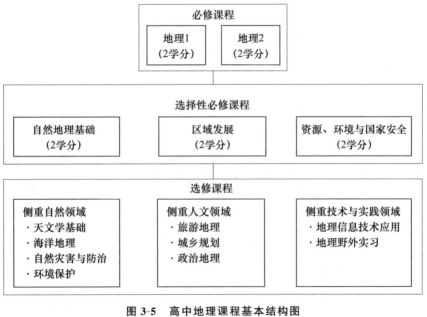

图 3-5 高中地理课程基本结构图

高中地理课程的设计以可持续发展为指导思想,整体上谋求基础性、时代性、选择性的和谐统一。普通高中教育是在义务教育基础上进一步提高国民素质、面向大众的基础教育,因此,高中地理课程必须具有很强的基础性,为未来公民提供必备的地理基础知识,培养学生基本的地理学习能力和生存能力,关注人口、资源、环境和区域发展等基本问题。高中地理课程除了考虑学科知识的基础性外,还应反映当前地理科学的时代特点和发展趋势,渗透地理科学研究的新成果、新方法、新技术,体现学科的时代性。从学生的发展需要和学生的接受水平出发,高中课程还应注意内容的选择性,让学生自己

来选择喜爱的课程内容,满足学生探索自然奥秘、认识社会生活环境、掌握现代地理科学技术方法等各种不同的地理学习需要,真正达到提高学生素质的目的。

高中地理课程分为必修、选择性必修和选修三类课程。必修课程包括两个模块,即地理1、地理2。地理1在高中地理经典的自然地理基础上,适当扩充了地球科学的内容。地理2以人文地理为基础,适当融入国家发展战略和国家关切的内容。

选择性必修课程包括3个模块,即自然地理基础,区域发展,资源、环境与国家安全。自然地理基础是对地理1的加深,前者的内容要点在"说明现象",后者的内容要点在"分析原理"。区域发展是对地理2的拓展,围绕人地协调继续展开。资源、环境与国家安全是一个全新的模块,是从地理的角度落实国家安全教育的举措。

选修课程包括9个模块,即天文学基础,海洋地理,自然灾害与防治,环境保护,旅游地理,城乡规划,政治地理,地理信息技术应用,地理野外实习。

与实验版课程标准相比,它进一步考虑扩大学生视野,关心国际政治经济形势,提高维护国家核心利益和国家安全意识,以及培养学生兴趣等方面,增加了"天文学基础""政治地理"和"地理野外实习"3个模块。①

随堂讨论

1. 说出高中地理必修课程、选择性必修课程和选修课程分别由哪几个模块组成?
2. 请选择任一版本的高中地理教科书,说出其内容设计是如何体现基础性、时代性、选择性相结合的?

3.3.2.1 高中地理必修课程

(1) 地理1

在必修课程和选择性必修课程的5个模块中,必修"地理1"和选择性必修1"自然地理基础"内容性质相近,均以自然环境内容为主。"地理1"偏重从地球科学的角度选择内容,侧重自然地理要素部分。"自然地理基础"偏重从自然地理的学科体系中选择内容。本模块主要包括三方面内容:地球科学基础,自然地理实践,自然环境与人类活动的关系。

"地理1"的必修性质和内容特点,使它成为落实地理实践力培养的重要模块。"地理1"旨在帮助学生增强对生活中的自然地理现象进行观察、识别、描述、解释、欣赏的意识与能力,能够带动高中地理教学方式、方法的改革和地理课程评价方式的改革。本模块的大部分要求均可通过探究的方式逐步落实,避免采用直接告知学生结论或单纯用文字推理的方法。

"地理1"共有12条内容要求,可分为4组:地球知识、自然环境要素/景观、自然环境与人类活动、地理信息技术。"地球知识"的要求有3条:1.1,简述为"宇宙环境";1.2,简述为"圈层结构";1.3,简称为"演化过程"。"自然环境要素/景观"的要求有7条,涉及五大要素:1.4,简述为"地貌";1.5和1.6简述为"大气";1.7和1.8简述为"水";1.9,简述为"土壤";1.10,简述为"植被"。"自然环境与人类活动"的要求为1条:1.11,简述为"灾害"。"地理信息技术"的要求有1条:1.12,简述为"技术"。"地理1"的内容结构如图3-6所示。

---

① 韦志榕,朱翔.普通高中地理课程标准(2017年版)解读[M].北京:高等教育出版社,2018.

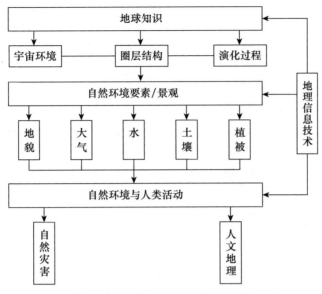

图 3-6 "地理 1"课程内容结构示意

(2) 地理 2

必修"地理 2"主要侧重人文地理。人文地理学是地理学的重要支柱学科,它以地球表面人类各种社会经济活动为研究对象,其分支学科主要有人口地理学、聚落地理学、文化地理学、工业地理学、农业地理学、交通运输地理学,等等。本模块主要包括四方面内容:人口,城镇和乡村,产业区位选择,环境与发展。

"地理 2"的必修性质和内容特点,使它成为落实地理实践力培养的重要模块。本模块旨在帮助学生了解基本社会经济活动的空间特点,树立绿色发展、共同发展、人地协调发展的观念,鼓励和要求学生走出课堂,采用社会调查、案例分析等方法,联系生活实际,解决现实问题,提升实践能力。

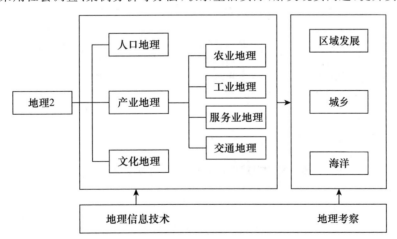

图 3-7 "地理 2"课程内容结构示意

"地理2"的11条内容要求可以分为6组：人口、聚落、文化、产业、战略和发展、地理信息技术。"人口"的内容要求有1条：2.1人口的基础知识及人口与环境的关系。"聚落（城乡）"的内容要求有2条：2.2从空间上说明城乡的内部结构；2.4从时间上说明城镇化历程。"文化"的内容要求有1条：2.3从城乡景观上看地域文化的影响。"产业"的内容要求有2条：2.5和2.6，涉及工业、农业、服务业和交通运输的区位因素和产业发展。"战略和发展"的内容要求有4条：2.7国家发展战略的地理背景；2.8和2.9海洋权益和海洋战略，突出了对海洋的重视；2.10环境与可持续发展。"地理信息技术"的内容要求有1条：2.11突出利用地理信息技术来探究人文地理问题。该条要求与前述10条要求均有关系。"地理2"的课程内容结构如图3-7所示。

3.3.2.2 高中地理选择性必修课程

（1）选择性必修1 自然地理基础

本模块主要包括三方面内容：地球运动，自然环境中的物质运动和能量交换，自然环境的整体性和差异性。

本模块旨在帮助学生了解人类生存的自然环境特征，理解自然环境及其演变过程对人类活动的影响，提升认识自然环境的能力与意识水平，树立人与自然是生命共同体的观念。

本模块共有9条内容要求，其中1条是关于地球运动的，1条是关于自然地理环境整体性与差异性的，其他7条是关于自然环境中的物质运动和能量交换的，而这其中又涵盖了岩石圈物质循环、地表形态的变化、天气系统，气压带、风带，陆地水体类型，洋流等内容。可见，本模块内容是"必修1"的进一步延伸和拓展。基本结构如图3-8所示。

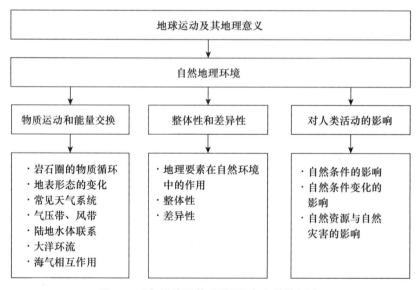

图3-8 "自然地理基础"课程内容结构示意

（2）选择性必修2 区域发展

本模块主要包括三方面内容：区域的概念和类型，区域发展，区域协调。

本模块旨在帮助学生了解区域特征及发展路径，理解区域创新发展和转型发展的重要意义，树立因地制宜、人地和谐的区域协调发展观。

本模块共有9条内容要求，其中2条是对区域总体的认识，包括区域的概念、区域发展的异同等；4

条是选择不同区域分析其发展状况,其中有大都市、产业结构变化的地区、资源枯竭型城市、生态脆弱区等;3条是从区域联系的角度选择,包括区域之间的产业转移和资源调配、流域内部各区域的协调发展、"一带一路"中的国际合作等。需要说明的是,对区域发展问题的讲述,都会用到"地理1"和"地理2"中的若干知识,因此,"区域发展"这部分内容是对必修课程的拓展与加深。基本结构如图3-9所示。

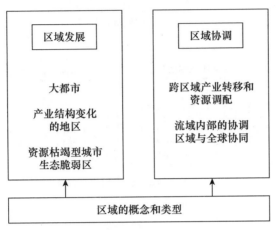

图3-9 "区域发展"课程内容结构示意

(3) 选择性必修3 资源、环境与国家安全

本模块主要包括三方面内容:自然资源开发利用,环境保护,资源、环境对国家安全的重要意义。

本模块旨在帮助学生了解资源、环境与国家安全的关系,增强保护资源与环境的意识,树立维护国家安全、发展利益的观念。

本模块共有8条内容要求,第1条到第4条关注的重点是资源安全,第5条到第8条关注的重点是环境安全,这些内容都与国家安全息息相关。这8条内容要求的关注点是国家资源、能源、环境与人类活动的关系,和谐的人地关系是国家安全的保障;各种区域性或全球性资源和环境问题对国家安全的影响,国家资源、能源政策和法规对维护国家安全的意义。基本结构如图3-10所示。

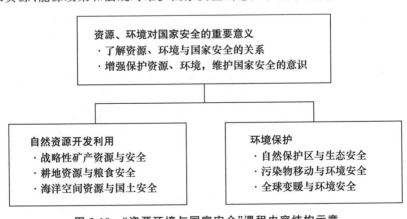

图3-10 "资源环境与国家安全"课程内容结构示意

3.2.2.3 高中地理选修课程

(1) 选修1 天文学基础

本模块主要包括四部分内容:天体观测,太阳系和地月系,太阳与恒星世界,银河系与宇宙。

本模块旨在帮助学生形成对天文现象的正确认识,激发探索宇宙奥秘的兴趣,逐步建立科学的宇宙观。

本模块的内容要求共有10条,可分为"天体观测""太阳系和地月系""太阳与恒星世界""银河系与宇宙"四大部分。基本结构如图3-11所示。

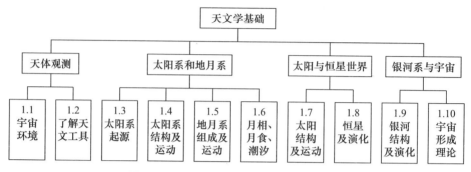

图 3-11 "天文学基础"课程内容结构示意

(2)选修2 海洋地理

本模块旨在帮助学生感知海洋的浩瀚,认识不同海洋区域的共性和差异性,理解海洋对人类的重要意义,以及人类对海洋的巨大影响。

本模块的内容要求共有11条,共可分为"海岸与海洋""海洋资源与开发""海洋灾害与污染""海洋权益"四部分,后三个部分可以归结为"海洋与人类"。基本结构如图3-12所示。

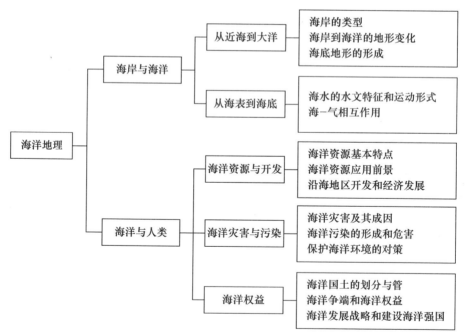

图 3-12 "海洋地理"课程内容结构示意

(3)选修3 自然灾害与防治

本模块旨在帮助学生认识自然灾害发生与分布的规律,树立科学的灾害观与减灾意识,提高其生存能力。

本模块的内容要求共有 10 条,可分为"自然灾害的构成要素""主要自然灾害的成因、特点与危害""自然灾害的地域差异与空间分布""防灾减灾的策略与措施"四部分。基本结构如图 3-13 所示。

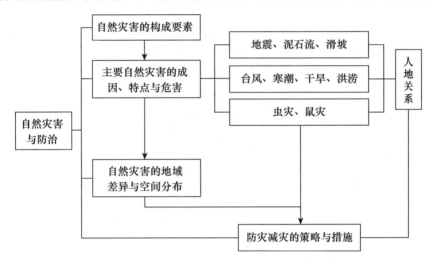

图 3-13 "自然灾害与防治"课程内容结构示意

(4) 选修 4 环境保护

本模块旨在帮助学生认识环境状况,了解环境问题的形成,以及环境保护的方法与措施,理解建设生态文明是中华民族永续发展千年大计的道理。

本模块的内容要求共有 12 条,可分为"环境问题与环境过程""水环境""大气环境""土壤环境"四部分。基本结构如图 3-14 所示。

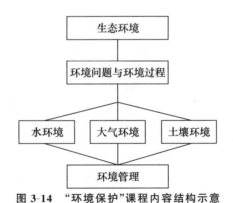

图 3-14 "环境保护"课程内容结构示意

(5) 选修 5 旅游地理

本模块旨在帮助学生形成发现区域旅游资源的意识,学会欣赏区域环境差异带来的美感,成为尊崇自然、尊重文化的人。

本模块的内容要求共有 9 条,可分为"旅游资源及其空间分布""旅游产业活动及其空间分布""旅游资源和旅游地的保护"三部分。基本结构如图 3-15 所示。

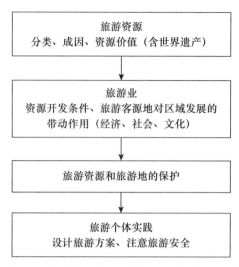

图 3-15 "旅游地理"课程内容大致的结构示意

(6) 选修 6 城乡规划

本模块主要包括三方面内容：城镇和乡村,城镇化,城乡布局和规划。

本模块旨在帮助学生形成城乡融合发展观念,以及在城乡规划中保护环境和传统文化的意识。

本模块的内容要求共有 10 条,可以分为"城镇和乡村""城镇化""城乡布局和规划"三部分内容,它们之间具有循序递进的关系。基本结构如图 3-16 所示。

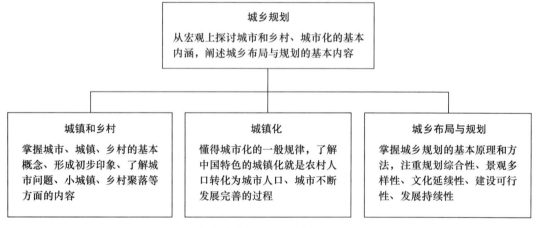

图 3-16 "城乡规划"课程内容结构示意

(7) 选修 7 政治地理

本模块旨在帮助学生从国家领土观念、综合国力、世界政治地理格局等方面,认识当今世界政治地理的基本问题和背景,理解国际政治、经济发展的变化和趋势,认识我国周边地缘政治的主要问题和背景,懂得和平发展、互利共赢的重要性。

本模块的内容要求共有 10 条,可以分为"国家领土观念""综合国力""世界政治地理格局"三部分。基本结构如图 3-17 所示。

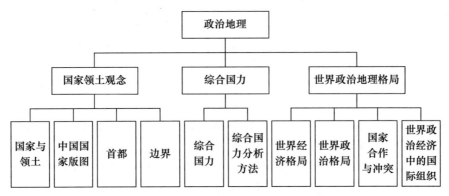

图 3-17 "政治地理"课程内容结构示意

(8) 选修 8 地理信息技术应用

本模块旨在帮助学生掌握初步的数字化生存技能,在生活或工作中学会用电子地图、遥感、定位系统等解决问题,并会使用地理信息技术分析地理问题。

本模块的内容要求共有 10 条,可以分为"地理信息系统(GIS)""遥感(RS)""全球卫星导航系统(GNSS)""数字化生存"四个部分。基本结构如图 3-18 所示。

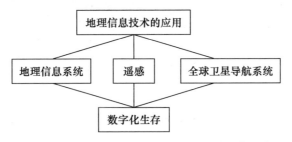

图 3-18 "地理信息技术应用"课程内容结构示意

(9) 选修 9 地理野外实习

本模块旨在通过实践训练,提升学生使用各种工具获取野外地理信息,观察、发现、提出并获取证据,分析论证地理科学问题的能力,培养欣赏大自然的情趣。

本模块的内容要求共有 10 条,可以分为"考察工具的应用""野外观察、发现与欣赏""野外地理信息获取与样品采集""考察报告撰写与交流"四个部分。基本结构如图 3-19 所示。

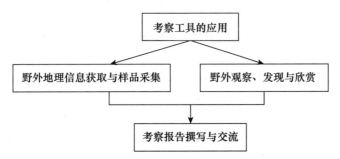

图 3-19 "地理野外实习"课程内容结构示意

学习实践

1. 高中地理课程结构中,必修课程模块的相互关系如何?请以课程内容举例说明。
2. 请选取一门选修课程,对其知识结构做出评价。

本章小结

1. 地理课程的含义与类型是学习其他知识的基础和前提,地理课程的含义随社会的发展而不断发生变化,当前中学地理课程主要有显性地理课程、隐性地理课程、必修地理课程、选修地理课程、分科地理课程、综合地理课程、国家地理课程、地方地理课程、校本地理课程等类型。影响地理课程发展的因素主要有社会因素、学科因素和学生因素三大类。

2. 由地理教学大纲到地理课程标准反映了中华人民共和国成立以来地理课程的主要发展情况,知识经济的发展、国际基础地理教育的改革与我国素质教育改革推进是我国地理课程改革的主要背景;借鉴国际地理基础教育改革经验,我国初中和高中地理新课程分别提出了地理课程的内容理念、地理课程的学习理念、地理课程的建设理念、地理课程的技术理念和地理课程的评价理念。

3. 课程结构指课程体系的构成要素、构成部分之间的内在联系,在课程标准的指导下,我国地理新课程的结构也出现了崭新的变化。初中地理课程以区域地理知识为主,由地球与地图、世界地理、中国地理、乡土地理四部分组成;高中地理课程分为必修、选择性必修和选修三类课程。必修课程包括两个模块,即地理1、地理2。选择性必修课程包括3个模块,即自然地理基础,区域发展,资源、环境与国家安全;选修课程包括9个模块,即天文学基础,海洋地理,自然灾害与防治,环境保护,旅游地理,城乡规划,政治地理,地理信息技术应用,地理野外实习。

本章思考题

1. 地理课程的含义是什么?当前,我国地理课程具有哪些类型?
2. 简述影响地理课程发展的主要因素。
3. 请联系实际阐述地理课程改革的背景。
4. 简述初中地理课程与高中地理课程的基本理念。
5. 与旧课程相比,地理新课程在结构上具有哪些创新之处?

拓展学习

1. 阅读初中地理课程标准与高中地理课程标准,请比较初中地理课程基本理念与高中地理课程的基本理念的异同?
2. 请以人教版高中地理新教材《地理1》为例,分析其课程内容的基本结构。

课程链接

1. 中国地理课程网 http//www.dilike.net
2. 地理教学网 http//www.dljxw.com
3. 中国基础教育网 http//www.cbe21.com
4. 地理时空 http//www.nhyz.org/yxx

参 考 文 献

[1] 陈亚颦.现代地理教学论[M].北京:科学出版社,2007.
[2] 段玉山.地理新课程教学方法[M].北京:高等教育出版社,2003.
[3] 段玉山.地理新课程研究性学习[M].北京:高等教育出版社,2003.
[4] 段玉山.信息技术辅助地理教学[M].北京:高等教育出版社,2003.
[5] 段玉山.地理新课程测量评价[M].北京:高等教育出版社,2003.
[6] 段玉山.地理新课程课堂教学技能[M].北京:高等教育出版社,2003.
[7] 王民.地理新课程教学论[M].北京:高等教育出版社,2003.
[8] 陈澄.新编地理教学论[M].上海:华东师范大学出版社,2007.
[9] 陈澄.地理新课程教学研究与案例[M].北京:高等教育出版社,2006.
[10] 范志国.初中地理教学评价[M].长春:东北师范大学出版社,2005.
[11] 王民.可持续发展教育实践[M].北京:地质出版社,2005.
[12] 袁孝亭,王向东.新课程理念与初中地理课程改革[M].长春:东北师范大学出版社,2002.
[13] 张哲江.地理教学与学业评价[M].广州:广东教育出版社,2005.
[14] 胡良民,袁书琪,等.地理教学论[M].北京:科学出版社,2005.
[15] 胡良民.地理教育学[M].开封:河南大学出版社,2005.
[16] 陈澄,樊杰.全日制义务教育地理课程标准(实验稿)解读[M].武汉:湖北教育出版社,2002.
[17] 教育部基础教育司,教育部师范教育司.普通高中新课程教师研修手册——地理课程标准研修[M].北京:高等教育出版社,2004.
[18] 夏志芳.地理课程与教学论[M].杭州:浙江教育出版社,2003.
[19] 王民.地理课程论[M].南宁:广西教育出版社,2001.
[20] 王树声.中学地理教材教法[M].北京:高等教育出版社,1995.
[21] 袁书琪.地理教育学[M].北京:高等教育出版社,2001.
[22] 中华人民共和国教育部.普通高中地理课程标准(2017年版)[S].北京:人民教育出版社,2018.
[23] 韦志榕,朱翔.普通高中地理课程标准(2017年版)解读[M].北京:高等教育出版社,2018.

第4章 地理教材的设计与编写

本章概要

地理教材是教师和学生使用的最重要的课程资源之一。本章主要探讨地理教材的设计、地理教材的编写和发展中的中外地理教材三个部分。地理教材的设计要综合考虑社会需求、教育发展、学科特点和学生身心发展水平等因素影响;学习理论、教学理论和传播理论对地理教材设计和编写具有重要的指导作用。地理教材的编写是地理教材设计的具体实施过程,这一过程包括地理教材内容的选择、地理教材内容的组织和地理教材内容的表述等几个方面。在地理教材设计和编写中,要借鉴和吸取国外地理教材以及现有地理教材的精华。

学习目标

通过本章学习你可以

1. 举例说明影响地理教材设计的因素;
2. 说出地理教材设计的整个基本流程;
3. 选择一个版本的高中地理教材,能从教材内容的选择、内容的组织和内容的表达等方面对其编写情况进行分析;
4. 简述国外地理教材的发展趋势,并提出改善我国地理教材设计和编写的建议。

4.1 地理教材的设计

关键术语

◆ 地理教材　◆ 教材设计　◆ 影响因素　◆ 理论基础　◆ 设计程序

地理教材的含义有广义与狭义之分。广义的地理教材是指由一定的育人目标、学习内容和学习活动方式分门别类组成的可供学生阅读、视听和借以操作的材料。从表现形式上来讲,它既包括以地理教科书为主体的纸制教材,又包括数量众多的非纸制教材,如视听资料、电子文本等。狭义的地理教材通常指所说的纸制地理教科书,即地理课本。本章所讨论的中学地理教材,仅指狭义上的含义而言。

4.1.1 地理教材设计的影响因素

地理教材是最重要的地理学习资源。地理教材的设计是地理教材编写、地理教材应用的基础和前提。教材设计受多种因素的影响与制约,分析影响地理教材设计的因素,对于理解地理教材和用好地理教材具有重要意义。影响地理教材设计的主要因素有社会需求、教育发展、学科特点、学生身心发展水平等。

4.1.1.1 社会需求

教育是社会的重要组成部分。社会发展与需求对学校教育目的、教学内容、教学方式等均有重要的影响。作为学校教育重要组成内容的教材一定要反映并适应社会发展的需求,教材设计必须体现国家意志,符合社会政治制度的要求,社会政治制度对教材的影响一般是通过国家对教材的管理制度和管理活动来实现的。教材必须经国家教育行政部门审查合格后,方能出版发行。

从社会需求层面看,地理科学在社会发展中的应用性越来越强。20世纪80年代以前,地理科学的应用领域主要集中在资源开发利用、工农业生产布局、重大项目选址、行政区划等决策支持方面。随着经济全球化的深入、可持续发展战略的实施以及市场机制的健全,关注全球性环境问题和地区文化冲突、协调人类发展与资源环境保护关系、重视企业作用和跨国公司的发展等,将成为地理科学应用的主题,进而影响到地理科学的发展趋势。这些方面的发展变化在地理教材设计时也必须加以考虑。

4.1.1.2 教育发展

教育是随社会前进而不断发展的,教育发展是教材设计最直接的影响因素,教育发展表现在教育目的、教育内容、教育手段、课程标准、课程形态等方面。这些方面的变化对教材的设计均有重要的影响。

教育目的、教育内容、教育手段等都具有很强的时代性。例如,中华人民共和国成立初期,我国的教育目的是培养社会主义的建设者。新时期是要求"立德树人"培养"四有新人"。教育目的的变化,必然影响到教育内容的选择,相应的也必然影响到教材的设计与编写。如:与1978年地理大纲相比,1986年大纲将"进行科学的资源观、环境观和人口观的教育"写入教学目的。与此相适应,教材的设计应体现现代意识和地理学思想,从介绍传统意义上的地理向围绕环境意识编选教学内容方向发展。

地理课程标准对地理教材设计的影响表现在它是根据国家基础教育培养目标和国家基础教育课程计划制定的地理学科教学的指导性文件,代表国家对地理学科教学的统一要求,具有法律性质。它确定了中学地理学科的课程性质、设计思路、课程目标与内容标准,是地理教材设计的基本依据。

课程形态对地理教材的设计与编写也有相应的影响。如《普通高中地理课程标准(2017年版)》将课程分为必修课程、选择性必修课程和选修课程。必修课程的内容应精选学生终身发展必备的地理基础知识和基本技能,以满足全体学生基本的地理学习需求。选择性必修课程内容应在必修课程的基础上加深或拓展,以满足部分学生升学考试或就业的需要。选修课程应提供多样化的课程清单,以满足不同学生出于兴趣爱好、学业发展或职业倾向等进行选课的需要。

标准链接

> 地理教科书的编写要以本标准为依据,充分体现地理课程的基本理念,全面落实地理课程内容标准的各项要求,使地理教科书成为教师创造性教学和学生主动学习的最基本的教学资源。
> 中华人民共和国教育部.义务教育地理课程标准(2011年版)[S].北京:北京师范大学出版社,2012.

4.1.1.3 学科特点

综合性和区域性是地理学科的两大特点。地理教材的设计需要注意从整体出发,突出地理学科特点,加强自然地理知识和人文地理知识的相互渗透;运用综合法和比较法,突出区域特征、不同地域之间的差异,以及形成这些特征和差异的主要原因及其内在联系;运用典型案例,采用地理原理与地理事实之间新的联系方式和地理系统思想方法,阐述重大的地理问题。

随着社会的发展,地理科学理论、地理科学技术也取得了快速的发展。地理教材的设计需要反映新的地理理论、地理观念、地理技术、地理成果等,以适应现代社会对公民地理科学素养的要求。从国际地理教材的发展趋势看,地理科学观念培养已成为地理课程的重要目标,迫切需要人们具有正确的人地观、资源观、环境观、发展观等地理科学观念。正是在这一背景下,地理教材的设计应该十分注重随地理科学理论的发展而出现的新观念、新技术、新方法,诸如人地关系理论、可持续发展观念、全球意识、3S(遥感、地理信息系统和全球定位系统的统称)技术、数字地球等,体现地理学科的特点。

4.1.1.4 学生身心发展水平

教材是学生的学习材料。学生学习地理的心理基本特征应该成为地理教材设计的重要依据。从生理发展看,初中生正是少年期,高中生处于青年早期。地理教材的设计,应该考虑初、高中学生身心发展水平的差异。心理学研究表明,在心理发展上,高中生与初中生相比,在学习动机和学习兴趣上有区别,高中生的观察能力较为精确而深刻,观察更富有目的性、系统性和稳定性,注意力比较趋于稳定而持久,思维具有更高的抽象概括性,能够逐步摆脱直观形象和直接经验的限制,借助概念进行合乎逻辑的判断和推理,辩证逻辑思维能力也开始初步形成。同时,高中生的情感也变得日益深厚、稳定、坚毅、自制、果断,目的性等意志品质也有进一步发展。① 这些方面的差异,在地理教材设计时都应该很好地加以考虑。

 学习卡片

为了实现智育课程功能结构的完整性,必须善于把科学的知识结构转化为学科的教材结构,进而内化为学生的认知结构

吕达.课程史论[M].北京:人民教育出版社,2003.

案例 4-1

> **初中"区域地理"学习顺序的设计**
>
> 以前初中地理教材在设计区域地理内容时,顺序是地球和地图—中国地理—乡土地理—世界地理;新教材在设计这一内容时考虑了初中学生的心理年龄特征,认为初中阶段可在小学获得一定感性认识的基础上,提高对地理环境整体性和规律性的理性认识,将顺序调整为地球和地图知识—世界地理—中国地理—乡土地理,区域越来越小,要求越来越具体。实践证明收到了比较好的效果。
>
> 教材设计是一个涉及多学科综合研究的领域。② 长期以来,教材设计仅仅被认为只是一种编写实践,对于教材设计的理论问题探究得较少,加之涉及的领域广,还没有形成一套公认的教材设计理论。
>
> 近年来,国内外的一些学者在努力探索、寻找教材设计的理论,教材设计自身的理论还不成熟,在实践中还需要进一步的探索。当前,随着社会的发展,参与地理教材设计与编写的人员比过去有了更多的来源,除了地理教育方面的专家、大学和中学地理教师也有更多的参与机会,今天的地理教材设计与编写是多方面专家共同合作的成果。

---

① 陈澄.地理教学论[M].上海:上海教育出版社,1999:80.
② 范印哲.教材设计导论[M].北京:高等教育出版社,2003.

随堂讨论

1. 请联系实际,说出地理教材设计的主要影响因素有哪些?
2. 你认为好的地理教材设计应该包含哪些方面的内容?

4.1.2 地理教材设计的理论基础

4.1.2.1 学习理论与地理教材设计

学习理论是心理学的一门分支学科,是对学习本质、学习过程、学习规律和学习条件的系统阐述。学习理论对于地理教材的设计具有重要的指导作用。

(1) 行为主义学习理论

行为主义是从外部环境与学习的关系来研究学习活动的。以斯金纳为代表的行为主义心理学家认为:学习是一种刺激与反应的联结,有什么样的刺激,就有什么样的反应;学习过程是一种渐进的过程,强化是学习的关键;学习应重知识、重技能、重外部行为研究;人的一切行为几乎都是操作性强化的结果;学生可以通过操作性条件反射逐步完成学习任务。

行为主义的刺激强化、反应联结的学习观念对中学地理教材设计有重要启示。依据行为主义"刺激—反应—强化"理论,一些专家提出了地理教材设计的"刺激强化"策略。即以行为主义学习理论为指导,在地理教材设计过程中,对于地理技能领域的设计,尤其是操作性地理技能内容的设计,可以实施"刺激强化"策略,引导学生参与过程,促进学生"反应联结",能提高地理学习效果。

(2) 认知主义学习理论

认知主义学习理论认为知识是信息的接受、加工、存储及提取过程;认为学习是信息加工过程,重视新旧知识之间的联系和知识结构对学习的影响;重视学生的主体地位,鼓励学生探索求知,提高认知能力;重视从学习者的角度出发实施认知教学,鼓励学习者自主探索学习。认知主义学习理论对地理教材设计有重要指导作用。基于认知主义学习理论,地理教材设计可实施以下策略:

"组织者"策略。"组织者"策略是指在教材呈现新知之前,"给学生一个短暂的具有概括性的引导性的说明。这个概括性的说明或引导性的材料用简单、清晰和概括的语言介绍新知识的内容和特点,并说明它与哪些旧知识有关,有什么样的关系"[①]。促进学生"同化"学习的顺利进行。

"发现"策略。"发现"策略是指教材呈现给学生生活与科学探究过程相同的教学过程,其基本路线是从经验的、个别的事实逐渐向科学的、概括化的理论方向进展。"目前,有两种基本的发现式教材设计方式。一种是案例引导式,即在主体课文之前,提供一个或几个案例,让学生通过阅读案例,从特殊到一般,相对独立地得出结论性知识。另一种是图像引导式,即教材通过示意图、景观图等图像,让学生从图像中获得有关信息并进一步对这些信息进行加工和处理,从感性到理性,上升到对地理概念和地理原理的认识。"[②]

结构性策略。结构性策略是指地理教材的设计既要体现地理科学知识体系的基本结构(逻辑关系),又要符合学生学习过程的认知结构,根据学生的现实发展水平来确定教学的起点与策略,使教材内容的"序"与学生身心发展的"序"有机结合。如图4-1所示。[③]

---

① 张奇.学习理论[M].武汉:湖北教育出版社,1999:201—202.
② 李家清.学习理论与高中地理教材编写研究[J].地理教学.2007(1):8—13.
③ 同上

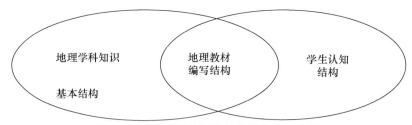

图 4-1 地理教材编写的结构性策略示意图

案例 4-2

运用"结构性策略"设计地理教材

高中地理(中图版)必修1第三章在该章最后要求:"画出自然地理要素之间的影响链,向班级提交,并做出解释。"学生绘制"影响链"的过程是形成本单元概念图的过程,是学生形成结构性知识和能力的过程。在设计形式上,还可以在教材中只提供一部分"影响链"(即框架关系),其余部分由学生补白,并要求对补白部分结合案例做出解释。

教学实践表明,高中地理教材设计的单元概念图或单元概念补白图是促进学生最终获得结构性知识的有效方式。

(3)人本主义学习理论

人本主义是从人的整体发展来研究学习活动的。人本主义学习理论认为,学习是人的自我实现,学习者是学习的主体,任何正常的学习者都能自己教育自己。人际关系是有效学习的重要条件,它在学与教的过程中创造了"接受"的气氛。学习应重视学习的情感因素。教师应是"学习的促进者"。

尊重学生主体、尊重学生情感、尊重学生参与学习过程的人本主义学习理论与地理课程改革的许多理念有明显的一致性,也应是地理教材设计的重要指导思想。结合人本主义学习理论思想,地理教材可实施"人文性"设计策略。

案例 4-3

运用"人文性策略"设计地理教材

《普通高中教科书地理必修第二册》(中图版,2020)第一章人口分布、迁移与合理容量设计的"课题1调查自己家族人口的分布、迁移思考";设计的思考题"你认为从'胡焕庸线'提出到现在中国人口分布格局没有明显改变的原因是什么?搜集资料,证明你的观点";设计的"案例研究":"'北斗'给我们带来新变化;我们能为可持续发展目标做什么"等都能体现人文性策略设计地理教材。

 随堂讨论

选择一节高中地理教材,结合案例 4-2;4-3 说明新教材是如何体现学习理论对教材设计的指导?

4.1.2.2 教学理论与地理教材设计

教学理论是为了解决教学问题而研究教学一般规律的学问。教材作为教学系统的信息传播媒体,在设计过程中必须反映教学理论思想,这是一条重要原则。不同流派的教学论思想为教材设计提供了丰富的理论依据。

(1) 实用主义教学论

杜威是实用主义教学论的代表人物。他认为教育就是"不断改组经验,重新组织经验"的过程。主张教学要从儿童的现实生活出发,并且附着于儿童的现实生活,即作为教学内容的理论知识只有与儿童的生活世界发生联系,才能激发儿童的兴趣与学习动机,才能实现促进儿童发展的可能。在教材建设上,杜威认为,教材的基本源泉是儿童的直接经验且又能构成知识的东西。这种"以儿童个体经验为教材的主线,以人类的衣食住行等为教材的基本材料,直接培养学生的社会生活能力"的经验中心式教材设计思想虽然有明显的局限性,但从关注儿童的心理顺序以及反对教学内容脱离实际这一点来讲,却对教材设计具有重大的指导意义。

标准链接

构建以地理学科核心素养为主导的地理课程

地理学科核心素养是地理教科书谋篇布局的纲领。据此,教科书内容的选择应该围绕有助于地理学科核心素养培养的主要概念和关键能力展开。在选择具体的地理学习内容时,还应注意联系学生熟悉的地理事物、现象和问题,并适当引入地理学科最新的研究成果,注重学习内容的基础性、经典性、鲜活性,以及与初中地理课程内容和高中相关学科的关联,避免不必要的重复。

中华人民共和国教育部.普通高中地理课程标准(2017年版)[S].北京:人民教育出版社,2018.

随堂讨论

你认为该如何辩证地看待学生个体生活经验在地理教材设计中的地位?

(2) 结构-发现主义教学论

结构-发现主义教学论强调教学内容应该是学科的基本结构,认为只要学生掌握了各学科的基本结构,即每门学科内在的、相互联系的概念、定义、原理、法则,就能从事物的内在联系上去掌握和运用这些学科知识;在教学过程中倡导"发现学习",即教学过程表现为儿童利用教师或教材所提供的某些材料,通过直觉思维和分析思维活动,发现学科的基本结构;主张以"螺旋形"课程来组织和实施学科的基本结构,促进儿童对学科基本结构的学习和掌握。

结构-发现主义教学论未能摆脱学科本位的束缚。尽管如此,其倡导的"基本结构说"对学生掌握规律性知识,"发现式学习"对学生树立探究式的学习态度和"螺旋形"课程思想对学生基本认知技能的促成发展等合理性的一面,仍对各个时期地理教材的设计产生了一定的影响。

(3) 发展主义教学论

赞可夫发展主义教学论是在苏联心理学家维果茨基"最近发展区"的学说基础上发展和成熟起来的,提出了"教学的结构决定学生发展进程"的重要思想,指出"教育作用的完整性是保证教育作用对发展有高效率的关键所在",主张以整体性观点来安排教学结构,组织教学过程。

赞可夫的发展性教学思想,对地理教材设计的借鉴意义在于:其一,恰当把握好教材"理论知识"的"高难度""高速度"。一方面,教材要有足够的"难度"和"速度",保证学生适度的紧张性,让他们有"跳一跳"摘到果子的愿望;另一方面,学生又不至于因为"难度"太大,或"速度"过快,而望洋兴叹,信心不足。其二,"理论知识"应成为教材的"主线",在学生的发展中起"主导"作用。其三,学生要理解"学习过程",地理学习的过程是一个历练的过程,它总是与"体验"分不开的。其四,让全体学生都学有所得,学有发展。增加教材弹性,"满足学生不同的地理学习需要"。

(4) 范例教学论

范例教学论认为,没有一个有计划的教学过程可以穷尽整个精神世界,没有人能够毫无缺漏地掌握某一个学科领域的全部知识与能力,因此更不必说能使一个学生点滴不漏地掌握各门学科的全部知识了。实际上,精神世界的各种固有的现象(规律),可以依靠个别真正能为学生所理解的事例来说明。这就启示人们,在教材内容的设计过程中,可以选择学科中最典型的材料,形成认识的"稠密区"或"岛屿",在这个稠密区里,各种知识汇集、交融,通过对这个稠密区的探究、思考,形成一种整体的认识结构,就能够达到把握其他各种材料的目的。

标准链接

> 教科书的设计、编写等环节都应服务于地理学科核心素养的培养。要创新内容编排方式,可以采用问题、情境、案例等多种思路组织教学内容,使学习内容与生产和生活实际密切联系,并且将学生"放"到情境中,增强他们分析和解决问题的能力。
>
> 中华人民共和国教育部.普通高中地理课程标准(2017年版)[S].北京:人民教育出版社,2018.

4.1.2.3 传播理论与地理教材设计[①]

教育传播理论揭示了教学过程系统中各要素之间的动态联系及相互关系,描绘了教学过程系统中的信息传播过程,为地理教材设计者提供了理论依据。科学、系统地设计地理教材中教学信息的呈现、传递和反馈系统,可为地理教材获得最佳教学效果创设条件。

(1) 提高信息形式强度

信息形式强度是指信息的物质方面的特征与不作为信息的背景物质的特征的差别程度,差别越大,信息的形式强度越大。早在1940年,吉布森(Gibson)就发现孤立的项目比不孤立的项目容易学习,因为孤立的项目更为醒目。梅耶等人的实验也说明,在课文中使用特殊的符号标志,对学生成绩有促进作用。人的感官(接收信息)的能量是有限的,这些有限的能量总是集中于接收与环境中大多数物质特征形成鲜明差别的信息形式上。据此,在地理教材的设计上,可以用不同的颜色或字体把重点概念与其他内容区别开来,以提高其信息形式强度。

(2) 提高信息内容强度

内容强度指信息内容与平时日常生活中各种常见信息内容相比的突出性。突出性强的信息,其内容强度大。适当地提高信息的内容强度就是要求教材的设计者在对教材内容进行选择和组织时,兼顾学生的知识背景和年龄特征,尽量使教材的内容具有少见、有趣和重要的特点。一般说来,事物往往因为少见而有吸引力,教材的内容与版面具有新颖独到的特色就是"少见"的体现。当然,少见并不意味着过时,也不意味着猎奇。另外,适当地运用夸张的手法设计教材,也会收到意想不到的效果,如卡通人物、夸张漫画、实景图片等。

[①] 林向阳.普通高校体育教材设计与编写的理论探索[D]福州:福建师范大学(博士学位论文),2006:6.

（3）减少干扰信息

干扰信息即无用信息。它不仅"无用"，还会浪费人们的时间和精力，使传递有用信息的效率降低。干扰信息在传递中几乎是不可能完全消除的。文图结合历来是地理教材经典的呈现形式，二者如果结合不好，就会给使用者带来许多干扰信息。以地理过程学习为例，繁杂的文字说明往往让学习者头疼不已，难以领会要点。然而，若能将地理发展过程整理成有逻辑联系的地理纲要信号图，则能大大减少教材中的干扰信息，提高有用信息的传播强度。"纲要信号"与文字信号相比，所使用的符号少，直观示意性强，干扰信息少，使人一目了然。地理教材设计中应适当添加图示、表格、符号等纲要信号。

（4）控制信息量

人类的学习过程是一个信息加工过程。人的大脑对信息的加工是在短时记忆中进行的。而短时记忆中的信息存量是非常有限的。因此，教材所呈现的新知识每次不能过多，否则，学生就无法在短时间内对其全部内容进行辨认、思考和记忆，造成信息冗余、无效。对于教材中的大量信息，大脑中的控制系统不是一条一条地接收的，它像计算机处理器那样是以信息块的形式，一块一块地接收的，这是信息传递的捷径。因此，教材中的章、节、段落设计要控制好每块的信息量，便于学生学习掌握。

4.1.3　地理教材的设计程序

地理教材设计是在地理课程标准的直接指导下，为落实地理课程目标，完成编制任务而进行的一种学术性的系统工程。其设计程序一般要经历设计、编制和实验反馈三个阶段。

4.1.3.1　设计阶段

设计阶段一般可分为三步进行。

第一步，领会课程标准的精神实质。通过学习和讨论，使全体研究人员统一教材设计思想，从实际出发，把握课程标准总纲、地理学科标准和各类教材之间的内在联系，为教材的整体构建奠定坚实的思想基础。

第二步，分析现行教材。教材设计与编写人员应以地理课程标准为准绳，以教材设计理论为指导，分头对现行地理教材进行深入的研究与分析。分析现行地理教材的任务是：肯定优点、发现问题、分析原因，提出解决问题的办法或方案；研究本科目应具备的人地协调观要素、综合思维要素、区域认知要素和地理实践力要素；在此基础上，具体研究本科目教材目标、教材内容与学习活动方式的组合问题；初步确定本教材知识内容的结构体系。

第三步，确定教材总体设计方案。这项工作应在有关领导小组或有关主管部门主持下，经过全体研究人员共同讨论来完成。

4.1.3.2　编制阶段

教材的编制阶段主要包括材料的精选和内容的安排工作。

（1）精选材料

选材工作是教材编制者根据学科课程标准和总体设计方案对某种教材内容进行细致研究和精心选择的工作。选材的基本要求是：

① 筛选传统教材中有价值的材料，精选最新科学成果中的基本材料，将两者有机地结合起来。

② 所选材料应突出科目或某种活动的特点。

③ 注意本科目材料与其他科目的内在联系，以便密切配合，相得益彰。

④ 所选一系列材料要有一定的难度，其难度的确定、难点的分布要与学生"最近发展区"的实际可接受性相适应。

选材的方法是多样的。需要着重介绍的是调查法和判断法。

调查法。为选材而进行的调查主要有社会调查和学校调查两种方式。社会调查的主旨在于了解社会经济、政治、文化的发展对本科目内容的需求。这种社会调查可通过对有关产业部门和高一级学校的问卷调查与访问座谈以及对有关书刊内容的抽样统计来进行。学校调查的任务,在于了解现行教材是否能适应社会的要求与学生的需要。如发现有不适之处,则须弄清存在的主要问题,查明其主要原因。这两种调查都须事先设计调查方案,采取科学的调查程序,认真整理、统计和分析调查材料,最后写出调查报告。

判断法是按照一定标准通过教材编制者的判断来精选材料的方法。第一步,按照课程标准中的"内容标准"搜集典型的基本的现实材料与历史材料、本国材料与外国材料。第二步,对所搜集的材料进行比较和分析。比较、分析的基本标准是:① 具有较高的育人价值;② 符合学生的需要和兴趣。在这两条标准中,第一条是主要的。比较、分析的基本要求是"科学性与思想性的统一"和"先进性与地方性的统一"。第三步,对选材做出判断,从而确定应该入选和不该入选的材料。采用判断法选材时,教材编制者应充分听取同行专家和优秀中小学教师的意见和建议。

(2) 材料选定以后,应予以组织安排。

一般而言,教材内容的组织方法有逻辑组织法、心理组织法以及逻辑、心理交融组织法三种,其中以第三种最佳。地理教材内容的组织方式一般有学科逻辑型、问题中心型、活动中心型。具体地采用哪种单一形式或复合形式,则取决于学生的主体概况、教材编制者的教育理念、社会需求、地理学科特点等多种因素的共同作用。

4.1.3.3 实验反馈阶段

所编教材通过初审以后,必须委托一些试点学校试点或交实验学校进行系统的实验。未经试教或实验的教材不能提交全国中小学教材审定委员会审定,更不能予以推广。

这一阶段使用的基本方法就是实验法。在实验准备阶段,要提出理论假设,确定实验目的与实验重点,制订实验方案与评价方案,选定实验班和对比班,并培训试教教师,配置实例设备和实验工具。在教材实验阶段,要限制无关变量,认真操纵自变量,促进因变量向实验目标发展。为此,教材设计人员要着重深入一两个实验点,与实验班的任课教师密切配合,系统地进行观察、记录和测试,作为统计资料分析;尤须作为形成性评价工作,并根据形成性评价所发现的突出问题对教材实验工作及时予以调控。实验进行中,要写出阶段性的研究报告。实验结束时,应邀请有关专家对实验教材进行总结性评价,由评价人员撰写评价报告。实验人员应根据评价人员的正确意见,进一步修改实验教材。最后,写出教材实验的总结报告,将已经修订的教材报有关部门审定。

> **学习实践**

1. 以《义务教育地理课程标准(2011年版)》"世界地理""认识国家"为例,学习设计一节地理教材内容。
2. 以《普通高中地理课程标准(2017版)》地理1中的"地球的圈层结构"为例,学习设计一节地理教材内容。

4.2 地理教材的编写

> **关键术语**

◆ 地理教材内容的选择   ◆ 地理教材内容的组织   ◆ 地理教材内容的表述

地理教材的设计主要是从宏观层面探讨教材设计的影响因素、理论基础以及设计流程等,地理教材的编写是具体实施环节,教材内容是地理教材编写这一具体实施环节的核心。本节重点探讨地理教材内容的选择、地理教材内容的组织、地理教材内容的表述三个方面。

学习卡片

　　教材改革应有利于引导学生利用已有的知识与经验,主动探索知识的发生与发展,同时也应有利于教师创造性地进行教学。教材内容的选择应符合课程标准的要求,体现学生身心发展特点,反映社会、政治、经济、科技的发展需求;教材内容的组织应多样、生动,有利于学生探究,并提出观察、实验、操作、调查、讨论的建议。

摘自:教育部基础教育课程改革纲要(试行),2001.

4.2.1 地理教材内容的选择

　　内容是达到目的的基本因素。内容选择得恰当与否直接影响到教材的质量。在地理教材内容的选择过程中,一方面要以新颁布的初高中地理课程标准为基准;另一方面要协调好地理学科、社会需求、学生发展之间的关系。具体而言,地理教材内容的选择要体现以下几点。

4.2.1.1 贯彻基础性

　　中学地理教材都是基础教育的学习资源,地理教材内容的选择要贯彻基础性,提供未来公民必备的地理基础知识,承载培养学生基本的地理学习能力和生存能力的功能。其内容取向应关注人口、资源、环境和区域发展等基本问题,以利于学生正确认识人地关系,形成可持续发展等基本观念。地理教材内容的基础性不仅要体现社会需求的基础,还要体现学科的基础、学生发展的基础。初高中地理课程标准中所规定的标准是学生学习地理课程必须达到的基本要求,并且体现了层次性和发展性。

案例 4-4

	初高中地理课标的"设计思路"(部分)	
初中	高中	
1. 义务教育阶段的地理教材以区域地理学习为主,原则上不涉及较深层次的成因问题。 2. 义务教育阶段的地理教材内容分为四大部分:地球与地图、世界地理、中国地理、乡土地理。	1.高中地理教材要充分体现地理学科的本质和价值,展示其核心思想和独特视角;帮助学生在梳理、分析地理事实的基础上,逐步学会运用地理原理探究地理过程、地理成因以及地理规律,解决地理问题。 2.高中地理教材内容的选择应以可持续发展为指导思想,以人地关系为主线,以当前人类面临的人口、资源、环境、发展等问题为重点,综合考虑融入科学发展观教育、国家安全教育、海洋意识教育等,并以现代科学技术为支撑,以培养学生地理核心素养为宗旨,全面体现地理课程的基本理念。	

随堂讨论

　　请思考案例4-4,如何理解地理教材内容选择的基础性?

4.2.1.2 追求时代性

追求时代性是教材生命力的重要所在。随着现代地理科学的发展,产生了许多新理论、新成果和新技术。新理论如农业区位原理、商业区位原理、交通区位原理、可持续发展理论等,新成果如宇宙探测、海洋开发、新能源的开发与利用等,新技术如遥感、地理信息系统、全球定位系统等。地理教材内容的选择要密切关注地理信息科学和现代信息技术对地理科学发展及对地理教材内容的重大影响。地理教材内容的选择要反映这些新的变化,让学生紧跟地理科学的步伐,触摸到时代的脉搏,以体现地理教材的时代特征。例如,"桑基鱼塘"是与农业有关的经典素材,编入教材时要考虑"桑基鱼塘"模式已经发生的巨大变化。

案例 4-5

人教版和湘教版(2019年)关于"环境与发展"/"区域发展战略"的内容选择

版本	人教版	湘教版
内容	第一节 人类面临的主要环境问题 第二节 走向人地协调—可持续发展 第三节 中国国家发展战略举例 第四节 低碳食品知多少	第一节 交通运输与区域发展 第二节 我国区域发展战略 第三节 海洋权益与我国海洋发展战略

随堂讨论

选择一个版本的高中地理教材,说明反映时代性的地理教材内容。

4.2.1.3 注重实用性

注重实用性是教材内容注重适应个人需要和社会需要的具体体现。它要求我们根据现代社会对公民地理科学素质的要求,选择实用性广、现代公民必备的地理知识,尤其是涉及个人、公共及日后职业生活的内容。具体而言,它包括两方面:一是地理教材要选择"对学生生活有用的地理",即与学生生活及周围世界密切相关的地理知识,尤其是学生熟悉的地理事物、现象和问题。如地球、地图,地形,天气与气候,世界、中国和家乡的地理概貌,工农业生产,商业贸易,旅游,交通运输,邮政通信,金融等。二是地理教材要选择"对学生终身发展有用的地理",即与社会实际联系紧密的地理知识。主要有人类所面临的全球性问题,如人口问题、粮食问题、资源问题、环境问题、城市化问题、可持续发展问题;世界和中国的"热点"地理问题,如区域发展、国土整治、全球变化、政治多极化、经济全球化等。

案例 4-6

鲁教版(2019年)必修地理教材中的单元活动内容选择

版本	地理1	地理2
活动内容	1.判别地理方向 2.学会自然地理野外考察 3.学用地形图探究地貌特征 4.地理信息技术应用	1.学用专题地图 2.人文地理户外考察 3.学用图层叠加分析法 4.人文地理社会调查

随堂讨论

分析案例 4-6，哪些活动内容的选择符合个人的需要，哪些活动内容的选择符合社会的需要？

标准链接

> 要将地理学科核心素养的培养贯穿教科书的始终，突出地理学科的育人价值。在教材中，要将人地协调观作为一条重要的线索，串联起内容广泛的地理知识，使其"形散神聚"；要立足综合思维、区域认知和地理实践力的培养，展现地理学科在解决相关的科学和社会问题时的思想、方法、过程和效果。
>
> 中华人民共和国教育部.普通高中地理课程标准(2017年版)[S].北京：人民教育出版社，2018.

4.2.1.4 体现范例性

新教材编写的教育理念之一是"教材是引导学生认知发展、学习生活、人格建构的一种范例"，教材应当为人的全面发展服务，成为学生学会认知、学会做事、学会共同生活、学会生存的范例，成为学生不断获取知识、提升精神、完善自我的范例。教材的范例性的体现就是教材内容选择的范例性。因此，地理教材内容应选取隐含本质因素、根本因素和深刻地理原理的典型事例作范例，这样才能使学生透过这些内容掌握科学知识和科学方法，并激发学生学习的主动性。这些范例读起来要耐人寻味，并能让学生通过学习范例做到举一反三，由表及里。

案例 4-7

> **地理 2（人教版）教材内容的选择——以"英国的城镇化进程"为例**
>
> 英国是世界上最早开始近代城市化的国家。在工业革命的推动下，19 世纪英国的城市化进程十分迅速，一大批工业城市，如曼彻斯特、伯明翰等迅速成长起来。1801—1851 年的半个世纪里，全国 5000 人以上的城镇由 106 个增加到 265 个，城镇人口比例由 26% 提高到 45%。
>
> 进入 20 世纪，英国开始出现郊区城市化现象。一些原先位于伦敦城周围的小城镇逐渐被伦敦所"吞并"，成为大伦敦的一部分。随着郊区城市化的发展，从伦敦经伯明翰到曼彻斯特、利物浦一带的城市规模都在迅速扩大，而相互越来越近，城市与城市间的界线日趋模糊，形成连成一片的城市地域，这就是英格兰城市带。
>
> 20 世纪下半叶，大伦敦的城市人口出现减少的趋势：1961—1971 年间人口减少了 0.8%，1971—1981 年间人口减少了 10.1%。其他的大城市也出现了同样的现象。而在这两个时期中，新城人口分别增加 28.5% 和 21.2%，哪些度假和退休老人居住的城市人口分别增加 9% 和 2.7%。伴随着这一过程，这些大城市的市中心出现了失业率增高、空旧房增多、犯罪率升高、市中心的空洞化等现象。

随堂讨论

请思考，在这节"城市化"内容中，为什么以"英国的城市化"作为范例？

4.2.2 地理教材内容的组织

教材内容的选择为教材内容的组织打下了基础。内容的组织与学生的身心发展有着密切的联系。教材内容的组织应尊重中学生的身心发展特点,既要考虑知识的关联性,又要考虑中学生的可接受性。在具体教材内容的组织中,存在着不同的方式和模式。

学习卡片

在儿童理智尚未发达时,就使用这些既"无限地追溯过去"又"无限地伸向空间"的教材,这无异于"在儿童离开他熟悉的不多于一平方英里的自然环境以后,便使他进入一个辽阔无垠的世界——甚至使他进入太阳系的范围"。儿童经验的组织和他的直接的实际兴趣中心有联系。例如,儿童的家乃是他的地理知识的组织中心。

约翰·杜威.民主主义与教育[M].北京:人民教育出版社,2007.

4.2.2.1 地理教材内容的组织方式

地理教材内容组织方式分为逻辑式组织和心理式组织,以及这两种方式结合起来的混合式。

逻辑式组织更多的是考虑学科本身的逻辑体系,是按照地理知识的内在逻辑编排,国内外地理教材大多采用这种方式。例如,世界地理先讲世界概括,再讲地区和国家地理,最后以人类共有的地球作结束。本国地理先讲总论,再讲区域地理,然后以本国与世界的联系或者在世界中作结束。系统地理先讲自然地理,再讲人文地理,最后以人地关系或可持续发展作结束。这种方式的优点在于,可以有系统、有条理地把一门教材的知识组织起来,可使学生获得系统的知识,还可培养学生整理知识的方法。其缺点在于,以知识体系为本位,不顾及学习的难易,故很难适合学生的需要、兴趣和能力。总之,逻辑式组织因其对抽象逻辑思维能力有一定的要求,只有到高年级,当学生的知识丰富了,抽象逻辑思维能力显著增强了,才可采用。

心理式组织是按照学生的学习兴趣和认知特点来编排教材内容的。即先从学生已经熟悉的事物开始,教授地球表面的、局部的、有限的一部分,然后逐渐扩大到附近的地区(国家、洲等),直到获得整个地球的观念,或者,包括地球在内的太阳系的观念。这种方式以学生的经验作为教材组织的出发点,逐渐扩大教材内容的范围,使之适合学生的能力、经验和兴趣,而不顾及知识系统的完整性。例如,本国地理教材的组织,先写乡土地理,然后推及本乡、本省、邻省和全国。心理组织法的优点在于,重视学生的经验和心理特点,便于学生学习,能引起学生的兴趣。其缺点是,不重视学科本身的知识系统,很难给学生提供系统的知识。这种方式一般以主题或概念为中心,采用螺旋上升的形式,随着年级升高使学生不断深化和拓展对概念的理解。

案例 4-8

2019 年人教版地理 1 内容组织	
第一章 宇宙中的地球	第四章 地貌
第二章 地球上的大气	第五章 植被与土壤
第三章 地球上的水	第六章 自然灾害

案例 4-9

英国朗曼版教材"天气和气候"单元的内容组织

第一册	第二册	第三册
1. 天气 2. 天气如何影响我们 3. 天气预报 4. 建筑对天气的影响 5. 天气观测 6. 酸雨	1. 天气和大气 2. 欧洲的天气和气候 3. 欧洲的气团 4. 低气压和反气旋 5. 欧洲气候灾害 6. 欧洲的酸雨	1. 天气和气候 2. 世界天气 3. 观察气候 4. 气候灾害 5. 气候变迁

随堂讨论

1. 根据案例 4-8 和案例 4-9,请思考,上述案例中教材内容的组织方式分别采用什么方式?
2. 以上案例的内容组织方式分别有什么利弊?

由于逻辑式组织和心理式组织法各有利弊,教材编制人员往往按照不同阶段学生的心理特点,将上述两种方法结合起来组织地理教材。

4.2.2.2 地理教材内容的组织模式

按照地理教材章、节内容组织所采用的比较固定的程序、流程的不同,地理教材内容的组织模式可以分为要素式组织模式、系统式组织模式、专题式组织模式以及混合式组织模式。

要素式组织模式

要素式组织模式是按照自然地理、人文地理要素编排教材。比如,自然地理按照地形、气候、水文、土壤、生物等要素编排,人文地理按照人口、文化、经济、农业、工业、聚落、种族等要素编排。这种组织模式反映了地理的学科体系,有利于学生掌握地理教材核心的内容。这种组织模式在内容的选择上过于强调自然地理或人文地理的内部组成要素,忽视了自然地理和人文地理的内部联系,不利于培养学生用联系的观点分析地理问题,在内容的组织形式上也比较呆板,不利于激发学生学习地理的兴趣。

系统式组织模式

系统式组织模式是指在地理教材内容组织过程中按照系统论的观点将自然地理的一些要素和人文地理的一些要素整合在一起,尤其是通过区域地理将自然地理要素和人文地理要素进行整合。这种教材内容的组织模式有利于培养学生深入分析问题能力,有利于培养学生用联系的观点看问题,有利于提高学生的综合素质。但这种组织方式对学生的已有的知识储备要求比较高,比如自然地理、人文地理、区域地理方面的知识,因此,一般比较适合于高年级的学生。

专题式组织模式

专题式组织模式是围绕某一问题,比如环境问题、灾害问题、人口问题、旅游问题等,从多个角度对其进行组织。这种组织模式有明确的主题,一般都有很翔实的案例,这种模式有利于激发学生的兴趣,有利于学生进行探究式学习,有利于从多个角度加深学生对某一问题的理解。但这种组织模式花费的课时较多,不利于学生系统掌握地理知识。这种组织模式比较适合于选修地理教材内容。新的高中地理课程标准颁布以后,高中有9个模块的地理选修教材,分别是:天文学基础,海洋地理,自然灾害与防治,环境保护,旅游地理,城乡规划,政治地理,地理信息技术应用,地理野外实习。高中地理选修教材大多采用该模式。

案例 4-10

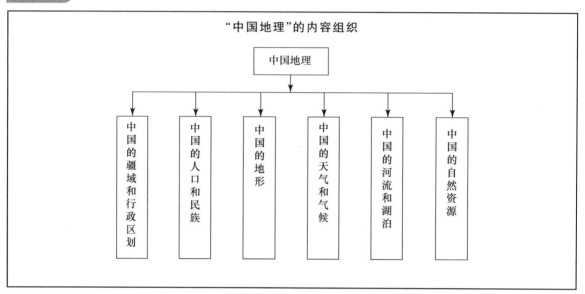

案例 4-11

地理 3(人教版)内容组织	
章	节
第一章　地理环境与区域发展	第一节　地理环境对区域发展的影响 第二节　地理信息技术在区域地理环境研究中的应用
第二章　区域生态环境建设	第一节　荒漠化的防治 第二节　森林的开发和防治
第三章　区域自然资源综合开发利用	第一节　能源资源的开发 第二节　河流的综合开发
第四章　区域经济发展	第一节　区域农业发展 第二节　区域工业化与城市化
第五章　区际联系与区域协调发展	第一节　资源的跨区域调配 第二节　产业转移

案例 4-12

<table>
<tr><td colspan="2" align="center">选修地理 6《环境保护》(人教版)教材的内容组织</td></tr>
<tr><td align="center">章</td><td align="center">节</td></tr>
<tr><td>第一章　环境与环境问题</td><td>第一节　我们周围的环境
第二节　当代环境问题的产生及其特点
第三节　解决环境问题的基本思想</td></tr>
<tr><td>第二章　环境污染与防治</td><td>第一节　水污染及其成因
第二节　固体废弃物污染及其危害
第三节　大气污染及其防治</td></tr>
<tr><td>第三章　自然资源的利用和保护</td><td>第一节　人类面临的主要资源问题
第二节　非可再生资源合理开发利用对策
第三节　可再生资源的合理利用和保护</td></tr>
<tr><td>第四章　生态环境保护</td><td>第一节　森林及其保护
第二节　草地退化及其防治
第三节　湿地干枯及其恢复
第四节　生物多样性保护
第五节　中国区域生态环境问题及其防治途径</td></tr>
<tr><td>第五章　环境管理及公众参与</td><td>第一节　认识环境管理
第二节　环境管理的国际合作
第三节　公众参与</td></tr>
</table>

随堂讨论

案例 4-10、4-11、4-12 分别采取了什么样的教材组织模式?

混合式组织模式

要素式、系统式和专题式组织模式是教材内容组织的几种基本的形式,它们都有各自的优点和局限性。在具体教材内容组织的过程中,往往采取混合式组织模式。这种组织模式在教材内容组织过程中可以吸取其他模式的优点并根据实际需要进行灵活运用,是一种操作起来比较方便的模式。混合式组织模式在具体操作过程中有很多变式,比如要素—专题式、专题—系统式、专题—区域式等。

图 4-2　关于"人口"要素—专题组织模式图

要素—专题式是围绕自然地理(地形、气候、水文、土壤、生物等)或人文地理(人口、文化、经济、农业、工业、聚落、种族等)中的某一要素为中心,然后分不同的专题对这一要素进行说明。比如,湘教版地理 2 中关于人文地理的人口要素是从人口分布、人口迁移和人口容量三个专题组织的(见图 4-2)。

专题—系统式一般是围绕某一比较重大的社会问题为中心分别从不同的角度对其进行剖析,从而加深人们对这一社会问题的认识。

专题—区域式是在地理教材内容组织中运用较多的一种,由于地理具有很强的地域性,在地理教材内容组织中,如果按照结合某一区域对某一专题进行组织,就形成了专题—区域式组织模式。

案例 4-13

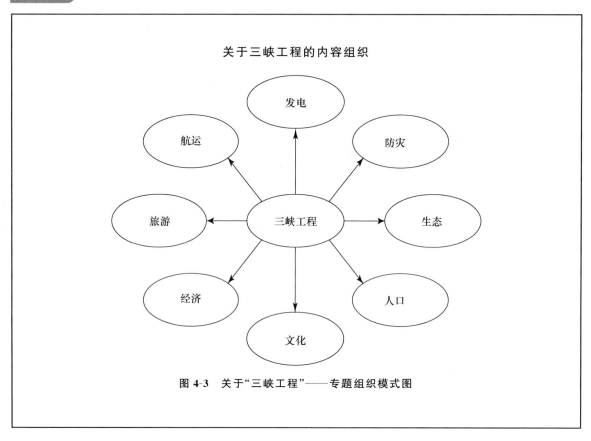

图 4-3　关于"三峡工程"——专题组织模式图

随堂讨论

1. 请思考,案例 4-13 采取了哪类组织模式?
2. 案例 4-13 是怎样组织教材内容的?其组织模式有什么利弊?

标准链接

> 教科书的结构设计,还应为师生依据本地区、本学校的实际充实教材内容留有余地,教科书的结构设计应不拘一格,关键在于科学合理,便教利学。
>
> 中华人民共和国教育部.普通高中地理课程标准(2017年版)[S].北京:人民教育出版社,2018.

4.2.3 地理教材内容的表述

地理教材内容的表述是地理教材编制过程中的最后一个环节,这一环节关系到地理教材内容的选择和地理教材内容的组织效果。在新课程理念的指导下,地理教材内容的表述应有新的形态和策略。

4.2.3.1 表述形态

教材的表述形态实际上就是地理教材内容的呈现方式。任何一本教材都有其表述形态,但在不同时期,受多种因素的影响,地理教材的表述形态是不一样的。随着学习理论的不断发展,人们更加关注教材表述在改变学生学习方式上的作用。地理教材内容表述形态改变了以前便于教师教、学生听的单一的静态的表述形态,逐步向动态的、互动的、多元的表述形态转变。

按照表述形态在改变学生学习方式上的作用的不同,地理教材内容的表述形态可以分为叙述性课文和活动性课文。叙述性课文是传统意义上的课文,包括正文和阅读材料。活动性课文是指叙述式课文中穿插的各种调动学生学习活动的各种学习栏目。一般以阅读、读图、实验、问题研究、案例研究、思考活动、实践活动、探究活动、课题研究、单元活动等多种学习栏目呈现。这些栏目虽然形式上是属于作业系统,但由于它们在内容上不是课文的补充,而是承担了一部分新知识的教学,已成为教学过程的重要组成部分,因此它们实际属于课文系统,是课文的重要组成部分。

表 4-1 新版本高中地理新教材活动性课文栏目的设置

版本	人教版	湘教版	鲁教版	中图版
栏目	1.阅读 2.思考 3.活动 4.自学窗 5.案例 6.问题研究	1.探究 2.阅读 3.活动 4.提示语	1.思考 2.知识窗 3.活动 4.单元活动	1.课题 2.思考 3.探索 4.学习指南 5.名词链接 6.读表 7.读图 8.案例研究

案例 4-14

高中地理课程标准教材中图版第二册的"人口迁移的特点及影响因素"

第二节 人口迁移的特点及影响因素

探索

明朝初期山西人口向外迁移

元朝末年战乱，中原地带十室九空、满目疮痍。明朝政府从洪武三年（1370年）至永乐十五年（1417年）的近50年中，共18次从山西向全国各地移民，移民数量达百万，规模浩大。当时规定，凡移民者必须到洪洞县广济寺办理手续，然后从这里出发，迁往按政府指派的目的地。

思考 查阅资料，了解影响明朝初期山西人口迁移的主要因素。这对我国当时的人口分布有什么影响？

图 1-2-1 明朝初期山西人口迁移示意 1：26 000 000

人们出于某种目的，移动到其他地区，永久性或长期性地改变其定居地的行为，被称为人口迁移。按照人口迁移的范围是否跨越国界，还可分为国际人口迁移和国内人口迁移。

国际人口迁移及其特点

新大陆被发现后，出现了大规模的人口跨洲迁移活动，例如欧洲人向美洲移民，非洲黑人被欧洲殖民者贩运到美洲，亚洲的中国、印度和日本等国居民向国外迁移等。第二次世界大战后，国际人口迁移流向发生了一些

学习指南

◆ 人口迁移的特点是什么？
◆ 影响人口迁移的因素有哪些？

提示 人口迁移是经常发生的现象，人口迁移的原因很复杂，要具体分析。

本节的主要概念是人口迁移。

图 1-2-2 第二次世界大战后欧洲各国接纳的移民来源 1：62 000 000

案例 4-15

20 世纪 90 年代人教版高中地理教材中的"人口的迁移"教材内容的表述

第二节 人口的迁移

历史上无数次大规模的人口迁移,对于目前世界人口分布状况的形成有着巨大影响。人口迁移在客观上大大促进了种族、民族的融合和经济、文化的交流。

国际人口迁移 国际人口迁移,通常是指迁移人口超越了国界,并且改变住所已有一个时期(通常指 1 年)。

(一) 第二次世界大战以前的人口迁移 从 15 世纪末到 16 世纪初,随着地理大发现与新航线的开辟,世界资本主义的发展和殖民主义的扩张,掀起了人口迁移的洪流。大批移民从旧大陆移向新大陆,从已开发国家流向未开发国家。

1. 从欧洲迁往美洲。最早移入美洲的,主要是西班牙和葡萄牙人,后来,英、法、荷兰人也奔向北美。大批殖民者来到美洲,掠夺资源和财宝。他们对当地土著居民印第安人进行残酷杀害,遭屠杀的有上千万人。19 世纪到 20 世纪上半叶,资本主义发展到垄断阶段,欧洲人口大规模移居美洲,人数达几千万。

2. 从非洲劫掠黑人到美洲。从 16 世纪起,欧洲殖民者为了大规模开拓殖民地,在美洲推行了野蛮的奴隶制度,他们从非洲西部和中部,用暴力把黑人贩运到美洲,从事繁重的劳动。奴隶贸易进行了约 400 年,被贩卖的黑人估计有 1 亿人,致使非洲人口大量减少。到达美洲的黑人,主要分布在北美洲南部、西印度群岛和巴西东北部。

3. 殖民主义者招工开发东南亚(华侨称东南亚为"南洋")和美洲 西方殖民主义者招募大批中国人、印度人、日本人充当劳工。美国西部铁路的建筑,充满了华工的血泪。19 世纪后期至 20 世纪初期,大批中国人下"南洋"谋生,在种植园、厂矿里当苦工,或从事商业、手工业活动。现在他们中的大部人已成为所在国的公民。日本人向国外迁移,主要是到美国、巴西等地。印度人主要到非洲和美洲。大批移民用生命、热血和汗水,把荒地变成肥田沃土,他们对开发新世界是有历史功绩的。

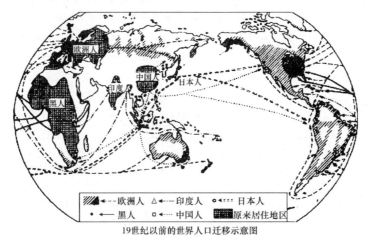

19 世纪以前的世界人口迁移示意图

(二) 第二次世界大战以后的人口迁移 第二次世界大战后国际人口的迁移表现出新的特点:人口从发展中国家流向发达国家;定居移民减少,短期流动工人,即外籍工人大量增加。

随堂讨论

1. 从案例4-14和案例4-15,你能说出不同时期教材内容表述形态的差异吗?
2. 你比较喜欢哪种表述形式?为什么?

4.2.3.2 表述方法

叙述性课文和活动性课文是新课程理念下地理教材内容表述的两种基本形态。两种不同形式的表述形态各有其独特的功能,叙述性课文有利于"说理"和"叙事",活动性课文有利于学生学习方式的转变。为了充分发挥叙述性课文和活动性课文的作用,促进学生的学习,在地理教材内容的表述中可以采取如下方法。

认知的逻辑性

以往地理教材的表述,在很多情况下采取地理概念(地理定义、含义等)——地理现象(事实材料)——地理结论(规律、原理)演绎论证的表述方式。这种以"给定"方式表述的教材,不易引发学生的学习兴趣。认识地理事实是学习地理理论的基础,教材的表述要处理好地理事实、主题、概念、原则和原理以及理论的关系(见图4-3),符合学生认知的逻辑性。

案例 4-16

> **"海陆热力性质差异"内容的表述**
>
> 在讲海陆热力性质差异这一概念之前,教材中有一段学生比较熟悉的材料描述:夏天的中午,太阳照着大地,那时我们到河里去游泳,觉得河岸上的沙石已被阳光晒得很暖,但是河水很凉。到了晚上,太阳早已落山,我们再到河里去游泳,就觉得空气已较凉爽,河岸上的沙石也变凉了,但是河水还保持着温暖。

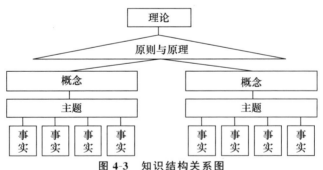

图4-3 知识结构关系图

参与的主体性

参与的主体性是指教材表述的语言要体现尊重人的价值、生命和人的生活的价值取向,尽可能地采用人性化的语言,激发学生的情感,引导学生主动参与。世界各国都非常重视教材的建设,尤其是教材内容的表述方式上,体现出了"以学生发展为本"的教学理念,更加人性化,尊重学生的人格与个性发展,考虑学生的学习心理与年龄特征。

案例 4-17

"产业部门划分与分布"内容的表述
德国地理教材在处理"产业部门划分与分布"内容时,并不是枯燥地讲述,而是设想学生以第一人称"我"的形式介入某个失业队伍,让"我"自己去寻找就业的部门和地区,在寻找工作岗位的过程中去学习产业结构和地区分布的知识。

概念的科学性

概念的科学性是在地理教材内容表述中要避免概念混淆、定义不严谨、用词不科学不严谨等问题。教材内容表述的科学性主要体现在地理概念表述和地理材料的准确性。教材表述不科学、不合理会造成地理教学质量下滑、地理教学不必要的负担加重,乃至地理高考不必要的难度增加,学生对地理学习失去兴趣和信心。

案例 4-18

不同时期地理教材中关于"寒流和暖流"概念的表述	
版本	定义
旧	从低纬流向高纬的洋流,水温比流经海区温度要高,叫作暖流;从高纬向低纬的洋流,水温比流经海区温度要低,叫作寒流。
新	从水温高的海区流向水温低的海区的洋流,叫作暖流;从水温低的海区流向水温高的海区的洋流,叫作寒流。

随堂讨论

案例 4-18 中关于寒流和暖流的概念表述哪个更科学?

语言的趣味性

语言的趣味性是在地理教材内容表述中通过多种途径激发学生学习地理的兴趣。这些途径包括标题的独特新颖的表达方式、从生活现象中引出学生感兴趣的问题、在教材中穿插一些与课文内容有关的小故事、小资料、专题材料、漫画等,以引起兴趣。

案例 4-19

美国《科学探索者》教材中关于"大气"概念的表述
大气就是围绕着地球表面的那一层气体。为了更好地理解大气的相对尺度,我们不妨把地球想象成只有一个苹果那么大。如果你向苹果哈气,苹果表面就会覆盖一层薄薄的水汽。地球的大气就好比苹果上的那一层水汽,它是覆盖在地球表面的一个小薄层。

智能的多元性

"满足学生不同的学习需要"是课程改革的重要理念。不同学生之间不仅兴趣、需要不同,智力状况也不尽相同。智能的多元性为地理教材活动性课文的表述提供了新的视角。地理教材活动性课文的表述应充分利用地理知识的逻辑性,发展学生的逻辑—数理智力;充分利用地理事物分布的空间性(如自然地理事物的空间分布、人文地理事物的空间分布),发展学生的视觉—空间智力;充分利用地理事物的运动性、节律性(如演示地球的运动、大气的运动、洋流的运动、四季的节律变化等)发展学生的身体—动觉智力;充分利用地理事物的多样性,发展学生的自然观察能力;设计多种多样的学习参与性、探究性、交往性的地理活动,发展学生的言语—语言智力、自知—自省智力和交往—交流智力等。

案例 4-20

"城市化过程对地理环境的影响"教材内容的表述

呈现某一城市 1960 年、1980 年、2005 年土地利用图(配以适量景观图作副图)和该城市 3 个年份城市人口数据,要求学生阅读该城市不同时期土地利用图,研究下列地理问题:① 列举该城市发展事项(发展观察智力);② 概括城市化过程特点及其阶段特征(发展逻辑—数理智力和视觉—空间智力);③ 分析说明该城市环境问题的主要表现及其基本原因;④ 上网查阅与该城市发展规划有关资料,进行分析,并提出自己的建议(发展逻辑—数理智力、发展视觉—空间智力);⑤ 结合该城市发展的历程,与同学交流城市化过程对地理环境所产生的正面和负面影响,以及减少负面影响的举措(发展言语—语言智力和交往—交流智力);⑥ 对自己上述学习过程做出评价(发展自知—自省智力)。

功能的整合性

功能的整合性是在地理教材内容的表述中将叙述性课文和活动性课文进行有效的整合,发挥它们最大的功能,从而达到地理教材内容表述的优化。实际上就是将以文字、图像表达呈现的叙述性课文和以阅读、读图、实验、问题研究、案例研究、思考活动、实践活动、探究活动、课题研究、单元活动等多种学习栏目呈现的活动性课文进行优化整合。比如,在传统的只有图像内容、图序、图名信息的"太阳系模式图"下面增设一个思考栏目:根据"太阳系模式图"中的信息,请你用语言或其他方式表达地球在太阳系中的位置。这样,这幅静态的太阳系模式图的学习就有动态意义了,能够起到引导学生参与过程的作用。

标准链接

教科书的设计、编写等环节都应服务于地理学科核心素养的培养。要创新内容编排方式,可以采用问题、情境、案例等多种思路组织教学内容,使学习内容与生产和生活实际密切联系,并且将学生"放"到情境中,增强他们分析和解决问题的能力。要创设多种表达方式,可以采用文字、地图、图像、图表、模型等方式呈现教学内容,为学生提供生动、直观、富有启发性的学习材料,丰富他们说明和分析地理问题的手段。

中华人民共和国教育部.普通高中地理课程标准(2017 年版)[S].北京:人民教育出版社,2018.

学习实践

选择普通高中地理教科书地理 1 中的一个专题,分析地理教材内容选择的特点、内容组织的模式、内容表述的方法。

4.3 发展中的中外地理教材

地理教材作为反映地理课程标准内容的基本载体,作为学生学习的最重要资源,历来受到人们的重视。它的设计与编写受到社会政治、经济、文化的影响,尤其是地理科学研究发展水平的制约,与教育内部的各种因素(教育目的、受教育者身心发展规律和知识水平等)密切相关。由于世界各国国情不同,就形成了各具特色的各国地理教材。

4.3.1 各具特色的国外中学地理教材

4.3.1.1 美国地理教材的特点

基于课程标准

自 1994 年颁布《国家地理课程标准》(以下简称《标准》)以来,美国掀起了一场"基于标准"的课程改革。《标准》提出了"从空间观察世界""地方和区域""自然系统""人文系统""社会与环境""地理的应用"6 个要素 18 个标准。围绕某一要素或标准,教材提出了具体的单元目标。比如,围绕"地方和区域"要素中的"知道和理解地区的自然和人文特征;区域是人类建构的,用来解释地球的复杂性;文化和经验如何影响人们对区域的认知"三个目标,由 Paul Ward English 主编的美国中学世界地理教材《地理:变化世界中的居民和区域》(*Geography: People and Places in a Changing World*)在"南亚"这一单元提出了具体目标:当你学完这个单元后将会:① 描述南亚的地理特征,以及这个区域的季风是如何严重影响当地的种植业和生活水平的。② 认识宗教在南亚历史中所起的重要作用。③ 描述英国殖民主义给南亚带来的变化。④ 解释导致南亚大部分地区极度贫困的原因。① 这样编写与标准的对应性就很明显。

重视生活经验

美国地理教材非常重视学生已有经验在教材中的应用。比如,2002 年 10 月出版的美国地理教材《地理:世界和居民》(*GEOGRAPHY—The World and Its People*)在"世界的人口"章节结束后的评价及活动中,设计了这样的题目:① 列表说明,从你早上起床直至睡觉你需要用电的各项活动,在第二栏中写出假如没有了电,你将如何完成这些活动。② 写一段有关你社区的居民情况,回答这些问题:"最初的人们为什么定居在这里?你所在地区的文化发生了怎样的变化?""调查你所在州的气候是如何影响文化的?包括对旅游者的吸引力、服装的类型以及经济。像这种把地理训练和生活紧密结合的练习,在教材中随处可见。②

突出技能培养

地理是一门实践性和应用性很强的学科。美国地理教材中设计了大量有关地理技能培养的活动,以便于引起教师和学生对技能的重视。比如,2000 年由美国 Prentice-Hall 出版社出版的地理教材《地球变化的表面》(*Earth's Changing Surface*)中设计了很多地理技能培养的栏目。比如,教材中设计了一个"制作地形图"的技能训练案例,该技能的操作步骤是:① 剪一张与水槽底部大小相适的纸板。② 在纸板上,把黏土塑成一座山的模型。③ 把模型置于水槽内,往水槽中倒 1 厘米深的染色水代表海平面。④ 在容器上蒙上一张干净的硬塑料薄膜。⑤ 在薄膜上勾画出水槽的轮廓。垂直俯视水槽,勾画出模型周围的水的轮廓,然后移走水槽上的薄膜。⑥ 往水槽中再加 1 厘米的水,使水深达 2 厘米。再次蒙上薄膜,画下水位。多次重复第 6 步。直到下一次加水将模型完全淹没为止。⑦ 取下薄膜,在白纸上临摹出塑料薄膜上的轮廓。③

强调迁移应用

为了体现地理学科的实用价值,美国地理教材比较强调地理概念、原理在社会生活中的迁移应用。比如,2000 年由美国 Prentice-Hall 出版社出版的地理教材《地球变化的表面》中有一个"泛滥平原上的房

---

① 陈红. 美国《世界地理》教材的结构特色[J]. 地理教育,2007(3):60—61.
② 陆敏. 美国地理教材"地理:世界和居民"评价[J]. 地理教育,2005(5):65—66.
③ 吕润美. 美国中学地理教材特点简析[J]. 课程·教材·教法. 2006(10):93—94.

屋保护"的例子,要求学生先描述关于泛滥平原和房屋的争论;然后列出能够减少泛滥平原上房屋受损害的措施,每一步都要列出谁从中受益,谁承担损失;最后写一篇演讲稿发表解决方案。①

案例 4-21

美国地理教材《天气与气候》的活动类型栏目目录(部分)

类型	栏目	名称	栏目	名称	栏目	名称
学科探索	每章课题	第一章 观察天气 第二章 建立自己的气象站 第三章 预测天气 第四章 调查小气候	增加技能	1. 预测 2. 数据解析 3. 分类 4. 推论	技能实验室	1. 制作气压计 2. 哪种材料吸热快 3. 读天气图 4. 太阳关系与角度
	探索活动	1. 蜡烛能燃烧多久 2. 制作冰雹 3. 树的年轮告诉我们什么 4. 当空气被加热时	试一试	1. 苏打瓶气压计 2. 制作一个风向标 3. 闪电的距离 4. 模拟气候条件	生活实验室	1. 空气的洁净度知多少 2. 观测房子的避风面 3. 追踪飓风 4. 美妙的气候曲线图
跨学科探索	科学与历史	1. 大气层的探索者 2. 改写历史的风暴	科学与社会	1. 汽车和洁净的空气 2. 飓风警报:留还是走	链接	1. 语言艺术 2. 社会研究 3. 形象艺术 4. 数学工具箱 5. 社会研究

随堂讨论

通过案例 4-21,概述美国地理教材编写的主要特色。

4.3.1.2 英国地理教材的特点

基于社会问题

以当今社会中出现的比较突出的环境问题、人口问题、资源问题等为专题进行教材的编写是英国地理教材的一大特色。比如,由剑桥大学出版社出版的 *Green Pieces* 以"环境问题"为中心,展示了人们是怎样利用环境以及有时环境是怎样被人们虐待的。该书有八个单元:第一单元 人们对土地的利用,第二单元 食品,第三单元 今天天气怎样?第四单元 水塑造地形,第五单元 水:一种稀缺的资源,第六单元 工业与环境,第七单元 自然灾害,第八单元 自然资源的消耗。第一、二单元研究人们是怎样利用环境来获取食物;第三、四单元涉及有关自然环境上的一些问题,如:大气、水和地形;第六、七、八单元讲到由于工业和技术的原因,一部分国家变得越来越富,但这却是以环境的破坏为代价的。②

内容由浅到深

教材内容从已知到未知,从浅到深符合学生认知规律,英国地理教材也充分注意学习规律在教材编写上的运用。比如,英国地理教材 *Earthworks* 中每个单元包括 8 节或 9 节内容,分为背景介绍、基本框架、知识构建和深入挖掘四大板块。四大板块的关系是这样的:背景介绍基于学生的日常生活

---

① 吕润美.美国中学地理教材特点简析[J].课程·教材·教法.2006(10):95.
② 张胜前,李家清.英国中学地理教材 *Green Pieces* 的编写特色[J].地理教学,2008(2):40.

体验,对该单元内容进行简介和导入;基本框架包含在该单元需要学生理解的所有关键的地理概念;知识构建针对基本框架中学习的地理概念,在真实的地点进行两至三次的地理研究;深入挖掘让学生深入思考一些现实问题,运用地理做一些深层研究。①

案例 4-22

> **英国中学地理教材《世界地理》中的案例研究**②
> **案例:净化莱茵河**
>
> (角色扮演)你作为环境研究院的学生,被要求参加一个关于莱茵河三角洲污染的会议。学院要求你为环保杂志写篇文章。简介莱茵河,提出问题。
> ● 关键问题1:谁对莱茵河的污染负责?
> 资料A 莱茵河的污染状况和原因;
> 资料B 莱茵河流域工业分布图;
> 资料C 为什么选择在莱茵河附近建铝材厂?
> 资料D 图片:莱茵河污染源;
> 资料E 莱茵河水质状况曲线图。
> ● 活动:回答一系列问题(根据以上资料),说明莱茵河的主要污染源。
> ● 关键问题2:莱茵河污染对荷兰造成的后果是什么?
> 资料F 海军长官谈莱茵河污染对鹿特丹港的影响;
> 资料G 有毒水洗泥沙对农业的影响示意图;
> 资料H 莱茵河流域排污盆地地图;
> 资料I 河流两岸捕捉到的鳝鱼来显示污染程度示意图;
> 资料J 鹿特丹饮用水净化工程。
> ● 活动:根据以上资料回答一系列问题,给荷兰官方报纸写一封信,总结荷兰人民面临的形势。做什么能停止或减少污染?
> ● 关键问题3:采取措施降低莱茵河河中盐的含量。
> 资料K 莱茵河行动计划;
> 资料L 控制河流污染的行动。
> ● 活动:根据以上回答一系列问题,为环保杂志写一题为"改善莱茵河水质"的短文。

栏目多种多样

栏目的多样性有利于转变传统的单一的符号式接受学习,促进学生采取多样性的学习方式。英国地理教材中的学习栏目比较多。比如,英国地理教材 Earthworks 中有活动、家庭作业、任务和信息交流技术等几个栏目。活动栏目大多在课堂上进行,既可独立完成,也可与同学合作。家庭作业是在家里独立进行的一些课外研究,如,从当地旅游局了解法国之旅的有关信息。去目的地的最佳旅行方式是什么?考虑时间、旅程和费用。任务是一个扩展活动,需要运用单元里的许多地理技能和概念,如:为地理杂志撰写一篇文章,比较法兰西岛与中比力牛斯地区。信息交流技术是学生运用计算机帮助自己去完成一些探究活动,包括上网查找资料,利用计算机进行数据、图像处理等。

随堂讨论

案例4-22体现了英国地理教材哪些特点?

---

① 陈红. 英国中学地理教材中的"区域地理"特色[J]. 外国中小学教育,2005(11):36—37.
② 陈芳. 英国中学地理教材《世界地理》典型案例选登[J]. 地理教育,2004(2):34.

4.3.1.3 日本地理教材的特点

突出时空观念

突出时空观念是日本中学地理教材的一大特色。教材要求学生从身边的地理事物着手,养成正确的时间观念和空间观念。例如,要求学生关注"身边的地形景观""脚下的岩石、地层",甚至扩大到"考察全球规模"的地理事物。通过这些知识的学习和对"有历史性的地理事物"的了解,培养学生的地理时间观念、地理事物的发展观念。如对于空间观念而言,通过气象、大气循环、水循环、天文等的学习,培养空间概念和地理事物的循环特性。

引导亲身体验

日本中央教育审议会提出的"地理教材基本方针"中,将"通过与自然直接接触的观察活动、实验,提高学生的好奇心和探究兴趣,培养学生解决问题的能力和科学的思考方法"作为重要内容。因此,日本地理教材比较注意引导学生进行亲身体验。比如,低年级强调从身边的地理环境看眼,亲身感受地理事物的特征、发展与变化,观察内容包括地质、气象、天体等,教材也是按照大地、气象、天体的顺序来安排。

注重内容实用性

教材中增加了具有广泛应用性的内容。这具体体现在内容注重适应社会需要的教学价值取向。把涉及个人、公众及日后职业生活的内容作为取材范畴。其中在初中地理教材中编入了"人们的生活与环境""日本人民的生活""世界与日本的产业、资源"等联系日常生活实际的内容,大大压缩了经济地理的篇幅,并以适应学生年龄特征的大众化、生活化的方式呈现地理内容。

案例 4-23

		日本新编地理教材目录	
地理 A	第一篇:现代世界的特色与地理技能	第一章:球面上的世界及其地域构成 第二章:联系密切的现代世界 第三章:日趋多样化的人类行为与现代世界 第四章:身边地域的国际化进展	
	第二篇:从地域性看现代世界课题	第一章:对世界生活文化的地理考察 第二章:对全球性课题的地理考察	
地理 B	第一篇:现代世界的系统地理考察	第一章:自然环境 第二章:资源、产业 第三章:都市、村落、生活文化	
	第二篇:现代世界的地志考察	第一章:市、镇、村规模的地域 第二章:国家规模的地域 第三章:洲、大陆规模的地域	
	第三篇:现代世界诸课题的世界考察	第一章:由地图看现代世界诸课题 第二章:由地域划分看现代世界诸课题 第三章:国家间的联系现状与课题 第四章:近邻国家研究 第五章:环境、能源问题的地域性 第六章:人口、粮食问题的地域性 第七章:居住、都市问题的地域性 第八章:民族、领土问题的地域性	

细化技能培养

日本的地理教材对学生学习地理的技能和能力的要求明确、细化。这些技能和能力的培养自然会形成以探究和实践活动为主的学习方式。例如,学生应会从各种原始资料(访谈、统计、实况广播等)和第二手资料(地图、图表、光盘等)中查找相关信息。这样,教师在组织教学活动时,必然要采用学生实践活动的方式。①

随堂讨论

从案例 4-23 中,你发现日本地理教材内容选择有哪些特点?

4.3.2 与时俱进的我国中学地理教材

随着我国地理教材编制研究的不断深入,教材在设计、编写等方面都发生了很大的变化。新的初高中地理课程标准颁布以后,呈现出百花齐放的局面。这里主要介绍高中地理新教材。

(1) 人教版地理教材的特点

渗透研究性学习

人教版在内容的展示上,着力体现研究性学习的思想与方法,使教学过程成为探究过程,从而使学生的学习过程成为不断培育地理核心素养的过程。教材设计了多样的地理研究学习方式,引导、组织各种类型的实践活动。如通过实践,搜集资料、实际观察、社会调查、模拟、实验等。比如,必修地理1中"植被与土壤"一章设置了"如何让城市不再'看海'的问题研究"。

创设教学的空间

教材鼓励教师对教学内容灵活处理。有些问题不直接给出结论或分析过程,而是需要教师通过一定方式的组织和内容设计,留给教学过程处理,发挥教师的教学创造性。比如,教材安排了大量的阅读材料、选学材料等,为学有余力的学生进一步学习提供条件,同时教师可以根据需要更换教材中的事例、图片和活动主题等,促进教学的个性化和多样化发展。

联系生活的体验

教材运用多种手段,深入联系实际。比如,必修地理2中"乡村和城镇"一章中要求学生从四位居民选择的住房位置考虑影响他们决策的因素。通过实例论证,使学生对所学地理原理有更深的理解;通过典型案例分析,使学生从中感悟和体会出其中的道理;教材设计引导学生主动参与的活动主题。这些联系实际的活动主题,对培养学生的地理核心素养具有重要意义。

注重内容的应用

教材注意通过多种方式,使学生掌握和熟练运用基本地理技能和地理方法,从而为分析、解决地理问题打下基础。教材注意引导学生把握学习内容的要点和内在联系,设计了学生需要概括学习内容和建立学习内容之间内在联系的学习活动。教材在引导学生再现和灵活应用所学知识时,设计必要的情境,吸引学生主动动脑、动手的兴趣,使学生在愉悦的氛围中感悟观念、掌握知识和技能,学会方法。比如,必修地理2中"交通运输布局与区域发展"一章中要求学生分析交通拥堵与经济、社会发展的关系,并为解决交通拥堵问题提出解决措施。

---

① 段玉山,李曼.日本新编中学地理教材特点浅析[J].外国中小学教育,2005(3):42—43.

文图互补的形式

人教版教材按"章—节"体例编写。在如何发挥图像系统在教材中的功能上进行了许多探索。改变图像作为课文插图、配图的地位,使图像成为课文的有机组成部分;在图文关系上,做到图、文互为补充说明,甚至以图代文;在图像信息和图幅数量上,达到合理的信息载量,增加图幅数量,丰富图像类型,美化图像设计和版面设计。

随堂讨论

选择一章人教版地理教材,通过具体的案例说明上述特点。

(2)湘教版地理教材的特点

突出人地关系

湘教版高中地理新教材对《普通高中地理课程标准2017年版》规定的内容进行优化组合,加强必修课的连续性和相互联系,使之构成一个有机整体;注重保持选修课的相对独立性。打破了以往的以学科为中心的沉闷格局,以可持续发展理念为指导思想,以人地关系为主线,以人口、资源、环境、发展问题为重点,力求充分体现地理新课程的基本理念。比如,地理3中专门有一章从"荒漠化、湿地、流域、农业、矿产、工业"六个方面论述"区域可持续发展"。

重视信息技术

湘教版高中地理实验教材非常重视地理教学信息资源开发和信息技术的利用。教材结合地理学科的特点,引导学生开展阅读、观察、实践和探究活动。教材呈现大量地理信息资源,为教师的教和学生的学提供了利用信息技术的条件。比如,地理2中新增一章:区域发展战略,并从交通运输与区域发展、我国区域发展战略、海洋权益与我国海洋发展战略三个方面进行阐述,该章有很多清晰的图片。

符合学生心理

湘教版注意选择符合时代特征的地理素材,联系学生实际选用学生熟悉的地理事例、学生在生活中遇到的地理问题。在教材内容的呈现方式上注意符合学生的身心特点和接受能力,设计多样化的活动,使用通俗、生动、朴实的文字,突出可读性、直观性、实用性。

随堂讨论

选择一章湘教版地理教材,通过具体的案例说明上述特点。

(3)鲁教版地理教材的特点

面向全体需求

针对义务教育阶段不同地区不同学校选择"分科课程"或"综合课程""混合课程",针对使用不同版本初中地理教材的改革实际,"鲁教版"普通高中课程标准实验教材在编写时认真研究了初中地理课程改革现状,注意降低准入门槛,循序渐进,以满足高中地理学生的学习需求。每节前的"问题导引"是其最好的体现,比如,"自然灾害的成因"一节前有一个唐山地震与汶川地震及灾害损失的比较表格,要求学生据图文资料分析自然灾害损失的大小与哪些因素有关。

紧扣发展主线

鲁教版普通高中地理课程标准新教材紧扣协调人地关系和区域发展主线,两本必修教材分别侧重探究自然地理和人文地理,但是,两本教材内部又十分重视自然地理知识与人文地理知识的交叉融合。从地球表层系统科学角度,探讨地球圈层之间的相互作用、各要素之间的相互影响及区域联系;从圈层相互作用的角度,探讨地理环境分异规律、运行机制以及与人类活动的相互关系;从人地关系的角度,探讨资源开发、环境协调和区域可持续发展。

做到三个有利

一是有利于学生学。教材按照"设计一些情境""引发一些问题""提供一些信息""编排一些活动""获得一些启示"的编制方式,为学生进行自主学习、合作学习和探究学习搭建平台。二是有利于教师教。教材为教学预留创造空间,能够让教师有话可说,有事可做;课本变薄,教参加厚,教师充分利用各种课程资源,丰富教学过程。三是有利于开展教学评价。教材中注意增加教学内容的弹性,为学生的选择学习和开展多样化的教学评价提供条件。

随堂讨论

选择一章鲁教版地理教材,通过具体的案例说明上述特点。

(4) 中图版地理教材的特点

探究的呈现方式

中图版高中地理实验教材力求将"重视对地理问题的探究。倡导自主学习、合作学习和探究学习,开展地理观测、地理考察、地理实验、地理调查和地理专题研究等实践活动"的课程理念落在实处。教材设计了探究系列。探究系列的体例为每章的章首设计一个"课题",设计有目标、准备、进度、总结四个层次;为配合"课题",在章下面的相关节后设置一个栏目"检查进度"。"课题"是贯穿全章的探索活动,在章首页出现,引导学生学习内容之前,建立一个探索的目标,并将探究式学习贯穿始终。教材中的"学习指南",以问题的形式出现,主要是针对这一节的内容,要求学生带着问题学习。教材中的"学习指导",有"提示"和告诉学生怎么阅读、学习和应该注意的问题等,帮助学生掌握学习方法。比如地理2中"人口的分布、迁移与合理容量"一章设置了"调查自己家族人口的分布、迁移"的探究课题。

鲜活的学习内容

中图版高中地理实验教材密切联系社会与学生的生活,结合学生身边的地理和国家建设的地理提供事实材料,使学生感到教材是"活"的、"动"的、"新"的,是他们身边的事;结合高中学生的学习特点,介绍动手操作的方法和试验,让学生了解地理学是可以"做"的。这样既培养了学生学习地理的兴趣,又使学生感到学习地理对自己的终身发展有用。比如,地理1中的"水循环过程及地理意义"一节中有"北京推动海绵城市建设"的案例研究。

多样的课程资源

中图版高中地理实验教材力求提供多种类型的课程资源,方便教师教学,促进地理教学改革。本套教材的教学参考书包括:教师教学用书、课堂教学设计、探究问题库和Ppt电子演示教案等。

丰富的图表类型

中图版实验地理教材有很多类型的图表,尤其是图像系统,有地图、结构图、照片、素描图、示意图、漫画、遥感摄像、统计图(直方图、金字塔图、折线图、曲线图、饼状图)等。其中地图、照片的比重较大。① 比如,"植被与自然环境的关系"一节中有"乞力马扎罗山卫星影像及景观""世界主要植被类型""热带雨林绞杀植物""亚马逊河流域热带雨林航拍"等19幅组合图。

学习实践

比较高中地理新教材(4个版本),说明教材编写的发展趋势。

本章小结

1. 地理教材的设计的影响因素很多,涉及社会需求、教育发展、学科特点、学生身心发展水平等方面。学习理论、教学理论、传播理论等对地理教材的设计具有指导作用。地理教材的设计要经历设计阶段、编制阶段和实验反馈三个阶段。

2. 地理教材内容的选择要体现出贯彻基础性、追求时代性、注重实用性和体现范例性等特点。

3. 地理教材内容的组织有心理式组织和逻辑式组织两种基本的组织方式,要素式、系统式、专题式以及混合式等多种组织模式。

4. 地理教材内容的表述形态分为叙述性课文和活动性课文,教材内容的表述方法有认知的逻辑性、参与的主体性、概念的科学性、语言的趣味性、智能的多元性和功能的整合性。

5. 中外地理教材呈现出版本多样化、内容时代化、引导问题化、栏目多样化、案例生活化、表达心理化等特点。

本章思考题

结合高中地理新教材,说明地理学科发展、社会需求、学生发展三个核心要素在地理教材编制中是如何体现的。

拓展学习

1. 选择不同时期、不同版本的地理教材,分别从地理教材内容的选择、地理教材内容的组织、地理教材内容的表述等角度对其进行比较。

2. 基于初高中地理课程标准编写的实验版本地理教材已经进入实验期,为了解地理教师和学生对地理教材编写的评价情况,请设计一个关于地理教材编写质量的问卷调查表并进行调查,然后分析数据并写出相关研究报告。

课程链接

中国地理课程网:http://geo.cersp.com/
地理课程网:http://www.dilike.net
中学地理教学资源网:http://www.yeschool.net/zhp
地理教学网:http://www.dljxw.com
中国教育学会地理教学研究会:http://www.gezhi.sh.cn/geography/CN/

---

① 夏志芳,李家清.基于课程新理念的高中地理教科书编制研究[M].北京:地质出版社,2007:285.

参 考 文 献

[1] 夏志芳.地理课程与教学论[M].杭州：浙江教育出版社,2003.
[2] 袁孝亭.地理课程与教学论[M].长春：东北师范大学出版社,2006.
[3] 陈澄.新编地理教学论[M].上海：华东师范大学出版社,2007.
[4] 陈澄.地理教学论[M].上海：上海教育出版社,1999.
[5] 陈澄,樊杰.普通高中地理课程标准(实验)解读[M].江苏：江苏教育出版社,2003.
[6] 布鲁纳.教育过程[M].邵瑞珍,译.香港：文化教育出版社,1982.
[7] 赵德成.新课程实施中的情感态度与价值观评价[J].课程・教材・教法,2003(9).
[8] 夏志芳,李家清.基于课程新理念的高中地理教科书编制研究[M].北京：地质出版社,2007.
[9] 李家清,等.论地理新教科书活动性课文的设计策略.[J].地理教学,2005(9).
[10] 张胜前.国外中学地理教材的特色探析[J].地理教育,2007(3).
[11] 陈红.美国《世界地理》教材的结构特色[J].地理教育,2007(3).
[12] 陆敏.美国地理教材"地理：世界和居民"评介[J].地理教育,2005(5).
[13] 吕润美.美国中学地理教材特点简析[J].课程・教材・教法,2006(10).
[14] 张胜前,李家清.英国中学地理教材 *Green Pieces* 的编写特色[J].地理教学,2008(2).
[15] 约翰・杜威.民主主义与教育[M].北京：人民教育出版社,2007.
[16] 陈红.英国中学地理教材中的"区域地理"特色[J].外国中小学教育,2005(11).
[17] 段玉山,李曼.日本新编中学地理教材特点浅析[J].外国中小学教育,2005(3).
[18] 张胜前,林通.刍议高中地理新教材中的双语学习材料[J].华中师范大学研究生学报,2006(4).
[19] 中华人民共和国教育部.普通高中地理课程标准(2017年版)[S].北京:人民教育出版社,2018.
[20] 韦志榕,朱翔.普通高中地理课程标准(2017年版)解读[M].北京:高等教育出版社,2018.

> 教学实践篇

第5章 地理教材的分析与运用

本章概要

　　地理教材是学生进行地理学习最重要的学习资源。地理教师为实现地理教学目标、完成教学任务,必须正确分析和合理运用地理教材。地理教材的分析包括地理教材的整体分析和具体分析两个层面。地理教材分析为合理运用地理教材打下了基础。合理运用教材应处理好教材与教学的关系,应根据课程标准,结合学生需要,梳理教材内容,同时还应积极开发与利用地理课程资源,实现有效教学,促进学生发展。

学习目标

通过本章学习你可以
1. 简述新课程地理教材的时代背景和整体结构特征;
2. 学会分析地理教材的基本方法;
3. 掌握地理教材的选择、梳理、整合、拓展等策略;
4. 结合具体的内容进行地理课程资源的开发与利用。

5.1 地理教材分析

关键术语

◆ 地理教材　　◆ 教材结构　　◆ 整体分析
◆ 具体分析　　◆ 叙述性课文　◆ 活动性课文

　　地理课程的设置、地理教材的编写是地理教学的准备,地理教材的分析与运用是地理教学的起点。中华人民共和国成立以来,每一次颁布新的地理教学大纲或地理课程标准后,都相应出版了地理教材。随着时代发展,教材内容也在不断更新。

案例 5-1

高中地理教材中"城市、城市化和环境问题"的变化

　　"城市、城市化和环境问题"是高中地理教材的重要内容。下面是人教版在不同时期关于这一内容的发展变化:
　　1. 人民教育出版社 1991 年出版的《高级中学课本地理下册(必修)》:
第十章　人口与城市
　第三节　城市的发展和城市化问题的基本内容结构
　　城市的形成和发展
　　城市化及其进程

城市化过程中产生的问题
 （一）环境的严重污染
 （二）交通拥挤
 （三）绿化面积小
制订城市规划，保护和改善城市环境
 （一）分散大城市职能，建设新城和卫星城
 （二）进行合理规划，加强对城市的管理
问题和练习

第四节 我国城市的发展的基本内容
新中国成立以来城市发展的特点
 （一）城市化的进展是一个有计划逐步发展的过程
 （二）大中小城市都有发展
 （三）城镇人口的地区分布有了一些合理的改变
我国城市建设的前景
 （一）严格控制大城市规模
 （二）合理发展中小城市
 （三）建设新型乡镇
问题和练习

2. 人民教育出版社2004年出版的《普通高中地理课程标准实验教材地理2（必修）》

第2章 城市与城市化基本内容结构
第一节 城市内部空间结构
 城市形态
 城市土地利用和功能分区
 城市内部空间结构的形成和变化
第二节 不同等级城市的服务功能
 城市的不同等级
 德国南部城市等级体系的启示
第三节 城市化
 什么是城市化
 世界城市化的进程
 城市化对地理环境的影响
 问题讨论（归纳影响住房选择的因素）

教材根据展开顺序结合内容特点，先后设计了4个读图思考题、1个读图分析、7个学习活动、5个案例材料、3个阅读材料、1个问题研究和1个知识拓展和1个问题讨论。

3. 人民教育出版社2019年出版的《普通高中教科书地理必修第二册》

第二章 乡村和城镇
第一节 乡村和城镇空间结构
 乡村的土地利用
 城镇内部空间结构
 城镇内部空间结构的形成和变化
 合理利用城乡空间的意义
第二节 城镇化
 城镇化的意义

> 世界城镇化进程
> 城镇化过程中出现的问题
> 地理信息技术在城市管理中的应用
> 第三节 地域文化与城乡景观
> 地域文化
> 地域文化与乡村景观
> 地域文化与城镇景观
> 教材根据展开顺序结合内容特点,先后设计了2个读图思考题、7个学习活动、5个案例、1个自学窗、1个本章要点和1个问题研究。

随堂讨论

1. 结合案例5-1,说明地理教材发生哪些变化?
2. 我们在进行地理教材分析时可以从哪些方面进行?

本章所讨论的地理教材,仅指狭义而言,就是指地理课本。

地理教材是学生进行地理学习最重要的学习资源,是教师组织教学活动最重要的媒体。地理教材分析就是地理教材结构分析。教材结构是指组成教材要素之间合乎规律的组织形式。通过教材结构分析而认识教材特点、明确教材功能,有效运用教材,实现教学目标。为了提高教材分析的质量,教师应掌握正确的分析方法。地理教材分析一般分为整体分析、具体分析两个层面。整体分析与具体分析,既相对独立,又密切联系。整体分析为具体分析提供依据。具体分析是对整体分析的深化,具体分析是教材分析的重点。

5.1.1 地理教材的整体分析

地理教材的整体分析,主要是进行地理教材的发展背景和内、外部联系分析,帮助教师在较高的水平层次上总揽全局,为教师把握教学方向提供指导。

5.1.1.1 地理教材的发展背景

(1)地理教材的时代背景

地理教材的时代背景是教材生成的外部环境。"任何一部教材的产生,都有其一定的社会、经济、科学技术发展背景;事实上,也正是在当时特定的社会、经济的需求中,在当时的科学技术的基础上,才产生了相应的教材。"[①]教材是社会的产物。教材的生成受到多种因素的影响和制约。地理新课程教材分析的时代背景,一般应从以下几个方面进行。

国家教育方针政策

地理新教材是课程改革的成果。只有了解国家教育方针政策,理解其精神实质,才能形成正确的地理教材整体分析的指导思想。新课程改革是在教育部《基础教育课程改革纲要(试行)》(以下简称

---

① 陈澄.地理教学论[M].上海:上海教育出版社,1999:89.

《纲要》)指导下进行的。《纲要》提出的改革的具体目标有：改变课程过于注重知识传授的倾向，强调形成积极主动的学习态度，使获得基础知识与基本技能的过程同时成为学会学习和形成正确价值观的过程；改变课程内容"难、繁、偏、旧"和过于注重书本知识的现状，加强课程内容与学生生活以及现代社会和科技发展的联系等。案例5-1中的高中地理新教材是以《纲要》为指导，以"新课标"为依据，在控制内容总量、更新教学内容、引进现代信息、密切联系生活、扩展课堂学习空间等方面进行许多探索。

社会的发展变化

教材必须反映社会的发展，教材在动态地变化。高中地理新教材注意联系社会发展变化，注意体现社会发展。如，案例5-1中人民教育出版社1991年出版的《高级中学课本地理下册(必修)》中所陈述的我国城市建设的前景：(一)严格控制大城市规模；(二)合理发展中小城市；(三)建设新型乡镇。由于社会的发展，我国城市化进程已明显加快，其发展方向也发生了重要变化。新教材描述我国城市发展的趋势主要有：城市经济建设逐步成为区域经济增长的主导力量，大型中心城市加速发展，辐射带动功能显著增强、有更多的农业人口进入城市或当地小城镇、强调以人为本，注重构建和谐的人居环境、运用信息化提升城市现代化水平，控制环境的污染和生态破坏，治理各种"城市病"，积极建设生态城市等。教材分析应注意联系社会变化在教材中的具体体现，理解这些变化所产生的教学意义。

（2）地理科学的新进展

地理教材取材于地理科学。地理现象在不断变化，地理事实材料在不断更新，地理科学观念也在发展创新。案例5-1中关于我国城市发展的趋势就是我国城市地理研究的新成果。

目前，地理学呈现出两个发展趋势并存的特点。一是在研究方法上，注重"过程"研究，"探讨地理事物的成因和变化机理，自然地理侧重生物、化学和物理等过程的研究。人文地理侧重经济、文化和社会过程的探讨。二是在研究范围上，以全球问题为对象，进行宏观层面的综合集成研究，解决人地关系"[①]。这些进展对地理教育产生重要影响，其中人文取向以及注重参与社会可持续发展的努力，在很大程度上丰富了地理教育的方法论。这对于进行地理教材的整体分析也有重要指导作用。

（3）现代教育理论的发展

现代教育理论，包括现代学习理论、现代地理教育理论等理论，在揭示学生学习心理机制、学习地理的基本规律等方面，形成了许多新的理论和方法。地理新教材在编写过程中，十分注意运用现代教育理论，尤其是运用学习理论的指导，在把教材向"学材"转化方面做了许多尝试。学习和运用现代教育理论，对于帮助分析和理解地理教材有重要作用。新课程实施以来，许多地理教师尤其是勤于钻研的优秀的地理教师积累了许多经验，尤其是他们在教学改革思想、教学方法，特别是在学生学习方法研究的改革经验方面对地理教材的分析具有重要的借鉴意义。

随堂讨论

比较地理教学大纲下的高中地理教材和新课程标准下的高中地理教材
1. 结合教材内容变化，说明社会发展对高中地理教材的影响；
2. 结合教材内容变化，说明地理科学新进展对高中地理教材的影响；
3. 结合教材内容表达方式，说明现代学习理论对高中地理新教材的影响。

---

① 陈澄，樊杰. 普通高中地理课程标准(实验)解读[M]. 南京：江苏教育出版社，2003：4.

5.1.1.2 地理教材的外部联系分析

地理教材的外部联系是指地理教材与外部知识经验的联系。如图 5-1 所示,高中地理教材的外部联系主要有三个方面:一是与初中地理知识的联系;二是与实际生活的联系。这种联系既有现实社会生活、经济生活中的地理知识,也有学生的生活经验;三是与相关学科之间的联系,也称科际联系。

分析地理教材的外部联系对于丰富和完善教材内容,运用教材有效地组织地理教学活动具有重要意义。初中地理学习为高中地理学习打基础,尤其初中学习的区域地理知识,对于学生进一步学习高中地理选择性必修 3 区域专题地理知识、区域的可持续发展具有重要作用。

社会生活、经济建设总在发展和前进。可以说,今天的地理教材,也主要是对昨天地理现象的描述和概括。从这个意义上讲,地理教材很难适应国内外政治经济的发展。因此在高中地理教材分析和运用中,教师应注意紧密联系现实的社会生活、联系学生已有的知识经验,更新教材,补充新内容。

地理科学是一门综合性很强的科学。高中地理教材内容与相关学科如历史、物理、化学等学科也有密切联系。如大气的受热过程、大气的运动、气温的变化等内容既是地理现象,也是物理现象。在地理教学中,许多有经验的教师,往往引导学生适当运用物理知识来加深对这一问题的认识;学习岩溶现象时还可以引导学生从岩溶的化学过程进行深化理解。

随堂讨论

高中地理教材与初中地理教学、相关学科、社会实践和学生生活经验存在密切联系。如图 5-1 所示:

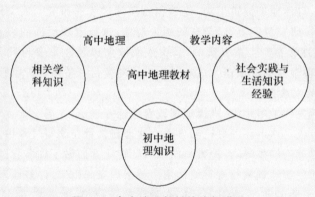

图 5-1 高中地理教材的外部联系

根据图 5-1,举例说明高中地理教材的外部联系。

5.1.1.3 地理教材的内部联系分析

地理教材的内部联系是指教材各组成部分的先后顺序与组织形式。这种组织顺序和组织形式总是在为实现一定的教学目标,并依照一定的逻辑联系所形成的。如并列关系、从属关系、因果关系、层次关系、递进关系等。因此,不同的地理教材因目的不同、内容不同,它们的内部联系也就不同。进行地理教材的内部联系分析,不仅能了解地理教材内部各组成部分之间的关系,还有利于认识教材的整体功能,为进一步用好教材提供依据。内部联系分析的重要目标就是要明了章与章之间或专题之间的联系。

高中地理课程标准(2017 年版)必修地理 2 主要是人文地理内容。"标准"规定了人口、城镇和乡村、产业区位选择、环境与发展4个主题,但没有规定学习这些主题的顺序,这些主题之间也无严格的顺序关系,可以作并列关系处理……《普通高中教科书地理必修第二册》(湘教版)(图5-2),将教材组织顺序为人口与地理环境、城镇和乡村、产业区位选择、区域发展战略和人地关系与可持续发展四章内容,形成了必修2教材的内部联系。该教材把"人地关系与可持续发展"作为一个主题安排在最后,具有体现总结提升的作用。

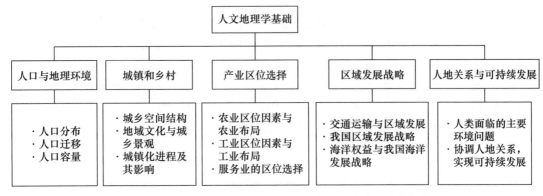

图 5-2 《普通高中教科书地理必修第二册》(湘教版)的内部联系

选择高中地理新教材中的一节内容,说明该节教材的内部联系。

5.1.2 地理教材的具体分析

美国教育学家布鲁纳认为:"任何学科中的知识都可以引出结构,务必使学生理解该学科的基本结构。"所谓学科的基本结构就是一门学科的基本概念、基本原理和规律的体系。"简单地说,学习结构就是学习事物是怎样相互关联的。""他学到的观念越是基本,几乎归结为定义,则这些观念对新问题的实用性就越宽广。"[1] 掌握了事物的结构,就掌握了事物的本质。地理教材的整体分析能帮助我们从宏观上或整体上把握教材。地理教材的具体分析是进一步认识和理解教材的基本结构。地理教材的具体分析是以教材的章、节次为对象进一步分析深化,为教师和学生使用教材提供较为具体的教学指导。

高中地理课程标准是地理教材编写的依据。高中地理课程标准从人地协调观、综合思维、区域认知、地理实践力等四个维度对培养目标作了具体规定……地理教材的具体分析主要包括地理教材的知识结构分析、核心素养分析、重难点分析以及表述结构分析等四个方面。

5.1.2.1 地理教材的知识结构分析

"依赖知识的积累,人类获得了比其他任何动物都伟大的掌握自然的能力。人类在掌握自然方面所取得的一切成就,归根到底是知识的成就。"[2] 新课程重视"知识与技能",把它列为地理教学的首要

---

[1] 布鲁纳.教育过程[M].邵瑞珍,译.香港:文化教育出版社,1982:28.
[2] 李申.科学知识与科学精神[N].人民日报,2000-07-18(9).

目标。"知识与技能"是其他教学目标的基本载体。分析教材的地理知识结构,先要明确一节或一个单元中的教材中包含哪些教学知识点。地理教材的知识结构分析的一般方法是先将该节内容划分为若干教学因子(教材中的框题);其次分析各教学因子的相互联系方式;最后分析知识点之间的联系。地理教学因子和知识点的联系方式大体上可分为并列联系、主从联系、递进联系、层次联系、因果联系等。

标准链接

以学生认知规律为路径,优化地理教科书的框架结构

地理科学具有严谨的学科体系,而将其转化为地理课程时,必须考量学生身心发展水平和认知规律,以及具体的地理学习需求。因此,教科书的结构在体现学科性的同时,更应体现教学性和开放性。教科书中知识结构的设计应以地理学科框架为基础,而逻辑结构的设计则应以学生认知规律为路径,展现地理学习的进阶过程,这是培养学生地理学科核心素养的重要途径。教科书的结构设计,还应为师生依据本地区、本学校的实际充实教材内容留有余地,教科书的结构设计应不拘一格,关键在于科学合理,便教利学。

中华人民共和国教育部.普通高中地理课程标准(2017年版)[S].北京:人民教育出版社,2018.

案例 5-2

选择性必修1"地球运动"知识联系

选择性必修1(人教版)"地球运动"一节的具体分析,可以划分三个教学因子(教材中的框题):① 地球运动的一般特点;② 地球自转与时差;③ 地球公转与四季。分析表明,三个教学因子的联系是:②和③是并列联系,它们与①的联系是因果联系。

在知识点的联系上,自转与昼夜交替、时差是因果联系,昼夜交替与时差是并列联系;公转与远日点、近日点是因果联系,远日点与近日点是并列联系;自转、公转与黄赤交角是因果联系;黄赤交角与太阳直射点移动是因果联系;太阳直射点移动与正午太阳高度变化、昼夜长短变化是因果联系;正午太阳高度变化与昼夜长短变化是并列联系;正午太阳高度变化、昼夜长短变化与季节变化是因果联系。

在分析教学因子和知识点的基础上,就可确定章或节的知识结构了。如图5-3所示。

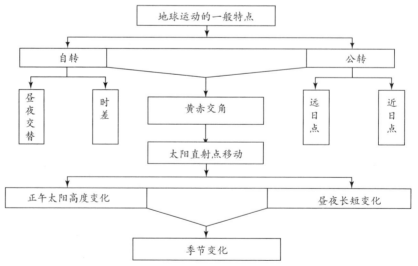

图 5-3 《普通高中教科书地理必修第一册》(人教版)"地球运动"知识联系

随堂讨论

选择高中地理新教材中的一节内容,分析教学因子之间、知识点之间的联系。

5.1.2.2 地理教材的核心素养构成分析

新一轮地理课程改革把地理核心素养的培养置于前所未有的重要地位,而核心素养的形成和发展又是以知识为基础的。因此,地理教材分析,应在地理知识分析的基础上,高度关注地理学科核心素养的分析,为形成具体的教学目标和进行具体的教学设计做准备。地理教材的核心素养构成分析是在教材知识结构分析的基础上,进一步深入挖掘教材的核心素养构成。教学实践表明,任何教学因子都具有发展学生相应的一项或多项地理核心素养的可能性。如学习气候类型的分布这一教学因子,就可以培养学生的区域认知素养;学习气候类型的成因这一教学因子,就可以培养学生的综合思维素养;学习人类面临的主要环境问题一节内容就可以培养学生人地协调观素养;学习地貌的观察一节内容时如果教师带领学生去实际生活中识别各种地貌就可以培养学生的地理实践力素养。

地理核心素养包括人地协调观、综合思维、区域认知和地理实践力。人地协调观是指人们对人类与地理环境之间关系秉持的正确的价值观,它包括人对地的影响,地对人的影响以及人地关系的协调。综合思维是指人们运用综合的观点认识地理环境的思维方式和能力。区域认知是指人们运用空间—区域的观点认识地理环境的思维方式和能力。地理实践力指人们在考察、实验和调查等地理实践活动中所具备的意志品质和行动能力。

地理教材的核心素养构成分析应以"课程标准"为依据,以教材为基础,紧密结合学生地理知识的学习过程和学习方法进行。学生的地理核心素养是在地理知识的学习过程和掌握学习方法中形成的。如案例5-2中的"地球的运动"核心素养构成分析,主要是培养学生的区域认知素养和综合思维素养,具体的学习过程为……从中发现问题、研究问题,初步学会科学研究方法。

5.1.2.3 地理教材的重点、难点分析

分析教材的重点、难点,对于教学目标的设计、教学方法和媒体选择,教学过程的把握,重点、难点的突破,教学目标的实现具有重要作用。

教材的重点是指与教学目标关系密切的教学内容。往往是教材内容中最基本、最核心的概念性知识,原理性、成因性、规律性知识,具有理论性和概括性强的特点。能帮助学生举一反三、促进知识迁移,是学习其他地理知识的基础。如:高中地理教材中涉及太阳辐射对地球的影响、地球运动的地理意义、地球的圈层结构、地表形态变化原因、大气受热过程、天气系统的特点、气候类型的成因、全球气候变化等基本原理;涉及气压带、风带的分布和移动规律、气候类型和洋流的分布规律、地理环境地域分异的规律等基本规律;涉及地球内部物质循环、大气环流、水循环和大洋环流等基本地理过程。

教材难点是学生学习过程中可能存在学习阻碍的知识点,即"教师的'教'和学生的'学'都存在一定困难的内容"[①]。一是由于有些知识的综合性强,学生的知识总量储备不足,学习和理解有困难;二是学习有关的地理知识时需要一定的背景知识作基础,才便于理解。如"气压带和风带"知识的学习,要求学生具备大气受热过程、热力环流、大气水平运动等背景知识,如果学生对这部分知识掌握得不

---

① 曹琦.中学地理教学法[M].北京:高等教育出版社,1989:49.

够扎实,学习"气压带和风带"知识,理解起来就会有难度;三是有的地理知识相对远离学生的现实生活,又比较抽象。如:四季星空、黄赤交角及其引起的太阳直射点移动,正午太阳高度、昼夜长短、月相变化、洋流、拉尼娜现象等。这些知识有的是空间概念很强,看不见摸不着;有的是需要连续观察,有丰富的感性知识,要求学生短时间内学习好这些内容就存在一定困难;四是学生容易误解、混淆相似或相近的知识内容,如时区与区时、热带雨林与热带雨林带、地壳与岩石圈、矿物、矿产与矿藏等。学生学习这些知识往往需要强化和对比学习,在反复比较的基础上才能理解和巩固。

一般而言,每一章或节都有重点,每个课题、每一节课都有重点。对于不同的课题,有时候教材的重点和难点是重合关系;有时候是分散关系;也有的课题只有重点,没有难点。实际上,同一个难点对于不同的学生而言,存在的难度也可能是不同的。这就要求教师要针对学生的学情进行具体分析。可见,教材中的难点之所以成为难点,其原因可能是多方面的。

5.1.2.4 地理教材的表述结构分析

地理教材表述是指地理教材内容呈现方式。地理教材的表述结构分析是对教材内容呈现方式与教学活动之间的关系分析。地理教材的表述结构分析就是要明确教材中不同呈现方式的差异性,以利于在教学过程中充分发挥教材的多种功能。地理新教材的呈现方式可分为叙述性课文和活动性课文。这是新教材编写改革的一个特色,尤其是活动性课文对于地理教师转变教学观念,具有促进作用。

案例 5-3

> **"走进桂林山水"的呈现方式**
>
> 山东教育出版社2019年出版的《普通高中教科书地理必修第一册》(鲁教版)第三单元从圈层作用看地貌与土壤的内在规律,第一节 走进桂林山水。该节教材的呈现方式如下:
>
> 活动性课文:观察桂林山水一景,思考桂林山水属于什么地貌类型?为什么桂林山水如此令人心旷神怡?
>
> 叙述性课文:一、桂林山水;知识窗:徐霞客与喀斯特地貌。
>
> 叙述性课文:二、喀斯特地貌;活动性课文:查找资料,看一看世界上还有哪些地区分布着典型的喀斯特地貌,它们是否成了著名的旅游景点。
>
> 知识窗:喀斯特地区的天生桥与天坑;知识窗:喀斯特洞穴与古人类生活;活动性课文:根据所学知识判断所给图片中的喀斯特地貌类型;看看人民币贰拾元纸币背面的风景图案,说出是哪里的山水风光,属于什么地质类型。

(1) 叙述性课文分析

叙述性课文主要叙述地理概念、地理规律……即以地理程序性知识为主的课文。如案例5-3中叙述性课文"一、桂林山水"在教材里是这样叙述的:

桂林市位于广西壮族自治区东北部,是世界著名的风景游览城市。桂林山水是对桂林旅游资源的总称,"山清、水秀、洞奇、石美"是桂林风景的"四绝"。

又如,案例5-3中叙述性课文"二、喀斯特地貌"在教材里是这样叙述的:喀斯特地貌分为地面喀斯特地貌和地下喀斯特地貌。地面喀斯特地貌主要包括石芽、溶沟、石林、峰丛、峰林、孤峰等。地下喀斯特地貌主要包括溶洞、地下河及溶洞中的石钟乳、石笋、石柱等。

我们可以看出,"说理"是叙述性课文的主要特点……帮助学生理解地理理性知识。

(2) 活动性课文分析

活动性课文一般是指教材呈现中……引导和促进学生主动"学"具有重要作用。如案例5-3活动性课文问题:观察桂林山水一景,思考桂林山水属于什么地貌类型?为什么桂林山水如此令人心旷神怡?活动性课文:查找资料,看一看世界上还有哪些地区分布着典型的喀斯特地貌,它们是否成了著名的旅游景点。活动性课文:根据所学知识判断所给图片中的喀斯特地貌类型,说出人民币贰拾元纸币背面的风景图案属于什么地貌类型。

活动性课文是新教材的一个突出亮点……探索其基本功能对于用好新教材具有重要意义。

① 活动性课文的基本特征

互补性与灵活性

与文互补:教材中的叙述性课文主要是对地理概念、原理和规律等理性知识、程序性知识的叙述表达;活动性课文通过阅读、信息窗、知识窗、知识链接、实践活动等方式,创设地理情景,提供地理事实、地理材料等感性知识,帮助学生学习和理解地理理性知识、程序性知识。

与图互补:教材中的图像(表)系统能比较直观、形象地展示地理事物和现象。设计活动性课文如读图分析、填图绘图、图表计算等地理技能性过程,有助于提高学生对地理过程的认识,促进他们对地理事物空间分布、空间联系及其空间变化的理解。如案例5-3中的知识窗:徐霞客与喀斯特地貌;喀斯特地区的天生桥与天坑。

活动性课文具有动态性、灵活性,能为倡导多样化的学习方式提供条件。按照活动性课文在教材中的位置或出现的次序,可分为节前、节中、节后活动性课文。节前活动性课文能为学生进入课题、创设情景、引发思考;节中活动性课文能为学生"参与过程、掌握方法、主动建构"提供条件;节(章)后活动性课文对于帮助学生"学会迁移、培养能力、形成地理学科核心素养"具有重要意义。如人教版《普通高中课程标准实验教科书地理(必修1)》,每章后设计的"问题研究"有:火星基地应该是什么样子、何时"蓝天"常在、能否淡化海冰解决环渤海地区淡水短缺问题、如何提升我国西南喀斯特峰丛山地的经济发展水平、如何让城市不再"看海"、救灾物资储备库应该建在哪里等。

按照设计目的或侧重点,活动性课文可分为技能操作型活动课文、情意发展型活动课文和问题解决型活动课文。按照活动性课文的规模可分为小型活动性课文、中型活动性课文和大型活动性课文。

开放性与参与性

知识在教材中存在的理想方式应是开放的、积极的,有着与学习者精神交往与对话的可能与姿态。与叙述性课文相比,活动性课文更能联系社会实践,加强课程内容与学生生活及现代社会科技发展的联系,更能贴近学生"生活的地理",更具开放性。例如中图版《普通高中课程标准实验教科书地理(必修1)》第三章"常见自然灾害的成因与避防"中设计的制订家庭避灾、防灾的方案等。湘教版《普通高中课程标准实验教科书地理(必修1)》设计的观察月相、模拟水循环的主要环节等活动性课文。

参与性是活动性课文的基本属性。参与是指学生在地理教学的过程中介入、投入、动手、动脑……是学生对活动内容的能动性作用过程,是学生心理倾向和能力的统一过程。这些活动以学生为中心,注重地理活动过程中的教育价值、强调学生的自主学习和个性养成,着眼于学生的亲身体验。在活动中,学生是能动的、创造性的存在,是学习的真正主人,学生自主参与学习过程。

地理教材中的活动性课文由于学科的综合性、空间性、实践性和丰富性等特性,可以设计出多种多样的活动形式。活动性课文的活动设计按照活动空间范围可设计课内活动与课外活动;按照活动主体组成可设计个体活动与群体活动;按照活动对象的关系可设计有教师指导下的学生活动和学生自主的独立活动。按照活动的方式可设计出异彩纷呈、多种多样的活动类型。如"湘教版"高中新地理教材设计有思考活动、实践活动、探究活动等类型,并有阅读、计算、讨论、资料分析、角色扮演、查阅资料、调查、绘制图表、判断、交流等多种形式。活动性课文的形式多样,同一类型可以设计出不同梯度,具有层次性和选择性的特征,以满足不同学生的需要。

② 活动性课文的教学功能

活动是人存在和发展的方式。活动的重要功能就在于是认识发生过程中的中介功能。高中地理教材增加活动性课文,其重要性就在于能为发挥和强化这种中介功能创造条件。活动性课文的教学功能可体现在以下几个方面。

引领学生主动建构

杜威说:"兴趣是生长中的能力和象征。"皮亚杰认为,主体的活动是认识发生、发展的逻辑起点。个体的认识起因于主体对客体主动的不断同化、顺应和平衡活动,即建构作用。他认为建构主义的关键词是活动与自主。活动性课文通过在教材内容组织上,灵活、广泛地联系社会实际,呈现"社会的地理""鲜活的地理",体现地理科学的实际应用价值,清楚地表明地理科学在解决社会问题时所能做出的贡献,最终影响学生对地理学的兴趣和学习效果。案例5-3中的第一个活动问题:观察桂林山水一景,思考桂林山水属于什么地貌类型?为什么桂林山水如此令人心旷神怡?这对于学生进入喀斯特地貌的学习,主动建构就具有引领作用。又如湘教版《普通高中课程标准地理新教材》"交通运输与区域发展"中设计的实践活动:读图从交通运输线的长度、密度等方面,分析我国东西部交通运输方式和布局差异的原因;结合表格,谈谈你对高速铁路改变我们生活方式的看法。将全班同学分成4个小组,分别调查本校所在城镇的东、南、西、北4个方向交通线路和站点的布局情况。结合本校所在城镇的人口分布、主要功能分区、区域未来发展等方面的资料,为其设计更为合理的交通线路和站点布局方案。活动性课文对于学生内驱动力的产生和增长,引领学生主动建构,能发挥明显的推进作用。

促进学生主动发展

现代教育观的一个重要趋势是由知识论向发展论转变。赞可夫认为,知识的教学不等于人的发展,学生的发展虽然同掌握知识有密切的联系,但掌握知识毕竟和发展能力是两回事。教学过程是教师与学生共同探索新知的发展性活动体系。学生不是在教学中被动地接受影响,而是在与教师的交往中积极主动地去选择、形成与建构自己的知识体系。没有学生积极的实践活动,就谈不上学生的任何发展。活动性课文为学生积极主动的参与实践活动,为学生在活动中积极主动地去选择、形成与建构自己的知识体系提供了条件,创设了情景,能使学生获得一种主体性体验,促进学生主动发展。学生在阅读、计算、思考、比较、讨论、判断、交流、案例研究等多种活动形式中,不仅能促进学生对地理知识的理解、技能的熟悉以及掌握能力的提高和发展,还可以引导学生情意的发展,以致健康人格的养成。

创设迁移应用情景

活动性课文中所能设计的思考、回答、比较、讨论、判断、交流、设计、探索、资料整理、资料分析、绘制图表、调查访问、角色扮演等活动形式都为学生应用已有的知识和经验,分析和解决地理问题,创设了情景和条件。

案例 5-4

"城乡空间结构"的情景创设

《普通高中教科书地理必修第二册》(湘教版)"城乡空间结构"一节中的活动性课文,要求学生阅读下列材料,回答问题:(1)根据所学知识,分析成都市的空间结构形成的原因。(2)结合交通干线的引导和集聚功能,分析沈阳市的空间结构特点。(3)大都市中心区地租水平较高,为集约利用土地,通常高楼大厦林立,而北京市故宫附近的建筑都不高,想一想,这是为什么?

案例 5-5

"人口的增长模式及地区分布"的情景创设

中图版《普通高中教科书地理必修第二册》(中图版)"人口的增长模式及地区分布"一节中的活动性课文,要求学生阅读材料回答下列问题:1.分析导致俄罗斯人口分布西密东疏的原因。2.俄罗斯人口分布和中国人口分布有什么异同点?

随堂讨论

阅读案例 5-4、案例 5-5,讨论说明教材是如何创设迁移应用情景的。

培养学生科学探究的意识和能力

心理学研究表明,"高中学生对各门课程感兴趣的程度主要取决于对学科价值的认识"。活动性课文中所设计的交流、设计、探索、资料整理、资料分析、绘制图表、调查访问、角色扮演、演示实验、归纳总结、案例研究、主题活动等形式都有很强的探究学习成分。这些不同类型的活动形式都有很强的地理学科价值,即地理科学价值、生活价值、文化价值等。

如:人教版地理 1 中的"宇宙中的地球"设计了这样一个探究活动:"科学家设想在火星上建立人类定居点。假设技术能够解决目前所有的难题,可以顺利将人送到火星,那么建立一个火星基地需要满足哪些条件呢?对这一课题的探究,建议采用以下思路。1.收集资料,了解火星表面的自然状况。2.分析火星基地应具备的基本的生命保障条件。3.收集资料,了解人类目前在生物圈研究领域的成就。4.分析火星基地的基本功能,绘制构想图。"对于学生而言,这种"发现的行动"、这种认识过程渗透着自己的积极探究,有利于实现对已有知识的"我化"。

活动性课文是课文的重要形式,也是学生参与教学过程的重要形式,通过多种活动形式的参与,学生不仅可以体验地理知识形成的过程,还可以使他们养成努力钻研的良好学风。通过积极主动的参与,能发展他们的探究意识和探究能力,从而形成一定的地理科学观念,作为进一步发展自己的基础。

优化课堂教学结构

地理教学系统是由地理教学目标、学生、教师、地理教材、教学方法、教学媒体和教学反馈等因素构成。地理教学过程是一个多因素组成的复合系统。地理教材作为地理教学的基本内容在地理教学活动中是最具实质性的因素。它是一定的地理知识、能力、思想与情感等方面内容组成的地理学科教育体系。

活动性课文引导学生"用教材",而不是"读教材、背教材",注重"做中学",强调在活动过程中进行地理学习。这对于改变传统地理教学模式,丰富地理教学过程,优化地理教学结构具有重要意义。

学习实践

比较人教版和湘教版《普通高中教科书地理必修第一册》"自然环境与人类活动的关系"的叙述性课文和活动性课文,

1. 比较两版本叙述性课文的相同点和不同点。
2. 比较两版本活动性课文的相同点和不同点。
3. 概括叙述性课文的主要特点,说明活动性课文的教学功能。

5.2 地理教材运用

关键术语

- ◆ 地理教材　　◆ 地理教材观念　　◆ 地理教材选择
- ◆ 地理教材梳理　◆ 地理教材拓展　　◆ 地理课程资源开发

地理教材的分析是地理教材运用的前提。地理教材的运用是在地理教材分析的基础上,围绕教学目标进行课程资源的组织和开发,建构起促进学生学习和发展的教学逻辑。

在如何运用教材的问题上,存在两种观念:一种是"教"教材的教材观,一种是"用"教材的教材观。新课程改革倡导"用"教材的教材观。

案例 5-6

不同教师对同一教材内容的运用方法

湘教版高中地理(必修2)第二章"城镇和乡村"第二节"地域文化与城乡景观"是高中学生地理学习必修掌握的内容,教师在运用本节教材时出现了以下三种情况:

教师A:按照教材内容,对地域文化和城乡景观的内涵、地域文化在城乡景观上的体现分别讲述。

教师B:讲授地域文化和城乡景观的内涵、地域文化在城乡景观上的体现,注意联系初中区域地理中有关地域文化的内容,帮助学生加深理解。

教师C:讲授地域文化和城乡景观的内涵、地域文化在城乡景观上的体现前,先让学生展示他们对该问题的课前学习成果,并设计了"调查当地特色文化景观及其保护"的问题讨论,如表5-1:

表5-1　XX文化景观调查

考察地点	
小组成员	
考察时间	
景观名称	
景观特色	
历史沿革	

随堂讨论

1. 你认为教师 A、教师 B 和教师 C 运用教材在观念上有什么差别？
2. 你如何理解新课程倡导的"用"教材的观念？

5.2.1 正确处理地理教材与教学的关系

地理教学与地理教材存在密不可分的关系。树立正确的教材观念，对正确处理地理教材与地理教学的关系十分重要。新课程改革倡导"用"教材的教材观主要体现在以下几个方面。

5.2.1.1 树立"标准本位"的教材观

传统的教材观念就是把地理教材作为地理教学的唯一依据，"教材唯上""教材本位"，"教"教材就是教学的一切。把地理教学过程仅仅局限在地理教材之中的观念是片面的。"地理教材应该遵循地理课程标准的基本精神，也应该涵盖标准规定的知识内容，但不应该简单照搬、复制，而要在编排程序与方式、知识内容等方面适当扩充，在作业与活动设计方面体现出创新特色。"这说明，地理教材在客观上就与标准存在一定的"差距"。因此，"教材不是教学的（唯一）依据，更不是考试与评价的依据，而真正的依据是地理课程标准"[①]。地理教材是地理教材编制者根据地理课程标准的理解而编写的适合学生进行地理学习的材料，仅仅是一种重要的地理学习资源。新课程的教材观要求把教材看作是"引导学生认知发展、生活学习、人格建构的一种范例"，旨在引起学生认知、分析、理解事物并进行反思、批判和建构，是学生发展的"文化中介"，是师生进行交流的"话题"。

新课程改革要求树立"标准本位"的教材观。在"标准本位"的指导下运用教材，这才是地理教学的基本方向。

5.2.1.2 树立"一标多本"的教材观

新课程改革倡导"一标多本"，即一个"标准"，多套"教材"，以满足不同地区需要。

虽然教材的编写都是以课程标准为基本依据，凝聚了大量的专业智慧和实践经验，但由于编写者之间对于"标准"的理解、对同一内容的呈现方式、围绕某一个地理原理所选择的案例材料等方面都可能存在一定差异，从而使每套教材各具特色、各有优势。例如，新课程高中地理教材已出版供使用的有人教版、湘教版、中图版和鲁教版四个版本的教材。在地理教材的分析和运用中，应注意吸收不同教材的优点，尽可能地使教材资源利用效果最大化，从而为实现教学效果的最大化打下基础。例如，湘教版在"交通运输与区域发展"一节中，设计了"交通运输方式和布局"以及"交通运输对区域发展的影响"两部分内容。而人教版对于这部分内容上则是分为了两节："区域发展对交通运输布局的影响"和"交通运输布局对区域发展的影响"，重点放在了两者的相互作用上，对于交通运输方式本身及布局则较少论述。两版教材的相同点在于都引入了大量的国内外经典案例。教师在运用和分析教材时可以整合两版教材中的资源，适当增加"区域发展对交通运输布局的影响"的讨论，培养学生分析和解决问题的能力。实际上在同一地区内，不同学校之间也有差别，其直接的需要也是不同的。本章第1节案例 5-1 中的"城市、城市化和环境问题"，人教版和湘教版教材在内容选择上就存在一定差异。如果说要求学生做到"一标多本"有困难，不切实际，也不必要，但要求地理教师应能做到"一标多本"，对于用好教材则具有重要意义。

5.2.1.3 树立"学生为本"的教材观

新课程地理教材的显著特点是注意引导学生进行探究性学习实践活动，尊重学生的创造天性。

[①] 夏志芳. 地理课程与教学论[M]. 杭州：浙江教育出版社，2003：172.

教材中运用活动性课文的形式设计了许多与学生生活背景有关的题材,引导学生积极参与教学活动、亲身体验、探索思考,理解地理过程,使学生真正成为学习主体。如教材中设计的:热力环流实验、问题研究"何时'蓝天'常在""如何看待农民工现象""从市中心到郊区,你选择住在哪里"等。这些现象都发生在学生的身边,是与生活息息相关的鲜活实例,学生很容易产生自己动手研究的冲动,激发主动学习的热情。学生通过自主学习和探究,成为学习主体。

在一定程度上讲,学生本身就是重要的教材,利用学生的知识经验和注意引起学生的学习兴趣,就是新的"教材观"的具体体现,是"满足学生不同的学习需要",树立"学生为本"的教材观的具体体现。

5.2.1.4 树立开放的教材观

地理教材的基本内容是由地理事实性知识和地理理论性知识组成的地理知识体系所构成。一般而言,地理教材中的地理概念、地理规律和地理原理等地理理性知识的属性相对比较稳定,而地理数据、地理景观、地理事项等地理事实性知识其属性具有较大的变异性或灵活性。如人口增长、城市建设、工业布局、交通发展、环境污染、自然灾害以及重大的地理事件等,都会使地理空间关系发生一定程度的变化。树立开放的教材观,就是要求在运用教材的过程中注意将鲜活的地理事项及时引入地理教学,更替教材中过时的地理事实材料,使地理教学过程贴近社会生活,贴近发展的动态地理空间。

标准链接

构建开放的地理课程

地理课程着眼于学生创新意识和实践能力的培养,充分重视校内外课程资源的开发利用,着力拓宽学习空间,倡导多样的地理学习方式,鼓励学生自主学习,合作交流,积极探究。

中华人民共和国教育部.义务教育地理课程标准(2011年版)[S].北京:北京师范大学出版社,2012.

5.2.2 运用地理教材的基本策略

案例 5-7

"环境与发展"与地理教材选择

《高中地理课程标准(2017年版)》对地理必修2规定了4个学习主题,其中第4个学习主题是"环境与发展"。见表5-2。

表5-2 环境与发展(部分内容)人教版与湘教版比较

课程标准要求	人教版教材中相关内容(2019年)	湘教版教材中相关内容(2019年)
环境与发展 2.7 以国家某项重大发展战略为例,运用不同类型的专题地图,说明其地理背景。	第五章 环境与发展 第三节 中国国家发展战略举例 建设主体功能区 推动区域协调发展 拓展蓝色经济空间 维护海洋权益	第四章 区域发展战略 第二节 我国区域发展战略 我国宏观发展格局 长江经济带发展战略 京津冀协同发展战略 第三节 海洋权益与我国海洋发展战略 海洋权益 我国新时期海洋发展战略 建设海洋强国的战略布局

随堂讨论

1. 人教版和湘教版在落实"以国家某项重大发展战略为例,运用不同类型的专题地图,说明其地理背景"这一标准时,有哪些相同点和不同点?

2. 以该标准为例,请思考如何根据课程标准,选择地理教学内容。

5.2.2.1 根据课程标准,选择教材内容

(1) 明确选择依据

"学科课程标准是根据国家教育目标,从整体上确定本学科一定学段的课程水平及课程结构的纲领性文件。它是由国家教育行政部门制定和颁发,代表了国家对学科教育的统一要求。从这个意义上而言,地理课程标准应该是地理教材编写及中学地理教学活动最直接、最根本的依据。"[1]明确选择依据,就是要确立"标准"与教材的对应关系。如人教版地理"必修1"存在几种对应关系:① 一节教材内容对应一条"标准"。如第一章第四节"地球的圈层结构"对应"运用示意图,说明地球的圈层结构"这条标准。② 一节教材内容对应两条"标准",如第六章第四节"地理信息技术在防灾减灾中的应用"对应"运用资料,说明常见自然灾害的成因,了解避灾、防灾的措施"和"通过探究有关自然地理问题,了解地理信息技术的应用"。③ 两节或多节教材内容对应一条标准,如第一章第一节"地球的宇宙环境"、第二节"太阳对地球的影响"对应"运用资料,描述地球所处的宇宙环境,说明太阳对地球的影响"。地理教材是对课程标准物化的结果。地理教材的编写过程容易受教材编写人员组成、编写者的学术背景、专业素养、编写经验和编写风格等多方面因素的影响,因此,不同版本的地理教材存在一定的差异。如案例5-7展示了人教版和湘教版关于"环境与发展"的部分内容,两个版本在落实"以国家某项重大发展战略为例,运用不同类型的专题地图,说明其地理背景"这一标准时,其编写方式存在明显的不同。

(2) 确定选择内容

在"一标多本"教材观点的指导下,教师应根据教学需要,选择内容。① 选择合适的案例、素材。湘教版"我国区域发展战略"中有"我国宏观发展格局""长江经济带发展战略""京津冀协同发展战略"的叙述。并且每个重大战略之后用较大篇幅设计了相应的活动。如:"对照我国地形图和气候图,说出四大地区自然地理环境差异。对照我国人口分布图和交通分布图,说出四大地区社会经济发展方面的差异等问题"。湘教版这一部分教材做到了材料丰富、图文并茂、事理结合,便于学生学习。如果所在学校学生是使用人教版,在运用教材进行"中国国家发展战略举例"时,教师可以选择和借鉴湘教版上述材料。如果所在学校的学生是使用湘教版,在运用教材进行"太阳对地球的影响"(第1章第2节)教学时,教师还可以选择和借鉴人教版的"太阳黑子蝴蝶影像""太阳辐射能量随波长的分布""极光"等素材。② 选择适合探究的内容。湘教版中设计的"国家明确提出,长江经济带必须坚持生态优先、绿色发展,共抓大保护,不搞大开发,走一条绿色低碳循环发展的道路。请从绿水青山与金山银山的关系,谈谈你的理解""议一议,设立雄安新区,对推进京津冀协同发展有何重要意义?"等问题具有一定的探究价值。又如,人教版教材结合有关内容设置的:"火星基地应该是什么样子""何时'蓝

---

[1] 夏志芳,李家清. 基于课程新理念的高中地理教科书编制研究[M]. 北京:地质出版社,2007:91.

天'常在""如何看待农民工现象""如何让城市不再'看海'""从市中心到郊区,你选择住在哪里"等问题探究,具有生活性、现代性和综合性等特点,有探究学习的价值。

"一标多本"的教材格局为教师提供了便利,依据"标准",结合区情、校情和学生需要进行教学内容选择,这应是教师运用新地理教材的基本策略。

5.2.2.2 依据教学逻辑,梳理教材内容

"教"是为"学"服务的,学法决定教法。正如我国教育家陶行知所说:"教的法子必须根据学的法子。""学生本位""学生中心"、学生地理学习的心理特点是"教"的基础。

教学逻辑就是教师根据教材地理知识的内在联系,结合学生地理学习的心理特点,为教与学的需要建立起来的次序,建立教学逻辑的过程是对地理教材进行梳理,使教材内容提纲化、要点化、脉络化,形成教学次序的过程。例如,"大气受热过程"内容的梳理是,太阳辐射到达地球大气上界—进入大气层—受到大气的反射、散射和吸收作用后的太阳辐射—地表增温,并以长波形式(地面辐射)将热量输送给大气,大气增温—大气以长波辐射(大气逆辐射)作用于地面,对地面产生保温作用。又如,自然环境对人类活动影响的教材梳理,如图5-4所示。

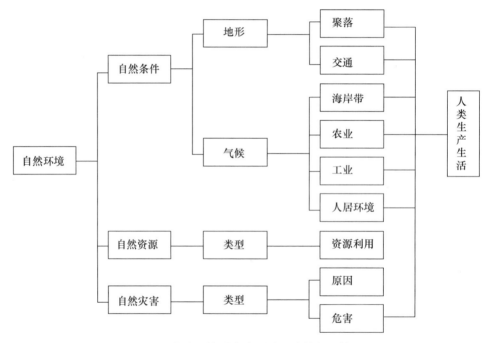

图5-4 自然环境对人类活动影响的教材梳理

5.2.2.3 为了学生发展,拓展教材内容

进行课程资源再开发是新课程的要求,拓展教材内容是进行课程资源开发的表现。它在策略上可以包括知识内容拓展、素养培养拓展和情意拓展三个方面,尽可能做到因"人"制宜,挖掘地理教材;因"时"制宜,更新地理教材内容;因"地"制宜,拓展地理教材。

学习卡片

> 杜威认为:"课堂教学可以分成三种:1.最不好的一种是把每堂课看作一个独立的整体。这种课堂教学不要求学生负起责任去寻找这堂课与同一科目的别的课之间或别的科目之间有什么接触点。2.比较聪明的教师注意系统地引导学生利用过去的功课来帮助理解目前的功课,并利用目前的功课加深理解已经获得的知识。这种教学的结果好一些,但是学校的教材还是脱离实际的。除偶然外,学生的校外经验仍然处于粗糙和比较缺乏思想的状况。学生不能利用直接教学的比较准确和比较全面的材料,使校外的经验得到提炼和扩充。直接教学的教材因为没有和日常生活的现实情况相融合,也就缺乏学习的动机,没有现实的感觉。3.最好的一种教学是牢牢记住学校教材和现实生活两者相互联系的必要性,使学生养成一种态度,习惯于寻找这两方面的接触点和相互的关系。"
>
> 约翰·杜威.民主主义与教育[M].王承绪,译.北京:人民教育出版社,1990.

(1) 知识内容拓展

地理教材知识内容的拓展包括教材材料更新和教材内容的补充等方面。由于教材从编写到使用,一般要经历几年甚至更长的时间。地理事实材料、地理现象往往有很强的发展性,动态性。地理教材中的许多事实材料,大都是"过去"的地理事实。如地理数据、地理景观、政治地图等内容。地理教材的运用,要注意更新过时的地理事实材料、地理现象,注意联系鲜活的"今天"的地理,体现地理教学过程的现代性。现实地理环境往往在不断发生许多重大的地理事件,甚至形成地理科学研究的热点,在地理教材的运用过程中应结合相关内容的教学进行必要的补充。如九大行星更名为八大行星、印度洋地震引发的海啸灾难、我国青藏铁路的建成通车、四川汶川地震等。

地理教材是以地理课程标准为依据编写的学习材料,主要体现国家地理课程的基本要求,不可能涉及地方课程和校本课程。因此,在地理教材运用过程中还必须结合教材内容,联系地方课程和校本课程进行课程拓展。

(2) 素养培养拓展

地理核心素养是指学生在真实情境中表现出来的关键能力、必备品格和价值观念。"素养取向"是新课程改革的重要特点。"培养学生必备的地理学科核心素养""构建以地理学科核心素养为主导的地理课程""创新培育地理学科核心素养的学习方式"等都是体现素养取向的重要理念。在地理教材的运用中注意素养培养拓展是实践课程改革理念的体现。注意素养培养拓展的途径主要是结合教材的教学内容,引导学生解决现实的真实情境中的问题。如学习自然环境对人类活动的影响、环境承载力、人口合理容量、农业区位因素、工业区位因素等课题都可联系所在城市、学校和所在地区的实际补充地理事实材料,呈现存在的地理问题,让学生在学习思考、解决当地地理问题的过程中,培养地理核心素养。

(3) 情意发展拓展

教材中创设的地理情景往往是一种静态的。地理教材的运用就要注意凭借"教材中介",进行"人本化"处理,为师生对话、生生对话过程,创设"境域",调动学生参与学习过程的积极性,实现情意拓展。如学习城市化对地理环境的影响、人类与地理环境的协调发展等课题时,结合教学进程,展示所在城市(镇)不同时期的城市(镇)轮廓图、用地规划布局图,以及反映城市(镇)环境发展变化的相关景观图片,通过讲解、讨论和角色扮演等教学活动方式,不仅能使学生加深对城市进程中城市化特点的理解,还能通过联系实际,认识家乡的环境与环境问题,使学生懂得协调人类与地理环境发展的重要性,知道协调人类与地理环境发展的基本途径,树立正确的环境观、人口观。

5.2.3 地理课程资源的开发与利用

课程资源是指广泛蕴藏于学生生活、学校、社会、自然中的所有有利于课程实施,有利于达到课程标准和实现教育目标的教育资源。充分开发、合理利用地理课程资源,对于丰富地理教学内容,培养学生能力,尤其是培养学生联系实际、迁移应用和解决地理问题的能力具有重要意义。

5.2.3.1 建立学校地理课程资源库

地理教学所需的挂图、模型、标本、实验器材、图书资料、电教器材、教学实践场所等都是重要的地理课程资源。学校所在地区的地理要素、地理景观、主要地理事物等,也是地理课程资源库的重要组成部分。

通过调查,掌握学校地理课程资源的情况,逐步建立地理课程资源库。在不断积累的基础上还应注重地理课程资源的更新:根据需要添置必要的地理教学图书、设备以外,还应自制各种地理教具、学具,开发各种地理教学软件;要加强地理教学设施的建设,要求配置地理专用教室,创建地理实习基地;并提倡校际地理课程资源的共建和共享。提高地理课程资源库的质量,满足地理教学改革与发展的需要。

5.2.3.2 积极开发校外地理课程资源

校外地理课程资源是丰富多样的,包括青少年活动中心、地理教育基地、图书馆、科技馆、气象台、天文馆、博物馆、陈列馆、展览馆和主题公园,科研单位、大专院校、政府部门,广播、电视、报刊、网络等信息媒体,区域自然地理环境和人文景观,等等。要加强与社会各界的沟通联系,寻求多方合作,合理开发利用校外地理课程资源。

要组织和引导学生走进大自然,参与社会实践,开展参观、调查、考察、旅行等活动,邀请有关人士演讲和座谈。

5.2.3.3 充分利用地理课程资源

建立学校地理课程资源库和积极开发校外地理课程资源为教师充分利用课程资源提供了有利条件。教师要结合学校的实际和学生的学习需求,充分利用学校已有的地理课程资源,鼓励和指导学生组织地理兴趣小组,开展天文、气象、地震等各种丰富多彩的地理观测和观察活动;鼓励和指导学生组织编辑地理小报、墙报、板报,布置地理橱窗;鼓励和指导学生组织利用学校广播站或有线电视网、校园网传播自编的地理节目,让学生在活动中利用课程资源,让课程资源在利用中发挥教育功能。

教师的阅历和学生的体验本身也是重要的课程资源。教师要善于结合教学需要和学生的学习需求,在地理课堂教学中充分利用师生自身的经历和体验,丰富地理教学过程和教学内容。

学习实践

1. 选择高中地理一节教学内容,依据教学逻辑进行该节教材内容的梳理。
2. 选择高中地理一节教学内容,设计教材知识内容拓展、素养培养和情意拓展的思路。

本章小结

1. 地理教材分析是地理教材运用的基础。地理教材分析由整体分析、具体分析组成。
2. 地理教材的整体分析包括教材的发展背景分析和内、外部联系分析。教材的发展背景分析包括地理教材的时代背景(国家教育方针政策、社会的发展变化)、地理科学的新进展、现代教育理论的发展几个方面的分析。教材的外部联系分析主要是指初高中地理教材、地理教材与相关学科以及学生实际社会生活之间的联系的分析;教材的内部联系分析主要是地理教材内部各组成部分的先后顺序和组织形式分析。

3. 地理教材的具体分析包括教材的知识结构分析,地理核心素养构成分析,教材的重点、难点分析,教材表述结构分析(主要是对叙述性课文和活动性课文的教学功能分析)。

4. 新课程地理教材已初步形成"一标多本"的格局。新课程要求教师树立"标准本位"的教材观;树立"一标多本"的教材观;树立"学生为本"的教材观;树立开放的教材观念。

5. 运用地理教材的基本策略主要是根据课程标准,选择教材内容;依据教学逻辑,梳理教材内容;根据需要拓展教材内容,促进学生发展等。

6. 地理课程资源的开发与利用包括建立学校地理课程资源库;合理开发校外地理课程资源和充分利用地理课程资源等策略。

本章思考题

1. 以《普通高中教科书地理必修第一册》(人教版)第4章"地貌"为例,进行教材的具体分析。
2. 以《高中地理课程标准(2017年版)》地理(2)中的"标准":"运用资料,描述人口分布、迁移的特点及其影响因素,并结合实例,解释区域资源环境承载力、人口合理容量"为例,分析鲁教版、中图版教材与"标准"的对应关系。
3. 以《普通高中教科书地理必修第一册》(湘教版)第1章"宇宙中的地球"第4节"地球的演化"为例,分析说明运用该节教材的基本策略。

拓展学习

课程资源开发研究

地理课程资源的开发是围绕地理课程和学生需要进行的。在地理教学实践中,应该以地理课程标准为依据,与教学过程中的相关教材或课题相衔接,充分利用学校条件,结合本校、本地区课程资源环境,进行开发研究,形成课程资源。表5-3是课程资源开发研究的一种思路,根据你的兴趣,选择研究。你也可创设其他路径,进行地理课程资源开发研究。

表5-3 课程资源开发案例研究

高中课程标准要求	相关教材与该标准的对应分析	课程资源开发路径	备注
例1 地理2:结合实例,说明工业、农业和服务业的区位因素。	人教版:		
例2 选修5 旅游地理:结合实例,评价旅游资源的开发条件。	湘教版:		
例3 选修1 天文学基础:运用太阳系模式图和其他资料,描述太阳系的结构和行星运动特征。	鲁教版:		

课程链接

中国地理课程网:http://geo.cersp.com/
地理课程网:http://www.dilike.net
中学地理教学资源网:http://www.yeschool.net/zhp

地理教学网：http://www.dljxw.com

中国教育学会地理教学研究会：http://www.gezhi.sh.cn/geography/CN/

参 考 文 献

[1] 普通高中教科书地理必修第二册[M].湘教版.长沙：湖南教育出版社，2019.
[2] 普通高中教科书地理必修第三册[M].鲁教版.济南：山东教育出版社，2019.
[3] 夏志芳.地理课程与教学论[M].杭州：浙江教育出版社，2003.
[4] 袁孝亭.地理课程与教学论[M].长春：东北师范大学出版社，2006.
[5] 陈澄.新编地理教学论[M].上海：华东师范大学出版社，2007.
[6] 陈澄.地理教学论[M].上海：上海教育出版社，1999.
[7] 陈澄，樊杰.普通高中地理课程标准（实验）解读[M].南京：江苏教育出版社，2003.
[8] 布鲁纳.教育过程[M].邵瑞珍，译.香港：文化教育出版社，1982.
[9] 赵德成.新课程实施中的情感态度与价值观评价[J].课程•教材•教法，2003(9).
[10] 夏志芳，李家清.基于课程新理念的高中地理教科书编制研究[M].北京：地质出版社，2007.
[11] 李家清，等.论地理新教科书活动性课文的设计策略[J].地理教学，2005(9).
[12] 普通高中教科书地理必修第一册[M].人教版.北京：人民教育出版社，2019.
[13] 普通高中教科书地理必修第二册[M].人教版.北京：人民教育出版社，2019.
[14] 普通高中教科书地理必修第一册[M].湘教版.长沙：湖南教育出版社，2019.
[15] 普通高中教科书地理必修第二册[M].人教版.长沙：湖南教育出版社，2019.
[16] 普通高中教科书地理必修第一册[M].鲁教版.济南：山东教育出版社，2019.
[17] 普通高中教科书地理必修第二册[M].鲁教版.济南：山东教育出版社，2019.
[18] 普通高中教科书地理必修第一册[M].中图版.北京：中国地图出版社，2019.
[19] 普通高中教科书地理必修第二册[M].中图版.北京：中国地图出版社，2019.
[20] 中华人民共和国教育部.普通高中地理课程标准（2017年版）[S].北京：人民教育出版社，2018.
[21] 韦志榕，朱翔.普通高中地理课程标准（2017年版）解读[M].北京：高等教育出版社，2018.

第6章 地理教学设计

本章概要

地理教学设计是为地理课堂教学进行的规划。地理新课程的教学设计包括地理教学目标设计、教学方法选择与设计、教学媒体选择与组合、地理教学过程模式设计等。地理教学目标设计对教学方法、媒体设计具导向作用,教学方法与媒体设计是实现教学目标的一系列方式、步骤、手段和技术的总和,而地理教学过程模式设计是对教学目标、教学方法、媒体的具体实施,四者紧密联系,相辅相成,构成了教学设计的整体。

学习目标

通过本章学习你可以
1. 简述地理教学设计的含义、功能及基本特征;
2. 解释地理教学目标的基本功能;
3. 熟悉常用的几种地理教学方法,说明地理教学媒体的基本特征;
4. 掌握地理教学目标设计技术,进行教学方法与教学媒体的优化选择与设计;
5. 掌握地理新课程常用的教学过程模式,运用模式理论进行相应的教学内容设计;
6. 运用现代教学设计理论,进行完整的中学地理课堂教学设计。

6.1 地理教学设计概述

关键术语

◆ 地理教学设计　◆ 基本特征　◆ 理论基础　◆ 基本构架

地理教学设计是在课堂教学之前所作的教学准备。没有充分的教学准备,就难以达到理想的教学效果。

教育部《中学教育专业师范生教师职业能力标准(试行)》要求"学会教学设计",包括"熟悉课标""掌握技能""分析学情""设计教案"等。

关于教学设计的定义,不同学者有不同的认识。如,加涅在《教学设计原理》(1988年)中认为:"教学设计是一个系统化(Systematic)规划教学系统的过程"。梅里尔在《教学设计新宣言》中指出:"教学设计是一种用以开发学习经验和学习环境的技术……是一种将不同学习策略整合进教学经验的一门技术……"[①]国内学者认为:"教学设计是以获得优化的教学效果为目的,以学习理论、教学理论和传播理论为理论基础,运用系统方法分析教学问题,确定教学目标,建立解决教学问题的策略方

---

① 盛群力,李志强.现代教学设计论[M].杭州:浙江教育出版社,1998:2—3.

案、试行解决方案、评价试行结果和修改方案的过程。"①

我们认为地理教学设计是运用现代教学设计理论和方法，系统规划地理教学活动的过程。它是以地理新课程理念为内核，以促进学生的有效学习为目的，以解决地理教学问题为宗旨，针对不同的教学环境进行分析，选择不同教学策略和媒体的过程。

由于各学科课程培养目标不同，研究的对象、内容、任务、性质不同，教学设计表现出不同的特征。

6.1.1 地理教学设计的基本特征

地理性

地理学是研究地理环境以及人类活动与地理环境相互关系的科学，它具有综合性和地域性两个显著的特征。因此，地理教学设计，要把探寻地理事物的发展变化规律，以及用可持续发展思想来指导和阐明人和地理环境的关系作为地理教学设计的灵魂，充分体现地理学科的"地理性"。

继承性

地理教学设计的继承性，主要表现为对传统优秀教学设计方法的传承、保留，对国外先进教学设计的引用、吸收，对其他学科教学设计的借鉴、渗透。地理教学设计正是在继承的基础上，不断地完善和丰富起来的。

创新性

随着时代的发展，地理教学目的的调整、地理教学内容的更新、教学设备条件的改善和现代信息技术的应用以及地理教学理论研究的深入，地理教学模式、教学方法不断推陈出新，这些都要求教学设计要有很大的创新性。比如，地理新课程强调建设开放式的地理课程，拓宽学习空间，满足多样化的学习要求，这都要求地理教师在充分考虑"课程内容开放性、课程资源开放性、课程实施开放性"②前提下进行创新性教学内容、教学环境的设计。

实践性

实践性是地理科学生命力所在。新的地理课程标准将区域地理以及乡土地理作为自然地理和人文地理的综合载体，较好地贯彻了人地关系的主线。因而在地理教学设计中要遵循紧密联系生活的价值取向，追求科学世界与生活世界的统一，培养学生关注社会的参与意识和社会责任感，培养学生解决实际问题的能力。③ 例如，在教学中为学生提供丰富的地理学习素材、社会普遍关注的地理问题及案例，设计学生亲历"实践""调查""观察""操作"等活动，让学生感受和体验生活中的地理知识，促进学生的认知过程。

多样性

地理教学设计要考虑多种因素对地理教学活动的制约和影响。如教学目的涉及人地协调观、综合思维、区域认知和地理实践力④，涉及自然和人文、中国和世界各种地理事物，极为丰富；地理教学的测量和评估以及地理教学环境也是形式多样，因此，地理教学设计的技术、过程不可能是程式化的、统一模型的，而是多样性、灵活性的。

---

① 王辉,等.学校教育技术操作全书[M].北京:经济日报出版社,1999:577.
② 王民.地理新课程教学论[M].北京:高等教育出版社,2003:32.
③ 黄莉敏.地理教学设计的价值取向[J].地理教学,2006(10):10.
④ 陈澄.地理教学论[M].上海:上海教育出版社,1999:102.

> **标准链接**
>
> 设计教案：准确把握教学内容，理解本课（单元）在教材中的地位以及与其他课（单元）的关系，能根据课程标准要求和学情分析确实恰当的学习目标和学习重点，设计学习活动，选择适当的学习资源和教学方法，合理安排教学过程和环节，科学设计评价内容与方式，形成教案与学案。
>
> 中华人民共和国教育部. 中学教育专业师范生教师职业能力标准（试行）[S]. 2021.

6.1.2 地理教学设计的理论基础

地理教学设计过程涉及多种要素，如何优化地理教学设计，系统理论、学习理论、教学理论和传播理论具有重要的指导作用。系统理论能为教学设计提供科学研究的方法，学习理论能使教学设计符合学习规律，教学理论能指导教学设计的具体操作，传播理论能为教学设计提供选用教学媒体的技术。[①]

6.1.2.1 系统理论对地理教学设计的指导

系统论认为，世界上一切事物都是作为各种各样的系统而存在的。地理教学系统是由教学目标、学生、教师、教材、教学方法、教学环境、教学媒体、教学过程以及教学评价等诸多因素构成的复合运动系统。

在地理教学设计中应用系统科学的整体原理、有序原理和反馈原理，能为有效整合地理教学因素提供指导，发挥教学系统的整体功能。[②] 遵循整体原理，就要紧紧围绕地理教学目标，将系统内相互作用的各要素作为一个整体来设计，坚持"面向全体、全面发展、整体备课、纵横联系、优化结构"的设计原则；结构有序是系统的特征，系统内各要素有其排列和组合的顺序、层次。遵循有序原理，必须考虑"内容的序，认知的序，教学的序"，即在进行地理教学设计时要考虑初、高中学生认知特点，分析新旧知识内在联系，进行循序渐进教学；任何系统只有通过反馈，才能实现有效的控制，达到预期目标，没有反馈就没有真正意义上的教学，地理教学设计要注重"超前反馈，及时反馈，情感反馈，自我反馈"[③]，通过对学习过程的多元与全程评价设计，及时调整、修改教学方案。

6.1.2.2 学习理论对地理教学设计的指导

学习理论是对学习规律和学习条件的系统阐述。地理教学设计是地理学习理论与地理教学实践的桥梁。学习理论为地理教学设计提供了解答问题的方式，并随着学习理论的发展，它还能促进教学设计研究方式的转变。[④]

在地理教学设计中，运用布卢姆的目标分类理论，能指导教学目标设计；运用布鲁纳的发现学习论，为发现法教学提供理论支撑；运用建构主义学习理论，有助于联系生活地理，帮助学生自己构建知识；运用加涅的信息加工理论，能指导教师正确安排教学过程和事件；运用巴班斯基的教学过程最优化理论，进行教学方法、媒体选择与组合；运用罗杰斯的人本主义学习理论，体现"以学生为主体"学习，衍生讨论式、角色扮演式、探究式等多种教学模式；运用加德纳的多元智能理论，为地理新课程"采用适应学生个别差异的教学方式""为了每一个学生的发展"提供理论依据。总之，通过优选、正确运用学习理论能使设计效果最优化。关于现代地理学习理论的基本内容本书在第10章有详细论述。

---

① 徐英俊, 曲艺. 教学设计：原理与技术[M]. 北京：教育科学出版社, 2011：22—38.
② 李家清. 地理教学设计的理论基础与基本方法[J]. 课程·教材·教法, 2004(1)：64—66.
③ 张胜前. 运用系统科学理论 指导地理课堂教学[J]. 地理教学, 2005(11)：17—19.
④ 刘志华, 张军征. 学习理论对教学设计理论的影响[J]. 电化教育研究, 2004(9)：12.

6.1.2.3 地理教学理论对地理教学设计的指导

地理教学理论是地理教学实践经验的总结和系统反映,它是地理教学设计最直接的理论来源。突出人地关系、注重空间关系,是地理学科教学的鲜明特色。人地关系既是地理教学的核心内容,也是地理教学设计的思想论、方法论。地理教学设计应有利于学生认识人地关系,理解协调人地关系的基本途径,懂得可持续发展的重要性。

地理教学理论指导教学设计在内容设计上,教学素材选择上不应仅局限于课本,还应注意吸纳源于发展中的地理科学、社会生活和学生自身经验,通过设计"教学案例地方化"、乡土地理学习、社会实践调查等来"突出人地关系";通过设计对区域进行地理因素的分析、比较、类推等达到"注重空间关系",从而贯彻地理教学的核心观念,培养学生的地理核心素养,促进学生地理智慧成长。

6.1.2.4 传播理论对地理教学设计的指导

传播理论研究信息的传播过程、信息的结构和形式、信息通道、信息的效果和功能等问题。"教学过程是一个信息传播特别是教育信息传播的过程,在这个传播过程中有其内在的规律性和理论,所以教学设计应以传播理论为基础。"[①]应用传播理论,能有的放矢地提高地理教学效率。[②]

信息通道研究表明,五官中视觉的接受能力最强,这一成果能为地理教学媒体选择与设计提供科学依据;合理的信号形式与结构设计又有利于学生的记忆和理解;信息的多与少也影响教学效果,信息冗余,对教学没有意义,信息不足,又会滞后学生智力,对学生发展不利,故而教学设计中应选择最有效的地理信息。

学习卡片

传播理论认为,在人的五种感官中,获取信息的通道接受能力分别为:1.0%通过味觉;1.5%通过触觉;3.5%通过嗅觉;11.0%通过听觉;83.0%通过视觉。对记忆的研究表明,单用听觉,三小时左右能保持所获知识的60%,三天后则下降到15%;单用视觉,三小时左右能保持70%,三天则为40%;如果视听并用,则3小时左右还能保持90%,三天后为75%。结果说明,视听并用将获得更多的教学信息量,更长的记忆保持率和最佳的学习效率。

皮连生.教学设计——心理学的理论与技术[M].北京:高等教育出版社,2000:175.

6.1.3 地理教学设计的构架

6.1.3.1 传统的地理备课

在传统教学中,教师也在进行着教学设计,那就是为上课所进行的一系列课前准备工作,即备课。一般把备课概括成"三备三写","三备"是:备教材、备学生、备教法;"三写"是:写学期教学进度、写课题(或单元)教学计划、写课时计划(教案)。并有如下特征与弊端。

以教师为中心

传统教学中的备课往往是教师从主观愿望出发,凭借教学经验、主观意志,依据教学任务,进行教学安排和策划。学生的学紧紧围绕教师的"教",居于"听众"的席位,丧失了学习过程中自主性和主动性。在教学活动设计中忽视学生个体差异,要求学生从同一起点出发,使用相同的大纲,采用固定教材,在统一的教学目标导引下,以相同的速度前进,达到相同的终点。

---

① 张祖忻,等.教学设计:原理与应用[M].北京:高等教育出版社,2005:30.
② 李家清.地理教学设计的理论基础与基本方法[J].课程·教材·教法,2004(1):64—66.

以知识为本位

传统教学中的备课以指定教材为特定的教学内容,追求学科知识的完整性,忽视学生的知识经验,不注意教学过程中师生之间、生生之间应有的互动与情感交流,从而使学生只能"记住"知识,丧失了学习过程中学生的情感性和动态发展性。

以静态教案为载体

传统教学中的备课,形成的"教案剧"学生只能被动适应,从而使教师对教材、教案的认知过程代替了学生对学习内容的认知过程,丧失了学习过程中学生的能动性和创造性。

以结果性评价为准绳

传统教学中的备课对学习过程和学习质量不注意评价设计,只注重结果性评价,评价目的是为了定分数、划等级、决定升留级和升学。对于可能出现的教学低效或无效,既没有评价反馈设计,又没有应急备用方案设计,使教学过程缺乏调控。

6.1.3.2 传统地理教学备课示例

案例 6-1

高中地理第八章第二节"世界农业发展概况"教案

一、教材分析

世界农业发展情况千差万别,目前各国各地区农业发展的水平和部门结构差异悬殊,发展很不平衡,这是本节的中心内容。造成这种不平衡的原因,需要从历史上寻找,所以本节一开始就从"农业的历史发展"讲起,然后重点论述现代世界农业不同的类型及特点,指出了国外农业现代化过程中出现的问题。

二、教学目的

① 使学生了解世界农业发展的三个阶段和现代农业的主要特征;
② 使学生了解世界农业发展不平衡的基本状况,及其形成的主要原因;
③ 使学生了解国外农业现代化出现的问题及我国在实现农业现代化过程中可借鉴的经验教训。

三、教学重点

世界农业发展的不平衡。

四、教学难点

① 现代农业的基本特征;② 农业生产"集约化"的概念。

五、教具

教学投影仪

六、教学方法

讲解法;图表对比法

七、课时安排

2课时

以第一课时为例设计

【导入新课】本章第一节已学过,第二次世界大战后,世界主要工业国的农业实现了现代化。但是,农业并不是一开始就能实现现代化的,世界农业的发展,大致经历了三个阶段。在不同的历史阶段,农业生产具有不同的特点。

【讲授新课】

一、农业的历史发展(板书并讲解)

1. 世界农业发展的三个阶段(用表格形式讲解)
2. 现代农业的基本特征

生产技术科学化;生产工具机械化;生产组织社会化

> 二、世界农业发展的不平衡(板书并讲解)
> 1. 世界农业发展不平衡的原因(从历史原因、自然条件方面讲)
> 2. 发达国家与发展中国家的差异(列表比较)
> 3. 发展中国家之间的不平衡
> (1) 从历史、自然和社会经济发展角度,讲解发展中国家中先进的农业国。
> (2) 讲解 p.73"世界几种经济作物分布图"。
> 【复习新知】
> 将本节课内容以纲要讲解,帮助学生记忆理解
> 【布置作业】略

6.1.3.3 新课程地理教学设计

新课程的地理教学设计在最大限度上摆脱了传统教学思想的束缚,树立了新的教学理念,以学生为中心,突出学习者在学习过程中的主体地位,从"学"出发和"为了每一个学生的发展"进行教学设计。地理教学设计遵循系统性原则、注重教学内容开放、紧密联系生活;教学过程实施形成师生、生生互动的"学习共同体";教学评价将过程与结果并重,"以学论教",以此促进师生的共同成长。地理教学设计要素、流程上与传统备课也存在质的区别。

(1) 地理教学设计要素

完整的地理教学设计包括五大要素(项目),即背景分析(包括课标要求与分析、教科书分析、学情分析、设计理念四大项目)、教学目标设计、教学方法设计、教学媒体设计、教学过程设计。特别是背景分析是目前我国中学地理教学设计中缺失或易忽视的内容。在进行教学过程设计之前,必须对地理课程标准要求、教材、学习者等背景进行认真细致及全面深刻的分析,只有在分析的基础上才能设计出理想的实施方案,这也是正确定位教学目标,进行目标设计的前提。

【课标要求与分析】一般指地理课程标准中"第四部分课程内容"的"内容要求"栏目中的各个条目或"教学提示"和"学业要求"中的相应条目。

课标分析是指设计者对"标准"中相应条目的理解与说明。

【教学目标设计】在"课标"分析的基础上,进一步将课程目标细化,转化为具体的、具有更强可操作性的教学目标。

【教科书分析】包括教学内容体系分析、重点与难点分析等内容。其中,教学内容的体系分析是重点。它不仅要说明教科书内容体系,还要说明为什么选择这些内容以及如何组织这些内容,另外,要对教科书内容选择与组织进行评价。如果教科书对课标没有完全表达清楚,那么设计者还要对相应单元(节次)的内容进行补充。

【学情分析】分析学生现在的学习水平、学习能力、班级学习风气、性格、生活体验、生理心理特点等。分析学情是教学设计的基础,同时也是实施教学的依据之一。考虑到各学校、班级学生学习基础的差异性,教学设计者在进行教学设计时是把学生视为他所在学校的常模水平。鉴于这种情况,本书的案例将这一要素的具体内容略。

【设计理念】列出进行教学设计时所遵循的基本理念。设计理念特指教学设计者所追求的教学信念,体现出经过努力即可实现的那种对教学的期待。

【教学方法】主要是针对教学内容的性质选择不同的教学方法与方法组合。

【教学媒体】根据教学内容的需要、学校教学条件和学生的特点选择教学媒体。

【教学过程】是教学设计的主体,其主要内容是关于教学的实施过程。

（2）地理教学设计流程

地理教学设计是个系统工程，在教学设计过程模式中，紧紧围绕"课标"、教材、学生、目标、方法等教学因子，着手于发现和解决课堂教学过程中出现的问题，经过分析、设计、评价和修改三个基本阶段进行教学设计和反馈修正，最后达到改进教学，解决教学问题的目的（见图6-1）。

图6-1 地理教学设计过程模式

在这个教学设计过程模式流程图中，首先针对某一地理教学问题进行认真的背景分析，根据背景分析中的这些现实条件和对象需要确定和设计教学目标、方法、媒体和教学过程，在实施这些设计的过程中，评价和修改必不可少，故教学设计中要有对每一环节出现的负反馈的修正预设方案。对这五大要素设计的反馈通过注重过程的形成性评价和注重结果的总结性评价，来不断反馈和运用预设方案修正教学设计的各个方面。同时，教学设计的实施和反馈又会发现新的教学问题，随后投入新的一轮教学设计当中，整个设计便在这种不断循环的教学设计过程中得以不断发展和改进，直至最后圆满地解决问题，达成教学目标。

案例6-2

人教版高中地理必修1"大气受热过程"教学设计

【课标要求与分析】

课标要求：运用示意图等，说明大气受热过程与热力环流原理，并解释相关现象。

学业要求：学习本模块之后，学生能够运用地理信息技术或其他地理工具，观察、识别、描述与地貌、大气、水、土壤、植被等有关的自然现象；具备一定的运用考察、实验、调查等方式进行科学探究的意识和能力（地理实践力）。能够运用地球科学的基础知识，说明一些自然现象之间的关系和变化过程（综合思维）。能够在一定程度上合理描述和解释特定区域的自然现象，并说明其对人类的影响（区域认知、人地协调观）。

课标解读：本标准中的"大气"是指低层大气，其高度不超过对流层顶。"大气的受热过程"是学生学习的主题内容，"运用示意图"是学习该内容的方法，"说明"行为动词表明要达到理解水平，"解释相关现象"是学生要理解大气的受热过程原理并能达到应用的程度。再结合学业要求，本节课要达到的核心素养：学生通过本节课的学习，能够运用地理信息技术或其他工具，观察、识别、描述与大气相关的自然现象，具备一定的运用考察、实验、调查等方式进行科学探究的意识和能力（地理实践力）；能够运用示意图，分析大气的受热过程（综合思维）；并且能够运用大气的受热过程的地理原理解释生活中相关地理事象（区域认知、人地协调观）。

【教材分析】

教材阐述"大气的受热过程"是简短的，首先用一句话概述太阳辐射能是大气最重要的能量来源；然后运用"图2.9大气的受热过程示意"（配合三小段文字解说）说明大气的受热过程，接着再重点说明大气对地面的保温作用，最后通过正文后设置的"活动"栏目，探讨月球表面和地球表面受热过程差异，促进对大气受热过程原理的理解与迁移应用。"大气的受热过程"影响着大气的热状况、温度分布和变化，制约着大气的运动，此节内容在教材中起着承上启下的作用。整体上看，本节教材符合课标要求，简化其他相关知识，用图表阐述，重点阐述"大气受热过程"。本节课内容涉及相关物理知识（辐射、传导、对流）。综上分析，本节课需要拓展"大气组成及其作用""太阳辐射、地面辐射、大气辐射""热量传递方式"等知识，作为学习"大气的受热过程"的知识同化点，同时设置活动，联系生活实际，运用大气受热过程原理解释相关现象，促进核心素养提升。

【学情分析】

高一年级的学生具备一定的抽象逻辑、空间思维能力。学生有一定的初中物理知识基础,对于本节课所涉及的物理知识是可以加以点拨就能理解的。但是由于种种原因,学生的地理素养比较缺乏,对于生活中的地理现象的认识处于非结构化的认知状态,加之大气受热过程、能量转换过程比较抽象。所以,根据学情,本节课内容需要提供有意义的相关材料,促进知识间的逻辑联结、结构化。因此,本节课的"导学案"设计了学生通过课前热身的实验操作大致对大气热源、气温变化等有了感性认识,通过自主学习了解太阳辐射、地面辐射、大气辐射、大气组成及其作用,均是为重点内容(本课主题)做铺垫,同时通过联系生活中有关的诗歌、谚语、自然现象等进行合作探究,促进学生对"大气受热过程"的同化,促进有意义的学习,内化地理核心素养。

【教学重难点】

大气的受热过程(综合思维)。

水平	教学目标
1	1.按照他人提供的实验方案,初步观察并记录实验数据,能简单整理数据(地理实践力)
	1.2在他人帮助下,初步分析数据,尝试解释与大气相关的一两个自然现象(综合思维 区域认知 人地协调观)
2	2.1能自主或与他人合作,设计、实施与大气运动相关的实验方案,细致地观察实验过程,记录实验数据,整理、分析实验数据(地理实践力)
	2.2能解释太阳辐射能的转换过程、说明地面辐射是大气热量主要来源、推理气温的时空分布与变化规律;能分析气温影响因素,分析大气的受热过程;能够运用大气的受热过程的地理原理解释生活中相关地理事象(综合思维、区域认知、人地协调观)。

【教学目标】
【教学方法】
教法:发现教学法;问题式教学法;
学法:实验法;自主学习法;合作探究法
【教学媒体】地理必修1(人教版)、导学案、多媒体、实验器材
【教学过程】略

学习实践

1. 比较案例6-1、6-2在地理教学设计流程和设计内容上的区别。
2. 在《中学地理教学参考》杂志中选择一篇地理教学设计研究论文,进行学习评价并交流。

6.2 地理教学目标设计

关键术语

◆ 地理教学目标 ◆ 地理教学目标功能 ◆ 行为目标法
◆ 内外结合法 ◆ 表现性目标

地理教学目标是对地理教学活动所要达到的预期目标的描述。有人说"一位优秀的教学工作者

应用至少60%的时间来从事教学目标的设计"。显然,教学目标设计在教学设计中占有举足轻重的地位。教学目标是教师设计教学的出发点,教学目标能引领学生的发展方向,指导教学方法的选择与运用,整合教学活动各个因素,测量学生行为结果等。[1] 可以说,课堂教学的成功与否,很大程度上取决于教学目标的合理确定和教学方向的指引。

6.2.1 地理教学目标的功能

6.2.1.1 导向功能

教学目标具有导向功能,教师根据教学目标设计教学活动和实施教学。教学目标不仅制约着教学系统设计的方向,也决定着教学的具体步骤、方法和组织形式,有利于保证教师对教学活动全过程的自觉控制,其具有"导学、导教、导测评"[2]的导向功能。

6.2.1.2 评价功能

教学过程是一个控制过程,而调控矫正的参照就是教学目标。教学目标描述具体的行为表现,能为教学评价提供科学依据。教学大纲提出的教学目的与任务过于抽象,教师无法把握客观、具体的评价标准,使教学评价的随意性很大。用全面、具体和可测量的教学目标作为评价的依据,可以保证评价的效度、信度。

6.2.1.3 激励功能

教学目标为学生提供了自己的学习目标,对学生的学习具有激励作用。"学习需要理论"告诉我们,所谓学习需要系指学习者学习成绩现状与社会或教育者所期望达到的要求之间的差距。在具体教学过程中,学习者要缩小自身学习成绩的现状与教学目标之间的差距,这一差距实质上就是学习者的需要。在教学开始之初,向学生明确而具体地陈述教学目标,能激发学生对新的学习任务的期望和达到教学目标的欲望,从而调动学生学习的积极性和主动性,帮助他们形成正确的学习动势,并通过教学过程中的评价和及时反馈对学生的学习动机和学习定式进行不断强化。

6.2.1.4 反馈功能

教学目标可以帮助教师评鉴和修正教学的过程。根据控制论原理,教学过程必须依靠反馈进行自动控制。有了明确的教学目标,教师就可以此为标准,在教学过程中充分运用提问、讨论、交谈、测验和评改作业等各种信息反馈教学目标达成度,从而修正自己的教学方法。

6.2.2 地理教学目标设计的技术

由于教学目标在教学和学习中起着指引作用,因此教学目标设计的合理性、科学性是教学设计中的首要问题。科学合理的地理教学目标设计应当把握设计理念,掌握陈述技术与方法。

6.2.2.1 地理教学目标设计的理念

(1) 体现系统性

根据系统理论,教学目标设计也是一个系统。在设计时要从系统论的角度从整体上把握目标要求,一方面,应从"地理新课程目标→地理学段目标→单元教学目标→课堂教学目标"一线进行纵向衔接分析,逐渐具体化,上下贯通,相互联系。另一方面,要在整体上分析课程标准、学习内容、学习者,按照系统论的有序原理,对学习内容分析要关联前后知识的序,对学习者分析要考虑学生认知的序、发展的序,在此基础上进行科学的教学目标的设计。

---

[1] 李家清.地理教学目标的差异性设计研究[J].中学地理教学参考,2003(11):6.
[2] 皮连生.学与教心理学[M].上海:华东师范大学出版社,1997:227—228.

(2) 坚持全面性

关注学生的全面发展是新课程改革的核心理念。全面性包含三重含义：一是教学目标要面向全体学生，以地理新课标为依据，确保每一个学生达到课标的基本要求，"不让一个孩子掉队"。二是教学目标要促进学生的全面发展。课堂教学目标不仅仅是认知，还要在认知的过程中，促进学生情感体验形成，感受过程，掌握方法，促进科学价值的形成，决不可厚此薄彼。三是教学目标要涉及课程目标四个维度：人地协调观、综合思维、区域认知和地理实践力。四个课程目标是一个整体，不能割裂，就像看待一个三棱锥，它有不同的侧面，我们可以从不同的角度去看待它。当然，对于特定的课程内容来说，它所承载的对各地理学科核心素养的培养作用不同，并不是均衡的，因此确定的具体的课堂教学目标可能不会全面覆盖四个学科核心素养，而是有所侧重的。[①]，坚持全面性的三重含义应同时体现并整合在课时教学目标的设计中，不能各自为政，相互抵牾，而要协同作用，相辅相成。

(3) 反映差异性

教学目标的设计首先要面向全体学生的发展，应该有一个一般的发展标准（课标基本标准），但同时我们又要看到学生发展的个别差异和教学目标各组成部分之间的相互制约性。传统教学目标设计把学生智力整齐划一，设计同一水平层次的教学目标，结果使"差生"达不到，"优生"吃不饱。多元智能理论、建构主义学习理论和"最近发展区"教学理论为地理教学目标进行差异设计提供了理论指导，地理新课程"满足学生不同的地理学习需要"理念为实现差异目标设计指明了途径。差异目标设计主要采取梯度式设计策略，即设计具有不同要求、不同层次的教学目标，以促进不同智力结构的学生发展[②]，其中，较低目标层次为课标的基本要求。

(4) 具有操作性

只有明确而具体的教学目标设计，才能在教学实践过程中具有可操作性，引导师生围绕教学目标的实现有效地开展教学活动，使教师恰当地组织教学，并对教学效果进行准确的评价。可操作性是地理教学目标设计的关键，应具备两方面要求：其一，教学目标能表明可观察到的学生学习的过程与结果；其二，教学目标能表明学生学习行为结果的衡量条件与标准。一个好的目标体系，实际上已蕴涵了学习结果的测验方式和评价标准。

6.2.2.2 地理教学目标设计的技术

案例 6-3

"洋流"（人教版）一课教学目标陈述	
三维目标	教学目标陈述
知识与技能	(1) 了解洋流的概念、性质分类、成因类型。 (2) 理解世界洋流的分布规律，并能绘制世界洋流分布模式简图。
过程与方法	(1) 通过洋流与其流经海区水温的比较，理解暖流和寒流概念。 (2) 借助全球风带与洋流模式对比，从而掌握洋流的分布规律。
情感态度与价值观	(1) 激发学生的学科兴趣，培养学生分析、研究地理问题的方法和精神。 (2) 培养学生合作、探究的学习理念和严谨、科学的学习态度。

---

① 韦志榕,朱翔.普通高中地理课程标准(2017年版)解读[M].北京:高等教育出版社,2018:44.
② 李家清.地理教学目标差异性设计研究[J].中学地理教学参考,2003(11):6.

随堂讨论

1. 请找出案例 6-3 教学目标陈述中的行为动词,分析其是否具有可测量性、可操作性。
2. 三维目标与地理新课程核心素养目标内涵有何不同?
3. 如何设计地理新课程教学目标才科学合理?

目前关于教学目标的陈述技术在世界上流行的有马杰行为目标陈述法、格伦兰的内外结合法、艾思纳的表现性目标陈述法等三种。三种目标陈述技术的科学性是明显的,但也有其局限性。

行为目标陈述法

马杰行为目标陈述法一直对当今世界有着至深的影响,其特点是用可观察可测量的行为动词来陈述目标。马杰认为一个好的行为目标包括三个要素:一是说明学生通过教学后能做什么(或说什么);二是规定学生行为产生的条件;三是符合要求的行为标准。如传统方法设计的地理教学目标:"了解塔里木盆地的位置",这种陈述就比较模糊,运用行为目标陈述可设计为"给出中国地形图,1 分钟之内找出塔里木盆地,并描述其自然地理位置。""给出""1 分钟之内"是行为产生的条件,"找出""描述"是可观测的学生行为结果,这种陈述法可观察可测量,比传统陈述要科学。

受马杰三因素论影响,我国目前地理新课程标准中对各章节目标的陈述(见内容标准中的"标准")就是以行为目标方式规定基本要求的。① "标准"的构成基本由四部分组成:前置限定、行为动词、主题内容、后置限定。如图 6-2 所示。

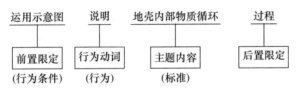

图 6-2 "标准"的四部分举例

前置限定规定学生行为产生的条件,包括方法限定和程度限定,前者如结合或运用(读)图(资料、数据)、举例(提出证据、联系实际)等,后者如初步、准备、简单等。行为动词皆具可观察性、可测量性,如分析、说明、指出、绘出等;主题内容是学生行为的对象;后置限定是行为动词对于主题内容做到什么程度的进一步限定,如特征、优势、差异、概况等。

行为目标陈述法摆脱了传统目标陈述模糊的弊端,可观察、可测量,可操作性强。但也有其缺陷:注重可观测的外部行为,而忽视反映内心活动的心理过程,极易导致教师只注重学生外在行为表现,而不注重学习心理的发展,有可能重走"重认知轻情意、重结论轻过程"的老路。

内外结合法

认知心理学家认为,学习的实质是内在心理的变化,因此教育的真正目标不是具体的行为变化,而是内在的能力和情感的变化,这些内在变化不能直接进行客观观察和测量。例如,在"标准"中,"理

---

① 中华人民共和国教育部. 普通高中地理课程标准[S]. 北京:人民教育出版社,2003:7.

解地理环境的整体性""了解该流域开发建设的基本内容"的"理解"和"了解"就不能进行观察和测量。基于行为目标陈述中内隐心理活动反映的缺失,格伦兰提出了一种折中的陈述目标的方法,即采用描述内在心理与外显行为相结合的方法(简称内外结合法)陈述目标。为了使内在变化可以观察和测量,先用不可观测的反映内在心理的模糊动词陈述目标,再列举反映这些内在变化的行为样品。例如,

理解水循环原理:
a. 说出水循环类型。
b. 对照水循环示意图,描述水循环的几个过程。
c. 能用水循环原理解释水资源是否"取之不竭,用之不尽"。
d. 能举出生活中的实例,说明水循环的地理意义。

"理解"为反映内在心理的非外显动词,a、b、c、d 为四个行为样品,样品中"说出""描述""解释""说明"四个行为动词都可测量学生行为,从而检测学生是否达到"理解水循环原理"这一目标。

采用内外结合法陈述目标,避免了用内部心理特征表述目标的抽象性、模糊性,使内隐的心理过程外显化,便于观察和测量,其局限是,这种陈述法太过烦琐,大大增加了教师的工作量。

表现性目标陈述法

心理学研究表明,并不是任何内隐的心理活动都能用行为动词外显化。一部分在认知方面的高级认知策略和反省认知能力以及情感态度与价值观等高层次的心理活动,并非通过一两次教学或参加一两次活动以后便能立竿见影的。为了弥补前两种教学目标陈述法的不足,艾思纳(E. W. Eisner)提出了表现性目标陈述法。这种陈述法要求明确规定学生应参加的活动,但不精确规定每个学生应从这种活动中习得什么结果。例如,对中国资源问题的态度目标的设计:通过观看中国资源问题的录像,在讨论交流中,能说出(阐明)自己的资源观。

艾思纳的表现性目标主要是针对情感领域目标提出的,对地理新课程"人地协调观"目标陈述具有参考作用。但是心理学家认为,这种目标只能作为教学目标具体化的一种可能的补充,不能过分依赖这种陈述法,不然又会回到传统老路上去。

6.2.2.3 地理教学目标陈述新策略

(1) 依据"地理课程标准"中的目标陈述

地理课堂教学目标是地理教学课题章节目标的细化和分解,对地理课堂教学目标的设计应从系统论的角度整体上把握目标要求,考虑与章节目标的纵向衔接分析。"地理课程标准"对各学段每一章节的地理教学课题都进行了行为目标取向的设计与陈述,地理教师在进行课堂教学目标陈述设计时,应将"标准"中相应内容的目标陈述,尤其是可观测的行为动词作为重要依据。例如,"标准"中"运用示意图说明地壳内部物质循环过程"的"说明"即可作为课堂教学目标陈述的行为动词之一。

(2) 选择外显化的行为动词

教学目标反映的是学生学习的结果,教学目标不仅应记载在教师的教案设计中,供自己"导教",还应在课堂上呈现给学生,让学生清楚明了地解读,指示学生通过学习后"我能做什么""我的哪些行为"将被教师评价和测量,发挥教学目标的"导学"功能。从这个角度讲,教学目标的设计首先应考虑的是能否用最简单、明了、便于理解的"可观测"的外显行为动词帮助学生识别目标,以便学生在学习过程中认准方向,进行目标比照学习,减少学习的盲目性、随意性,达到事半功倍的效果。外显化、可测性的目标动词如表 6-1 所示。

表 6-1　普通高中地理课程标准(2017年)教学目标行为动词示例

行为水平		行为动词
核心素养目标	水平一	辨识、简单分析、简单辨析、初步观察、设计、收集、调查、理解和接受、表现出……
	水平二	简单分析、解释、辨识、说明、归纳、自主辨识、使用、合作、深入观察、简要解释、设计和实施、表现出、灵活运用……
	水平三	说明、分析、理解、解释、构想、论证、构想、筛选、分类思考和分析、合作、设计和实施、搜集、调查、参与、查阅、运用、构想、表现出……
	水平四	分析、归纳、说明、理解、解释、增强、建立、认识、综合分析、全面评价、评估、收集、调查、独立设计和实施、提出、科学解释和评价、描述、表现出……

(3) 针对具体内容灵活处理

以上三种目标陈述法独立使用，都不能完美地表达课堂教学目标。只有将三种目标陈述法的优点综合考虑，灵活处理，才可能符合需要。既考虑目标的可测量、可观察性，运用外显的行为动词来描述，又兼顾某些高层次的不易测量的智能、情感、意志品质等因素，采取灵活的、隐性的处理方式，力求使核心素养目标表述科学合理，利于学习结果的检测。

在目标陈述中，要坚持"宜简则简，该繁则繁"原则。比如，使用马杰行为目标陈述法，在不引起误解或歧义的情况下，尽量简化陈述，有时可省略行为主体和(或)行为条件；在利用格伦兰内外结合法时，可删除表示内在心理变化的总目标陈述，直接呈现行为样品，而对高级认知情感体验目标，则应不吝文字，尽量详细描述行为条件，使行为条件"情景化、过程化"，这样才能使外显的行为动词体现内隐的心理过程，便于观察和测量；对于艾思纳表现性目标陈述法，我们既要明确规定学生应参加的活动，还要在陈述我们希望达到的预期的结果——虽然几次活动对培养地理核心素养并不能起到立竿见影的效果，但能表明每次活动教师对学生学习的积极期望，是心理学家积极倡导的一种教学方法。

一般而言，基本知识和基本技能教学目标设计，则适宜采用行为目标陈述法。例如，初中地理"地球的形状和大小"(人教版)目标设计为："① 提出证据说明地球是个球体；② 用平均半径、赤道周长、表面积描述地球大小；③ 画出地球形状，标注地球半径、周长和表面积大小。"该设计陈述简化，行为动词"说明""描述""画出""标注"等外显化，故目标可测性、操作性强。

培养学生分析、解决地理问题能力的教学目标设计，运用内外结合法比较有效。例如，"① 对照墨西哥湾暖流图、直布罗陀海峡两侧海水盐度剖面及海水流向图，能分析说明洋流的类型及成因。② 运用洋流原理解释类似'象山漂流瓶登陆日本''一双失而复得的旅游鞋'等现象"。该设计删除了总目标"理解洋流成因"，直接呈现行为样品，行为样品中行为动词"说明""分析""解释"等都以外显行为方式，表达了内隐"理解"的学习活动，同样达到了总目标。

培养学生创新精神和创造能力或高级情感体验的教学目标设计，则宜用表现性目标陈述法或将其与内外结合法结合使用。例如，传统目标设计"领悟走可持续发展之路是人类的必然选择"是一种高级情感体验目标，不具可观察、可测评性，可以再设计为"呈现长江流域中下游河段沿岸污染图，人们到江心取食用水的场景，感受并分析当代人对环境破坏给当代人及子孙带来的危害性，能够提出一些可行性防范建议"；该设计虽然烦琐，但通过情景设计和"分析""提出"等行为动词将内隐的"感受"外显出来，很好地实现目标的可测量、可评价功能，克服了传统目标陈述模糊的不足。

地理教学目标设计中灵活运用三种陈述法，能使目标设计比较科学、合理，发挥地理教学目标的基本功能。

案例 6-4

"洋流"（人教版）一课教学目标新陈述

水平	教学目标陈述
1	1.1 能够说出洋流的含义和类型，辨识地转偏向力、气压带、风带与洋流等要素，简单分析各要素之间的相互作用；说出洋流对人类的影响。（综合思维、人地协调观） 1.2 能够辨识各大洋洋流分布状况，简述世界表层洋流的具体分布。（区域认知） 1.3 能够通过观察、实验等手段归纳世界表层洋流分布的信息；在合作探究中表现出严谨、科学的学习精神。（地理实践力）
2	1.1 能够解释洋流的概念、分类；解释全球风带对世界表层洋流运动模式形成的影响；举例说明洋流对人类的影响。（综合思维、人地协调观） 1.2 能够说明各大洋洋流分布状况，归纳世界洋流分布规律。（区域认知） 1.3 能够对展现出的洋流相关现象进行深入观察，分析归纳其内在规律；能够在合作探究中表现出独立思考的意识、实事求是的科学态度，以及灵活运用知识的能力。（地理实践力）

学习实践

1. 比较案例 6-3、6-4，说明共同性和差异性。
2. 选择高中地理一节内容，进行地理教学目标设计，并交流讨论。

6.3 地理教学方法选择

关键术语

◆ 地理教学方法　◆ 讲授法　◆ 启发法　◆ 地图法　◆ 讨论法
◆ 案例教学法　◆ 发现法　◆ 教学方法选择

随堂讨论

1. 什么是地理教学方法？
2. 恰当的地理教学方法对有效教学有怎样的作用？

6.3.1 地理教学方法内涵及功能

关于什么是教学方法有很多不同的见解，如"教学方法是教师为完成教学任务所采用的手段"[①]。"教学方法指向特定的课堂与教学目标、受特定课程内容所制约，是引导、调节教学过程的规范体系"[②]等。我们认为，新课程的地理教学方法是指向特定教学目标、受特定教学内容所制约、为师生所

[①] 华中师范学院教育系，等. 教育学[M]. 北京：人民教育出版社，1980：150.
[②] 钟启泉，张华. 课程与教学论[M]. 广州：高等教育出版社，1999：94.

共同遵循的教与学的操作规范,是采用符合教育和认知规律的一系列活动方式、步骤、手段和技术的总和。地理教学方法包括教的方法和学的方法。

6.3.2 常用的地理教学方法

地理教学方法种类繁多,各种教学方法的作用、特点、适用范围和选用原则也不尽相同,其中既有继承历代教学经验的传统教学方法,也有随着课程理念的更新和改革的深入,以及各教师对教学法理论的领悟和教学设计理论水平的提高,而不断独创的新方法。

根据目前课改下中学地理课堂教学采用的方法进行分类,如图 6-3 所示。

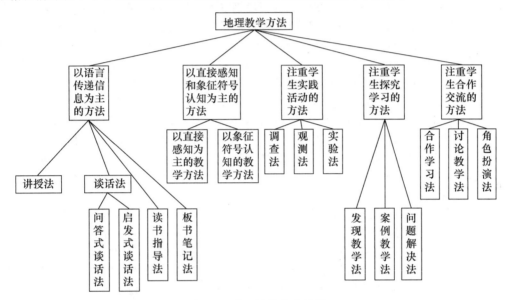

图 6-3 地理教学方法类型

每一种方法都是地理新课程教学中的重要方法,但没有一种方法是万能的。一般来说某一地理主题的教学要通过多种方法的组合才能较好地完成教学任务。下面介绍目前课堂中几种常用方法。

6.3.2.1 讲授法

讲授法又称讲演法,是教育历史上最悠久的方法之一,是教师向学生传授知识的重要手段,对于学生而言是典型的接受性学习方式。教师通过口头语言向学生讲述、讲解、讲读地理知识、发展学生智力。

适宜于应用讲授法的条件[①]:① 教学的基本目的是同化信息,即知识的理解;② 缺乏现成的可以利用的学习材料;③ 材料需要重新组织并以特殊的方式为特殊对象呈现;④ 有必要唤起学生对某一课题的兴趣;⑤ 学生只需要在短期内记住材料;⑥ 为某一领域或某一学习课题方向提供介绍。在上述任一条件满足的情况下,都可使用讲授法。

就知识分类而言,对于地理陈述性知识如地理名称、地理分布、地理景观、地理数据、地理演变等运用讲授法,对于地理程序性知识如地理概念、地理特征、地理规律、地理成因等在学生将知识转化为技能之前运用讲授法。例如,讲授冷锋的概念时,教师可运用讲解法直接讲授"锋面向暖气团一侧移动时称为冷锋",然后再出示 Flash 动画演示,增加直观性,使学生加强对这一概念的理解。

---

① 皮连生. 教学设计——心理学的理论与技术[M].北京:高等教育出版社,2000:109.

讲授法的主要优点是教师能够高效地同时向许多人传授知识。大多数教师感到,讲授法比其他教学方法更容易掌握,而且安全可靠,经济适用。

虽然讲授法是一种运用最广的方法,但并不等同于它适宜于任何地理主题,或在地理主题中占绝对分配时间,有些地理主题中,虽然也可运用讲授法,但往往不是最佳方法。这也是地理课程改革要求改变过于接受性学习的局面,提倡研究性学习、探究性学习的原因之一。

6.3.2.2 启发法

启发法是教师提出问题,引导学生开动脑筋积极思考,通过创立"问题情境",使学生处于一种"智力上的困窘状态",或把较复杂的内容分解成几个组成部分或一些小问题,然后启发、诱导学生一步一步利用自己已有的地理知识和技能,寻求问题的正确答案。例如,学习"陆地水"内容:教师首先告诉学生,非洲中部有一个乍得湖,它是个内陆湖泊;接着描述此湖的位置和注入水系,指导学生观察乍得湖的位置示意图;然后提问,内陆湖一般都是咸水湖,但乍得湖却是一个淡水湖,并且一年之中湖泊面积相差将近一倍,请根据湖的地理位置以及水源补给特点分析原因。在学生观察、思考的基础上,教师引导学生联系乍得湖的纬度位置、所处风带和气压带、注入水系流域的状况等,一步一步寻找正确答案,从而起到联系多种知识,启迪学生思维的作用。

启发法适用于新、旧知识教学,但也有其局限性,并不是所有教学场合都适合运用启发法。对于难度较大的学习内容需要教师讲解,或者情节生动、文字精彩的需要由教师讲读、讲述的教学内容,则不需要用此方法。启发法相对于讲授法来说教学时间一般要长一些,在有限的教学时间内过多地采用启发法,有时可能会完不成教学任务。

6.3.2.3 地图法

地图法是指教师和学生通过地图(包括地球仪)、剖面图和其他示意图,传授和学习地理知识、掌握读图用图技能、发展记忆能力和空间思维能力、培养区域认知素养的教学方法,也是我国目前中学地理教学中大部分学校广泛使用的教学方法。地图具有直观性、地理方位性、抽象概括性、几何精确性等特点,地图具有信息传输、信息载负、图形模拟、图形认识等基本功能。因此,地图不仅是地理科学研究的重要手段和表达方式,同时也是地理教学的一种极为重要的手段和方法。

地图法主要包括运用地图挂图以及指导学生阅读地图册两个方面,随着电子地图进入地理教学领域,地图法的含义和运用方法也在深化发展。教师在课堂上运用地图挂图时,应选择好主图和辅图;图幅数量要繁简得当;指图示范正确、完整。凡是教材中出现的地名及地理规律、原理,基本上都应在地图中找到其位置,或了解分布特点;能在地图中直接获得的地理信息,也应尽可能先在地图中获取,然后再在教材和有关参考材料中得到验证;应注意不同类型地图上相同地理事项表述的异同,帮助学生全面了解其全貌和各项特征。

 学习卡片

斯宾塞认为:应该尽可能少地告诉儿童知识,而要尽可能多地诱导儿童去发现知识。

坦纳(D. Tanner)坦纳(L. Tanner).学校课程史[M].崔允漷,等译.北京:教育科学出版社,2006.

6.3.2.4 发现法

20世纪60年代,美国心理学家布鲁纳根据瑞士心理学家皮亚杰的智力结构发展理论,提出了一种新的教学方法即发现法。发现法是指教师通过提供适宜于学生进行知识"再发现"的问题情景和教材内容,引导学生积极开展独立的探索、研究和尝试活动,以发现相应原理或结论,从而培养学生创造能力的方法。

发现法要求学生在教师指导下,像科学家发现真理一样,通过自己的探索和学习、发现事物变化的起因和内部联系,从中找出规律,形成概念,并在这个过程中体验发现知识的兴奋感和完成任务的胜利感。"芝加哥城市建设选址"是布鲁纳在《教育过程》一书中设计的教学案例。

案例 6-5

芝加哥城市建设选址

在一张美国北方五大湖附近的轮廓地图上,没有地名,只标注有河、湖、山脉、平原等自然条件和铁矿、煤矿、铜矿等自然资源。地理教师先向学生介绍一些资源、人口、运输以及食品供应方面的地理知识,尔后要求学生对给出的上述地图进行观察和思考,同时鼓励学生开展讨论,确定一下美国北方大城市芝加哥应该建在何处?铁路应该怎样合理选线?公路应该如何分布?但不准学生看地理参考资料和详细地图。学生经过思考、讨论后,提出了似乎合理的见解,每人都标出了主要城市、铁路、公路等位置,如有的学生从河流与湖泊的角度,提出 A 地应可建立城市(水运交通说);有的学生从资源的采掘与利用的角度,认为 B 地可建立城市(资源矿藏说);有的学生从粮食生产与供应的角度,认为 C 地可建立城市(处于平原中心的粮食供应说),思维异常活跃,气氛十分热烈。最后,当教师用地理资料(地理真实情况)核对,即把标有城市的同样境域的一张地图挂出,对学生所获得的结论验证,明确答案(即被发现的地理知识)是否正确时,大家都欢呼雀跃起来,沉浸在发现的快乐之中。

随堂讨论

1. 结合案例 6-5,你认为发现法有哪些优势。
2. 举例说明高中地理教学内容适宜运用发现法教学的课题。

发现法学习的一般步骤是:① 创设问题使学生产生矛盾,并提出要求和必须解决的问题;② 学生利用教师提供的材料,对提出的问题做出解答、假设;③ 从理论上和实践上检验假设,不同观点可以争辩;④ 对争论做出总结,得出必要的结论。

发现法的特点在于教师设计适当的问题或某些巧妙的教学安排,在旧知与新知之间架起一座桥梁,让学生自己"过桥",使他们发现以前未曾认知的知识概念间的类似性、差异性和各种关系法则的正确性,以及伴随而来的对自身能力的自信,由发现问题到分析问题、解决问题,在对新的知识的不断探索思考中前进。

发现法具有自身突出的优点,首先,它有利于"提高学生智慧的潜力"[1],学生亲自发现事物间的关系和规律,激发学习的内在动机;其次,学生能掌握发现的思路和方法,养成思考问题的习惯,培养独立分析地理问题和解决地理问题的能力;最后,由于学生自己把知识系统化、结构化,就能更好地理解、掌握和记忆学习内容,也能运用所学知识解决实际问题。

发现法也有一定局限性。首先,"学生的发现主要是再发现,一个人完全靠自己的发现而学习一切东西,既无必要,也不可能"[2],有些内容甚至不可能设计出一套探索发现的过程供学生学习[3]。其次,运用发现法教学耗费时间太多,往往很难在有限的时间内完成大量的教学任务。

6.3.2.5 案例教学法

地理教学中的案例就是指地理教学内容中关键性问题的典型实例。从形式上看,案例主要围绕

---

[1] 邵瑞珍.布鲁纳的课程论[M].北京:人民教育出版社,1979:30.
[2] 布鲁纳.教育过程[M].邵瑞珍,译.上海:上海人民出版社新,1973:76.
[3] 陈澄.地理教学论[M].上海:上海教育出版社,1999:142.

中心问题展开,一般不作分析和解释;从内容上看,案例既可以反映某些地理原理与规律,又可为多层面、全方位分析提供可能;从来源上看,案例是对真实地区、事件等的描述,是在广泛吸收原始素材的基础上选编的;从构成上看,案例包含特定的地点、时间、现象等,主要为说明原理、规律,解决实际问题提供足够的背景信息。案例教学可以在课堂内进行,也可以在室外或课外进行。本书主要探讨课堂中的案例教学。

案例教学法步骤为:① 呈现案例;② 分析和讨论地理案例;③ 总结和评价地理案例。

案例 6-6

"传统工业区"案例教学

教学程序设计思路:复习工业区位选择原理,分析鲁尔工业区区位特点、衰落原因、综合整治措施→得出分析传统工业区的方法→呈现辽中南工业区案例→分析辽中南工业区区位、特点及发展滞后原因、整治措施→辽中南案例的总结评价。

【呈现案例】分析传统工业区案例——鲁尔工业区之后,再呈现类似案例——东北老工业基地的资源材料。

【分析和讨论案例】将学生分成四组分别解决主题的四个不同核心问题,让学生利用鲁尔区案例得出的分析传统工业区的方法,展开对辽中南工业区的分析和讨论。

【总结和评价案例】

请几位代表发表自己的看法,教师及时评价、分析、讲解、拓展,最后归纳案例,指出分析案例要从时间(过去、现在、将来)和空间(不同地区)两个视角来认识、理解、应用地理原理,同时指出不能仅由一个案例来理解原理,以免"以偏概全",因为案例尽管典型但还有局限性。

案例教学法能够为学生提供一种真实的环境,提供进行分析的素材和机会,通过大量案例学习,学生能够有更多的训练技巧的机会,使其在分析问题、进行辩论等技能方面的训练得到加强;案例教学法还能够培养学生的分析能力与批判精神。

案例教学法也有其局限性:其一,需要教师有调控课堂的经验与能力,也需要学生有较广的知识面,具有一定的分析能力。其二,案例教学的时间调控难度大。为保证有效参与案例教学,学生必须预习教学内容,一些实践性强的验证性案例还要求学生针对问题开展社会调查等活动。其三,案例教学受教学内容的制约。地理教学实践表明,关于"怎么办""为什么"的问题,很适合用案例教学法,而关于"是什么"的问题,用讲授法教学效率更高。

6.3.2.6 讨论法

讨论法是在教师指导下,由全班或小组围绕某一中心问题通过不同观点的陈述、商榷和争论,共同研讨,相互启发,集思广益地进行学习的一种方法。讨论法虽在课堂的时效性上不能与讲授法相比,但也有其独特的优点,如宜于培养学生批判性思维能力,围绕同一问题展开讨论,迫使学生不得不学会基于地理事实、概念和原理的推理来维护自己的意见,同时学会从不同角度考虑问题。

在地理教学中,适合进行讨论教学的主题很多,例如,一些有争议的地理科学问题(全球变暖到底是二氧化碳的增多还是自然规律因素使然?海平面变化;中国的计划生育政策到底正确与否);不同学派、专家的地理观点;有不同答案或多个答案的人地关系问题;利用地理原理进行问题解决等课题都可设计用讨论法进行教学。

讨论法属于讨论式地理教学模式。在地理课堂教学中运用讨论法教学,学生既是信息的接收者,更是信息的发现者。因而改变了学生在课堂教学中的地位,能充分调动学生的学习主动性和积极性。为了证明自己的观点,他们主动地、积极地去准备材料,搜集论据,进行思考。

由于在讨论和争论中遇到的问题大都是事先预想不到的,需要在极短的时间内抓住问题的实质,用已有的知识进行分析、推理、论证,并得出结论,因此,运用讨论法教学能有效地培养和提高学生思维的敏捷性、灵活性和独立性。在讨论和阐明自己观点、质疑对方的观点等一系列活动中,学生的口头表达能力得到提高。

6.3.3 地理教学方法优化组合

心理学研究表明,单一的刺激容易形成疲劳,如果一节课或一个教学单元只采用一两种教学方法,会使学生情绪低落,注意力分散,加重学习心理负担。尤其是内容多样的地理教学只靠少数几种教学方法容易形成枯燥沉闷的课堂气氛。在地理课堂教学中,可根据不同地理主题和知识属性,进行多种教学方法的选择与组合,突出一两种主要教学方法,并辅以多种方法的交替使用,有利于保持地理学习注意力,减轻学习负担,提高地理学习效率。

6.3.3.1 地理课堂教学方法的选择依据

所谓"教学有法,教无定法,贵在得法"是辩证地说明教师在教学方法上要进行合理、科学地选择和运用,使教学效果取得最优。地理教师在进行教学方法的选择时,应在充分、熟练地了解和掌握各种教学方法的不同特点前提下,综合考虑地理教学目标、教学内容、学生特征、教师特点、教学设备条件等教学因素,有的放矢地选择教学方法。

(1) 依据教学目标

地理教学目标对地理教学方法的选择起着直接的指向作用。如教学目标是以传授地理新知为主课题,可选择以语言传递信息+直接感知为主的方法,或以象征符号认知为主的方法等,利于学生树立形象的地理表象;若教学目标是培养学生地理基本技能为主的课题,则宜选用语言传递信息方法阐明相关知识、掌握要领+实际操作训练为主的方法;如教学目标是发展学生智力为主的课题,则可选启发式谈话法+讲解或问题解决法等,以利于发展学生思维能力。

(2) 依据教学内容

地理教学内容是制约地理教学方法的重要因素。不同的教学内容应选择相宜的教学方法,实现教学目标。从初中地理到高中地理,其内容涉及自然地理、人文地理、区域地理、乡土地理四大块。四大块的研究对象、任务、内容侧重点、目标要求等有一定差别,这就要求教学方法也要有差别。如,自然地理教学内容,要引用具体事例,采用形象手段来说明地理原理,宜选用讲解、谈话及推理方法;人文地理采用案例法、野外考察法、调研法等;区域地理采用象征符号认知、讲述、练习法等;乡土地理应采用学生参与程度较高的方法,如自学辅导法、课堂讨论辩论法、发现法、参观实习法等。

 学习卡片

杜威认为:并非为活动而活动,活动是有目的的——需要解决那些唤起儿童好奇心的问题,并凭儿童自己的创造性去解决。

坦纳(D. Tanner),坦纳(L. Tanner). 学校课程史[M]. 崔允漷,等译. 北京:教育科学出版社,2006.

(3) 依据学生特征

学生是教学的主体,教师的教是为了学生的学。选择教学方法就必须与学生的心理特征以及学习方法相适应。心理学研究表明,学生的年龄心理特征决定认知方法。初中学生的心理特征表现为直接经验少,理解能力弱,习惯于机械记忆。地理教师应从初中学生的心理特征出发,多选用直观方法,激发地理学习兴趣,发展形象思维能力。高中学生的心理特征有所变化,智力发育水平较高,逻辑思维能力增强,故选用讨论法、探究法、自主学习法成为常用的方法。此外,教师还要根据学生个体差异对有的地理主题进行差异方法设计。

(4) 依据教学条件

我国教育现状,教育资源存在着明显的区域差异和校际差异,无论是从师资队伍水平还是从教学设备条件、课程资源开发等,东部、中部、西部学校,城乡之间学校,城市内部各校之间,都存在许多不同。因此,选择教学方法必须考虑本校的仪器、图书、经费、教室场地、教学设备等条件以及周边环境,选用条件许可的,或经努力可以实现的教学方法。比如,有条件的学校可建立地理专用室、开辟地理园,形成多功能的教学平台、采用地理多媒体进行教学。

(5) 依据教师特点

教学方法总是随着运用它的教师的个性特点而呈现出明显的不同。可以说教师的特长、优势和弱点、不足都应成为选择教学方法的重要依据。① 例如,有的教师形象思维水平较高,语言表达能力强,可多选用以语言传递信息为主的讲述讲解法,读、议、解、练法等,有的教师动手能力强、善于组织学生活动,则可多开展课堂讨论、教具制作等参与式教学方法。

总之,地理教学方法的选择与运用是多维度的,如图 6-4 所示。

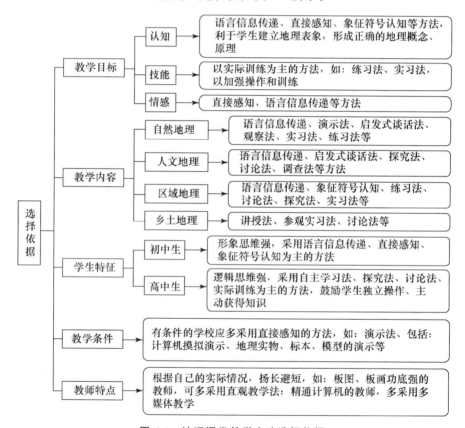

图 6-4　地理课堂教学方法选择依据

---

① 袁书琪.地理教育学[M].北京:高等教育出版社,2001:131.

6.3.3.2 地理课堂教学方法优化组合示例

案例 6-7

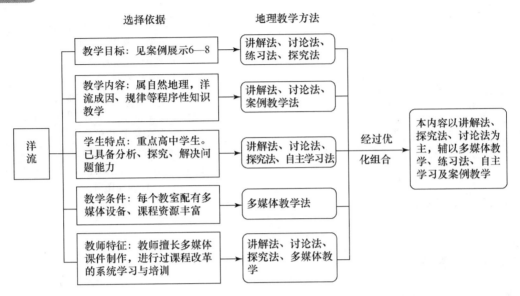

图 6-5 《普通高中教科书地理必修(1)》(人教版)第三章第三节"洋流"教学方法组合设计

学习实践

1. 对案例 6-7 教学方法的组合设计进行评价。
2. 选择高中地理教学中的一节课题,进行教学方法的组合设计,并说明设计理由。

6.4 地理教学媒体选择

关键术语

◆ 地理教学媒体　◆ 基本类型　◆ 基本特征　◆ 媒体选择

地理教学媒体指承载和传递地理教学信息的工具或载体。由于地理科学研究地理事物的空间分布和空间结构,致力于揭示地理事物的空间运动、空间演变的规律。因此,地理科学是一门空间科学,地理教学过程中,往往抽象概括性强,讲授起来难度大。设计和优选教学媒体,充分发挥各种媒体的优势,对于突破地理教学难点,高效率地促成学生认知的形成,就显得尤为重要。

由于分类标准不同,地理教学媒体有多种分类法,本书依据地理教学媒体物质属性及其功能分为语言、图像、实验、电教、系统五大类媒体,如表 6-2:

表 6-2　地理教学媒体分类

媒体大类	亚类	举例
语言媒体		
图像媒体	地图	地图册、教科书中地图、挂图、地球仪
	照片与绘画	实物图片、板图、地理略图
	示意图	地理图画、地理关系图
	统计图	统计图、统计表
实验媒体	实验中涉及的媒体	模型、地理标图及其他
电教媒体	电声类媒体	广播、激光唱盘、录音带、唱片及相应软件
	光学投影类	投影、幻灯片和相应软件
	电视类	电影、录像、电视、激光唱盘
	手机 APP 类	太阳测量师(Sun Surveyor)、MeteoEarth、stellarrium、百度地图等
系统媒体	计算机辅助地理教学系统(CAIG)	多媒体等

学习卡片

　　从教学媒体发展规律看，从语言媒体出现到教科书的产生，到投影、幻灯……至当今的网络技术、虚拟现实技术，前一次媒体与后一次媒体产生的时间间隔由 2 万年至几百年直至目前的 10 年以内乃至同时，新旧媒体周期越来越短，且媒体功能越来越强大，技术含量越来越高，对教学方法、教学形式的作用和影响也日益重要和凸显。

　　但是，从 1913 年教育电影进入教育领域，爱迪生就预言："书籍将在学校中消失，运用电影可以教授人类知识的任何分支，我们的学校系统将在十年后发生彻底改变。"到 20 世纪 30 年代，无线广播、电影被发展成为视听教学运动，一位美国国家教学协会的刊物编辑预言："明天，它们将像书籍一样普及，且将有力地影响教学。"随着现代计算机普及、多媒体、网络技术和其他新的数字技术发展……有人坚持认为网络学校将取代传统学校，教师职业将会消亡。综观这些预言，新的教学媒体产生对教学实践的影响远远不如人们期望的那么高，更谈不上后一种媒体是对前一种媒体的彻底否认或推翻。

　　　　　　　　　　刘世清，等.论现代教学媒体的本质、发展规律与应用规律[J].电化教育研究,2005(8):14.

　　地理教学媒体是地理教学活动的中介。不同的地理教学媒体具有不同的特性，认识和分析地理教学媒体的基本特征，对于地理教学媒体的选择与利用具有重要作用。近年来，随着 4G 网络的普及、5G 网络的试行以及无线 WiFi 覆盖面积的不断扩大，移动智能终端(手机)及其应用程序 APP 也迅速得到发展和普及。《普通高中地理课程标准(2017 年版)》在"实施建议"中强调要深化信息技术应用，尽量发挥移动设备和云平台的优势，让移动设备成为学生学习的工具，而不仅仅是囊括知识的容器。在课堂中运用手机 APP 辅助地理教学符合新课程改革的要求，是地理教学改革的助推器。

6.4.1　地理教学媒体的基本特征

6.4.1.1　技术特性

　　技术特性主要表现在教学媒体的再现力、表现力、传播面、参与性、受控性等五个方面。再现力是指教学媒体在一定时间内重复展示教学材料的能力，例如，教师讲课时为配合讲授内容在黑板上画了一幅板图，讲解内容后，擦掉板图，继续讲解其他内容。这幅板图仅仅呈现一次，表明黑板作为媒体的再现力较低。表现力是指地理教学媒体表现地理事物内在和外部特点的能力,如真实程度、生动性、反映地理事物实质的深入性等。传播面是指媒体传递教学信息的空间范围。不同媒体传播面不同,例如,黑板传播面比投影仪传播面小。参与性是指教学媒体使用过程中,学生对媒体使用的参与程度。如学生在多媒体教室进行操作,其参与程度就高,也就可能更多地参与积极的学习过程。受控性是指教师操作教学媒体的难易程度,使用的灵活性以及对外部条件的要求等。使用起来越方便,受外界条件限制越少,教学媒体的受控性越好。[①]

6.4.1.2 经济特性

地理教学媒体的经济特性是指选用某种教学媒体,学校、教师、学生所付出的经费代价。不同媒体价值不一,有些技术特性好的教学媒体,例如,计算机、录像等,价格昂贵,使用成本高。

6.4.1.3 专业教学特性

地理教学媒体的专业教学特性是指它们传递、处理不同内容的教育教学信息的能力。不同的教学媒体,传递、处理某一教学内容的能力是不同的:有的适合语言教学,如录音;有的则适合包括大量生动图像的教学,如录像。

6.4.2 地理教学媒体的优化组合

为了达到预期的教学效果,确保学生达到教学目标,哪种主要媒体最合适、最有效呢,配置哪些辅助媒体?这是我们在教学设计中必须做出的重要决策之一。由于教学媒体已成为改进教学的有效手段,媒体的选择、组合和利用也成为整个教学设计中一个不可缺少的组成部分。

6.4.2.1 地理教学媒体的选择依据

(1) 媒体功能

每一种教学媒体都有区别于其他媒体的优势功能。语言作为最古老的听觉媒体,是教师教学最具生命力的媒体;黑板以其价格便宜、使用方便、受控性强,重点突出等优势成为视觉媒体经久不衰之最;地图——反映地理事物的空间分布位置,形成学生的空间概念,是地理的第二语言;投影、幻灯——增加学生感性知识,清晰地形成地理表象,利于创设问题情境,引起学习兴趣,培养学生思维能力;影视——是动态的视觉与听觉的结合,使学生耳闻目睹、多种感官参与,为学生提供了近似身临其境的感性的"替代经验",而计算机多媒体具有多种优势,其利用前景也愈广阔。

正确认识各种媒体的功能、优势与局限性,是地理教师选择、利用媒体的前提条件。

(2) 教学目标

教学媒体的优化选择与设计,应以教学目标为导向,针对不同教学目标设计不同的教学媒体。对于认知目标中以讲授为主的陈述性地理知识,如地理名词、地理分布、地理数据、地理演变等,这些知识的学习主要以识记为主,宜选用和设计图片、地图、模型、幻灯、投影等再现力强的教学媒体辅助教学。对于地理程序性知识,如地理成因、地理规律、原理、地理概念等内容的学习,主要应帮助学生加强理解,建立逻辑联系和空间关系,宜采用动画、录像、电视、电影、多媒体等教学媒体。对于突破教学难点,激发学生学习兴趣的内容。比如像"大陆漂移""锋面系统""褶皱的形成"等内容的教学,宜选用景观图片、电视、自制 Flash 动画模拟演示等媒体,使学生观察到地理现象演变的动态过程及演变的各个阶段,能有效地促进学生理解。

(3) 教学内容

教学媒体选择与设计与相应的教学内容、教学方法有着直接的联系,从某种程度上讲,方法影响着教学媒体的选择。因此,不同的教学内容,知识难易和教学方法不同,所选择的教学媒体的种类也相异,如表 6-3 所示。

---

① 陈澄.地理教学论[M].上海:上海教育出版社,1999:161—163.

表 6-3 不同教学内容的教学媒体选择与设计

教学内容	教学方法	教学媒体设计
系统地理	语言信息传递、启发式谈话法	黑板、地图、模型、实物、多媒体、幻灯、投影、电影(视)、录像等
区域地理	象征符号认知、讲述、练习法等	黑板、地图、图片、幻灯、投影、录像等
乡土地理	讲授法、参观实习法相结合	黑板、地图、图片、幻灯等

（4）学生认知水平

地理教学媒体选择与设计，应始终以学生为中心，考虑学生的认知水平。建构主义认为，学生的认知结构是逐渐形成的，它不但与年龄有关，也与他们的知识、经验、思维的发展程度有关。认知结构的逐步完善、深化过程也是学生的知识、经验和思维方式逐步积累、提高的过程。因此，只有当选择的教学媒体所反映的信息与学生的认知结构以及教学内容有一定重叠时，教学媒体才能发挥有效作用、获得较高的有效信息，教学媒体的潜在功能才可能得到最大限度的发挥，如图 6-6 所示。

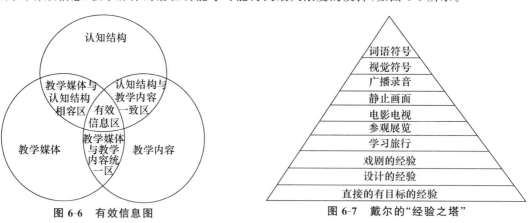

图 6-6 有效信息图　　　　　图 6-7 戴尔的"经验之塔"

不同年龄阶段的学习者认知水平不同，对媒体的接受性也不同。戴尔研究的"经验之塔"（见图 6-7）理论告诉我们，学习者年龄越小，越应通过直接经验学习，随着年龄增长，学习者逐步具有了抽象的、领悟词语符号的能力。初中学生地理知识储备少，注意力不易持久集中，形象思维强，抽象思维还不成熟，宜选择和设计具有直观性强、表现方法简单、图像画面对比度大的视觉媒体，为学生"创设"直接经验。如幻灯、电影、录像、地理模型、实物、地理图片等。高中生已积累了许多地理表象知识，逻辑思维已趋成熟，比较、分析、抽象、归纳、概括能力增强，教学媒体的选择与设计可借助于宝塔中层的视听媒体配合比较具体生动的"替代经验"，来揭示地理原理、规律，使难以接受的内容易于理解和接受。

（5）教师能力

地理教师使用媒体能力是不同的。有的教师地理语言表达能力强；有的教师善于运用地图进行教学；有的教师具有速绘、设计和运用地理略图、板图及各种常见地理图表的能力；有的教师选择、运用和制作地理直观教具的能力较强；还有的教师现代教育技术能力较强。地理教师使用媒体的能力不同，以及其对某些教学媒体的偏好，易使相同的教学内容有着不同的媒体设计。

（6）教学设施

教学设施既是教学方法选择的依据，同时也是教学媒体的选择依据。前面已述，由于教育资源的区域差异、校际差异,使得各个学校教学设施存在较大差异,相应的,各个学校所拥有的地理教学媒体数量、质量差异明显。例如,对于经济条件差的学校,在讲述"冷暖锋的特征"时,可能只是使用静态的挂图,进行指图描述式的讲解,对于条件较好具备多媒体的学校,就可能是制作 Flash 动画讲解,这更利于学生掌握冷暖锋形成的原理与规律。

标准链接

> **重视地理信息载体的运用**
>
> 地理图像以及地理视频,计算机网络都承载了大量的地理信息,教师要充分利用这些地理信息载体,丰富课程内容,优化教学活动。
>
> 中华人民共和国教育部. 义务教育地理课程标准(2011年版)[S]. 北京:北京师范大学出版社,2012.

6.4.2.2 地理教学媒体选择优化组合

地理教学实践表明,没有一种教学媒体是万能媒体。媒体的优势是相对的。地理教师在设计教学媒体时,要综合考虑媒体功能、教学目标、教学内容、师生特征及教学设施条件,作最优最经济的选择与设计。

案例 6-8

"能否淡化海冰解决环渤海地区淡水短缺问题"的媒体选择

章老师对高中地理人教版必修1第三章"问题研究:能否淡化海冰解决环渤海地区淡水短缺问题"进行了如下设计。

采用探究式教学模式。

教学环境:多媒体教室。

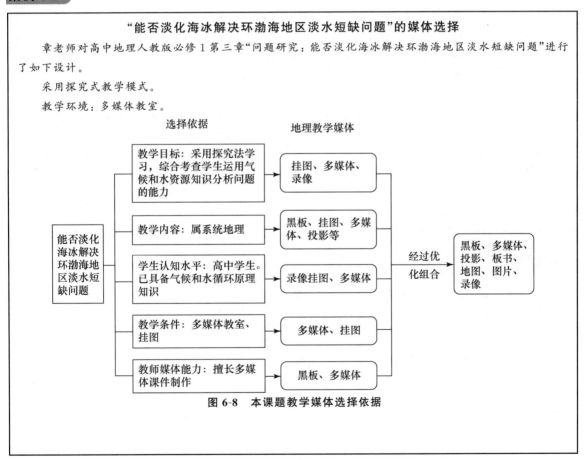

图 6-8 本课题教学媒体选择依据

【教学过程】

多媒体投影——创设问题情境:沙特自然地理环境,着重于展示河流缺水画面,人口、经济及每年用水与供水数据。教师或学生提出问题:沙特严重缺水,怎么解决?

板书——板书探究主题:能否用南极冰山解决沙特缺水问题。板书该主题学习目标。

多媒体投影——投影小组探究任务表(见表6-4)。分四个异质课题小组:可行性研究组、技术组、运输组、质询组。

表6-4 课题小组及主要任务[①]

课题小组	主要任务
可行性研究组	1. 研究环渤海地区缺水的原因 2. 研究解决环渤海地区缺水的各种办法(海水淡化、地下水、跨流域调水、南极冰山),并进行比较 3. 研究海水淡化解决渤海地区缺水的有利条件(资源的量和质、运输方式的可行性、技术方面的可行性)
技术组	1. 研究海冰的选择(经纬度位置) 2. 研究海冰运输过程中的损耗
运输组	1. 研究运输海冰的设备和包装 2. 探究海冰开采和运输过程中可能出现的危险
质询组	1. 研究本解决方案中存在哪些不利因素 2. 研究本方案实施中产生的不良后果 3. 对三个课题组发言人的结论进行评估和质询

网络——异质小组分工上网查询资料。

地图、图片——将环渤海地区地图、渤海及附近区域年内平均气温日数分布图张贴于教室四周墙面。

录像——播放有关海冰开采的电影及资料,增强学生对海冰的感性认识

板书——教师将各组发言要点板书黑板上。然后各组根据板书要点再次讨论,达成共识,教师将共识点打钩或引导学生增补、提出新的观点列于黑板。

多媒体投影——展示课后探究主题:"能否用青藏高原冰川解决新疆的缺水问题"。目的是迁移知识,联系身边的地理。

学习实践

1. 讨论案例6-8教学方法与教学媒体选择设计的思想。
2. 选择高中地理教学中的一个课题,进行教学方法与教学媒体选择设计,并交流设计思想。

---

① 依据成继龙."探究案例:'能否用南极冰山解决沙特缺水问题'".地理教育,2006;3.

6.5 地理教学过程设计

关键术语

◆ 地理教学过程　◆ 地理教学模式　◆ 讲解—接受教学模式　◆ 自学—辅导教学模式
◆ 讨论式教学　　◆ 探究式教学　　◆ 参与—活动教学　　　◆ 角色扮演教学

教学过程是教师与学生以课堂为主渠道的交往过程。长期以来,地理教学过程曾被片面地认为是地理教师的教授过程,从而形成了以教师为中心,学生"静听"被动接受知识的单一的接受式课堂教学模式。新课程倡导转变学习方式,要求教师引导学生进行自主、合作、探究式的学习。随着教学改革的深入,教学过程出现"师生交往、积极互动、共同发展的过程"的局面,由此,从现代教育思想观点出发,结合教学设计的继承性和创新性特点,形成了多样化的地理课堂教学过程模式。

6.5.1 常用的地理教学过程模式

地理教学过程模式是指在一定的教学思想指导下,用以组织和实施具体教学过程的教学方法策略体系,通常由教学理论或教学思想、教学目标、教学程序以及师生互动等要素组成。地理教学过程模式是一个广义化了的教学过程,是地理教学方法论中的理论性部分,常被人称为"小型教学理论",它往往可以用于各种学科的许多不同课题的教学,比较而言,教学方法则用于一个具体地理课题或一堂具体地理课的一个特定地理教学过程。一种教学模式可以包含多种具体的地理教学方式方法,一种教学方法也总是在某一个教学模式中使用。常用的地理教学过程模式有讲解—接受式、自学—辅导式、讨论式、参与—活动式、角色扮演式等。

6.5.1.1 讲解—接受地理教学过程模式

讲解—接受地理教学过程模式以教师为主导,有目的、有计划地组织和实施地理教学过程。通过教师讲授,传递地理知识,引导学生观察、感知、理解和领会,组织学生练习、巩固和运用所学知识,最后由教师或学生在教师指导下自行检查学习效果。

(1) 讲解—接受地理教学过程模式的教学程序

图 6-9　讲解—接受地理教学过程模式程序

① 复习旧课。这一环节包括复习与检查学生对已学内容的掌握情况,其目的在于诊断学生已有学习水平,为讲授新课做好准备。

② 引入新课。也称导入新课,教师的主要作用在于诱发学习动机,激发学习兴趣,唤起学习愿望,形成学生追根究底、渴求知识的心理状态,为新课学习作铺垫。

③ 讲解新课。这是该教学模式的核心环节,教师精心实施设计的教学计划,通过适当的教学方法和手段,引导学生从已知到未知,从未知到掌握。

④ 巩固新课。教师按所学内容和对象差异,运用概括归纳、教师答疑、举例分析、学生做练习、师生讨论等形式加以巩固。

⑤ 检查反馈。通过不同形式的评价反馈,考察学生的学习情况,检查教师的教学效果和教学任务完成情况,及时修正教学。

（2）讲解—接受地理教学过程模式的评价

讲解—接受地理教学过程模式最突出的优点是可以在有限的时间内，使较多的学生比较迅速地、有效地接受较系统完整的地理知识，掌握地理知识结构，教师的主导作用直接得到发挥，在一定意义上体现了教学作为一种简约的认识过程的特点，对传授知识来说，效率较高，是最经济的教学模式之一，故这种模式运用较广，长盛不衰。其缺点是这种模式过分强调教师的主导作用，忽视学生的主体地位和主动作用，不利于调动学生地理学习的积极性，也不利于能力的全面培养。

学习卡片

美国教育心理学家奥苏伯尔认为，学生在有意义的接受学习中并不是将现成知识简单地"登记"到原有认知结构中，而是要经过一系列积极的思维活动，因此，有意义接受学习是一个主动的过程。① 在决定把新知识"登记"到已有的那些知识中去时，需要对新旧知识的"适合性"做出切实而有效的判断。② 当新旧知识在进行联系时存在分歧或发生矛盾，需要进行调节，重新理解或表达新知识。③ 新知识要转化到学生个人的参照系中来，即与学生个人的知识经验、背景、词汇、概念等相联系，使旧知识成为可以接受新知识的基础。④ 如果找不到作为调节新旧知识分歧或矛盾的基础，需要对更有概括性、容纳性的概念进行再组织，从更高的层次上进行新旧联系。可见，这一过程实质上是呈现过程而不是发现过程。

钟启泉,张华.课程与教学论[M].广州:高等教育出版社,1999:107.

6.5.1.2 自学—辅导地理教学过程模式

自学—辅导地理教学过程模式是以学生自学为主体，在教师的指导下学生依据地理教材，先单独自学再讨论交流，并由教师答疑解难，深入探讨，最后练习巩固。教师的职责由系统讲授改为定向指导、重点辅导、难点讲解，学生在掌握知识的同时，培养自学能力和自学习惯。

（1）自学—辅导地理教学过程模式的教学程序

图6-10 自学—辅导地理教学过程模式程序

① 提出要求。根据教学任务、内容以及教学对象的实际情况，明确恰当地规定自学的范围、内容，提出自学的目标，并同时兼顾个体差异目标。

② 独立自学。学生独立阅读材料、独立思考、独立练习，培养学生多种能力和获得必备地理知识。教师要教给学生自学方法。

③ 讨论交流。针对自学后存在的共同的重要问题组织讨论。讨论可在师生之间、学生之间进行，可邻座讨论、分组讨论、全班讨论，也可发表自己的自学心得，评论别人的发言，相互质疑，共同探讨，取长补短。

④ 启发指导。对学生的疑、难点和不同看法，对教学的重点、要点和关键之处，教师有的放矢地重点启发、解惑和指点。这一环节对教师的要求是"导"得精要、得法、有序、灵活，关键导观点、导思路、导方法。

⑤ 练习总结。布置多种形式的综合性作业，对学习成果进行巩固、扩展，对学习达标进行检查。

案例 6-9

从鞍钢、宝钢、首钢谈工业区位因素的发展变化

在学习了五类指向性工业的主导因素相关知识后,教师可设计自主学习课题,检验学生对该部分知识的巩固和迁移,以工业区位选择的拓展学习为例,课题:"从鞍钢、宝钢、首钢谈工业区位因素的发展变化"。教学环境:多媒体教室。

【创设情境】教师利用多媒体呈现鞍钢、宝钢、首钢的区位图及北京城市规划局部图,如图 6-11 至图 6-14。

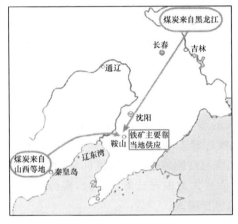

图 6-11 鞍钢的区位

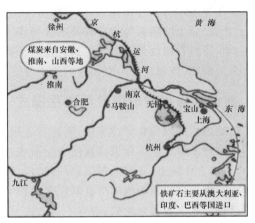

图 6-12 宝钢的区位

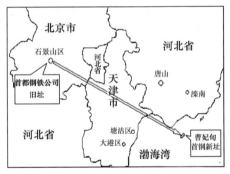

图 6-13 首钢搬迁示意图

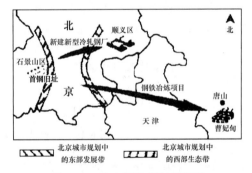

图 6-14 北京城市规划局部图

【提出要求】教师向学生说明本节课的学习任务:包括学习目标(进行差异目标设计)、重点难点、学习方法、自学提纲。学习目标:① 查阅三大钢铁工业的相关资料,了解其历史、社会经济效益及发展状况。② 阅读图 6-11、图 6-12,运用五类指向性工业的主导因素相关知识,分析出鞍钢和宝钢区位选择的不同之处,并说明当今工业的布局呈现出什么样特点;③ 阅读图 6-13、图 6-14,分析首钢目前位置和搬迁后位置有什么不同?新首钢迁址曹妃甸,主导区位因素有什么变化。

【独立自学】让学生打开电脑进行自主学习,包括根据自己能力选择适合自己的目标层次(适宜目标有差异设计的情况)、学习方法,提交给教师,然后进行资料搜集和进行问题解决。

【讨论交流】在网络教学中提供讨论板,由教师设置论坛,学生通过网络将自己的见解和疑难上传至论坛,将各自的学习结果进行交流。

【启发指导】教师在多媒体室内走动并指导答疑,或在网上对不同学生提出的疑问予以解答,还可以与学生共同探讨。

【达标测试】给出要求学生完成的练习,教师在网上及时批改。

【归纳小结】教师回到讲台,请学生代表将学习目标一一解答,然后将本班学生的自主学习成果小结,对有争议性的问题全班共同讨论,最后教师适当补充,得出全面结论。

(2) 自学—辅导地理教学过程模式的评价

自学—辅导地理教学过程模式,使教师从"前台的演员"退居为"台后的导演"位置,学生从"台下的观众"上升为"台上的演员",这对教师的主导作用提出更高、更新的要求,尤其是实施过程要善于组织、灵活应变,要能有的放矢地对学生进行指导。此外,这种模式以学生具有较高的自觉性、纪律性以及自学能力为前提,教师应有一套相应的组织管理措施,不然,自学可能流于形式。

6.5.2 新课程倡导的地理教学过程模式

在实施地理新课程的教学过程中,选择和运用教学模式的基本依据是地理学科的特点和学科教学总目标。地理新课程的目标更注重使学生形成地理学科核心素养,更注重培养学生的创新精神和实践能力、团结合作能力、获取地理信息的能力、运用地理知识与技能解决一定实际问题的能力,更注重引导学生围绕地理图像和地理信息系统来掌握与实际生活有关的地理技能。因此,实施地理新课程的教学过程模式主要有讨论式、参与—活动式、探究式、角色扮演式。

6.5.2.1 讨论式地理教学过程模式

讨论式教学过程模式在体现学生主体性、师生互动、生生互动等交往课堂上具独到功效,是培养学生批判性思维的一种方法。所谓批判性思维,是面对相信什么或做什么而做出合理决定的思维能力。从观念的形成、发展和应用的模式中可以看到,提出恰当的问题与做出符合逻辑的推理是其中的核心环节。

(1) 讨论式地理教学过程模式的教学程序

图 6-15 讨论式地理教学过程模式程序

① 提出议题。教师向学生提供资料,给出事实,提出讨论议题。

② 组内讨论。将议题分解为不同小主题,其间至少有观点对立的两个小主题。然后进行对应小组分工,搜集资料,组内讨论各自小主题。

③ 观点辨析。进行小组间信息与观点交流,教师注意引导学生从对立的角度质疑彼此的看法和立场,进行科学辨析。要求学生进一步明确看法、稳固立场。帮助学生检验各自的立场,确认立场背后的事实假设是否正确,以及这一立场的预期结果。

④ 师生评价。教师与学生对讨论的情况共同进行评价。

⑤ 归纳总结。归纳总结,完善结论。

案例 6-10

"煤炭资源的开发"讨论式教学①

【提出议题】

教师利用多媒体呈现近十年来各种媒体上报道的官方和民间煤矿瓦斯事故部分图片及数据统计表,创设问题情境,提出议题:开发煤矿有人付出生命代价,煤炭资源还要不要开发?开发的意义何在及应如何开发?

【组内讨论】

根据多元智能理论,教师进行异质平等分组:A组学生从网络上搜索全国煤炭资源地区分布(组内成员各自分散搜集)、资源总量信息;B组学生搜集近十年来各年开采量、开采点数量及技术水平信息;C组学生从生活中去搜集用煤领域及部门;D组学生调查煤炭开采区周围环境及开采安全措施;E组学生搜集市民对煤炭资源开发的意见、建议及态度。

在资料搜集结束后,进行组内讨论,教师在室内来回走动,及时进行指导。

【观点辨析】

各组展示自己图表数据及其他证据材料,汇报各组调查和讨论结果:

A组结果:我国煤炭资源分布广,储量丰富,居世界第三位,可满足国内生产和生活各种需求,还有部分出口。
B组结果:近十年来数据比较显示,随着生产力水平发展,开采量逐年增加,开采点数量渐渐攀升,开采技术愈加先进。
C组结果:工业、农业、居民生活中都有广泛应用。
D组结果:开采引发工程及工伤事故,破坏周围土壤、植被、水资源及其他生态环境,影响工农业生产和人民健康。
E组结果:市民认为煤炭开采就是经济收入,就是他们的"口粮",理当开采。开采越多经济收入越丰厚,生活条件才能改善。

教师将结果分列于黑板上,让各组学生全面分析五个组提供的信息,从信息中发现矛盾体,如A结果与D结果互为矛盾体,D与E也如此,要求学生展开辨析,教师注意引导各组不同观点的交锋,修正学生不当的思考,并诱导各组将矛盾聚焦为:能源是国民经济的命脉,开发煤炭资源,能促进工农业快速发展,但开发又有很大的负面影响,怎么办?

【师生共同评价讨论】

教师通过循循善诱地教给学生解决利弊并存(或发展与制约并存)类问题的方式,即去弊存利,克服或消除弊端。生成新的问题:如何去弊?通过新一轮问题的探讨,引导学生得出:要遵循国家资源开发与保护法规,禁止无证小窑主盲目开采,提高开采技术,走资源利用和开发的可持续发展道路。并将此结论也列于黑板上。

【归纳总结得出结论】

让学生综合黑板上结论及讨论情况,归纳总结煤炭资源的数量、质量对人类生存与发展的意义。然后教师进行修正和补充,得到最完善的结论。

(2) 讨论式地理教学过程模式的评价

讨论式教学模式利于培养学生的能力、情感态度与价值观,适应于科学观点的树立、科学方法和科学态度的形成,有利于对知识进行深入分析和思考,以及表达能力、合作能力的培养。但这种教学模式较费时间,掌握知识的效率也不如探究式和讲授式。因此可以确定典型的主题,有计划地在一学期开展几次,不宜过多。此外,在一些研究课当中常用的,前后左右几个学生之间的几分钟讨论,不是讨论式教学,而只是探究的一种方法,不要把这种方法误认为是讨论式教学。

---

① 黄莉敏,李家清. 基于"问题解决式"教学模式案例分析[J]. 地理教育,2006(3):18.

6.5.2.2 探究式地理教学过程模式

所谓探究式教学是指教师在教学过程中帮助学生自己进行知识建构,引导学生自己去认识和发现问题,激励学生积极动手动脑,通过自主探究获得知识的一种教学模式。它要求在教师的指导和帮助下,学生通过探究学习和自己的实践活动,掌握和运用地理科学的基本研究方法,解决问题,达成学习目标,实现知识的建构,如图6-16所示。

图 6-16 探究式地理教学过程模式程序

(1) 探究式地理教学过程模式的程序

① 确定主题。给学生提供需要调查、探究的问题范围及所要使用的方法。

② 制订方案。引导学生确定调查、探究中的困难,并把困难转化为问题,组织学生对问题进行思考,尝试提出解决问题思路和方案。

③ 搜集资料。学生进行资料搜集、分析和整理。

④ 提出假设。根据资料分析提出假设,进行科学探究,验证假设。

⑤ 得出结论。学生初步得出结论,在此基础上,师生共同讨论,得出一致结论。

⑥ 迁移运用。教师提供新的课题,要求学生运用结论进行评价或作新的探究。

以上程序中"提出假设"应根据具体的主题,作为选择项。

案例 6-11

居住地的选择

地理新课程标准要求举例说明区域环境和区域发展对生活方式和生活质量的影响。最好的例子就是来自学生自己的生活实际。因此,教师可以引导学生以居住地为例来探究这个问题。

【确定探究主题】北京市正在大规模进行旧城改造,购置新居是一件大事。如何选择合适的居住地是人们经常议论的话题。

【制订方案】阅读教材,了解选择居住地需要考虑的因素,制订探究方案。

【选择调查地点】以自己居住的地点或根据商品房信息选择一个小区作为调查对象。

【搜集资料探究】通过查找资料和实地调查,了解居住地的土地、小气候、水源、交通、商业、学校、医疗和文化体育设施状况,分析各方面的利弊,初步得出该地是否适宜自己家庭居住的结论。

【交流得出结论】交流各组或个人的调查结果,比较调查方法和结论。教师根据学生探究结果,引导学生得出选择居住地的一般方法和需要注意的问题。

【迁移运用】教师提供几个商品房广告,组织学生进行评价。同时教师对学生在探究过程中的表现和对结论掌握的情况进行评价。

---

(2) 探究式地理教学过程模式的评价

探究式教学过程模式适应性广泛,可以用于各种教学内容。在准确把握这种教学模式的前提下,提倡在实施地理新课程的教学过程中更多地使用这种教学模式。与传统地理教学中常用的"讲授式"教学模式相比较,探究式教学模式有如下优点:具有明确的教学目标、预先确定的教学任务,以及需要通过教学过程解决知识与技能的问题。区别是运用的主要教学方法不是教师的讲解,而是教师引导下的学生探究和师生的共同探究,运用探究式教学模式进行教学,要防止"照本宣科",但是探究式教学必须有足够的时间让学生进行充分的自主活动,探究过程中也需要教师插入必要的讲解,这是需要在课前设计时充分考虑的。

6.5.2.3 参与—活动教学过程模式

参与—活动教学过程模式充分体现以学生活动为中心,是学生自由度最大的一种教学模式。它强调理论与实践的联系,学校教学和社会生活的联系,课堂教学和课外活动的联系。教师先提出总的教学课题作为任务,学生在围绕这一课题的活动中,要综合运用已有知识、经验和能力,开展模拟性、尝试性的探索和研究活动,最后由教师总结评论。

(1) 参与—活动教学过程模式的教学程序

参与—活动教学课分四种类型:观察、观测型活动;社会调查型活动;实践操作型活动;探索研究型活动。

图 6-17 参与—活动地理教学过程模式程序

① 提出课题。教师提出教学课题,这类课题可通过学生的亲自参与活动来完成。

② 设计活动。师生围绕所要研究的课题设计教学活动,可由教师设计也可由学生设计;可以全班设计一种活动计划,也可设计多种分组活动计划,可以从教师设计活动计划逐步向学生设计活动计划过渡。

③ 搜集材料。学生围绕课题任务,自己搜集材料并整理和加工处理自己绘制的图像,演示操作,动脑、动手、动口,从各种信息媒介获取相关知识信息,可以利用课余时间和活动课广泛开展多种形式的活动,从而为独立研究和解决问题奠定基础。

④ 研究课题。学生在充分掌握信息资料的基础上,必须自己寻求解决问题的思路和方式,自己去发现问题的本质和根源,分析问题的症结和关键。教师帮助学生解决可能遇到的严重困惑或外障碍。

⑤ 总结评论。教师对学生的研究成果或学生提出的各种见解作出恰当的中肯的评价,及时肯定他们的成绩、成果和成功,肯定他们的思路、方法和策略,激励学生的自信心。

案例 6-12

"冰川是如何改变地表的"实验活动教学设计

【提出课题】在讲地球表面形态,关于外力作用与地表形态的关系时,可以设计活动课。教师提出课题,"冰川是如何改变地表的",要求学生做探索研究型活动。

【设计活动】由教师或学生讨论设计实验活动方案。分组准备工具:塑料容器、沙、水、纸巾、肥皂。

【搜集资料】搜集冰川类型的文字、图片资料,冰川引起侵蚀和沉积的地貌图片与相关资料。

【研究课题】在实验器材准备好的基础上,进行实验活动。

(1) 在塑料容器内放入一些沙子。

(2) 往容器内加满水并把它放进冻室直至水结成冰。

(3) 把冰块从容器中取出来。

(4) 用一张纸巾拿着冰,让有沙的一端朝下,放在一块肥皂上擦一擦。

(5) 学生观察移动的冰是怎样改变肥皂表面的?讨论并描述结果。

学生结合搜集的资料进行分析,并进行冰川类型及冰川的侵蚀、沉积作用对地表改造的研究与讨论,教师在学生实验、讨论过程中进行引导和答疑、修正。

【总结评论】教师对学生活动过程中的表现及思路给予肯定和表扬,并补充研究成果。要求学生搜集流水、冰川、风力、波浪对地表形态影响的照片,比较它们对地形影响的异同。

（2）参与—活动教学过程模式的评价

该模式使学生成为学习的真正主人，能使学生从比较被动的学习过渡到学会学习，张扬个性，发展特长，利于培养创造性思维。这种模式的应用对教师的要求高，难度大，也费时间，所以教师教学水平不够，课时不足，外部条件不具备时不宜采用。

6.5.2.4 角色扮演教学过程模式

角色扮演是指教师根据教学内容模拟各种真实的工作与生活情境，由学生或教师与学生共同扮演情境中的各种角色，以了解社会中的实际问题及其人际关系，并寻找出具体的解决问题的途径。

在角色扮演的活动中，学生扮演各行业不同职责、工作的人，有机会观察各个角色间的关系，并且理解这种活动所提供的观点和问题。

（1）角色扮演教学过程模式的教学程序

图 6-18 角色扮演地理教学过程模式程序

① 确定问题。小组准备活动，确定问题并进入情境。

② 角色分配。分析角色，选择扮演者。确定表演程序，布置场景。在条件允许的情况下，还可组织班集体外的观众参与，明确观察任务。

③ 表演。

④ 讨论和评价表演。根据新的理解，调换扮演者，重新表演，讨论和评价新的表演。

⑤ 总结。学生集中，就表演中解决的问题及得出的结论进行归纳，教师完善结论。教师与学生一起对本活动进行得失总结及经验交流。

案例 6-13

鲁尔区"考察归来"角色扮演

"德国鲁尔工业区的经济"一直是地理教学中的一个重要案例，无论是人文经济地理，还是区域地理的教学都对其给予足够的重视。了解鲁尔区过去兴起的原因、发展中遇到的困难，以及振兴此区域经济的策略，无疑对培养学生的思维能力具有积极的作用。针对当今我国发展的一个重要区域——东北老工业区的振兴问题，以及与德国鲁尔工业区发展过程中的相似之处，设计"访问"鲁尔区的东北工业区经济发展智囊团，让学生以小组协作，角色扮演考察团中的成员的形式进行教学。

【确定问题】对鲁尔工业区进行基于问题的考察，对比中国东北老工业区，提出可行性的振兴策略。

【角色分配】让学生自由选择自己愿意体验的角色，进行任务驱动学习。分四大智囊团对鲁尔区进行考察（如表 6-5 所示）。完成考察任务后，每个考察团需要提交一份考察报告。召开一个新闻发布会，每个团推选出一名新闻发言人，把本团的考察结果向东北民众汇报，并接受记者的提问，不发言的团队成员可以担当记者的角色，发言组的其他成员可以协助回答和补充。

智囊团	考察任务
政府官员	考察 19 世纪中叶鲁尔区繁荣的原因
经济学家	考察鲁尔区 20 世纪 50 年代经济衰落的原因，通过与东北老工业区的对比，分析东北老工业区经济发展中存在的问题
企业家	借鉴鲁尔区 20 世纪 60 年代整治措施，为东北老工业区经济的可持续发展献计献策
环境保护专家	通过考察鲁尔区过去和现在的环境状况，从中得到启示

> 【表演】在充分的考察后,智囊团"考察归来"向东北工业区的民众作新闻发布,进行成果汇报与表演。
> 　　分别由四大智囊团代表上讲台进行相关考察内容的新闻发言。每一代表发言完毕后,进行答"记者"问。对于少量未解决的问题可由同学们自己讨论,各抒己见。此外,在振兴东北老工业区的具体策略制定中,四大智囊团横向之间必然存在职责关联,在活动中要设计四大团代表对分工与协作的具体事宜的讨论场面,并派"人大"(学生)代表参与。
> 　　【讨论评价】在表演结束后,将全班同学集中起来,再次进行对未完问题的讨论。同时,教师对这次表演活动进行肯定的评价。
> 　　【总结】请同学们进行归纳总结,得到完整的结论。

（2）角色扮演教学过程模式的评价

角色扮演教学过程模式,适合不同层次的学生同时学习,不只是客观地表达一种观点,而是以一个特定身份表现观点、情感、态度和行为方式,有助于提高个人认知水平,发现自己的才能,发展团队精神,培养良好的地理学科核心素养。它适宜于主题鲜明的实践活动。但这种方式费时较多,自由度很大,应当开展,并有充分准备,不宜大量开展。

学习实践

选择高中地理一节教学内容,依据本章所论述地理教学设计理论,完成一个规范的教学设计方案。

6.6　说　　课

关键术语

◆ 说课的含义　◆ 说课的功能　◆ 说课的内容　◆ 说课的类型

请查阅相关资料,向大家简要介绍"说课"的起源与发展过程?

说课是一种具有"中国特色"的教学研究行为,在实施素质教育、推行新课程的过程中,正在经历前所未有的新变化。说课有利于教师将教学与研究有机地结合起来,将教学看作一种充满智慧挑战不断反思提升的行为。地理教师在说课中不断充实自己、完善自己,实现教学素质的提高。

6.6.1　说课的含义与功能

6.6.1.1　说课的含义

尽管说课在日常教学中已经得到普及,但是关于它的定义,仍然存在很多分歧。有人认为它是一项教研活动;有人认为它是在对师资进行培训;有人认为,说课是一种教学行为,是课堂教学行为的延伸和扩展,它服务于教学活动。

从目前看,这些分歧还很难取得一致的看法,在梳理不同定义的基础上,郑金洲教授认为:"说课是教师主要用口头语言对自身教学设计、教学实施等情况进行分析和说明的教学行为。它作为教师职业活动的基本构成,是课堂教学行为的延伸与扩展,是教师总结教学经验、发现教学问题、提高教学智慧的重要手段和桥梁。"[1]

---

[1] 郑金洲.说课的变革[M].北京:教育科学出版社,2007:4—6.

我们认为,地理说课是地理教师以教育教学理论为指导,在精心备课的基础上,面对同行、领导或教学研究人员,主要用口头语言和有关辅助手段阐述某一地理课题的教学设计,并与听者一起就地理课程目标的达成、教学流程的安排、重点和难点的把握及教学效果与质量的评价等方面进行预测或反思,共同研讨进一步改进和优化教学设计的地理教学研究过程。

 学习卡片

说课是具有中国特色的一种教学行为,它是课堂教学行为的延伸与扩展,是教师对自身教学进行较为系统细致的梳理。在素质教育核心课程改革的背景下,每次的说课行为,都应成为教师反思自身行为、探究教学存在问题、明确教学努力方向、积聚教学实践智慧的良机。

郑金洲.说课的变革[M].北京:教育科学出版社,2007:2.

6.6.1.2 说课的功能

(1) 加强交流

说课是一种说课者运用教育教学理论去指导教学实践的过程。"说课"的重点之一是说"理",说"理"一是重在有深度;二是重在交流,因为,说课者要努力寻求现代教育理论的指导,评课者也要努力寻求说课教师的特色与成功经验的理论依据。说课者将一节课的教学指导思想、教学方案的设计等在同行中展示,然后同行和专家进行评价,说评双方围绕着共同的课题相互切磋、交流,达成共识,可以达到取长补短、相互学习、共同提高的目的。

(2) 提升研究

说课在内容、形式和方法上具有高度的灵活性,是一种良好的教研形式,具有较强的研究功能。说课者与听课者通过探讨研究,共同总结教学经验,使教学由实践上升到理论,促使教学研究进一步深入展开。通过研究,改进教学,是地理说课的主要目的之一,在新课程地理教学实践中,有着一系列期待解决的问题,对于这些问题,很多并不是地理教师自己可以解决的,需要通过教师群体努力来达成,说课中地理教师对问题的揭示,常常可以引来其他教师对解决问题这样或那样的建议,从而使说课成为教师群体共同研究问题的平台。

(3) 反思成长

对自身行为进行持续不断的反思,是地理教师成长的重要途径。通过地理说课,可以在一定程度上促使地理教师进行教学反思。在说课中,地理教师以自己的课堂教学行为作为分析对象,对自己的教学行为及其产生的结果进行理性的审视与思考,将显性地理课堂行为背后的假设和思路显现出来,这本身就是一种有效的教学反思形式,通过说课,使地理教学反思有了具体的依托形式,可以使教学反思更好地落到实处。地理教师通过说课可以更好地认识自我,认识他人,把握地理教学的要求,把握自己行为与理念的统整。对于听说课者而言,也可以把说课当作一面镜子,来透视自己在地理教学中的优势与不足。

除上述功能外,说课还具有评价、检查、诊断、培训等功能。地理说课能很好地体现一个地理教师的教育教学经验和能力,反映一个地理教师的教学理论素养。当前,在提升教育教学理念、改变地理教学方法、把握地理课程标准、领会地理教材体系的背景下,应把地理说课变成地理教师相互交流、相互促进、相互提高的"沙龙"。

随堂讨论

1. 请你用简明的语言给地理说课下一个定义?
2. 听一节地理说课,思考说课具有哪些方面的功能?

6.6.2 说课的内容与类型

6.6.2.1 说课的内容

(1) 说课程标准

说课程标准就是要把地理课程标准中的相应要求作为说课课题的指导思想,从课程论的高度驾驭地理教材和指导地理教学设计。重点说明说课课题教学目标、教学内容及教学方法在课程标准中的原则性要求,从而为自己的教学设计寻找依据。

(2) 说教材内容

地理教材是地理课程的载体,是地理课程标准的具体体现,是师生教学活动的信息源泉。能否准确深刻地理解教材,高屋建瓴地驾驭教材,合乎实际地处理教材,科学合理地组织教材,是说课的重要环节。说教材内容主要包括三方面:分析教材,确定教学目标,确定教材重点与难点。

在分析教材,确定教学目标,确定教学重点、难点以后,说课时要注意说出其主要的理论依据,对教材的分析一般应以学科基础理论为指导,对教学目标和重、难点的确定一般以教学论和学科教学法为指导。

(3) 说教学方法

说教学方法时,一般要涉及两方面:一是方法选择的依据,二是方法的优化组合。教学方法与教学目标、教材内容、学生特征、教师素质、教学环境之间存在着紧密的联系,它们是教师在地理教学过程中选择和组合教学方法的基本依据。

说教法,应说出"怎么教"的办法以及"为什么这样教"的根据,具体要做到以下几个方面:说出本节课所采用的最主要的教法及其所依据的教学原理或原则;说出本节课所选择的教学方法、手段,对它们的优化组合及其依据;说明教师教法与学生学法之间的联系;重点说出如何突出重点、化解难点的方法。

(4) 说学情学法

教学过程中关注学生学情至关重要,学生学情,涉及的内容非常广泛,学生各方面的情况都可能纳入进来,学生现有知识结构、学生地理思维状况、学生个性、学习方式等,都是把学情的切入点,说学情既要分析学生的整体特点,也要分析学生间的差异,切忌空泛化。说学法,具体要说清两大问题:针对本节教材特点及教学目的,学生宜采用怎样的学法来学习它、特点怎样?在本节课中,怎样在教学过程中恰到好处地融进学法指导?

(5) 说教学过程

说教学过程主要是指说教学思路的设计及其依据:主要包括各教学环节的时序安排及内部结构,如课堂怎么导入?新授课内容分几个部分?各部分的教学设计分别是什么?如何使用相关教具?各教学环节之间如何过渡?如何小结?怎样结束?等等。整个教学过程要层次分明,富有启发性,能体现教师的主导作用和学生的主体作用。要逐点解释教学思路设计的依据,依据的解释要联系教法、学法、教学手段、学生的认知规律等方面加以说明。

以上五个方面,只是为说课提供一个大致的范围,并不意味着具体说课时都要面面俱到,逐项说来,应该突出重点,抓住关键,以便在有限时间内进行有效的陈述,该展开的内容充分地展开,该说透的道理尽量去说透,这样才能取得良好的效果。

随堂讨论

1. 请说出说课有哪些主要的构成环节?
2. 请选取一节地理教材内容,进行说课练习?并说出自己说课后的感受?

6.6.2.2 说课的类型

(1) 研究性说课

研究性说课主要用于同行之间切磋教法,也是集体备课常用的形式,一般以教研组为单位,先由一位教师事先准备并写好说课稿,然后说给大家听,之后大家评议修改,针对同一问题,教师可以轮流说课,这是广泛提高教师业务素质和研究能力的有效途径。如通过对《普通高中教科书地理必修第一册》(中图版)"主要地貌的景观特点"的说课研究,使大家对本节课的教学目标、重点难点等有了较为一致的认识,通过对教学方法选择及其依据的探讨,使教师自身的理论水平有所提高。

(2) 评比性说课

评比性说课,就是把说课作为地理教师教学业务评比的内容或一个项目,对地理教师运用教育教学理论的能力、地理教学过程设计的合理性、地理教学方法与手段选择的科学性等做出客观公正评判的教研活动方式。它要求参赛的地理教师按指定的教材和课题,在规定时间内自己写出说课稿,然后登台说课,最后由听课评委评出比赛名次。

(3) 示范性说课

示范性说课,一般是指素质好的优秀教师,先向听课教师(包括教研人员)做示范性说课,然后让说课教师将课的内容付之以课堂教学,最后组织听课教师和教研人员对该教师的说课及课堂教学做出客观公正的评析。通过这种形式的教学研究活动,听课教师从听说课、看上课、讲评析中增长见识,开阔思路,不断提高自己运用理论指导课堂教学实践的能力。

案例 6-14

"澳大利亚"说课稿

一、说课程标准

《义务教育地理课程标准(2011年版)》在"认识区域"专题中,对"认识国家"有以下主要要求:在地图上指出某一国家的地理位置、领土组成和首都;根据地图和资料,说出某一国家自然环境的基本特点,并简要说明其形成的主要原因;运用地图和资料,联系某一国家自然条件特点,说出该国因地制宜发展经济的实例等。

二、说教材

本节选自人教版义务教育《地理》教科书七年级下册第八章第四节,是在学生学习了多个国家和地区之后的又一个区域地理的学习内容。教材没有直接介绍澳大利亚的地理特征,而是选取了三个非常形象的标题,来吸引学生探究的兴趣和欲望,也为教师的教学活动提供了空间。

三、确定教学目标

1. 人地协调观:通过学习帮助学生简单说明自然环境与人类发展的关系,懂得人地关系协调的重要意义。

2. 综合思维：简要说明澳大利亚大陆动物古老性的特点及其成因。
3. 区域认知：说出澳大利亚自然环境的基本特点。
4. 地理实践力：结合运用读图、析图、讨论、探究等方法，培养地理学习兴趣，概括澳大利亚的自然环境及其特点。

四、确定教学重点、难点

教学重点：
(1) 澳大利亚特有的古老生物及其生存环境；
(2) 澳大利亚的主要矿产资源及其分布。

教学难点：
澳大利亚农牧业分布与地形、气候的关系。

五、选择教学方法

依据本节教材内容的特点，结合初中生活泼好动、注意力不易集中、空间概念不强等特点，主要选用以下教学方法，并利用多媒体辅助教学。
1. 图导图练法：主要在本节内容第一"世界活化石的博物馆"和第三部分"坐在矿车上的国家"内容学习时运用；
2. 自学讨论法：主要在本节内容第二部分"骑在羊背上的国家"和第四部分"城市、人口的分布"内容学习时使用。

六、说教学过程（略）

学习实践

1. 请说出说课有哪些主要的类型？
2. 请选择一节高中地理课题，举行一场说课竞赛，并请老师进行点评。

本章小结

1. 地理教学设计具有地理性、继承性、创新性、实践性、多样性五大基本特征，设计时应以系统理论、学习理论、地理教学理论和传播理论等四大理论为指导，进行背景分析、教学目标设计、教学方法设计、教学媒体和教学过程设计等五大要素的完整设计。

2. 教学目标具有导向功能、评价功能、激励功能、反馈功能，在进行教学目标设计时要把握教学目标设计的系统性、全面性、差异性、可操作性的设计理念，将马杰行为目标陈述法、格伦兰内外结合法、艾思纳表现性目标陈述法三种目标陈述法的优点综合考虑，灵活处理，力求使核心素养目标表述科学合理，利于学习结果的检测。

3. 地理课堂教学方法有讲授法、启发法、地图法、发现法、讨论法和案例教学法。在地理课堂教学中，要根据地理教学目标、教学内容、学生特征、教学设备条件、教师特点，进行不同地理主题和知识属性的教学方法的选择与组合，以达到较好的教学效果。

4. 地理教学媒体具有技术性、经济性、专业性三大基本特性，进行教学媒体的选择与组合要考虑媒体功能、教学目标、教学内容、学生认知水平、教师能力、教学设施等因素。

5. 新课程地理课堂教学倡导采用讨论式、探究式、参与—活动式、角色扮演等教学过程模式，并根据各自优点和局限性选择与运用。

6. 说课是一种具有"中国特色"的教学研究行为，具有加强交流、提升研究和反思成长等功能；说课主要包括说课程标准、说教材内容、说教学方法、说学情学法和说教学过程等内容；说课包括研究性说课、评比性说课和示范性说课等类型。

本章思考题

1. 什么是地理教学设计？进行完整的教学设计的五大要素是什么？
2. 地理教学目标有哪四大功能？在地理教育杂志上选择课改前、后两篇教学设计文章,对比分析它们的目标设计理念的不同之处。
3. 试运用教学目标设计理念和基于地理核心素养取向的目标陈述技术,对"农业的区位选择"进行教学目标设计。
4. 地理教学方法有哪些类型？试运用案例教学法的理论对高中地理某一章节内容进行案例教学设计。
5. 试述地理教学媒体的选择依据,并自选一节内容进行媒体组合设计。
6. 以讨论式教学模式为主,设计一节高中地理课。
7. 说课的含义是什么？如何进行说课？

拓展学习

"接受式学习"与"探究式学习"比较研究

随着地理新课程改革的深入,改变学生学习方式作为一种重要理念已逐步在教学实践中贯彻,于是接受式学习和探究式学习成为学生地理学习的两种方式,试从两种学习方式的概念、适用的地理主题或活动类型模式程序等几方面进行比较研究,并以高中地理新教材人教版为例,对高中地理课程内容进行分析,以表格形式分别列出适宜进行"接受式学习"和"探究式学习"的地理课题(章节或知识点内容)。

课程链接

课程教材研究所:http://www.pep.com.cn/kcs
研究性学习专题网站:http://www.yj.pte.sh.cn
中小学多媒体教学网:http://www.dmt.cnki.net
地理教与学:http://www.dili.fsjy.net
高中地理学习方法:http://www.gzs.cn

参 考 文 献

[1] 教育部基础教育司.走进新课程——与课程实施者对话[M].北京:北京师范大学出版社,2002.
[2] 中华人民共和国教育部.普通高中地理课程标准(实验稿)[S].北京:人民教育出版社,2003.
[3] 陈澄.新编地理教学论[M].上海:华东师范大学出版社,2007.
[4] 袁孝亭.地理课程与教学论[M].长春:东北师范大学出版社,2006.
[5] 夏志芳.地理课程与教学论[M].杭州:浙江教育出版社,2003.
[6] 帕迪丽亚.科学探索者——地表的演变[M].李绿芊,等译.杭州:浙江教育出版社,2003.
[7] 周勤.中学地理课程与教学论[M].长春:东北师范大学出版社,2006.
[8] 袁书琪.地理教育学[M].北京:高等教育出版社,2001.
[9] 王民.地理新课程教学论[M].北京:高等教育出版社,2003.
[10] 段玉山.地理新课程课堂教学技能.北京:高等教育出版社,2003.
[11] 皮连生.教学设计——心理学的理论与技术[M].北京:高等教育出版社,2000.

[12] 钟启泉,张华.课程与教学论[M].广州:高等教育出版社,1999.
[13] 徐英俊,曲艺.教学设计[M].北京:教育科学出版社,2011.
[14] 常华锋.高中地理新课程教学设计[M].济南:山东教育出版社,2007.
[15] 李家清.地理教学设计的理论基础与基本方法[J].课程·教材·教法,2004(1).
[16] 李家清.地理教学目标差异性设计研究[J].中学地理教学参考,2003(11).
[17] 李家清,等.走进新课程:论地理教学的设计与创新[J].华中师范大学学报(自然科学版),2003(4).
[18] 黄莉敏,李家清.地理教学目标设计的思路与技术[J].中学地理教学参考,2007(5).
[19] 常华锋.地理教学设计与备课差异辨析[J].教学与管理,2008(1).
[20] 刘妙挺."地理案例"在课堂教学中的实施及应注意的问题[J].教学与管理,2007(6).
[21] 黄莉敏.地理教学设计的价值取向[J].地理教学,2006(10).
[22] 黄莉敏.中学地理教学设计的基本过程与策略[J].高等函数学报(自然科学报),2007(2).
[23] 张胜前.运用系统科学理论 指导地理课堂教学[J].地理教学,2005(11).
[24] 陈澄,江晔.地理课堂教学技能训练[M].上海:华东师范大学出版社,2001:23—45.
[25] 时文中,等.试论说课[J].天中学刊,2003(5):15—19.
[26] 万年庆,张本云.高校师范生说课技能的建立与培养[J].许昌学院学报,2007(5):56—59.
[27] 高卫哲,吴新宇.构建"说课"活动结构探析"说课"层次与程序[J].中国成人教育,2006(5):97—98.
[28] 鲁献蓉.新课程改革理念下的说课[J].课程·教材·教法,2003(7):25—30.
[29] 沈建民.试论新课程背景下的说课[J],天津教育,2005(11):44—46.
[30] 罗小杰.说课及其策略[J],教育科学研究,2005(2):40—43.
[31] 中华人民共和国教育部.普通高中地理课程标准(2017年版)[S].北京:人民教育出版社,2018.

第7章 地理课堂教学实施

本章概要

地理课堂教学的实施是完成教学任务,实现教学目标的过程。地理课堂教学实施过程主要是教师运用地理教学技能的过程。在这个过程中,地理教师的教学技能主要包括课堂语言技能、课堂教学推进技能、地理"三板"技能和现代地理教学媒体运用技能。

学习目标

通过本章学习你可以
1. 简述地理课堂教学技能的含义和分类;
2. 掌握地理课堂语言技能的特点和习得路径;
3. 掌握地理课堂教学推进的基本技能;
4. 掌握地理教学的"三板"技能;
5. 根据地理教学内容科学选择适合的现代教学媒体。

7.1 引　　言

关键术语

◆ 地理教学实施　　◆ 地理教学技能　　◆ 教学技能分类

随堂讨论

回忆你所听过的一节地理课,分析讨论:
1. 地理课堂教学的主要环节有哪些?
2. 怎样给地理教学技能定义?

地理课堂教学实施是地理课程目标实现的基本途径。教育部《中学教育专业师范生教师职业能力标准(试行)》实施课程教学要求:能够创设教学情境;基本掌握教学组织与课堂管理的形式和策略;进行学习指导和教学评价。地理新课程改革给地理教学带来了新的发展和变化,新课程强调面向全体学生,学习对生活有用的、对终身发展有用的地理;培养公民必备的地理学科核心素养,改变地理学习方式,构建开放的地理课程,积极开发和利用地理课程资源;注重学习过程和学习结果相结合的评价等。因此,地理课堂教学实施改革一直是地理课程改革的前沿,地理课堂教学实施成为课程改革关注的焦点,它关系到新课程改革的成败。

7.1.1 地理教学实施与地理教学技能

"实施,用实际行动去落实施行,"[1]地理课堂教学实施是在教师完成教学设计后,在课堂教学中运用地理教学技能,去实践教学设计的过程。它具有如下特征:第一,全面性和关键性,地理教学实施是地理教学设计全面落实的关键;第二,技能性和过程性,地理课堂教学的实施过程是地理教师运用教学技能,并贯彻整个地理课堂教学的过程。

地理教学技能是地理教学实施的支撑系统。"技能,掌握和运用专门技术的能力,"[2]"教学技能是指教师在课堂教学中,依据教学理论、运用专业知识和教学经验等,使学生掌握学科基础知识、基本技能并受到思想教育等所采用的一系列教学行为方式"[3]。

地理教学技能是每一位地理教师所必备的基本职业技能,是地理教师在课堂内进行有效教学的一种最基本的教学规范。

"地理课堂教学技能是在地理课堂教学中依据地理教学理论,运用地理专业和教学手段,顺利达到地理课堂教学目标的一系列教学行为方式,是智力技能和动作技能的综合体现。"[4]由此可见,地理课堂教学技能是进行地理课堂教学实施的基本行为方式,它具有可观察、可描述、可测定、可评价、可操作、可迁移的特征。

7.1.2 地理课堂教学技能的分类

自20世纪80年代中期后,教师教学技能在我国的师范院校得到重视,对于教学技能的研究在我国逐步深入。迄今为止,关于教学技能的分类,仍众说纷纭。美国斯坦福大学的爱伦提出了14项教学技能;澳大利亚悉尼大学提出了6项基本技能;我国学者对教学技能的分类研究大致有两种类型:一种是将最基本的教学技能划分为四类,可以称之为广义的划分方法(如表7-1所示)。另一种划分强调微格教学的开展,可以称之为狭义的划分方法,它是从信息传播的过程出发,分析教学信息交流过程中教师行为方式的过程要素,以课堂教学技能为主,有划分为10种的,[5]也有划分为11种的,主要包括:教学语言的技能、板书技能、讲解技能、变化技能、演示技能、提问技能、导入技能、强化技能、组织教学技能、试误技能、结束技能[6]。

表 7-1 最基本的教学技能划分

最基本的教学技能[7]	课堂教学设计技能	课堂教学技能	指导学生学习技能	活动技能和教学研究技能
最基本的教学技能[8]	学习指导技能	基本教学技能	教学设计技能	教学观察和评价技能

综合这两种分类方法,结合地理课堂教学的特点和本书的结构特点,抽取其中最基本的要素,我们将地理课堂教学技能划分为如下几个主要技能:语言的技能、课堂教学推进的技能、"三板"技能和地理教学中现代媒体运用的技能。

---

[1] 中国社会科学院语言研究所词典编辑室. 现代汉语词典[M]. 北京:商务印书馆. 1991:1036.
[2] 中国社会科学院语言研究所词典编辑室. 现代汉语词典[M]. 北京:商务印书馆. 1991:533.
[3] 郭友. 新课程下的教师教学技能与培训[M]. 北京:首都师范大学出版社. 2004:23.
[4] 陈澄. 地理课堂教学技能训练[M]. 上海:华东师范大学出版社,2001:1.
[5] 郭友. 新课程下的教师教学技能与培训[M]. 北京:首都师范大学出版社,2004:33.
[6] 荣静娴,等. 微格教学与微格教研[M]. 上海:华东师范大学出版社,2000.
[7] 胡淑珍. 教学技能[M]. 长沙:湖南师范大学出版社,1999.
[8] 郭友. 新课程下的教师教学技能与培训[M]. 北京:首都师范大学出版社,2004.

学习实践

你认为要上好一节地理课教师应具备哪些教学技能？并进行练习。

7.2 地理课堂教学语言技能

关键术语

◆ 地理课堂语言　◆ 口语表达　◆ 体态语言　◆ 语言训练路径　◆ 语言训练方法

随堂讨论

地理课堂语言与平时的口语表达有什么不同？

教学语言是教学信息的载体，是教师完成教学任务的主要工具。苏联教育学家苏霍姆林斯基曾说："教师的语言修养在极大的程度上决定着学生在课堂上的脑力劳动的效率。"合格优秀的地理教师所具备的课堂语言技能，显著影响学生的地理学习水平和学习能力，影响地理教学目标的实现。

地理课堂语言的构成要素主要有以下几点：地理课堂口语表达、地理课堂书面文字表达（如板书、作业批语）、地理课堂体态语言。结合地理教学的学科性特点，地理课堂书面文字表达主要介绍地理教学中的"三板"教学，在后面的章节中涉及，在这里主要介绍地理课堂口语表达和体态语言技能。

7.2.1　地理课堂口语表达的特点及训练方法

地理课堂口语表达是地理教师在具体的地理课堂教学中，运用正确的语音、语调、语意，合乎逻辑结构的口头语言，来阐明地理教材内容、传授地理知识、组织相关联系，完成地理教学规定的教学任务的行为方式。

"语言是进行课堂教学最重要最基本的工具。在地理教学中，教师在讲述地理事物、现象和过程时，其语言的雅俗，表达能力的高低，启发艺术的优劣，都将直接影响教学效果。而且，就其要求来说，地理教学的语言，比其他学科应该更高。因为中学地理教学所涉及的内容十分广泛，从祖国的山南海北，到世界各洲各国，以至于全球和整个宇宙，包括自然和经济领域中的各方面知识。而这些知识，大部分是学生没有也不可能亲身经历过的。这就更需要教师研究教学语言，提高语言艺术，把这些知识讲得清楚明白，通俗易懂，而且形象直观、富于'情景'化，使学生有一种'身临其境'之感，从而加深对地理事物和现象的理解与记忆。"① 地理课堂口语表达的特点及训练方法体现在以下几个方面。

7.2.1.1　地理课堂口语表达的语言学特点及训练方法

字正腔圆的语音

语音是语言的基本代表符号，多种有意义音节信号组合而构成语言，才使得内部信息能以声音的形式发出和传递。在教学中对于语音的基本要求是发音准确、规范，即吐字清晰、圆润、流畅，使用普通话。声音大小适度，让坐在教室里每个位置的学生都能毫不吃力地听清楚教师讲的每一句话、发出的每个音节，并且耳感舒适。

---

① 金正扬.中学地理教学探索[M].上海：上海教育出版社，1984：168.

抑扬顿挫的语调

语调是指讲话时声调的升降及抑扬顿挫的变化等,是增强语言生动性、体现语言情感的主要因素。语调的抑扬顿挫在教学中具有重要作用。平淡而低沉的语调易使教室里气氛沉闷,学生振作不起来,信息接受率低;而 45 分钟的慷慨激昂,易使学生听觉疲惫。正确的方法是,在讲解重点、难点和问题的转承处,在叙述地理概念、地理规律,在讲述地理分布、分析地理成因时,说话要慢些,语调要高些,以引起学生的注意并有思考、记笔记的时间。同时要注意声音高低和对关键词的强调作用。

快慢得当的语速

语速是指课堂教学中讲话的快慢。其快慢是否合理,对教学效果有直接的影响。语速过快,学生的大脑对接收的信息处理不及时,势必造成信息的遗漏、积压,从而导致信息处理的障碍;语速过慢,跟不上学生的大脑处理速度,会导致学生精力涣散。有人建议:"课堂教学的语速,以每分钟 200~250 字为宜[①]。"

语言学的训练方法

作为特定情境下的语言,地理课堂语言也必须首先从语言学基础上做起。地理教师在课堂上要讲普通话,并做到读音准确、吐字清晰、音量适度、语速适中、抑扬顿挫。在综合考量基础上,找出自己的薄弱环节,有针对性地加强训练。

7.2.1.2 地理课堂口语表达专业性特点

科学准确的词汇

在地理教学中,要做到地理空间地域解释准确无误,地理原理阐释直观严密,因此要注意词语的运用要科学、准确。例如:讲青藏高原时,就不能用这样的词语:青藏高原的气温很低、很低。"很低、很低"这个修饰词语用在这里不科学。地理教学语言准确,是指在讲述、描述地理事物时所用的词句,特别是形容词、副词要恰如其分、要严谨。例如:气温≠温度、方位≠上下、左右。

生动形象的语言

由于地理学科的综合性特点,地理教学所涉及的内容十分广泛,不仅有自然地理,还有人文地理知识。这些地理知识,需要教师研究教学语言,把知识讲得通俗易懂、形象直观,形成一种地理意境,以使学生产生身临其境的感觉。如有位老师讲到黄河含沙量大,引用这样的数据:"黄河每年东流入海的泥沙达 16 亿吨。如果把这些泥沙筑成高宽各一米的长堤,其长度是地球与月球距离的 3 倍。"这样就帮助学生理解了抽象的"16 亿吨"的数据,获得了丰富的感性认识。

逻辑清晰的概括

地理教学内容的广泛性和复杂性要求教师应善于运用一些提纲挈领的语言,高度概括较难记忆的内容或不易掌握的规律和法则。课堂教学与我们的日常交流和演讲均不同,除了让学生听明白外,还必须使学生理解、掌握地理知识。因此,在教学中教师不仅应注意地理教材的内在规律,符合教学内容的逻辑性,还要注意语言自身的逻辑性。在已知的前提下,根据所学知识进行详细严密的论证,从而得出结论。这样才能使学生思路清晰地寻根求源,一环紧扣一环地剖析地理事物,从而达到对地理知识的构建。

7.2.1.3 地理课堂口语表达专业性训练方法

语言学基础水平加强后,必须结合地理学科特点从以下几个方面提高语言水平:

地理名词、字词读音关

地理课程中涉及大量多音字、生僻字。如地壳的"壳"、秘鲁的"秘"、番禺的"番"、雅砻江的"砻"等。上课之前,应充分准备,多查字典,按照普通话标准读法牢记掌握,避免课堂上读错音。

[①] 郭友. 新课程下的教师教学技能与培训[M]. 北京:首都师范大学出版社,2004:70.

地理术语关

地理术语是地理学科的专门用语,每个术语都有其严格规定的意义及一定的使用范围。如"北京时间"与"北京的时间"二者虽然仅一字之差,但概念却不同,前者是指东八区区时,而后者则指北京的地方时。要科学地运用地理术语,必须在对中学地理教学内容及教材吃透的基础上,逐步逐条弄清含义,准确使用,并有意识地搜集整理。有意识地合理运用地理习惯用语,逐渐积累,会有很大提高。

图表运用语言关

地理学是一门空间科学,地图是地理学的"第二语言",地理图表在地理课堂中的地位不可或缺。恰当合理运用地理图表成为地理教师必备的技能。而教师的语言对地理图表起到"指图器"作用。即能帮助学生完成对一幅地图的观察和分析。

在使用地理图表时,要使用准确的指示术语,如"从北向南查找我国4个近海的名称和大致位置"。指图用语及时恰当规范,如在分布图上,是分析某一事物的分布地区,还是分析该事物的分布规律,教师要事先明了清晰,要有侧重;结合图表不失时机地引导学生分析地图图表的方式,能收到特定的教学效果。

7.2.2 地理课堂教学中的体态语言

 随堂讨论

1. 地理课堂教学中仅仅有口语表达有什么欠缺?
2. 地理课堂教学中体态语言的作用是什么?

体态语言技能属于广义的课堂语言技能范畴。在课堂上,教师适当的手势、表情和眼神以及沉默等,能引起学生注意,交流情感、促进学生学习,是教师口语表达的有益辅助手段。地理课堂教学中教师的体态语言主要有以下几个方面。

身体的动作

教师在课堂上身体动作主要指教师在课堂上的走动和身体局部动作。

课堂上的走动。走动是教师传递信息的一种方式。教师在课堂上的走动大体有两种:一种是在讲台周围适时走动;另一种是在学生中间适时走动。课堂上走动要注意以下两点:第一,走动要自然大方,有控制,不能过多、过快,否则易分散学生注意力。第二,处理好局部与全局的关系。在走到学生中间,解答个别学生的疑难问题时的声音要轻,以免影响其他学生,如果需要全班注意的问题,教师则应走到讲台前,面对全班进行讲解。

身体局部动作。教师除了全身的动作外,头部和手的动作也是口语表达的辅助。在地理课堂上,要形象描述地理事物,通常要借助于手势,例如在讲解地球上的气压带和风带时,当讲到信风带与西风带相遇、气流辐合上升时,用两手伸开,分别代表信风带和西风带,手指相对并拢,相向运动,相遇后依靠相互作用上升,来演示气流辐合上升,这样就非常形象直观。

面部表情与眼神的交流

在课堂教学中,教师的面部表情对激发学生的情感有特殊的作用。许多教师都懂得微笑的意义,即使在十分疲倦或者身体不适的情况下,在走进教室时也总是面带微笑,因为他们懂得学生会从教师的微笑里感受到关心、爱护、理解和友谊。

眼睛是心灵的窗户,在人类历史上,眼睛一直是人与人沟通中最清楚、最正确的讯号。教师在课堂教学中,眼睛要一直在全班学生之间巡弋,同时注重与学生之间的眼神交流,比如发现有学生在讲话,教师的眼神停留在这个学生身上,可以起到制止的作用;同时教师也能从学生的眼神中得到教学的反馈信息,比如发现学生眼神中的困惑,可能是学生没听懂,这时教师需要及时调整教学内容和教学进度。

适宜的停顿

停顿也是一种语言,是引起注意的一种有效的方法。一个有经验的地理教师,在讲述一个重要的地理概念、地理规律之前做一个短暂的停顿,能够有效地引起学生的注意;在提出一个问题后,总是停顿一会儿让学生思考,做好回答的准备;在对地理概念进行分析、综合之后,或者对一个地理事物的演变和分布规律进行演绎、推理之后,也要有一个适当的停顿,以使学生咀嚼、消化、回味所学的知识。一节课中恰当的停顿会使人感到有节奏感,有韵律美。

体态语言是教师教学中生动性的主要部分,教学的生动活泼基本上是由教师跌宕起伏的语言与不断变化的体态语言相结合营造的,从而不断引起和抓住学生的注意。体态语言技能的训练可以与语言技能训练同时进行,尤其是可应用微格教学系统,而且应该贯穿于每一项分支技能的训练之中。对于新教师来说,初次课堂语言微格教学训练前要尽量准备带有详细语言的教案,同时也可以为每句话都事先模拟想象出具体情境,并据此设计每句话表达时的动作表情,这样能收到显著的训练效果。

学习实践

1. 在全班放一段教学录音,分组讨论是否符合教学语言的要求。
2. 教学语言训练

(1) 训练一:教学语言的生动性训练。朗诵一段文字,要求发音正确,语言流畅,有语调的高低、节奏的快慢变化,从中找出自己的不足并加以改正。

(2) 训练二:教学语言组织能力训练。找一幅热带雨林的景观图和人类居住环境的景观图,给30秒的时间思考,然后用生动形象的语言描述出来。

(3) 训练三:教学语言逻辑性训练。用"冷热不均引起的热力环流"分析热力环流形成的原因,用"全球大气环流示意图"分析说明全球气压带和风带的形成与分布。分析的过程中注意语言的科学性、准确性和逻辑性,与同学相互交流找出自己的不足并改进。

7.3 地理课堂教学推进的技能

关键术语

◆ 导入技能 ◆ 讲解技能 ◆ 提问技能 ◆ 承转技能 ◆ 反馈技能 ◆ 结束技能

随堂讨论

1. 讨论分析一节地理课从开始上课到结束,课堂是由哪些环节构成的。
2. 这些环节在课堂教学中起什么作用?

教学技能分类为教师教学技能训练提供了依据。我们从教学功能的角度分析,地理课堂教学从开始到结束,对其推进的技能主要有导入技能、讲解技能、提问技能、承转技能、反馈技能和结束技能。

7.3.1 导入的技能

"良好的开端是成功的一半",教学一开始就给学生留下最鲜明、最有感染力的印象,将影响着整个教学过程中的师生交流。地理课堂导入技能是指地理教师针对教学目标,在一项新的学习内容和学习过程开始之时,采用恰当的教学媒体和教学方式,阐明学习目的和要求,集中学生注意力,激发学生学习兴趣,开启学生思维,引发学习动机,引入新教学内容的教学行为方式。导入不仅应用于一节课的开始,在一个新课题或一项活动的开始都应有导入。

7.3.1.1 地理课堂导入的作用

随堂讨论

1. 讨论分析课堂教学中导入的作用有哪些。
2. 思考地理课堂教学中导入的类型有哪些。

学生课间休息时大脑处于放松状态。上课伊始,要在短短的3~5分钟的时间内,使学生做好心理准备,在大脑皮层和有关神经中枢形成"兴奋中心",因此,地理课堂导入要起到集中学生注意力,激发学习情感的作用;有些地理课的导入要求从学生的生活实际出发,教授对生活有用的、对终身发展有用的地理知识,容易引发学生学习的动机,使学生产生好奇心和探究心理,激发学习兴趣和参与的愿望。在导入中激发学生的思维活动,以便引导他们的思维步步深入,向着学习目标的方向不断发展。同时在导入的过程中要使学生明确学习目的,把学生学习的动机充分调动起来,再者通过导入自然地进入新课题,使导入与新课题之间建立起有机联系。

7.3.1.2 地理课堂导入的类型

如何开始一节地理课或一个课题,没有固定的方法。但由于教育对象不同、内容不同,开头的方法也不会相同。即使同一内容,不同的教师也有不同的处理。有经验的地理教师总是十分重视一节课的开头和知识之间的转折与衔接,总是精心设计导入,讲究导入的方法,通过导入促进学生产生强烈的求知欲,激发积极思维活动和思想情感。这里根据课程的类型,将导入分为以下几种:

复习导入

复习导入是教师通过引导学生复习已经学过的知识,承上启下,将学生带到新的学习活动中来的方法。这是目前地理课中最常见的导入方式。复习导入的特点是在一节课开始时,可以兼顾对上节课或以前所学习知识的复习和对新知识的引入,强化新旧知识之间的联系,另外准备起来相对比较容易。

在设计复习导入时,可以是完全由教师叙述式地复习导入;也可以在教师简要提及复习内容的基础上,提出问题,引入新课;还可以向学生提出复习问题,教师从学生的答案中引出所要讲的内容。

情境导入

亚里士多德说:"思维始于惊讶和疑惑。"从学生生活实际出发,从学生身边的地理事物或地理现象出发,根据学生的心理特征和各种知识之间的内在联系,提出带有悬念性的问题,导入新课或问题,能够激起学生的兴趣和求知欲。在悬念中即巧妙地提出了学习任务,又创造出探求的最佳情境。

故事导入

爱听故事是学生的一大喜好。在地理学科的发展史以及科学家和名人的传记中,在对地理学科的认识过程中,有许多动人的故事。选讲故事的一些片断,不仅有利于学生思维能力的培养,还能够引发学生学习的兴趣。

案例 7-1

> **"月相及其变化"导入**
>
> 为黑奴解放做出巨大贡献的美国总统林肯曾是一名律师。当时在林肯家乡,有一个名叫阿姆斯特朗的青年被人告上了法庭,罪名是"谋财害命"。一个自称是目击者的"证人"一口咬定,说在 10 月 18 日那天夜晚凌晨 1 点钟的时候,他亲眼看见被告正在作案,杀人现场位于一个草垛西面约二三十米的地方。目击者称,他当时正在草垛东边附近,因有明亮的月光照在被告的脸上,所以他看得一清二楚……
>
> 这个证人滔滔不绝,而阿姆斯特朗却有口难辩,十分被动。在这关键的时刻,林肯作为被告的律师,他一针见血地指出"此人是个十足的骗子!他的那些证词都是伪证。"林肯凭什么这么胸有成竹地认定证人做的是伪证?其实他在分析这个案件时所用的知识就是我们今天要学习的内容"月相及其变化"。

观察导入

这种导入方法是在学习新课之前,先引导学生观察实物(如矿石)、地理模型(如地质构造)、地理景观图、地图和地理图表、投影、电视、多媒体等,引发学习的愿望,再从观察中提问,让学生从这些问题出发,自然而然地过渡到新课学习。由于地理学科的特点,在教学中尽量采用直观教学,既能引起学生的直接兴趣,又能在观察中培养学生的探究精神。

列出教学目标,直接导入。根据信息加工理论,近年来一些专家提出了目标教学,所谓目标教学,就是在上新课之前,列出这节课所要达到的教学目标,让学生对所学的内容和要达到的目标有一个清晰的认识。

练习、复习课的导入

有相当一部分教师认为,练习和复习课只要让学生做题目就可以了,不需要教师设计导入。其实学生在课堂做练习或复习时,常因知识的遗忘而不感兴趣。怎样才能调动起学生做练习的积极性呢?上海市特级教师张景新是这样做的,在课堂练习开始前,采用"提示回忆法"作为复习练习的导入,所谓"提示回忆法"就是启发学生回忆与练习有关的旧知识。

7.3.1.3 设计地理课堂导入应注意的问题

导入在整个课堂教学中是一个重要的环节,它直接影响学生学习的情绪和效果。分析常用的导入方法,可以看出,大部分导入最终都转入设疑、提问、引入课题的方式上,在具体设计导入时应注意以下问题。

目的性

无论教师设计什么样的导入方式,都要紧密结合课程标准、教学目标、教学内容,根据学生年龄特征、教学环境、学校的设施等实际情况,在学生的已知与未知之间架设起一座桥梁。

趣味性

"兴趣是最好的老师"。如果学生对所学的内容感兴趣,就会表现出主动、积极和较高的自觉学习效率。因此,在一个学期中,教师要精心设计几个引人入胜的导入,使学习内容以鲜活的形式出现,这样就能最大限度地激发学生学习地理的兴趣。

启发性

启发性的关键在于启发学生的地理思维。地理课堂导入设计的目的,是通过学生已知或未知的地理事物或现象,启发学生的思维,激发学生解决问题的愿望,促进学生理解与掌握新知识,以帮助学生实现知识的迁移和运用。

艺术性

要实现导入的艺术性,首先,导入的设计要自然,不能生搬硬套、牵强附会;其次,导入的语言要有艺术性,在科学、准确和学生可接受的前提下,语言的生动、幽默、谐趣,能把学生深深吸引。

7.3.2 讲解技能

 随堂讨论

1. 地理课堂教学中,教师最主要的教学活动可能是讲解,讲解的作用是什么?
2. 联系实际讨论地理课堂教学中讲解的类型有哪些。

地理课堂讲解是一种在地理课堂教学中最常使用的教学技能之一,它是利用语言对地理知识进行描述、分析以及揭示地理事物发生、发展过程的本质,从而使学生把握地理事物内在联系和规律的教学形式。地理课堂讲解技能是地理教师利用口头语言并配合手势、演示和各种教学媒体等,阐明地理事物的本质和规律,引发学生思维的教学行为方式。即使在强调学生主动参与的今天,广泛应用现代化教学手段的时代,讲解仍具有不可代替的作用,它可以在短时间内使学生获得较多的知识,通过教师语言的直观表述培养学生的想象力,通过有条理有逻辑的讲解,引导和促进学生思维,同时也传递着师生之间的情感。

7.3.2.1 地理课堂讲解的类型

根据不同的属性和特点,可以将地理知识分为不同的类型,例如自然地理知识、人文地理知识。结合中学地理课堂教学的特点,在这里将地理知识分为两大类:地理事实性知识和地理概括性知识。

(1) 地理事实性知识的讲解

在教学中有许多重要的地理事实性知识需要学生了解和掌握。地理事实性知识包括地名知识、地理分布、地理演变的外部表现、地理景观等。关于地名知识的讲解要针对它的空间性特点,结合地图讲解,有条件的话,可以采用直观的方法,配合野外观察或电影、电视、录像等进行讲解。

地理景观图是表现自然地理和人文地理事象的地理图片。它形象逼真,蕴涵着大量的地理信息。对于地理景观知识的讲解采用直观方法,可先让学生观察地理景观图片,教师再进行讲解,这就需要教师在平时要做一个有心人,注意图片的收集和积累。

案例 7-2

> **"非洲的乞力马扎罗山的景观图"的讲解要点**
>
> 对于非洲的乞力马扎罗山的景观图的讲解,教师要指导学生观察获取以下信息:
> 1. 位于赤道地区,远处的乞力马扎罗山上则白雪皑皑,说明了什么?
> 2. 位于赤道地区,但是从景观图上看到的地面动植物判断是热带草原的景观,而非热带雨林景观。为什么?
>
> 教师可以结合非洲地形图、气候图分析讲解。

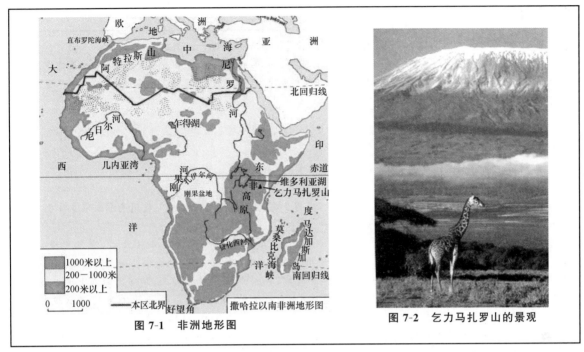

图 7-1　非洲地形图　　　　图 7-2　乞力马扎罗山的景观

(2) 地理概括性知识的讲解

地理概括性知识反映了地理事物的本质特征,能够培养学生各种抽象能力,比如地理概念、地理事物的演变和分布状况的推导、地理规律的掌握、地理成因的演绎等,需要学生在感性知识的基础上,进行分析、比较、综合、概括等思维活动,因此地理概括性知识能够很好地训练学生的地理思维能力、分析问题和解决问题的能力。对这类知识的讲解,主要有归纳法、演绎法和比较法等。

由"地"探"理"的归纳法

归纳法是由感性认识到理性认识,从特殊到一般的认识,从生动的直观到抽象思维的过程。是学生形成地理概念、掌握地理规律的重要途径。归纳法是在学生有了丰富的地理表象的基础上,进一步运用地图,或者借助实物标本模型等,通过具体的分析、比较、归纳、总结等手段,帮助学生探明地理事物和地理现象的演变及分布的规律,以及形成这些规律的原因。

运用归纳法时应注意:首先教师应提供感性材料,让学生获得丰富的感性认识;然后教师要善于启发诱导学生进行积极思考,指导学生通过具体的分析、比较、归纳、总结等手段,抓住主要特征,明确基本属性,再引导学生总结归纳得出结论。在这期间,教师还可以设计练习让学生对所学习的知识进行巩固,这些环节要配合各种直观手段,做到深入浅出,这样一来才便于学生接受。

由"理"析"地"的演绎法

演绎法是从一般到特殊,再到一般的认识过程。演绎法以提出地理概念、原理和地理分布规律开始,然后举例进行论证,再指导学生运用这些知识去分析说明一些地理事物演变和分布的规律。

案例 7-3

"交通与城市区位"教学讲解片断①

"讲授":城市分布的趋势是向交通方便的位置集中。世界上的城市,尤其是各大城市,一般都建在主要交通线上。沿海、沿江、沿铁路干线、沿高速公路可以形成城市轴线。在不同的交通运输时代,城市产生的区位有所不同。

"板书":交通运输不同,影响城市区位。

"提问":在古代,以什么交通工具为主?

"学生回答":帆船、马车。

"提问":在那样的交通运输时代,城市建在哪儿?

"学生回答":河流、大道的汇合处。

"提问":在古代,在靠帆船、马车运输的时代,城市多建在河流、大道汇合处。我国南方城市多位于河流汇合处,北方城市大都在大道汇合处。为什么?

"讲授":南方、北方以什么为界?(秦岭——淮河为界)秦岭——淮河以南为南方,年降水量大于800 mm,为湿润地区,南方雨季时间长,多河流,城市大都在河流汇合处,上次课我们共同学过我国南方城市分布的一般规律是(沿河设城)。而北方呢?雨季时间短,降水少,平原面积广大,城市大都在大道汇合处。比如说古代的邯郸就是在两条驿道的交点上发展起来的。在古代,交通工具以帆船、马车为主;那么现代呢?

"引导阅读":现代是公路、铁路运输时代,在公路、铁路枢纽以及公路、铁路沿线出现了一批城市。

"讲授":有很多城市都是因为铁路的修筑而发展起来的。例如,石家庄。它原来不过是正定县的一个小乡村,当初京汉铁路(北京到武汉的铁路)修到正定县时,正定县的人说破坏他们的风水,把车站向南迁了十几千米,建在了石家庄。不料,后来石太线、石德线,又在这里与京汉线相交,石太线:石家庄到太原,石德线:石家庄到德州。石家庄成了重要的铁路枢纽,大大促进了城市的发展,其城市规模越来越大,其地位不仅超过了正定县,而且成了省城,人口也超过 100 万,而正定县只不过是个约 3 万人的小城,像这样"火车拉来的城市"很多,比如书上提到的株洲市,大家把书翻到第 48 页,读图 6.14:株洲城市的发展,大家找一下,有哪几条铁路经过株洲市?

随堂讨论

1. 说说这节课的讲解设计形式的特点?你认为有哪些好的地方?哪些还得改进?
2. 联系实际分析对于地理概括性知识课堂教学中讲解要注意的问题?

归纳法和演绎法的区别在于教学的顺序,从教学内容的组织看,演绎法更具有结构性,从教学花费的时间看,演绎法更节省时间,但从学生的参与程度看,演绎法不如归纳法。另外从学生的年龄特征来看,低年级的学生用演绎法效果好,高年级的学生用归纳法效果好。

7.3.2.2 地理课堂讲解的要求

运用直观方法,辅助讲解

运用讲解法时,要充分运用各种地图、模型、地理图表及揭示地理事物之间联系的各种示意图帮助讲解,教师边讲解边引导学生观察,这样教师语言的直观和学生视觉的直观有机结合起来,可以收到事半功倍的效果。

---

① 资料来源:华中师范大学城市与环境科学学院 2017 级华师一附中实习小组教育实习汇报课片段。

提供丰富表象，充分感知

地理知识所涉及的空间广泛性和时间延续性往往使得学生对于绝大多数地理知识无法亲自感受，因此对于地理知识，特别是概括性地理知识中的人文地理内容，最好使用大量的事实或事例，从多个角度说明，容易比较、区分各种具体事物的不同特征，便于学生充分感知。

明确教学目标，突出重点

明确、具体的教学目标为分析、综合指明了方向，明确了通过教学使学生应该掌握的地理知识，便于教师集中力量突出教学重点，这样才能使学生的注意力集中到重点内容的学习上。

语言要条理分明、措辞准确

地理课堂教学中讲解运用的语言要有严格的科学性，措辞要准确、精炼，说理要结构严谨、逻辑性强。例如，讲季风的概念"风向随季节的变化有规律地朝着相反或接近相反的方向变化的风"时，要讲清楚"随季节""有规律""朝着相反或接近相反的方向"，才能科学、准确地解释季风的定义。

要符合学生的年龄特征

讲解要注意深入浅出、通俗易懂，尤其是在对低年级的学生讲解地理概括性知识的时候。

7.3.3 提问技能

随堂讨论

1. 结合教学实际你认为在地理课堂教学中提问有哪些作用。
2. 联系教学实际，谈谈地理课堂教学提问有哪些类型。

问题，是激发思维的火花，"思维永远由问题开始"，在地理教学中，提问是一种常用的教学手段，是教学过程中教师与学生之间常用的一种相互交流方式，有效的设问是联系师生思维的纽带，是实现教学反馈的一种方式，独具匠心的设问是成功点拨学生思维、培养学生优良思维品质的极为重要的方法和手段。

7.3.3.1 地理课堂提问的功能

地理课堂提问是在课堂教学中，教师为了实现教学目的，根据教学目标、教学内容、学生特点、教学阶段等设计要提出的问题，通过师生间相互作用检查学习、促进思维、巩固知识、运用知识、促进学生学习，实现教学目标的一种教学行为方式。课堂设问是一门艺术，问题的设计讲究目的、难度、跨度，问题的提出采用灵活多样的方式，能最大限度地激发起学生的积极思维，使学生处于积极状态。[1] 正确的设问，并使之成为艺术，可以使课堂教学中的提问问得好、问得巧、问到点子上，达到事半功倍的效果。设问在课堂教学中主要有以下几个功能。

首先，可以检查和巩固知识，为学习新知识打下基础，教师提出的问题，大多数针对所学知识的重点、难点和关键点。其次，学生经过独立思考回答问题的过程，也是大脑对所学知识进行检索、思维加工、再现的过程，这个过程为学生新知识的学习做好准备，有利于顺利实现对新知识的建构。最后，它还可以起到激发学习兴趣，引发求知欲，启迪学生思维，发展学生的智力水平，活跃课堂气氛，增进师生交流，集中学生注意力，建立和谐课堂氛围，获得反馈信息，提高教与学的质量的作用。

---

[1] 张宝臣，张玉森，王秀兰.课堂教学艺术[M].哈尔滨：哈尔滨工业大学出版社，1994：79.

随堂讨论

播放一段地理课堂讲课视频,并讨论
1. 你认为以上案例是地理课堂教学中提问的哪种类型?
2. 地理课堂教学中提问应注意哪些问题?

7.3.3.2 地理课堂教学中提问的类型

在一节地理课堂教学中涉及的问题是多种多样的,根据问题的难易程度可以分为检查知识和创造知识两大类。检查知识的问题需要学习者用所记忆的和所理解的知识回答,判断较容易。创造知识的提问是能够在学习者的内心引起认知上矛盾冲突的问题,需要学生分析、综合、评价。针对地理课堂教学的特点,可以把问题的设计与提出分为以下几类。

回忆提问

这类问题比较简单,一般用于低年级的学生或课前的复习,例如,要求学生回答是与否的提问或二选一的提问。要求用单词、词组或系列句子回答的回忆提问,这类问题要求学生用回忆来复习已学过的事实、概念等。

简单的回忆提问限制学生的独立思考,没有他们表达自己思想的机会,因而教师在课堂上不应过多地把提问局限在这一等级上。有些课堂看上去好像很活跃,看起来师生之间交流很多,但细分析学生除了回答"是"或"不是"外,很少有其他经过较高级思维的回答,这是不可取的,所以对这类问题的使用应有所节制。

理解提问

地理知识的理解过程是学生对所学的知识思维加工的过程,根据思维加工的程度,理解的层次主要有转化或翻译和解释说明。

转化或翻译。"是让学生从知识的一种存在形式转化为另一种形式,以说明学生是否对其理解。"[①]
解释说明。要求学生根据自己的认识,用自己的话对地理事实、地理原理、地理分布等进行描述。

运用提问

运用提问是通过建立一个简单的问题情境,让学生运用新获得的地理知识和过去所学的地理知识解决问题。它将学生所学的地理知识与社会、生产、生活实际联系起来,培养学生运用知识解决问题的能力。例如,学习了"可持续发展"后,让学生谈谈自己在日常生活中打算采取哪些有益于可持续发展的行动?

分析提问

地理问题的分析是要求学生识别地理问题的条件与原因,找出条件之间、原因与结果之间的关系。这种问题仅靠学生阅读课本或记住教师所提供的材料是无法回答的,要求学生能组织自己的思想,寻找根据,进行解释或鉴别,进行一定的逻辑思维。对某一地理问题的分析,教师有时要有针对性地、由易到难地设计一系列问题,引导学生循序渐进地思考回答,在回答的过程中,教师要给予学生鼓励外,还必须不断地给予提示和探询,学生回答后,教师要针对回答进行分析和总结,使学生获得对问题清晰、科学的表述。这类提问主要有几种类型。

---

① 郭友.新课程下的教师教学技能与培训[M].北京:首都师范大学出版社,2004:134.

类型之一：以果推因，提出问题。"以果"，就是先摆出现象；"推因"，就是通过提出问题，引导学生推究原因，认识地理事物的本质。例如，在讲印度洋赤道以北的季风洋流时，教师提出这样的问题："我国明朝郑和下西洋，为什么都选择在冬季出发？"

类型之二：以因推果，提出问题。"这种提问方法，是先摆出一些条件或设想，然后提出问题，让学生通过思考，得出结论。"①

类型之三：要素分析。即"从地理环境诸因素之间的相互联系中提出问题"②，引导学生对构成地理事物的要素进行分析。

案例 7-4

> **"内流河的水文特征"要素分析**
>
> 在讲"内流河的水文特征"时，教师为了引导学生掌握高山冰雪和内陆河水之间的关系，让学生观察"年降水量图"，然后从知识之间的联系，边讲边提问："武汉地区进入雨季时，河水水位高涨。从图中我们可以看出，年降水量在 800 毫米以上。但是我国内陆大部分地区，年降水量一般都在 200mm 以下，少的只有 50~60mm。而且，这些降水，不是蒸发，就是渗入地下，那么，请同学们想一想，
> 1. 内陆河流的河水来源是什么？
> 2. 内流河水量什么时候大？什么时候小甚至没有？为什么？
> 3. 为什么有的内流河流量较大流程较长？内流河的流量和流程与什么有关？"
> 问题提出后，老师便紧扣学生已掌握的知识，引导他们从气温变化和高山冰雪消融的关系上分析判断内流河的主要水源及其水文特征。

类型之四：地理原理分析。学生对地理原理性、规律性知识的认识是知识意义建构的重要任务，即从一般的地理原理出发，提出问题，让学生再根据基本原理来验证地理事实。例如，在讲到温带的气候类型时指出：40°~60°之间的大陆西部，终年受湿润的西风影响，为温带海洋性气候。根据这一原理，教师在讲到西欧、北美、南美时，都要学生先在地图上找出大陆西部 40°~60°之间的地区，然后提出问题：这里应该是什么类型的气候？再通过查阅地图加以验证。

评价提问

杜威认为，在教学中应该鼓励学生进行判断并给出判断的理由，这样做会使他们回答问题的理由十分明晰。在分析问题后，无论学生的答案出色与否，都应要求学生分析其理由是否充分，结论是否正确、表达是否准确，对答案进行分析，估计其价值。例如：在讲"环境问题产生的主要原因"时，让学生讨论：生活质量的提高是财富和产品越多越好吗？

地理评价提问可以要求学生对有争议的问题给出看法，也可以要求学生对别人回答问题进行评价，或者评价一种地理现象的利与弊等，促使学生从多角度去认识和分析问题。

随堂讨论

结合教学实例，从地理问题的设计、问题的提出、问题的应对与问题的评价方面谈谈在地理课堂教学提问中应注意的问题。

---

① 金正扬. 中学地理教学探索[M]. 上海：上海教育出版社，1984：104.
② 金正扬. 中学地理教学探索[M]. 上海：上海教育出版社，1984：105.

7.3.3.3 地理课堂教学中提问时应注意的问题

提问不仅是为了得到一个正确的答案,更重要的是让学生掌握已学过的知识,并利用所学的知识解决新问题或使教学向更深一层发展。① 因此,教师在设计和提出问题时必须注意以下几点。

问题的设计

问题的设计要明确、清晰、连贯。要使提问运用得成功,提出的问题必须明确,含混不清的问题会使学生感到迷惑;问题的表述要清晰、连贯。这就要求教师在设计问题时对所提出的问题要仔细推敲,系列问题的设计要由易到难、由简单到复杂,问题之间的逻辑思路要清晰。

案例 7-5

> **"冷锋和暖锋的示意图"问题的设计**
>
> 在讲"常见的天气系统时",学生在观察冷锋和暖锋的示意图后,教师可设计如下问题:
> 1. 冷暖气团的位置关系。
> 2. 在冷锋、暖锋锋面附近会出现哪些天气变化?
> 3. 两幅图的锋面各向哪个方向移动?
> 4. 两幅图降水区域的异同。

问题设计要考虑学生的心理特征。初中学生和高中学生处于不同的年龄阶段,其感知问题的方式和逻辑思维的能力均有不同,因此问题的设计应从学生的接受能力出发。另外,在任何一个班级中,学生接受知识的能力存在差异,为了调动每一个学生的积极性,教师应设计多种水平层次的问题。

低级认知问题和带暗示的问题不宜过多。例如,"毁林开荒对不对?"这类问题意义不大,且学生随口就答,问题的质量不高。

问题的提出

教师在问题提出的过程中应注意以下几点。

● 引入阶段。教师用不同的语言或方式表示即将提问,使学生做好心理准备。因此,提问前要有一个明显的界限标志表示由语言讲解或讨论等转入提问。例如:"同学们,下面我们共同思考这样一个问题……"避免先叫了学生再提问,如果先叫了学生再提问,会导致其他学生不再思考。

● 陈述阶段。提问时为了引起学生注意和听清楚教师的问题,教师的语速要适当放慢,教师清晰准确地把问题表述出来,稍做停顿,给学生思考的时间,不要提问后,马上指名叫学生回答。如果是较复杂的问题,教师预先提醒学生有关答案的组织结构。例如:"请注意,在回答这个问题时应注意以下几点……"

● 介入阶段。在学生不能作答、回答错误和回答不完全时,教师应以不同的方式鼓励或引导启发学生回答问题。例如,学生没听清题意,教师重复所提出的问题;学生对题意不理解时,教师用不同的词句重述问题;在学生回答错误时,帮助学生及时整理、纠正思路。教师尽量不要只是简单地一挥手让学生坐下,再叫另一名学生回答。

必要的追问

追问,即针对某一内容或某一问题,在一问之后又二次提问,三次提问,"穷追不舍"……追问可以

---

① 郭友. 新课程下的教师教学技能与培训[M]. 北京:首都师范大学出版社,2004:138.

避免课堂满堂问、随意问现象的出现,有效提高课堂教学效益,保障教学目标的顺利达成。追问可以细分为顺向式追问和逆向式追问。"顺向式追问是教师听了学生的回答后,发现其思考有些肤浅、粗糙、片面、零碎甚至是错误,再次发问,促使并引导学生就原来的问题进行深入而周密的思考,或由表及里,或由浅入深,或由此及彼,或举一反三,直到理解变成准确、全面、细致、深刻为止"。① 追问的价值指向学生思维的深度,要求知其一,又能知其二。"逆向式追问就是逆着学生的思维方向或知识的发生过程进行追问,即学生已经做出正确完整的回答,教师在给予肯定性的评价后,回过头来问学生是如何得出答案的,是对学生思考和理解过程,或者对学习前概念(原有基础知识的掌握状况)的追问。"②

引导学生提问

课堂教学中,有时学生往往提不出问题或没有提问题的意识,教师要引导学生敢于提问,善于提问。鼓励学生可以质疑教师的讲解,也可以质疑课本说法。在质疑解惑过程中,加深学生对知识的理解,提高学生发现问题、分析问题、解决问题的能力。如学习地图上的方向时,引导学生对南北极点上的方向进行质疑,学生提出了在两极点上指南针指向何方?

标准链接

重视问题式教学

问题式教学是用"问题"整合相关学习内容的教学方式。问题式教学以"发现问题"和"问题解决"为要旨,在解决问题的教学过程中,教师引导学生运用地理的思维方式,建立与"问题"相关的知识结构,并能够由表及里、层次清晰地分析问题,合理表达自己的观点。教师要特别关注开放性的没有标准答难的问题。

中华人民共和国教育部.普通高中地理课程标准(2017年版)[S].北京:人民教育出版社,2018.64

应对学生的提问

应对学生的提问,特别是应对学生突然提问的能力反映了教师教学的机智,如果老师能从容应对,巧妙地解答,就能赢得学生的喜爱和认可;相反,如果教师只是糊弄应付,闪烁其词,那么教师的形象就会在他们的心目中大打折扣。教师如何应对学生的提问呢?

首先,分层面多角度地解读教材文本,要打有准备之战。因为学生会在阅读兴趣、理解水平、欣赏角度等方面存在差异,所以,他们的问题也会多样化,这就要求教师在课前要针对教材作由浅入深,由整体宏观到局部细节方方面面都要设计考虑到,对学生可能问到的问题要有预想,尤其是一些重点、难点和疑点。对教材有了深入的解读,教师应该能够基本上应对学生的大部分问题。其次,了解学生。如果教师熟知学生的兴趣爱好、思想现状、思维发展水平等,就能比较容易地把握学生提问的方向和目的。如果遇到教师也不知道的问题,教师应承认自己的无知,鼓励学生寻找资料;或者教师提供几种可能的答案,鼓励学生进一步探究、实证、评估,得出正确的共识。

问题的评价

评价阶段。教师在学生回答完问题后,教师要对学生的回答做出反应,学生回答不足,给予补充;学生回答错误,给予纠正;学生回答准确,给予肯定和鼓励。在这个过程中教师应注意,对学生的评价应客观。

---

① 何美珑.追问:提高地理课堂教学效益的有效方式[J].地理教学.2007(6):15.
② 何美珑.追问:提高地理课堂教学效益的有效方式[J].地理教学.2007(6):16.

7.3.4 承转技能

承转是地理课堂教学的衔接环节,是指教师在地理课堂教学中遵循教育学、心理学、美学原理,创造性、艺术性地采取各种措施,把不同的课堂教学内容、教学环节衔接起来,促使呈现出自然、节律的美感,同时开启学生心智潜能的教学活动。

7.3.4.1 地理课堂教学中承转的功能

设计课堂教学过程如写一篇文章、谱一首交响曲,讲究承上启下、前后衔接。这其间精妙而自然的承转过渡会使教学过程环环相扣、浑然一体。地理课堂教学中承转的功能主要体现在以下两方面。

(1) 课堂美学的角度

使地理课堂张弛有道,体现韵律美

古人云:"文武之道,一张一弛。""这里的'张'在课堂教学中,一是指课堂教学内容的'展'、教学节奏的'快',课堂教学处于一种精彩生动、情绪饱满的状态;二是指学生积极动脑,师生处于一种互相配合、共通共鸣、共同完成课堂教学任务的紧张而有序的状态。这里的'弛'在课堂教学中指教学节奏加快、教学高潮过后的一段相当于'缓冲'的阶段。"[①]

学习心理学认为:人的思维具有间断性和跳跃性,而不是连续不断的;当学生头脑中出现一个思维高峰后,若能停顿3~5秒,就会出现另一个思维高峰。在地理课堂教学中,"张""弛"应当有机结合、巧妙安排,使整个教学乐章显示出跌宕起伏、抑扬顿挫的韵律美,才能提高学生的学习效率。承转环节的巧妙设置,能有效调节地理课堂教学中的张与弛,令教学呈现出韵律美。

使地理课堂教学流程自然,体现和谐美

一节地理课,从信息加工的角度分析,往往有3~5个知识组块组成。这些知识组块之间的衔接,需要有教师精心设计的承转环节来连接起来。在课堂教学中,如果教师缺乏承转环节的设计,会使教学流程生硬、呆板、无趣,因为学生在对前后知识的联系毫无认识的情况下,就被教师武断地拖入对新知识的学习之中,教学的逻辑性显得混乱,使人感觉不自然。如果教师能在知识组块之间设计精妙的过渡,会使整个教学过程严密精巧、前铺后垫、环环相扣、衔接有序,体现出课堂教学的和谐美。

(2) 学生认知的角度

激发学习的兴趣

建构主义学习观认为,学生对知识的积极自主建构,只有在学习者真正参与建构时才能发生。即,学习者对新知识的学习越是表现出强烈的求知欲,知识的自主建构越有可能成功。一个好的承转设计,例如:在讲"海陆变迁"时引用沧海桑田的故事,教师提出富有挑战性的疑问"为什么沧海会变成桑田?"极大地激发起了学生想探个究竟的强烈愿望。这种承转往往能够使学生对新的将学习的地理知识产生浓厚的求知欲、表现出由衷的喜爱,从而最大限度地处于主动激活状态——即以深层次的认知参与到知识的自主建构之中,积极动手、动脑、动口。

建立"最近发展区"

最近发展区是指儿童在成人或同伴的帮助下所能达到的水平与他在独立完成作业过程中所能达到的水平二者之间的差距。维果茨基的最近发展区理论认为教学必须走在发展的前头,为发展开路。教学要能促进学生的发展,教学内容必须定向于学生的最近发展区。地理教学中的有些内

---

① 夏志芳.地理课程与教学论[M].杭州:浙江教育出版社,2003:294.

容,学生感觉很困难。教师可以在讲这些知识之前,设计承转环节,帮助学生建立理解难点知识的"最近发展区"。

提升学习能力

"地理学习能力,是学生顺利进行地理学习时,所必须具有的能力的总和。它主要包括对地理事物观察、认识、记忆等方面的地理认知能力;在掌握地理材料的基础上,运用地理规律及理论的地理推理能力;绘制地图、图表等的地理应用能力;运用地理知识从事创造性活动的地理创新能力等。"[①]要提升学生的地理学习能力,离不开地理课堂上有针对性的、多种形式的课堂教学活动。一个重视培养学生地理学习能力的教师,是不会放过课堂上任何一个有助于培养学生地理学习能力的机会,包括对承转这一教学环节的巧妙设置。他们往往会恰到好处地利用承转环节,引导学生主动观察,积极思考、推理,动口、动脑、动手,有效地提升学生地理学习能力。

升华情感态度与价值观

地理课程标准要求地理教师在教学过程中,不仅要注重学生对地理知识的掌握程度与地理技能目标的达成度,还要关注学生的学习过程,以及在这个过程中学生非智力因素的培育和锻炼。一个好的承转设计,在潜移默化中引导着学生,同时给学生以美的、和谐的享受,能帮助学生实现情感态度与价值观目标的升华。

7.3.4.2 地理课堂教学中承转设计的类型

 随堂讨论

1. 地理课堂教学中承转的类型有哪些?
2. 地理课堂教学中承转设计应注意什么问题?

承转艺术是教学过程的艺术,"承转设计需要考虑两个因素——前后内容联系的性质、学生学习的心理状况"。[②] 结合地理教学的特点,可以将地理课堂教学中的承转设计分为以下几种。

(1) 语言承转

语言承转是教学过程中最常见的一种承转方式,"从教学组织语言的角度,承转语的类型划分为3类:直接承转语、提示承转语、提问承转语"[③]。在地理教学中常用的语言承转类型有以下几种。

关联词承转

指地理教师借助表示转折、并列、因果、递进等关系的关联词,来直接点明前后教学内容的逻辑联系,引出新的学习内容的承转方法。

疑问语承转

是指教师利用前面的教学内容,创设一个问题情境,通过教师提问或者引导学生自主发问,使学生产生认知冲突,教师抓住契机,恰到好处地将教学引入新的学习内容的策略。例如在讲"学习环境问题的表现与分布"时,教师用这样的承转,"刚才大家提到了很多环境问题,其中的绝大部分都与

---

① 刁传芳. 中学地理教材教法[M]. 北京:北京师范大学出版社,1991:48.
② 张武升. 教学艺术论[M]. 上海:上海教育出版社,1993.
③ 宋其蕤,冯显灿. 教学言语学[M]. 广州:广东教育出版社,1999:87.

人类活动有关,那么人类活动是如何引发环境问题的呢?解答这个问题,我们就要首先来分析一下'人与环境的关系'"。

诗词名句承转

地理研究内容的广泛性和生活性,在地理教学中结合具体内容,可以用一些诗词名句进行承转,这些诗词名句在引发和唤起学生对美的向往和想象的同时,也引发学生对地理学习的兴趣。例如,在讲"月球与地球的关系"时,由"月球概况"过渡到"月相及变化",可以设计这样的教学承转,"我国古代有很多诗人经常面对月亮,吟诗作对,写出了很多脍炙人口的作品,比如'人有悲欢离合,月有阴晴圆缺'等,其实这些都是根据月亮的圆缺变化而发出的人生感慨。我们把月亮圆缺的各种形状称为月相,下面我们一起来揭示月相变化规律"。

(2) 故事或案例承转

故事或案例承转比较适合于人文地理的教学内容,这些教学内容如果缺乏案例的支撑,会显得很枯燥。因此可以借助故事或案例引导学生过渡到一个个教学内容和环节。例如,在讲"工业区位的选择"时,由"工业的主要区位因素"过渡到"环境对工业区位选择的影响"时,教师可以用这样的案例:我这里有一个案例,讲了两个工厂的对比。一个是印度博尔帕农药厂,它的毒气泄漏事件造成了巨大经济损失和人员伤亡,根本原因就是由于该药厂建于城市边缘的人口密集区,选址不当所致,而美国一家相同的农药厂,虽也发生毒气泄漏,却由于建在荒原上,损失小得多。这里讲的就是环境因素在工业区位选择中的特殊作用。在这里要注意的是,案例或故事的选取必须对学生具有强烈的吸引力,能引发学生强烈的求知欲望和探究兴趣。

(3) 活动承转

活动是联系主客体的桥梁,是学生认识发展的直接源泉。教师要多创设让学生动手操作、动眼观察、动脑思考、动口表达等活动承转,最大限度地引导学生参与,以"动"启发学生的思维。教师的主导作用之一就是创设好"活动点"。例如在"大气环境保护"这节中,可以设置这样一个活动承转。请一位学生上讲台,学生的手本是干的,然后用一塑料袋包住他的双手,包牢不透风。过一两分钟后,问学生手怎么样了?学生回答:"出汗了。"然后请学生思考如果把手换成地球,那会怎么样?回答"地球出汗了!"从而转入全球变暖内容的学习。

(4) 贯穿承转

案例 7-6

"交通运输方式和布局变化的影响"承转设计[①]

【承转】便利的交通会引起人口的聚集,那么它会不会影响聚落形态的变化呢?下面我们就以我们生活的武汉市为例,看看交通运输方式的发展变化对聚落形态会产生哪些影响?

(新课学习:交通运输布局和变化对聚落空间形态的影响)

(教学过程略)

【承转】大家有没有发现这样一个现象:如果新建一个地铁口,它是不是也会带动周边的发展,比如新出现餐饮、电影院等,这些都属于什么?交通运输方式和布局除了对空间聚落形态产生影响,也会对商业网点产生影响。

(新课学习:交通运输布局与变化对商业网点分布的影响)

(教学过程略)

[①] 资料来源:摘自华中师范大学城市与环境科学学院 2017 级教育实习武汉 49 中小组教学设计。

随堂讨论

1. 这种承转类型是贯穿承转,它有什么特点?
2. 这种承转的优势是什么,在设计这类承转时应注意什么问题?

贯穿承转法是指一堂地理课中的教学内容,始终围绕着一条主线,这条主线可能是某一个地理案例或者某一个地理活动,随着地理案例的逐步呈现、学生活动的逐步深入,教学内容得以一个一个地登场,这种承转给人一种浑然一体、天衣无缝的感觉。

以上的承转类型是教师课前可以预设的,一节地理课,无论教师如何精心地预设,总有一些意想不到的偶发事件,这些偶发事件如果教师处理得当,巧妙借助一些教学资源,及时且巧妙地调整预设,可生成新的承转策略。这种策略的成功实施,需要地理教师具备高超的教学机智。这就需要加强学习与训练:多听、多看优秀教师凭借教学机智成功承转的案例,然后积极领悟、吸纳精华,并在教学中大胆模仿、积极反思、结合自身优势有所创新。

7.3.4.3 地理课堂教学中设计承转时注意的问题

针对性

承转作为引导学生由一个教学内容到达另一个教学内容的一座桥梁,它的架构若要有效,首先必须结合教学内容的逻辑联系,选择恰到好处的承转方式,也就是具有针对性。中学地理课堂教学中,各教学内容之间的逻辑关系有总分结构、对称结构等结构类型。在承转设计时,地理教师首先必须认真分析所要承转的教学内容之间逻辑关系,然后再选择适合于这类逻辑关系的恰当的承转方法,才能帮助学生认识到所学新知识与原有知识之间的内在逻辑联系,并将新知识迅捷地、自然地融入已有的认知结构,生成新的认知结构。

艺术性

要成功的实施承转,还必须追求承转这一教学要素的艺术性。它要求地理教师能有意识地按照美的规律和原则设计承转环节:首先,追求承转的自然流畅、不露痕迹,如行云流水般使教学内容环环紧扣的自然美;其次,承转是地理课堂教学中不可或缺的环节,但它毕竟不是课堂教学的最重要的环节,或许仅仅一句话,就能实现教学内容的承转,因此承转设计如果拖沓,课堂教学会喧宾夺主、不得要领;最后,通过别具匠心地承转设计,调节教学过程,使整个教学过程呈现波澜起伏的过程美。

趣味性

地理教师承转设计,力图架构一座引导学生由一教学内容进入另一教学内容的桥梁。但要使学生乐意顺着教师设置的这座桥梁进入新内容的学习,最终实现承转,那么承转的关键还在于能引起学生的兴趣。因为,一方面,只有学生对教师设置的承转感兴趣,才会表现出参与的主动性和自觉性。这正如苏联教育家乌申斯基认为的那样:"没有丝毫兴趣的强制性学习,将会扼杀学生探索真理的欲望。"无法引发学生兴趣的承转,就如同锤打着一块冰冷的生铁,难以取得理想的承转效果。另一方面,地理学以研究人类居住的地理环境及人地关系为对象,蕴涵着丰富的能引发学生学习兴趣的因素。地理教师应善于充分利用地理学科的这一特点,巧妙地创设能引发学生兴趣的情境。例如,承转中提供出人意料的地理事物,使学生好奇、惊讶,勃发认知兴趣。

创造性

在承转中教师应具有创造性。一方面,在流变状态的地理课堂上,面对随时变化、千差万别的教学对象,在一个班级适用的承转方式,在另一些班级或许就需要改变;另一方面,每一个教师个体也是不同的,这决定着每个地理教师的教学风格的差异性,因此教师将自己的承转方法年复一年地照样使用下去,或者完全照搬别人的承转设计是不明智的。教师应当以别人优秀的承转方法、自己旧的承转方法为参考,依据教学对象、教学内容、教学环境等因素的变化去创造更为有效的承转方法,从而使自己的承转方法常教常新,令自己的地理课堂教学保持常青不衰的旺盛生命力。

7.3.5 反馈技能

随堂讨论

1. 地理课堂教学中反馈的作用是什么?
2. 地理课堂教学中实现反馈的方法有哪些?

"在教学中,反馈是教师传出教学信息后,从学生那里取得有关信息反应的行为方式,是师生间相互沟通、相互作用、信息往返交流的过程。反馈技能是教师传递出信息后,利用观察、提问、讨论、练习等方式从学生那里获得有关对教学反应信息的行为方式。"[①]

7.3.5.1 地理课堂教学中反馈的功能

掌握学习的情况

在课堂教学中,地理教师要做一个有心人,留心从学生那里发出的点点滴滴的反馈信息。学生的面部表情、眼神、姿态和言语等,都是学生对从教师那里接收信息的反馈。教师通过这些反馈信息,了解到学生对教学内容是否理解、掌握,对教师教学的态度、评价、愿望和要求。教师不仅应观察学生有没有讲小话、有没有小动作这些显然学生注意力不集中的行为举止,教师更应观察的是大多数的学生,尤其是学生的面部表情和眼神,有经验的教师一站在讲台上,就能从学生的面部表情和眼神中读出学生的心理活动。学生面带微笑,眼神闪烁发亮说明其对教师的讲授感兴趣,并正听得津津有味;学生面部茫然、眼神困惑表示没有听懂教师授课的内容;学生面部不屑,眼神中带着挑衅,表示不同意教师观点。

优化教学方法

如果教师从学生那里得到的反馈信息是大多数学生不能接受教师的教授内容时,教师要考虑及时调整教学方法,换一种方法、用另一种学生能接受的方式再讲解一遍,或者停下来,问学生哪些地方不懂,为什么不懂,这种了解有利于教师及时调整教学方法。对于不同意教师观点的学生,教师可以让学生发表自己的看法,及时指出不正确的地方和不全面的地方。

调整教学进度

通过课堂教学反馈信息,教师可能发现在备课的过程中对学生知识基础、能力水平和学习习惯等方面了解的偏差,这是新手教师最需要的。有些知识也许对教师来说是很简单的,对学生来说却很困难,而另一些知识也许学生比教师了解得更深入。因此及时准确地从学生那里获取反馈信息,可以帮助教师有针对性地调节教学进度。

---

① 郭友.新课程下的教师教学技能与培训[M].北京:首都师范大学出版社,2004:46.

管理课堂秩序

教师通过观察，及时准确地了解课堂教学的反馈信息，及时调整，使教学走向有序。有经验的教师在课堂上，往往一边讲解指导学生的学习，一边有意识、有重点地观察学生，从中发现问题及时解决。如果忽视课堂反馈信息，这些信息决不会自动消失，它会越来越强烈地干扰课堂教学，教师的斥责、恼怒更是于事无补，反而会被认为是无能的表现，这样会导致课堂秩序的紊乱。

7.3.5.2 地理课堂教学中实现反馈的方法

在课堂教学中，教师获得反馈信息的方法是多种多样的，主要有课堂观察法、课堂提问法、课堂考察法等。

课堂观察法

教师在教学过程中用眼睛观察整个教室，从学生的动作、面部表情、眼神变化等情绪反应中获取反馈信息。观察的方法有以下几种：

环视法。在上课的铃声响过以后，教师喊上课之前，教师的眼睛要从教室的左前方到左后方，右后方到右前方，依次扫视，这种扫视是以眼神告诫学生一节课开始了，这种扫视在低年级和纪律较差的班级尤其需要，等课堂安静下来，教师再开始上课。

点视法。当发现某人或某个地方出现异常反应时，把目光集中投在那一点上仔细观察，及时发现问题，采取相应的措施，这叫作点视法。点视法可以及时纠正个别学生的违纪行为，而且避免伤害学生的自尊心。

课堂提问法

在课堂上有计划地提出问题，可以及时了解学生对知识的掌握情况，发现教学中存在的问题，为改进教学提供反馈信息。在运用反馈提问时，教师要注意慎重选择提问对象，为避免造成偏见，教师宜不断轮换提问对象。

课堂考察法

课堂考察的方法是多种多样的，结合地理教学的特点，在地理课堂教学中常用的考察法有演板、当堂小测验和实践操作法。

演板是教师为了从学生那里获取反馈信息，有目的地选择几个学生在黑板上回答问题，以检验学生对所学知识的掌握情况。地理课堂教学演板中应注意的问题：选择一名或几名学生在黑板上演板，教师应要求班上其他学生在座位上练习，教师巡回指导，了解情况，解决问题。不能让其他学生无所事事。发现演板有错误，可找学生到黑板上给予修改，分析错误的原因，并说明修改的理由。其余学生对照黑板上的正确答案，修改自己的答案。

教师在课堂教学中，用较短的时间进行当堂小测验和实践操作，也是检查学生对地理知识、技能、技巧的掌握情况，获得反馈信息的好方法。比如，让学生用地球仪演示地球的自转方向。用三球仪演示地球绕日公转产生四季更替现象等。在实际操作的过程中，教师仔细观察学生的操作过程，同时应要求全班同学一起观察，发现问题，及时纠正。

标准链接

> 能够运用课堂结束技能，引导学生对学习内容进行归纳、总结，合理布置作用。
> 　　　　中华人民共和国教育部.中学教育专业师范生教师职业能力标准(试行)[S].2021.

7.3.6 结束技能

结束是地理课堂教学过程中不可或缺的一个环节,运用于一节课或一部分教学内容的完成,也可以是一章节的末尾。结束让学生回忆、整理、联系已学过的知识体系,是学生知识进一步同化和网络化的过程。结束的技能是教师完成一个教学任务或活动时,为巩固和拓展学生的学习所采用的特定的行为方式。

结束是对所学知识进行回忆,并使之条理化,因此要及时归纳总结,不要拖泥带水。结束对全节内容的归纳总结要简明扼要,归纳知识的结构体系,抓住重点和关键点进行深化和升华。结束是一个获得教学反馈的重要环节,结束部分要紧扣教学目标,对学生知识与技能的掌握,情感态度的变化,方法的形成等全面检测。一节课的导入过程与结束过程应首尾呼应,前后一致,使整节课浑然一体。

7.3.6.1 地理课堂教学中结束的作用

强调重点和关键点

在一节课程或一个教学内容结束时,教师要对教学内容进行归纳和总结,这个过程不是对教学内容的简单重复,结束时尤其要强调教学中的重点和关键点,因为重点和关键点的深化与升华,是帮助学生把握问题的关键。例如在讲"长江的开发"这一节时,应重点总结出长江上、中、下游的特点与开发的关系,可以这样小结:今天我们学习了长江的概况、各段的特征以及开发利用和保护。其中特征要受到(地形、气候、植被等)多种因素的影响,同时,特征又直接影响我们的开发利用和治理保护。正因为长江是祖国第一大河,上游流经三级阶梯,使之成为巨大的"水能宝库";而中游的"曲流"和中上游的植被破坏,使防洪成为综合治理长江的首要任务。中下游流经平原地区,干支流水量大,中下游江阔水深,因而成为"黄金水道"。

构建知识体系

教师在教学结束时对教学内容进行总结和归纳,使学生对教学内容建立完整的印象,让学生对教学内容的前后建立联系,有利于学生认知体系的同化和建构,帮助学生建立完整的知识体系。

了解教与学

有时候在一节课或一个教学内容结束时,我们通过提问、练习或实践活动检测学生的学习效果。这个过程是一个强化反馈的过程,同时也是学生地理核心素养形成的过程。在这个过程中,教师可以全面地了解学生对知识思维加工的程度、技能掌握的情况和情感态度与价值观的变化,为教师实现课堂调控提供依据。

延伸拓展能力

在一节课或一个教学内容结束时,教师可以把学生学到的书本知识与学生的生活实际和生产实践联系起来,让学生感觉到学习有助于解决现实生活的实际问题,让学生学会学以致用,培养学生解决问题的能力和创造性思维的能力。

7.3.6.2 地理课堂教学中结束的类型

归纳总结

就是用总结性的语言把一节课或一个教学内容进行归纳,这个过程可以由学生独立完成,也可以让学生在教师的引导下集体完成。为了使教学内容有利于学习的深化和升华,教学过程中教师通常采用图表(地理填充图、表格、提纲等)进行归纳。

案例 7-7

"海水的温度"归纳总结设计

表 7-2　海水温度

海水热量收支			收入：太阳辐射　支出：海水蒸发
海水温度	空间变化	水平方向	由低纬向高纬递减；同纬度暖流附近水温高，寒流附近水温低
		垂直方向	随深度增加而递减，海深 1000 米以下，水温变化幅度很小，海水处于低温状态
	时间变化	季节变化	同一海区，夏季水温高，冬季水温低
		年际变化	年际变化小
对大气温度的调节作用			海水温度变化比陆地小，海洋上空气温变化比陆地上空慢

区别对比

在地理教学中，有些教学内容是相对出现的，例如气旋和反气旋、南方地区和北方地区、地球的自转和公转、冷锋与暖锋等，教师可以通过列表等形式对相关内容进行比较，可以让学生清晰地分辨事物的本质特征、区别及联系。

竞赛活动

对于一些比较枯燥无味的内容或实践性较强的内容，在结束时可以用稍长一点的时间进行有关内容的竞赛活动，使学生在活动过程中巩固知识。例如，在讲解完"中国的行政区划"后，以小组为单位开展中国省级行政单位的拼图竞赛。

练习填图

在一节课结束时，要求学生利用当堂学习的内容，解决课堂相关练习题，或者生活、生产、社会实践中的问题，或者将当堂学习的内容在地图册中填写出来，例如，在学习区域地理结束时，教师预留出 5～10 分钟的时间，让学生完成地理填充图册的要求。

悬念存疑

教学中章节之间联系紧密的内容，在前一部分内容结束时，可以总结出几个问题让学生思考，为下一节的教学起到"伏笔"的作用。

学习实践

1. 选择高中地理一节课的内容（包括地理事实、地理概念、地理原理、地理成因、地理规律等），设计 30 分钟左右的微型课，在设计中注意导入、讲解、提问、反馈、结束等课堂教学推进环节的设计。
2. 以小组的形式展示这节课，并进行小组评价和个人总结。

7.4　地理教学"三板"技能

关键术语

◆ 板书技能　◆ 板图技能　◆ 板画技能　◆ 板书原则　◆ 板书注意问题　◆ 板书布局

随堂讨论

1. 有人说板书设计是"凝固的语言",应如何理解?
2. 板书设计是"微型的教科书",说明了什么?

7.4.1 "三板"概说

7.4.1.1 "三板"的概念

地理课堂教学中的"三板"指的是板书、板图和板画,它是一个合格的地理教师必备的地理教学技能。板书有利于学生理清课堂教学的逻辑思路和知识体系,板图是从地理教学的第二语言——地图中提炼加工而来,相对于地图来讲,更简洁凝练,板画则更直观形象。地理"三板"在地理课堂教学中相互补充、相互完善,体现了地理课堂教学板书的独特性和完美性。

地理板书技能是指地理教师根据教学目标,在钻研教材的基础上精心设计,利用黑板以凝练的文字语言、图表和符号等形式,传递教学信息的教学行为方式。在当前无论是以黑板为主要文字、图像载体的传统的教学设施环境,还是计算机多媒体进入教室的现代教学设施环境,板书的设计和使用都是地理教师必须掌握的基本功。

7.4.1.2 "三板"的功能

地理"三板"是地理课堂教学艺术的重要部分,是地理教师运用书面语言进行教学的有效方式。经过精心设计的地理"三板",能够突显地理教学内容的精华,构成地理知识的骨架。"在教师看来,经过精心设计的'三板'是课堂教学内容的浓缩,同时也可以作为教师调控教学进程的手段,成为联系师生双边互动的纽带。"[①]在学生眼中,"三板"是一堂地理课的精华,对他们理解和掌握地理知识,构建地理心理地图、发展地理思维和地理实践能力起到促进作用。

 学习卡片

心理学研究表明,人大脑中所储存的信息,通过各种感官学习概率是不同的(见表7-3)。

表7-3 通过各种观感的学习比率

人的感觉器官	视觉	听觉	嗅觉	触觉	味觉
在学习中的比率	83.0%	11.0%	3.5%	1.5%	1.0%

辅助口头语言传递信息,增强语言表达效果

教学语言是课堂交流教学信息的主要方式,但它转瞬即逝,不宜长期记忆。"三板"是教师口头语言提纲挈领的书面表达形式,课堂教学的重要组成部分,是传递教学信息的有效手段,在教学中它有增强语言效果、加深记忆的作用。

板书和诉诸听觉的有声语言是相辅相成,可弥补语言表达不足。板书通过学生的视觉器官来传递

---

① 陈澄.地理课堂教学技能训练[M].上海:华东师范大学出版社,2001:105.

信息,伴随着口头讲述,以形象的结构造型、简要的语言信息、多样的符号参与,不同的色彩标志和各种字体的编配,给学生感官以强烈的、多方面的刺激,强化了直观形象,由此产生了积极的教学效果。

突出重点难点,揭示知识的内在体系

"三板"是围绕着教学目标和教学内容而设计的,它的主要意图是揭示教学的结构体系和知识之间的内在联系,板书对教学内容具有高度的概括性,它能条理清楚、层次分明地提示一节课的教学内容,一节课的内容通过板书可以一目了然。好的板书则能对教学内容删繁就简,抓主剔次,把教学重点、难点和知识点,串珠成线,结线成网,形成结构,使学生一目了然。

启发学生思维,利于培养学生的地理技能

"三板"上的图表或符号等地理图像信息是地理教学的第二语言。教师运用"三板"进行信息的转换,使学生不仅获得知识,还获得转换信息的方法能力,并在直观的基础上,帮助学生构建心理地图。"例如在学习非洲气候时,学生通过'三板'不仅获得非洲气候类型分布图这样的图形信息,还掌握气候分布原因分析的方法,分析问题能力得到提高的同时,构建了非洲气候类型的心理地图。"并且地理课堂教学中的"三板",可以帮助教师设疑、提问、分析、归纳,帮助学生积极地思维,从而达预期的教学效果。

形式优美、设计独特的"三板"具有激发学生兴趣,启发思维的作用。独具匠心的"三板"设计,能引起学生的浓厚兴趣,给学生以美的享受,有的甚至使他们终生难忘。

便于学生课堂记录课后复习

教学"三板"不是教材标题的重复或课文内容的摘录,而是对教学目的、教材内容及知识结构、教学手段的艺术概括。它作为符号,可以贮存信息,学生课内根据板书进行记录记忆,节省笔墨、节约时间,无须花更多的精力去对老师讲解的内容进行概括取舍,省时又省力。另外,有了板书记录,学生课后可进行知识的扩充、联想、分析,同时对照教科书、地图进行复习,条理清楚,利于加深理解、巩固所学知识。

7.4.2 板书技能

地理教师在教学实践中创造了丰富多彩的板书类型,但基本上可以归结为主板书和副板书,主板书也叫基本板书和中心板书。它是体现地理教学目的与教学内容内在联系的重点、难点、中心和关键的板书,是能反映地理教学内容的结构及其表现形式的板书。[①] 副板书是对主板书的补充和辅助,具有一定的随机性。

7.4.2.1 纲目式板书

这是最常见的板书形式,主要以文字为主,按教师讲解的顺序,把教学内容纲目化,分层次,简要地在黑板上列出。这种形式的板书要点突出、层次分明,便于学生抓住要领和掌握知识体系。

7.4.2.2 结构式板书

这种板书将教材内容梳理成互有联系、组织成统一整体的知识结构体系,称结构式。它利于突出地理事物和地理要素之间的相互联系、逻辑关系,具有高度的概括性和直观性,同时便于学生理解、记忆,提高其综合分析问题的能力。例如,"影响工业布局的经济因素"可梳理成如下的形式:

---

① 陈澄. 地理课堂教学技能训练[M]. 上海:华东师范大学出版社,2001:106.

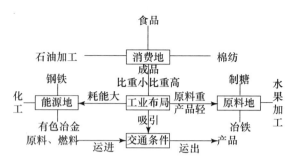

图 7-3 影响工业布局的经济因素

7.4.2.3 表格式板书

根据教学内容可以明显分项的特征或对比性要求而以表格形式设计的板书,这种板书通过师生互动,提炼出简练的词语填入表格,条理清楚,对比性强,简洁易懂,既利于学生掌握,又整齐美观。

案例 7-8

"冷锋与暖锋的比较"表格式板书设计

表 7-4 冷锋与暖锋的比较

	冷锋	暖锋
定义	冷气团主动向暖气团移动	暖气团主动向冷气团移动
降水区域	锋后	锋前
过境前	暖气团控制 温暖晴朗	冷气团控制 低温晴
过境时	阴天,下雨,降温,大风	连续性降水
过境后	气温下降,气压上升,天气转晴	气温上升,气压下降,天气转晴
实例	寒潮 北方夏季的暴雨 沙尘暴	
谚语	一场秋雨一场寒	一场春雨一场暖

7.4.2.4 图示式板书

这种板书将文字和地理略图或地理示意图有机地结合起来,以图配文,图文并茂,以文释图,形象直观,有利于培养学生的观察能力和读图分析解决问题的能力。如图 7-4"人类与环境的相互作用"可板书如下。

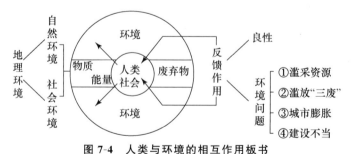

图 7-4 人类与环境的相互作用板书

7.4.2.5 综合式板书

地理教学的内容是复杂多样的,要上好一节课,单纯使用某一种板书往往是不够的,有许多时候需要把两种或两种以上的板书形式结合起来使用才能完成教学,达到最佳教学效果。这就形成了综合性的板书。

7.4.3 板图技能

板图是教学过程中涉及地理事物的空间分布、结构特征和变化过程时,地理教师用简易的笔法把复杂的地理事物、地理过程和地理分布,边讲边用线条图迅速绘制成简略的黑板图。板图抓住了地理事物的本质特征,具有简洁明了、形象鲜明、重点突出的特点。同时教师运用板图边讲边绘,将学生的视觉和听觉同时调动起来,在启发学生积极思考的过程中帮助学生形成地理事物的空间分布,发展学生的空间思维能力和想象能力。对于较为复杂的板图,也可以课前画在小黑板上,在教学过程中根据需要呈现出来。地理板图主要有以下几种类型。

7.4.3.1 几何略图

几何略图是用圆形、三角形、梯形等几何图形表示某一地理事物或某一地区的轮廓,是最简单的表示地理事物及其分布的方法。最基本的几何略图主要有地球和世界大陆轮廓图。

地球的画法。用拇指和食指握住粉笔的一端,在黑板上点一点为圆心,以小拇指的指尖按住黑板上的圆心,旋转手腕画圆,然后再补充主要的经线和纬线。能精确快速地画出以上图形是地理教师最基本的基本功。

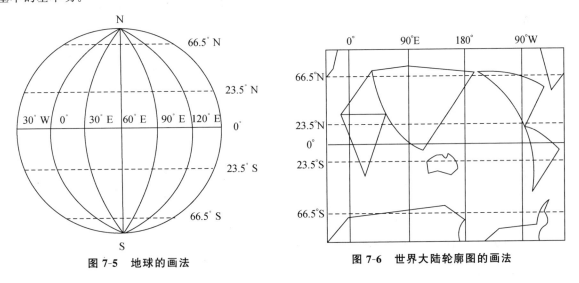

图 7-5 地球的画法　　　　图 7-6 世界大陆轮廓图的画法

世界大陆轮廓图的画法。用六个大小不等的三角形表示世界六大洲(南极洲除外),画时应注意用赤道、南、北回归线等重要的纬线作为控制,并注意各个部分之间的相对大小及相互位置关系。

7.4.3.2 折线图

折线图是不计细节的地理板图,在抓住特征的情况下突出重点,舍去原图轮廓中的小弯曲,用简易的折线方法构成的略图。在地理教学中,对地理区域轮廓形状和区域相对位置的展示,往往用折线图法。例如在学习澳大利亚的位置、地形等内容时,可以先用折线在黑板上迅速画出澳大利亚的轮廓,然后边讲边填写具体的内容。

图 7-7 澳大利亚折线黑板略图

图 7-8 中国轮廓示意图

7.4.3.3 曲线图

曲线法是较难掌握的绘制黑板略图的方法,它要求教师在对地理事物的形状、比例及位置关系有准确、清晰的认识情况下,教师在舍去原图小弯曲的基础上,用一些弯曲自然的曲线绘制略图的方法。在绘画过程中,教师脑海中应形成一幅事先已设计好的图画,抓住其形象特征,对顺利作图大有益处。初画折线图时,为了较为精确地绘图,可以在添加一些辅助线作为骨架控制的基础上,以曲线的形式逐段雕琢。

7.4.4 板画技能

板画是指根据课堂教学的需要,地理教师在黑板上迅速画出地理事物的素描图,它要求地理教师抓住地理事物的特点,用最简练的笔法迅速地绘制。地理板画要求线条流畅、简练、清晰;色彩鲜明、爽目;富于表现性,使人看之悦目。切忌支离破碎,随手乱画,为此必须做好原图的简化工作。地理课堂教学板画主要有以下几种类型。

7.4.4.1 形态画

形态画是以素描的形式表现主要地理事物和现象的外部形态,如新月形沙丘景观图、热带海岸风光和沙漠中的植物等均可形态画表现,如图 7-9 至图 7-11 所示。

图 7-9 新月形沙丘

图 7-10 热带海岸风光

图 7-11 沙漠中的植物

7.4.4.2 过程画

在地理教学的过程中,往往需要表现地理事物的演变过程,这就需要地理教师用简单的笔法展示地理事物和现象发展变化的各个阶段。例如图7-12月相变化过程图。

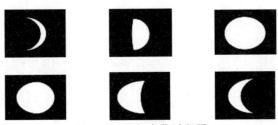

图 7-12　月相变化过程图

7.4.4.3 动态画

动态画是用简易的笔法显示地理事物的运动变化过程,教师在运用动态画的过程中,要边讲边画出事物运动的过程,要画出动感来。例如,图7-13,图7-14冷暖锋形成过程示意图。

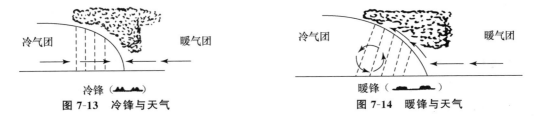

图 7-13　冷锋与天气　　　　　　　图 7-14　暖锋与天气

7.4.5　地理"三板"设计应注意的问题

深挖教材,把握重点

板书是学生掌握教材的凭借,巩固知识的依据。因此,教师的板书设计,应在十分准确地掌握了教材基本观点的基础上进行。要力求向更深层次奋力挖掘,使认识达到更高的层次。设计应遵循教材的逻辑顺序,紧紧把握教学内容的重点和难点。一般说来,应抓住以下重点内容:第一,能引导学生思路发展的内容,如必要的标题、问题的衔接和核心点。第二,能引导学生由形象思维向抽象思维过渡的内容。第三,能使学生产生联想、便于记忆的内容等。

掌握情况,有的放矢

要设计好一堂课的板书,必须掌握学生的状态,了解他们的知识水平和接受能力。不然,设计出的板书就不会发挥很好的作用,勉强使用也不会得到好的效果。

主辅相随,紧密结合

系统性板书与辅助性板书应紧密结合。系统性板书是板书的主体,辅助性板书为系统性板书奠定基础。二者相辅相成,密切结合才能收到好的效果。

语言准确,启发性强

教师板书的语言要确切、精当、言简意赅、一目了然,给人以凝练之感,能起到"画龙点睛"、指点引路的作用。

内容完整,条理系统

有些板书虽是在授课过程中不规则地间隔出现的,但最后要形成一个整体。一堂课的板书,应是对该堂课讲述内容的浓缩,内容应完整系统,以便学生在课后利用板书的章、节、目、条、款,进行归纳小结,收到再现知识、加深理解、强化记忆的效果。

学习实践

1. 开展经常性的书法练习,举行一次书法比赛活动。
2. 经常练习用曲线法画中国轮廓图,用几何法画世界大洲轮廓图。
3. 选择地理教科书中一节课的内容,尝试进行"三板"设计,在小组内展示,并进行评价修改。

7.5 计算机辅助地理教学运用技能

关键术语

◆ 地理教学　◆ 现代媒体　◆ 信息传播　◆ 情景创设　◆ 教学互动　◆ 教学效率

标准链接

> **深化信息技术应用**
>
> 信息技术的发展和应用是地理教学改革的助推器,对改变学生学习方式和教师教学方式,帮助学生享有公平而有质量的地理教育具有重要作用。借助大数据、人工智能、"互联网+"等信息技术的学习,是面向未来的学习方式之一,为学生提供自主学习、探究学习和合作学习的开放空间,促进地理学习的拓展和深入。借助信息技术,教师还可以改变评价方式,使评价更有针对性、即时性、互动性,更好地发挥评价对学生个体指导的作用。
>
> 中华人民共和国教育部.普通高中地理课程标准(2017年版)[S].北京:人民教育出版社,2018.

随堂讨论

1. 结合地理课堂教学实践或以一节录像课为例,讨论计算机辅助在地理课堂教学中的作用和地位。
2. 是不是所有的地理课堂教学都适合用于辅助教学?地理教学中的哪些内容适合用现代媒体?在运用现代教学媒体时应注意哪些问题?

地理课堂教学使用的现代媒体又叫电子技术媒体,具体可以分为以下几类:第一,电声类地理教学媒体。第二,电光类地理教学媒体。第三,影视类地理教学媒体。第四,计算机多媒体。计算机多媒体能将以上四种媒体有效地整合起来,具有速效、动态、互动、广泛、适宜个体需求等特点。由于计算机多媒体具有巨大的整合功能,因此,越来越多地运用到辅助地理教学中,甚至有逐步取代其他媒体的趋势。从计算机多媒体在我国教学中的发展阶段来看,它在地理课堂教学中的地位是处于辅助地理教学的地位,也就是我们习惯上称的"CAIG"。

7.5.1 计算机辅助地理教学的作用

地理科学是一门研究人类赖以生存和发展的地理环境以及人类与地理环境关系的学科,它是一门综合性学科,它研究的领域十分广阔,既有浩渺的宇宙,也有我们身边的事物。它研究的地理环境是各种自然和人文要素组成的复杂系统,而表现地理事物的广域性和复杂性正是现代教学媒体所擅长的。

7.5.1.1 增强学生对地理事物的感性认识

常规教学媒体是建立在教材、地图、地球仪和自制一些模具的基础上的,它们在帮助学生形成地理事物和区域特征的直观认识上起到一定的作用,但在表现地理事物的运动变化过程时往往捉襟见肘,而现代教学媒体可以把大量运动着的材料,比如天体运动、火山喷发、泥石流等各种自然现象显现在学生面前。还可以通过停放、慢放和重放等操作,使复杂的运动过程或物质结构,得到清晰的呈现、重现,以帮助学生建立清晰的感性认识,从而达到更好的教学效果。

7.5.1.2 丰富和深化教学内容

认知心理学,认为学习就是一个信息加工的过程,学习者将知识以信息的形式进行分解、加工、记忆,最终使个体获得知识并贮存在记忆中,这就是信息加工学习理论的原理(见图7-15)。

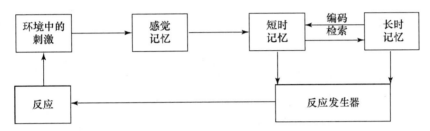

图7-15 信息加工学习理论的模型

由于地理事物的广远性、复杂性、综合性,学生难以进行广泛的观察和深入的体验,这样不利于学生对地理概念的掌握和地理原理的理解。而现代地理教学媒体不受时间与空间、宏观与微观的限制,利用现代教学媒体的声像效果,可以改进地理教学信息传递方式,特别是多媒体技术,它将多种媒体形式集成于计算机,它能提供多种文字信息(文字、数字、数据库等)、多种声音信息(语音、音乐、音响等)、图像信息(图形、图像、动画、视频等)的输入、输出、传输、存储和处理,使信息在传递过程中表现的图、文、声、像并茂,使信息更有效地到达学生的感官。帮助学生建立地理事物、形象、情景、过程、分布、联系等的联系,使学生可以生动、形象、直观、具体地感知和认知地理事物,理解地理理性知识,丰富和深化教学内容。

7.5.1.3 激发学生求知兴趣

多媒体可以创设出一个生动有趣的教学情景,它化无声为有声,化静为动,化遥远的过去为眼前的现在,使学生进入一种喜闻乐见、生动活泼的学习氛围,充分利用多媒体的这一优点,可以培养和激发学生学习地理的兴趣。例如在高中地理教材中,关于洋流中的"密度流"的教学,书中仅仅有"密度流"的概念和一个图片,我们将这个图片充分利用起来,将第二次世界大战时期发生在直布罗陀地区一个德军利用密度流悄悄通过盟军封锁线的故事改为Flash动画的形式展现给学生,很好地激发了学生认知兴趣和求知欲。

7.5.1.4 转变地理学习方式

中学阶段的学生特别是初中阶段的学生特别好动,对新鲜事物和技术都很感兴趣,喜欢观察而不愿意长时间坐着被动听教师讲解。多媒体的引入,以动代静,表现力极强,给学生提供了一个轻松的学习环境,特别是通过人机交互实现"人机对话"功能,高度交互,信息量大。多媒体信息的非线性组织结构和立体信息空间,有利于实现个性化、多层次、创造性的学习目标。它可以营造出一个充满创造性的学习过程,可真正实现因材施教和在课堂教学中的教师为主导,学生为主体的教学原则。这些特点使课堂教学可大大缩短教学时间,提高教学效率。

7.5.1.5 提高地理教学效率

在地理教学中使用现代媒体,让学生通过观察认识到地理事物的复杂性,可以帮助学生建立空间概念,发展想象思维能力和立体思维能力,在帮助学生建立地理事物空间关系和心理地图方面都具有积极的意义。与此同时,使用现代媒体教学,提高了单位时间内地理教学信息传递的数量和学生掌握知识、开发智力的速度,比如中学地理教学中的诸多重点和难点,综合利用现代教学媒体的优势,则可化难为易、化繁为简、化深为浅、化抽象为具体,大大缩短认知过程,可以使学生地理学习兴趣浓、易接受、理解快、掌握牢,学得生动活泼、灵活有趣,有利于提高教学效率。

 学习卡片

计算机辅助教学常用软件

Flash 是由美国 Macromedia 公司开发的一款矢量动画制作的软件,具有操作简单、易学易用、体积小、可嵌入字体等特点,还能将声音、视频和动画融合一体,具有强大的交互功能等特性。

Google Earth 如一个立体的地球仪,可以通过鼠标转动地球缩放地图,看到世界各地不同类型丰富多彩的地物,大到海陆山川的分布,小到某个城市街道上的一辆车都可以尽收眼底。同时 Google Earth 通过图层(Layers)面板叠加了丰富的地理信息,我们可以有选择地控制 Google Earth 显示的共享地标,并把感兴趣的地标添加到自己的收藏夹。

7.5.2 计算机辅助地理教学的运用

7.5.2.1 计算机辅助地理教学(CAIG)的内容选择

地理课堂教学中现代媒体是处于辅助地理教学的地位,在选择时,必须充分考虑到计算机多媒体的特性,考量计算机多媒体适宜表现的内容,以下为计算机多媒体的技术特性和教学专业特性。

表 7-5 现代媒体的技术特性和教学专业特性①

计算机多媒体的技术特性	表现力	真实性+ 生动性+ 深入性+	再现力+	传播面-	参与性+	受控性	难易程度+ 灵活性+
计算机多媒体的教学专业特性	地理事实	景观 H 分布 H 过程 H	理解概念原理 H	地理技能 H		地理问题解决 H	

(说明:"+"表示"较强""较大""较易"等积极方面;"—"表示"较弱""较小""较难"等消极方面;"H"效能高)

---

① 陈澄.地理教学论[M].上海:上海教育出版社.1999:163—165.

随堂讨论

地理教学中的哪些内容适宜于计算机多媒体辅助教学,为什么?

7.5.2.2 CAIG 的目标分析

主要包括以下内容:第一,确定课件的课题和教学目的;第二,确定使用对象;第三,列出使用本课件的行为目标;第四,写明课件类型和预计的使用状况。

7.5.2.3 CAIG 的教学设计

教学设计即确定具体教学内容和学习过程。即决定怎样教,实质是教学材料的准备、教学方法的选择和教学顺序的安排。

(1) 教学材料的准备:完成学习任务必需的材料和扩充材料。说明地理概念、地理原理的实例。

地理图像:地图、图表、景观图、实物图等。

地理动画、习题及答案等。

(2) 教学方法的选择:指每个具体概念、现象、原理的教学方法。不是在课堂上使用课件的整体方法。如文字解释法、读图分析法、图像演示法、游戏法、模拟法。

(3) 教学顺序的安排:比较自由,允许学生在一定范围内自由选择学习某些内容和学习顺序。小范围的学习范围的安排要符合学科的内在联系,也要便于学生的学习,特别是电子课本式课件包含较多的学习顺序问题。

(4) 步骤:

列出课件中的教学要点以及每个教学要点准备选用的材料类型和数量。

理清教学设计的基本思路。

明确教学要点的实现方法。

7.5.2.4 CAIG 的脚本设计

脚本设计的任务是向程序设计人员提供明确的、可以用计算机实现的教学内容、方法和过程,提供课件的结构及每一幅画面的安排,并向程序设计人员提出具体的设计要求。

脚本设计主要包括以下内容:课件名称、课件教学内容(课题)、课件教学目标、教学的重点和难点、课件的使用对象、使用该课件应该具备的背景知识、课件类型、使用课件可以解决的教学困难、脚本作者以及完成日期。

脚本设计还包括结构设计、版面设计和问题设计。结构设计是把课件各部分之间的关系按某种顺序用图示的而非文字描述的方法表现出来。即画出该课件设计的流程图。计算机所展示的版面设计,即脚本的设计要落实到每幅屏幕显示是什么样子的,包括图像信息、文字信息、流向指示等。问题设计包括题目的类型、提问的内容、标准答案、对学生答题的反应。人工智能软件还要设计计算机对学生回答的诊断和处理。

7.5.2.5 CAIG 课件制作过程

课件的制作过程主要是展现课件制作者制作的顺序,写课件的制作过程有利于训练和帮助课件制作者整理思路。对于初学者这一环节尤为重要。下面案例 7-9 是"大气的组成与垂直分层"课件的制作过程。

案例 7-9

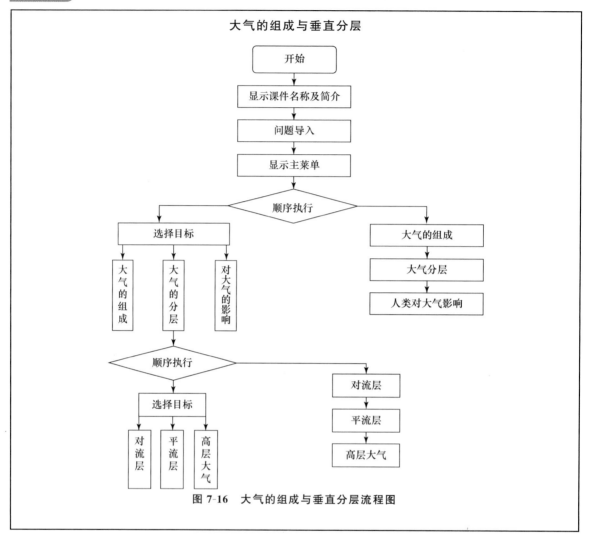

图 7-16 大气的组成与垂直分层流程图

1. 制作课件的大概框架：背景、按钮及导入。
2. 制作本节课的文字内容，并在版面中为动画演示设好合适的空间。
3. 分别制作课件需要的动画（分层的演示动画和电离层反射电磁波的动画）。
4. 把动画加入课件的框架中。
5. 调试修改课件。

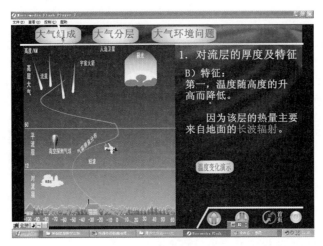

图 7-17　大气的组成与垂直分层动画中的一帧

7.5.2.6　CAIG 课件使用说明

CAIG 课件使用说明是为用户提供明确的学习目标、学习意义、关于课件的框架知识、课件所反映的教学思想和教学建议、必要的背景知识和资料来源、程序运行的基本原理和控制方法等。

课件使用说明书的主要内容包括以下几方面：

第一，简介。课件内容；课件使用对象；课件教学目的；课件内容安排；课件设计特点等。

第二，程序运行。如何操作计算机运行程序，包括：操作计算机的基本方法；如何控制学习内容；出错后如何处理。

第三，资料说明和教学建议。资料的来源或出处；课件中所使用图像的原图、所依据的原理和计算所运用的公式等；与课件有关的背景知识。

第四，使用课件建议。怎样运用课件达到教学目标、怎样充分利用课件为教学服务，怎样组织学习形式，怎样补充学习材料等。

7.5.2.7　深化信息技术应用

信息技术的发展和应用是地理教学改革的助推器，对改变学生学习方式和教师教学方式，帮助学生享有公平而有质量的地理教育具有重要作用。借助大数据、人工智能、"互联网＋"等信息技术的学习，是面向未来的学习方式之一。为学生提供自主学习、探究学习和合作学习的开放空间。促进地理学习的拓展和深入。具体方式可以有基于网络的项目学习，基于全媒体资源的探究学习，基于大数据的模拟学习，基于即时反馈的互动学习，基于虚拟现实技术（VR）、增强现实技术（AR）的学习等。借助信息技术，教师还可以改变评价方式，使评价更有针对性、即时性、互动性，更好地发挥评价对学生个体指导的作用。[①]

学习实践

1. 以小组为单位，开展模拟地理课堂教学实践活动。
2. 观看自己的教学录像资料，对老师和小组同学提出的意见进行反思，并改进。

[①] 中华人民共和国教育部.普通高中地理课程标准(2017 年版)[S].北京：人民教育出版社，2018.67

本章小结

1. 地理教师的教学技能主要包括地理教学语言技能、地理课堂教学推进技能、地理"三板"技能和现代媒体运用技能。
2. 地理课堂语言技能主要有口语表达技能和体态语言技能构成。
3. 地理课堂教学推进技能主要由导入技能、讲解技能、提问技能、承转技能、反馈技能和结束技能构成。
4. "三板"技能是富于地理特色的课堂教学技能,"三板"的设计和运用是地理教师必备的基本技能。
5. 现代媒体运用技能主要是运用计算机辅助地理教学的技能,也是培养学生地理信息素养的重要途径。

拓展研究

1. 到中学去听几节地理课,了解新手教师、经验丰富的教师和专家型教师地理教学技能的运用情况。
2. 2005年6月全球著名的搜索引擎公司Google推出了Google Earth系列软件,Google Earth是一款虚拟的地球软件,它以三维地球的形式把大量的卫星照片、航拍照片和模拟3D图像组织在一起,使用户可从一个全新的角度来浏览地球。试用Google Earth探索星空,找到北半球中纬度地区的主要星座。

网络链接

北京地理教学资源网 http://zxdlo.bjedu.gov.cn
人民教育出版社 http://www.pep.com
地理教与学(佛山) http://dili.fsjy.net
中国地理课程网 http://geo.cersp.com

参 考 文 献

[1] 陈澄.地理课堂教学技能训练[M].上海:华东师范大学出版社,2001.
[2] 陈澄.地理教学论[M].上海:上海教育出版社,1999.
[3] 夏志芳.地理课程与教学论[M].杭州:浙江教育出版社,2003.
[4] 郭友.新课程下的教师教学技能与培训[M].北京:首都师范大学出版社,2004.
[5] 荣静娴,等.微格教学与微格教研[M].上海:华东师范大学出版社,2000.
[6] 胡淑珍.教学技能[M].长沙:湖南师范大学出版社,1999.
[7] 张武升.教学艺术论[M].上海:上海教育出版社,1993.
[8] 宋其蕤,冯显灿.教学言语学[M].广州:广东教育出版社,1999.
[9] 金正扬.中学地理教学探索[M].上海:上海教育出版社,1984:12.
[10] 张宝臣,张玉森,王秀兰.课堂教学艺术[M].哈尔滨:哈尔滨工业大学出版社,1994.
[11] 何美珑.追问:提高地理课堂教学效益的有效方式[J].地理教学,2007(6).
[12] 金永福,郭伟其.Google Earth在海域使用现状调查中的应用初探[J].海洋信息,2007(1).
[13] 林培英,朱剑刚.计算机辅助地理教学[M].山东:山东教育出版社,2001.
[14] Rubenking Janet. Journey to the Center of Google Earth[J]. PC Magazine, 2005.
[15] 中华人民共和国教育部.普通高中地理课程标准(2017年版)[S].北京:人民教育出版社,2018.
[16] 中华人民共和国教育部.中学教育专业师范生教师职业能力标准(试行)[S].2021.

第 8 章　地理教学评价

> **本章概要**
>
> 地理教学评价是地理教学的重要组成,它贯穿于整个地理教学过程中。本章主要阐述新课程地理教学评价、地理学习评价、地理试卷编制与地理教师评价等四方面内容。包括地理教学评价的含义、功能,地理新课程评价的理念、类型、方法;地理学习评价的主体、内容与方法;地理测验试卷编制的基本程序、基本技术,常见地理测试类型的设计、地理试卷的分析技术;地理教师评价的内容与方法、发展性地理教师评价的内涵、内容与基本要求等。

> **学习目标**
>
> 通过本章学习你可以
> 1. 说出地理教学评价的含义与功能;
> 2. 解释地理新课程评价的基本理念;
> 3. 掌握地理新课程评价的主要方法;
> 4. 简述地理试卷设计的步骤与方法;
> 5. 说出地理教师发展评价的内涵,明确其基本要求。

8.1　新课程地理教学评价

> **关键术语**
>
> ◆ 地理教学评价　　◆ 新课程评价理念　　◆ 评价类型　　◆ 评价方法

地理教学评价是地理教学的重要组成,它贯穿于整个地理教学过程。为了充分发挥地理教学评价的功能,促进学生全面发展,促进地理教师专业成长、提高地理教学能力,保证地理新课程目标的实现,新课程提出了全新的评价理念,倡导采用多样的评价方法。

8.1.1　地理教学评价的含义

迄今为止,关于地理教学评价的定义还未统一。《地理课程与教学论》定义为:"以地理教学目标为依据,运用一切可行的科学方法系统地搜集信息,对地理教师教地理的理念、策略、方法与学生学地理的认知、技能、情感态度与价值观变化进行判断的过程。"[1]《新编地理教学论》定义为:"通过一定的方法或手段,系统地搜集、分析、整理信息资料,根据一定的教育价值观或地理课程目标,对地理教学的要素、过程与结果进行价值判断,从而为不断完善自我和教学决策提供依据的过程。"[2]《地理新课程测量评价》定义为:"根据一定的地理教育目标,运用多种科学可行的方法或手段来系统地搜集、分析、整理信息资料,对地理教学活动中的对象、过程以及结果进行价值判断,从而为学生全面发展和教

---

[1] 夏志芳.地理课程与教学论[M].杭州:浙江教育出版社,2003:321.
[2] 陈澄.新编地理教学论[M].上海:华东师范大学出版社,2007:176.

育决策服务的过程。"①地理教学评价的对象既有学生,也有地理教师。

综合以上各种定义,我们认为地理教学评价的定义可以表述为:地理教学评价是根据一定的地理课程目标和地理教师工作职责,运用多种科学可行的方法或手段系统地搜集、分析、整理信息资料,对地理教学活动中的要素、过程以及结果进行价值判断,从而为学生全面发展、地理教师专业发展和地理教育改革发展,提供服务和决策的过程。

8.1.2 地理教学评价的功能

8.1.2.1 促进地理教师专业发展的重要途径

(1) 引导地理教师树立正确的教学观

地理教师是否具有正确的教学观,直接影响着地理教学质量的提高和教学方向。地理教师的教学行为在一定程度上反映了他的教学思想与教学观念。透过地理教师对地理教学目标的设计、教材的分析与组织、教学方法的运用、教学媒体的选用、地理教学过程的设计与调控等外显的教学行为,可以评价其地理教学思想与教学观念。通过地理教学评价可以引导地理教师树立正确的教学观。

(2) 促进地理教师提升地理教学水平

科学合理的教学评价,可以准确及时地为地理教师提供反馈信息,根据这些信息,可以发现地理教学中的问题和不足,适时地调整教学进度,改革教学方法,革新教学手段,从而提升地理教学水平,提高地理教学质量。

(3) 促使地理教师参与地理教学改革

地理教学评价对地理教学具有导向功能。科学的评价标准可以使地理教师有意识地在教学目的的设置、教学计划的编排、教学方法的运用以及教学媒体的选用等方面进行改革,可以带动地理教师进行科研探索。

8.1.2.2 促进学生不断发展的重要策略

(1) 促进学生改进学习

"学生的学习效果常常受到诸如学习态度、学习方法、学习目标、学习能力等多方面因素的影响,通过评价,可以使学生对自己的学习成效有所了解,从而判断其学习方法是否正确,学习目标是否切合实际,自己还应再做哪些努力。"②通过教学评价,可以促进学生改进地理学习方法,端正学习态度,确立进步目标,最终达到预期的学习目的。

(2) 鼓励学生全面发展

地理教学评价对学生的地理学习方向也有导向功能。地理新课程教学评价不仅关注学生地理基础知识与技能的理解和掌握等认知发展的水平,更关注学生创新意识和实践能力等方面的进步和变化,以及学生在地理学习过程中表现出来的地理审美情趣和鉴赏力、求真求实的科学精神和态度、对环境和社会的责任感等。全面化的评价内容和方法可以鼓励学生的全面发展。

随堂讨论

1. 结合地理教学事件,说明地理教学评价的基本功能。
2. 结合自己的地理学习(教学),说明地理教学评价对你的影响。

---

① 段玉山.地理新课程测量评价[M].北京:高等教育出版社,2003:4.
② 同上书,114.

8.1.3 地理新课程评价基本理念与取向

8.1.3.1 地理新课程评价基本要求

新的地理课程标准提出了全新的和带有明确指向性的评价要求。《义务教育地理课程标准(2011年版)》评价要求指出:地理学习的评价,既要关注学习结果,也要关注学习过程,以及情感、态度、行为的变化。实现评价目标多元化、评价手段多样化、形成性评价和终结性评价并举、定性评价和定量评价相结合,创设一种"发现闪光点""鼓励自信心"的激励性评价机制。

《普通高中地理课程标准(2017年版)》的实施建议中强调开展思维结构评价和关注表现性评价。思维结构评价关注学生地理学习中表现出来的思维结构的个体差异,有助于教师把握不同学生的学习状态,使后续的教学设计能够更有针对性地促进学生地理学科核心素养的形成。表现性评价是指对学生在真实情境中完成某项任务或任务群时所表现出的语言、文字、创造和实践能力的评定,也指对学生在具体的学习过程中,所表现出的学习态度、努力程度以及问题解决能力等的评定。表现性评价比较适合于评定学生应用知识、整合学科内容,以及决策、交流、合作等能力,是一种适合评价学生核心素养发展的方法。

8.1.3.2 传统地理教学评价的弊端

(1) 评价重心偏离

传统的地理教学评价以终结性评价为主,过于强调以地理知识表征为主的学业成绩,过于强调对地理学习结果的评价,而"对学生参与地理学习过程的积极性、主动性、创造性等的评价不够,更看不到学生内心演变的过程"[1]。

(2) 评价内容片面

传统的地理教学评价过分重视地理学习中的知识、技能因素,忽视了学习中的能力、素养;重视地理书本知识,忽视了学生的生活体验和经历。

(3) 评价主体单一

传统的地理教学评价只有地理教师对学生的评价,评价主体单一,忽视了学生自我评价和相互评价,家长也没有参与到评价的过程中来。

(4) 评价方法单调

传统的地理教学评价过分注重纸笔测验,强调量化成绩,忽视了其他许多有效的评价方法和类型,如:观察法、谈话法、问卷法、作业法、档案袋评价、质性评价、定位性评价、形成性评价、诊断性评价、绝对评价、个体内差异评价等。许多学校只采用考试的方式评价学生地理学习,而考试又往往是闭卷笔试。

8.1.3.3 地理新课程教学评价的取向

现代教学评价论认为教学评价是评价者与被评价者、地理教师与学生共同建构意义的过程。评价是一种价值判断的过程,但这种价值是多元的。在评价情境中,不论评价者还是被评价者,不论地理教师还是学生,都是平等的主体。这种评价取向认为地理教师作为教学情境的"内部人员"在评价中具有主体性,而不是被动的、供"外部人员"评价的对象;学生也是评价的主体,是意义建构过程中不可或缺的组成部分。评价者与被评价者、地理教师与学生在评价过程中是一种"交互主体"的关系,评价过程是一种民主参与、协商和交往的过程,所以价值多元、尊重差异就成为主体取向评价的基本特征。

---

[1] 陈澄,樊杰.普通高中地理课程标准(实验)解读[M].南京:江苏教育出版社,2004:263.

(1) 评价目标多元化

地理新课程把评价目标定位在以下几个方面：第一，诊断学生的学习质量，引导学生的学习方向；第二，促进学生的全面发展，促进学生潜能、个性、创造性的发挥，使每一个学生具有自信心和持续发展的能力；第三，检验地理教师的教学效果，调节地理教师的教学。① 地理新课程追求多元化的评价目标。

(2) 评价过程动态化

地理新课程评价不仅关注地理学习结果，注重对学生地理基础知识与技能的理解和掌握的现实状况进行评价，更关注学生成长发展的过程，注重对学生在地理学习过程中的参与状态、学习方式、思维方式，以及学生在学习过程中表现出来的学习的主动性、创造性和积极性等进行评价，将终结性评价和形成性评价有机地结合起来；强调给予学生多次评价机会，其目的在于促进学生的发展；鼓励将评价贯穿于日常的地理教学教育行为中，对学生随时进行评价，使评价实施日常化、通俗化，如口头评价、作业评价、档案袋评价等。

(3) 评价内容全面化

地理新课程注重学生综合素质的考察，不仅关注学业成绩，还关注学生创新精神、实践能力、心理素质、情感体验等方面的发展；尊重个体差异，注重对个体发展独特性的认可，发掘学生多方面潜能，帮助学生接纳自己，拥有自信；"不仅考察'认识'或'概念'等认知层面，同时关注'表现'等行为层面的考察。"② 而且对学生在地理学习过程中表现出来的地理审美情趣和鉴赏力、求真求实的科学精神和态度、对环境和社会的责任感等进行关注，力求评价内容全面化。

(4) 评价主体多元化

地理新课程评价观倡导评价主体间的双向选择、沟通和协商，关注评价结果的认同问题，即如何使评价对象最大限度地接受评价结果而不是结果本身的正确性；加强自评、互评，使评价成为地理教师、学生和家长共同积极参与的交互活动，实现评价主体的多元化。

(5) 评价方法多样化

地理新课程强调把评价渗透到地理教学过程的所有环节，不同的目标领域要选用不同的方法对学生进行考查、评价。除了书面考试、口头表达、读图分析等常见的评价形式，还要注意通过观察学生在讨论、观察、探究等活动中的表现来评价学生的学习。③ 同时，还要根据需要采用访谈法、作业法、档案袋评价等评价方式。强调将考试与其他方式结合起来，实现诊断性评价、形成性评价与终结性评价相结合，相对评价、绝对评价与个人内差异评价相结合，定性评价与定量评价相结合，反思性评价与激励性评价相结合。

(6) 着眼评价的激励功能

地理新课程强调要强化评价的诊断和发展功能，弱化评价的甄别和选拔功能，倡导在地理教学活动和学习评价中"发现学生的闪光点""培养学生自信心"，让学生保持健康向上的心态，为学生的学习成功创造良好的心理环境；强调把评价活动和过程当作被评价者个人自我展示的平台，鼓励被评价者展示自己；使学生从评价中得到成功的体验，从而激发学生的学习动力，以达到促进学生发展，提高教育质量的目的。④

---

① 陈澄，樊杰.全日制义务教育地理课程标准(实验稿)解读[M].武汉：湖北教育出版社，2002：200.
② 钟启泉，等.基础教育课程改革纲要解读[M].上海：华东师范大学出版社，2001：304.
③ 中华人民共和国教育部.全日制义务教育地理课程标准(实验稿)[S].北京：北京师范大学出版社，2001：26.
④ 陈澄，樊杰.普通高中地理课程标准(实验)解读[M].南京：江苏教育出版社，2004：266.

标准链接

　　教学评价:树立促进学生学习的评价理念,理解教育评价原理,掌握试题命制的方法与技术。能够在教学实践中结合作业反馈等实施过程评价,初步运用增值评价,合理选取和运用评价工具,评价学习活动和学习成果。

中华人民共和国教育部.中学教育专业师范生教师职业能力标准(试行)[S].2021.

随堂讨论

举例说明地理教学评价主体多元化对教学改革的促进意义。

8.1.4　地理教学评价的类型

8.1.4.1　按评价功能分类

（1）诊断性评价

　　诊断性评价是在新的课程学习或某一个学习单元开始之前,为了使教学内容适合学生的需要和背景以实现因材施教,对学生所具有的认知、技能和情感等方面进行的评价。诊断性评价可以在教学开始前进行,也可以在教学过程中进行。新的课程教学开始前进行的诊断性评价,可以对学生的地理知识基础、地理学习能力进行辨认、识别和分置;学习单元开始之前进行的诊断性评价,可以发现学生对哪些知识点的学习困难较多,还可以发现哪些学生学习有困难,然后寻找教学上的原因。诊断性评价可以通过测验、观察和访谈等方法来进行。

案例 8-1

学生初中地理知识的诊断性评价

　　周老师新学期接任高一地理课的教学任务,为了对学生初中地理知识的掌握情况有一个大致的了解,以便确定自己的教学计划,周老师设计了如下几道测试题,要求学生作答:

简答题:
1. 请说出地球运动的基本形式,并简要解释地球运动的地理意义。
2. 地图的三要素是什么,你会画简单的校园平面图吗?
3. 请说出美国主要的自然地理特征?
4. 请任选我国一个区域,说出该区域的自然地理特征和人文地理特征。

选择题:
1. 下列城市中,位置最南的是(　　)
A. 北京　　　　　　B. 武汉　　　　　　C. 广州　　　　　　D. 海口
2. 扬州是历史上工商贸易很繁荣的城市,但后来发展速度明显变慢,其原因是(　　)
A. 由于城市自身发展不平衡造成的
B. 当地矿产资源日趋枯竭
C. 由于海上运输和铁路的发展造成的
D. 中国南北贸易活动减弱,商人大量外迁
3. 下列属于天体的是(　　)
A. 人类的家园——地球　　　　　　B. 波音 747 客机
C. 天空中漂动的云　　　　　　　　D. 牛郎星

 随堂讨论

案例 8-1 有哪些教学意义？

(2) 形成性评价

形成性评价也称连续性评价，是指在教学过程中进行的评价，其目的是用来监控整个教学过程，向地理教师和学生不断反馈教学是否有效和成功的信息，以便帮助地理教师和学生及时发现问题，采取改进和修正措施，如调整教学内容的呈现方式、呈现顺序以及改换教学方法等，进行补救性教学，最终确保教学活动不偏离预定目标。① 通常是以形成性测验的形式出现，此外，形成性评价还可以采用观察、提问、作业等方法。

案例 8-2

> **"地球公转的地理意义"形成性评价**
>
> 在"地球公转的地理"意义一节内容的教学过程中，韩老师为检验学生对"正午太阳高度的变化"这部分内容的学习效果，设计了三道测验题：
> 1. 正午太阳高度随纬度的变化规律是_____。
> 2. 9月23日，下列城市中正午太阳高度最大的是（　　）
>   A. 北京　　　　B. 武汉　　　　C. 广州　　　　D. 海口
> 3. 6月22日，下列城市中正午旗杆的影子最短的是（　　）
>   A. 北京　　　　B. 郑州　　　　C. 武汉　　　　D. 海口
> 三道测验题按学生认知形成过程由易到难分三个层次编排。通过对测验结果的统计，韩老师知道了哪些内容是学生已经掌握的？哪些教学内容是学生尚未掌握的？

(3) 终结性评价

终结性评价也称后测，是指在教学结束时进行的评价。它的主要目的是评定学生成绩，为学生具有某种能力或资格作证明，或者为甄别和选拔服务。终结性评价有三个基本特点：在目标上，终结性评价着眼于对整个地理教学阶段或某个重要部分所取得的成果进行全面的评定；在内容上，终结性评价着眼于学生对地理课程整个内容的掌握；在概括性上，水平较高，与形成性评价相比，终结性评价的重点不是过细的地理知识或技能，而是具有广泛迁移效果和学生必须掌握的地理知识或技能，以及思考与应用等多种因素的综合体。②

诊断性评价、形成性评价、终结性评价组成了一个评价链（如图 8-1 所示）。

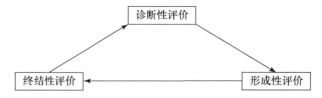

图 8-1　形成性评价、诊断性评价与终结性评价之间的关系

---

① 肖锋. 学会教学——课堂教学技能的理论与实践[M]. 杭州：浙江大学出版社，2002：438—439.
② 陈澄. 新编地理教学论[M]. 上海：华东师范大学出版社，2007：184.

随堂讨论

1. 形成性评价在地理教学实践中常常受到忽视,主要原因是什么?
2. 形成性评价和终结性评价的作用有什么不同?

8.1.4.2 按评价标准分类

(1) 相对评价

相对评价是将个体的成绩与同一团体的平均成绩或常模成绩相比较,从而确定被评个体在团体中所处的相对位置,这样的评价就叫相对评价,又称为常模参照评价。相对评价的评价标准在被评价的团体之内,是在对测量结果做出统计处理之后确定的。这种评价重视区分个体在团体中的相对位置和名次,主要用于甄别和选拔。

(2) 绝对评价

绝对评价的评价标准在被评价的团体之外,是预先制定的。通过与评价标准相比较,从而确定被评价对象达到目标的程度,这种评价就称为绝对评价,又称为目标参照评价。这种评价鼓励学生追求教学目标,主要适合于合格性和达标性活动。例如,高中地理会考就属于绝对评价。

绝对评价的特点是评价标准系由目标所决定的绝对标准,并且是在评价之前就已经确定的,不受评价对象群体状况的影响。进行教学评价时,被评者只与标准相比较,不进行相互比较。它与相对评价的不同之处就在于,评价结果只与被评者本身的水平有关,而与他所处团体的水平无关。[①]

(3) 个体内差异评价

也称自我参照评价,是指将被评对象实际水平与自身潜在水平相比较,以评价被评对象是否充分发挥自身潜力。个体内差异评价一般是以学生以往的学习表现为参照来评价学生现在的学习表现,即纵向评价。此外,这种评价还可以对被评对象的各个侧面进行比较,即横向比较。如一个高中生对自然地理方面的知识掌握得比较好,而人文地理方面相对比较差,因此就需要想办法来加强他人文地理知识的学习。具体见表8-1。

表8-1 相对评价、绝对评价、个体内差异评价的比较

	相对评价	绝对评价	个体内差异评价
评价目标	评价个体在集体中所处的位置	评价个体达到评价目标的程度	评价个体是否充分发挥了自己的潜力
适用范围	特定的团体中	合格性和达标性的评价	个体的今昔和个体各个侧面的评价
优点	无论被评介团体的状况如何,都可以确定标准进行评价	可以使被评介者了解到自己知识、能力、学习方法等的实际水平,明确自己与客观标准的差距	使被评介者了解自己的学习发展状况,找出不足
局限性	容易降低客观标准,而且评价结果并不表示被评者的实际水平	客观标准制定比较困难;容易忽视被评者的个性特点	容易使被评介者忽视客观标准,忽视别人的发展变化

---

① 段玉山.地理新课程测量评价[M].北京:高等教育出版社,2003:9.

8.1.5 地理新课程评价方法

由于课程目标的地理核心素养的要素人地协调观、综合思维、区域认知、地理实践力的不同,学生的学习心理、学习方式特点不同,各种评价方式的适应范围不同,地理新课程要求采取多种评价方法,主要有测验法、观察法、谈话法、问卷法、作业法、档案袋评价等。

标准链接

表现性评价方法

表现性评价的方法通常包括:(1)对开放式问题的笔试评价;(2)对成果的实际操作过程及展示的评价;(3)对日常谈话和观察开展的评价;(4)对高层次学力状况的"思考能力、判断能力、表现能力"的评价;(5)对日常环境中的不同习惯的表现评价。

中华人民共和国教育部.普通高中地理课程标准(2017年版)[S].北京:人民教育出版社,2018.

随堂讨论

结合案例,说明考试的利与弊,新课程下考试应如何改革?

8.1.5.1 观察法

观察法是评价者根据学生在地理学习中的行为表现等的观察记录,对照事前准备的标准进行评价以得出结论的方法。与考试相比,观察法的运用比较方便易行,可以直接获得有价值的第一手资料。观察法的应用范围较广,尤其适用于对学生的地理学习态度、兴趣、方法、习惯、情感、创造性等方面的评价。

运用观察法应注意如下要求:① 做好观察前的准备工作。包括制订观察计划和提纲,明确观察的内容,选择恰当的观察方式和方法等。② 确定观察的目的和项目。③ 要及时、客观、真实、全面、具体地做好观察记录。④ 观察要在真实自然的状态下进行,尽量不被观察对象察觉,防止观察对象有意迎合评价者的需要,使评价信息失真。①

案例 8-3

观察学生在讨论活动中的表现,评价学生对环境的态度

初中地理教师王老师展示出 1989 年世界环境日主题宣传画——"地球出汗了",让学生讨论这幅漫画有哪些寓意。

有的学生说出了一个环境问题:地球上人口太多了,有的学生说出了两个环境问题:全球变暖和人口过快增长。讨论发言时,有的学生神情漠然,有的学生语气凝重,焦急担忧。有的学生认为保护环境应该从我做起,从身边的小事做起,有的学生认为环保是国家和政府的事,与公民个人无关。

王老师注意观察了学生在讨论中发现环境问题的多少与深度,表述这些环境问题时所表现出来的情感态度与价值观。

---

① 段玉山.地理新课程测量评价[M].北京:高等教育出版社,2003:167.

8.1.5.2 谈话法

谈话法是指评价者通过与学生面对面地口头问答获取评价信息,评价学生地理学习现实状态的方法。与观察法相比,这种方法可以使评价者更为直接地接近学生,而且在谈话过程中可以根据评价的需要,控制谈话场面,在较短时间内获得大量比较真实详细的评价信息。

谈话法适用于学生的学习态度、兴趣、习惯、价值观等个性评价资料的收集。

运用谈话法应注意如下要求:① 要有明确的谈话计划。基本内容包括:拟定谈话的问题,准备谈话的措词,规定谈话的方式等。② 自然地按预定计划进行,不随意更改谈话计划。③ 要营造融洽的谈话气氛。④ 准确而迅速地记录。记录时要保持谈话对象回答的原意,同时应注意记录方法,不至于因忙于记录而影响谈话。

案例 8-4

> **采用测验法与谈话法相结合的方式,评价学生的绘图技能**[①]
>
> 高中地理教师李老师在"三圈环流"内容教学中,设计了"绘制全球气压带、风带分布示意图"的测验题。
>
> 有的学生不能绘出示意图,有的学生绘出的示意图缺少极地高气压带,有的风带与气压带宽度一样,有的没有标出风向,还有的示意图准确无误,美观工整。地理教师通过学生绘制的示意图的准确程度,了解到学生对气压带、风带分布规律这一知识点的理解水平;通过示意图的准确程度推断出学生的地理学习态度。而后用谈话法,让学生说出自己解答这道题的思维过程、绘制示意图的步骤,从中了解学生对绘制地理图表的方法、步骤、原则的掌握状况,并进行了评价和指导。

8.1.5.3 问卷法

问卷法是采用专家或地理教师设计的各种问卷进行评价的方法。问卷法是从谈话发展而来的,是一种书面形式的谈话法。与口头谈话比较,问卷法能够同时对许多人进行调查,具有省时、省力、省费用的优点。

编制问卷是运用问卷法的关键。问卷中的问题要遵循下列要求:① 问题的表述要适合被调查对象,做到被调查对象一看就明白,无须附加任何说明。② 表述问题要避免容易引起强烈情绪的联想,也不要给以暗示。③ 防止被调查对象模棱两可地回答或理解问题。④ 在问题的编排上应先易后难。

8.1.5.4 作业法

这里所说的作业主要是指学生的日常作业,如学生的地理课后练习、地理填充图册、地理笔记、地理观测记录、地理实验报告等。作业可分为两类:一类是随堂书面作业。如地理课后练习、地理填充图册等,它们可以真实地折射出学生的地理学习进展情况。另一类是课外活动类作业。如地理观测记录、地理实验报告、地理调查报告等。课外活动类作业的质量不仅可判断学生地理基础知识和基本技能的掌握状况,还可判断学生对地理观察、地理比较、地理实验等常用方法的掌握状况和运用水平。

案例 8-5

> **通过作业评价学生学习**
>
> 高中地理教师张老师要求学生绘制学校所在城镇分布草图,并分析城镇布局与中心地理论的符合程度,班内交流研究成果。
>
> 通过城镇分布草图,推断学生是否具备对资料进行有效分析,实现图文之间的转换等资料收集、整理、分析能力和绘图能力。透过论文推断学生的分析、解决问题的能力、地理写作能力、探究能力以及学生的工作态度等。

[①] 段玉山.地理新课程测量评价[M].北京:高等教育出版社,2003:169.

8.1.5.5 档案袋评价

档案袋评价,又称成长记录袋评价,是在20世纪80年代西方国家中小学评价改革运动中形成和发展起来的一种新的质性评价方式。它是指地理教师和学生有意识地将各种有关学生表现的材料收集起来,进行合理的分析与解释,以反映学生在学习与发展过程中努力、进步的状况和成就。"档案袋"可以说是记录了学生在某一时期一系列的成长"故事",是评价学生进步过程、努力程度、反省能力及其最终发展水平的理想方式。

在地理新课程实施中,也可以采用这种评价方式。这些材料可以反映出学生在学习地理过程中的成果、收获和进步,可以成为其成长过程中的一份宝贵的财富。一般而言,"地理档案袋"包含的内容如图8-2所示:

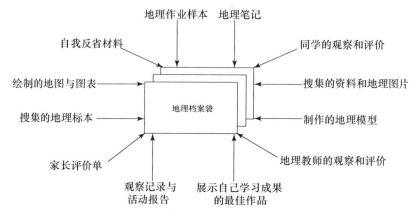

图8-2 学生"地理档案袋"的内容

学习实践

1. 阅读《普通高中教科书必修第一册》(鲁教版)"从宇宙看地球",结合高中地理课程标准,提出对这部分内容的评价方式建议。
2. 比较各种评价方法的优、缺点,结合地理教学说明如何有效地利用这些评价方法?

8.2 地理学习评价

关键术语

◆ 地理学习评价 ◆ 评价功能 ◆ 评价主体 ◆ 评价内容

地理学习评价是地理教学评价的核心,具有定位、发展、诊断、激励与导向等多种功能,是促进学生全面发展的重要工具。为提高地理学习评价的质量,充分发挥其功能,地理教师在评价过程中应注意评价主体多元化、评价内容全面化、评价方法与手段多样化。

案例8-6

学生环境意识与态度的评价

高中地理教师李老师给出"世界环境日"的学习资料:

1972年第27届联合国大会把6月5日定为"世界环境日"。联合国确定"世界环境日"的目的在于提醒全世界注意全球环境改善;呼吁联合国和各国政府采取行动防止环境污染和生态破坏,并开展相应的活动,增强公众热爱地球的意识,规范保护环境的行为。

自1994年以来"世界环境日"的主题如下：一个地球，一个家庭(1994年)；各国人民联合起来，创造更加美好的世界(1995年)；我们的地球、居住地、家园(1996年)；为了地球上的生命(1997年)；为了地球上的生命——拯救我们的海洋(1998年)；拯救地球就是拯救未来(1999年)；2000环境千年——行动起来吧(2000年)。2010年：多样的物种，唯一的地球，共同的未来(Many Species, One Planet, One Future)；2011年：森林：大自然为您效劳(Forests: Nature at Your Service)；2012年：绿色经济：你参与了吗？(Green Economy: Does it Include You?)；2013年：思前，食后，厉行节约(Think, Eat, Save)；2014年：提高你的呼声，而不是海平面(Raise Your Voice not the Sea Level)；2015年：可持续消费和生产；2016年：为生命呐喊；2017年：人与自然，相连相生(Connecting People to Nature)；2018年：塑战速决(Beat Plastic Pollution)；2019年：蓝天保卫战，我是行动者(Beat Air Pollution)。

李老师让学生选择其中的一两个主题，自由讨论，通过观察学生在讨论中的表现，分析其观点，评价学生对环境污染和生态破坏所持的态度；结合观察，留意学生在日常生活中是否形成保护环境的习惯；同学、家长对学生在日常生活中的看法也是评价学生的重要信息源。

随堂讨论

结合案例8-6，说明学生的地理学习评价方式应如何选择。

8.2.1 地理学习评价的主体

在学生的学习评价中，教师具有不可替代的作用。新课程地理学习评价提倡改变单一由地理教师评价学生的状况，鼓励学生本人、同学、家长等参与到评价中，变评价主体单一化为多主体共同参与。多主体评价能够从不同的角度为学生提供有关自己地理学习、发展状况的信息，帮助学生更全面地认识自我。因此，新课程评价在发挥地理教师主体作用的前提下，还应发挥学生自评、学生互评和家长评价的作用。

8.2.1.1 学生自评

吸收学生参与评价是新课程地理学习评价的重要特点之一。学习评价只有内化为学生自己的认识，才能起到指导学生地理学习的作用。此外，学生的自评也是一个自我反思、自我激励、自我调整的过程，对学生的地理学习具有明确的导向作用，也是培养学生自学能力的重要因素。

自评时，地理教师首先要让学生明白地理学习评价的目的是考查和检验。评价既是对学生地理学习的考查与检验，也是对地理教师地理教学的考查与检验，其最终目的是为了发现地理学习中的困难和不足，帮助师生在今后的教学过程中采取有效措施，提高教与学的效率；其次，地理教师要给学生提供评价标准，让学生对照标准对自己的学习态度、行为状态和学习成果等进行评价。

8.2.1.2 同学互评

地理新课程标准倡导学生之间的互评。同学互评作为同级评价，其评价角度与地理教师评价这种上级对下级的评价是不同的。在大力提倡合作学习的今天，地理学习中的很多任务和作业都是以小组的形式完成的，任务能否圆满完成、作业质量的高低，在许多时候都依赖于小组内部成员之间的交往与合作。随着交往，学生之间更加熟悉和了解，特别是对情感态度与价值观等情感领域目标的评价，通过亲身体验得到的评价信息，要比地理教师依靠观察得到的信息更具有客观性和可靠性。

如对学生环境保护意识的形成状况的评价，利用学生互评会使评价更为准确、客观，比地理教师通过问卷,分析学生有无环境保护意识及保护环境意识的程度更有说服力。学生之间的互评既是相互评定的过程,也是同学之间相互学习的过程,可以更加清楚地了解他人的优点和长处,以便更好地学习别人,改进自己。

8.2.1.3 家长评价

对学生的成长起着重要引导作用的人不仅仅是地理教师,家长对学生的学习和成长的影响和作用非常大,家长比较全面了解自己孩子的各种状况,如在家中的学习、表现等,所以,让家长加入学习评价的队伍中来也是学生学习评价非常重要的一环。

结合地理教学评价实例,说明地理学习多主体评价的重要意义。

8.2.2 地理学习评价的内容与方法

学科核心素养是学科育人价值的集中体现,是学生通过学科学习而逐步形成的正确价值观念、必备品格和关键能力。地理学科核心素养主要包括人地协调观、综合思维、区域认知和地理实践力,它们是相互联系的有机整体。培养学生的地理核心素养是高中地理课程的宗旨和目标,且十分重视对学生学业质量的评价。在《普通高中地理课程标准(2017年版)》的内容标准中,每个模块不仅有"学业要求"栏目,指导地理学习评价的内容和方法,还有第五部分"学业质量",明确提出了整个高中地理学习评价的内容及其方法标准。这在国家地理课程标准中把"学业质量"评价作为一个独立部分进行说明和提出要求还是首次。这是对2003年《普通高中地理课程标准(实验稿)》的重大改革和发展。因此,高度重视地理学习评价也被认为是这次高中地理课程改革的重点和亮点。"课程标准"对学业质量内涵的说明是:学业质量是学生在完成本学科课程学习后的学业成就表现,学业质量标准是以本学科核心素养及其表现水平为主要维度,结合课程内容,对学生学业成就表现的总体刻画。依据不同水平学业成就表现的关键特征,学业质量标准明确将学业质量划分为不同水平,并描述了不同水平学习结果的具体表现。这一说明,对理解地理学业质量评价提供了具体思路。

高中地理学业质量标准从问题情境、知识和技能、思维方式、实践活动和价值观念等维度用表格的形式进行了具体说明。"课程标准"在"学业水平考试命题建议"中从"理解和把握地理学科核心素养与学业质量标准,制定明确的评价目标,构建能够科学测评地理学科核心素养发展水平的框架,提供标准的、具有实质内容的结果反馈"等方面提出了指导,并指出学业质量水平与考试评价的关系是高中学业质量标准是学业水平考试命题的依据。学业水平考试分为合格性考试和等级性考试。学业质量水平2是高中毕业生在本学科应该达到的合格要求,在学业水平合格性考试命题中要重点理解和把握;学业质量水平4是选择地理作为学业水平等级性考试科目的学生应该达到的要求,在学业水平等级性考试命题中要重点理解和把握。学业质量水平1和水平3可作为教学过程中阶段性评价的依据。

> **标准链接**

> **学业质量水平**
>
> 地理学业质量水平分为四级。每一级水平主要表现为学生整合不同的地理学科核心素养,在不同复杂程度的情境中运用各种重要概念、思维、方法和观念解决问题的关键特征。水平1至水平4具有由低到高逐渐递进的关系。
>
> 中华人民共和国教育部.普通高中地理课程标准(2017年版)[S].北京:人民教育出版社,2018.

8.2.2.1 人地协调观的学习评价

人地关系是地理学研究的核心主题。人地协调观是指人们对人类与地理环境之间关系秉持的正确的价值观。当今社会,面对不断出现的人口、资源、环境和发展问题,人们越来越深刻地认识到,人类社会要更好地发展,必须尊重自然规律,协调好人类活动与地理环境的关系。"人地协调观"素养有助于人们更好地分析、认识和解决人地关系问题,成为和谐世界的建设者。

《普通高中地理课程标准(2017年版)》对"人地协调观"培养目标的要求是:学生能够正确看待地理环境与人类活动的相互影响,深入认识两者相互影响的不同方式、强度和后果,理解人们对人地关系认识的阶段性表现及其原因,认同人地协调对可持续发展具有重要意义,形成尊重自然、和谐发展的态度。其学业质量水平见表8-2。

表8-2 地理学科核心素养"人地协调观"水平划分①

素养 水平	人地协调观
水平1	能够结合简单的、熟悉的地理事象,认识人类活动要在一定的地理环境中开展;能够简单辨识人们生产活动和生活习惯与地理环境之间的联系,说明人类对环境施加影响的方式及其带来的影响
水平2	能够结合给定的简单地理事象,理解人类影响地理环境的主要方式,阐述人类活动对地理环境的积极与消极影响;认识人类活动要遵循自然规律,与自然和谐相处,理解人地协调发展的重要性
水平3	能够结合给定复杂的地理事象或情境,认识地理环境对人类活动的影响以及人类活动影响环境的方式和强度;理解自然资源和地理环境满足人类需要的潜力及有限性
水平4	能够通过对现实中人地关系地域系统的简要分析,理解区域中人口、资源、环境、发展之间的相互关系,理解人地关系是对立统一的;评价分析人地关系中存在的问题

8.2.2.2 综合思维的学习质量评价

思维是人类特有的一种精神活动,是在表象、概念等的基础上进行分析、综合、判断、推理等认识过程的活动。综合思维指人们运用综合的观点认识地理环境的思维方式和能力。人类生存的地理环境是一个综合体,在不同时空组合条件下,地理要素相互作用,综合决定着地理环境的形成和发展。"综合思维"素养有助于人们从整体的角度,全面、系统、动态地分析和认识地理环境,以及它与人类活动的关系。综合思维是地理核心素养的重要组成。高中地理课程目标对综合思维的要求是:学生能够形成从综合的视角认识地理事物和现象的意识,对地理各要素之间的相互作用关系有较强的分析能力,并在一定程度上解释地理事物和现象发生、发展的过程,从而较全面地观察、分析和认识不同地方的地理环境特点,辩证地看待地理问题。其学业质量水平见表8-3。

---

① 中华人民共和国教育部.普通高中地理课程标准(2017年版)[S].北京:人民教育出版社,2018.80

表 8-3 地理学科核心素养"综合思维"水平划分①

素养 水平	综合思维
水平 1	能够说出简单的、熟悉的地理事象所包含的相关要素,并能从两个地理要素相互作用的角度进行分析
水平 2	能够对给定的地理事象,从多个地理要素相互影响、相互制约的角度进行分析;能够结合时空变化,对其发生、发展进行分析,给出简要的地域性解释
水平 3	能够结合给定的复杂地理事象,综合各要素,系统分析其相互影响、相互制约的关系,从时空综合维度对其发生、发展和演化进行分析,给出合理的地域性解释
水平 4	能够对现实中地理事象,如自然环境的变化、区域发展、资源环境与国家安全问题等,运用要素综合、时空综合、地方综合的分析思路,对其进行系统性、地域性的解释

"学业质量水平"指出的"每一级水平主要表现为学生整合不同的地理学科核心素养,在不同复杂程度的情境中运用各种重要概念、思维、方法和观念解决问题的关键特征"是学生学业水平的主要标志,这不仅给学生学业水平质量评价提出了依据,还为在地理教学中如何培养学生的地理核心素养具有重要指导。如案例 8-7 所示。

案例 8-7

> **交通运输线路布局与自然条件**
>
> 武汉某高中王老师在指导学生学习交通运输线路布局与自然条件时说道:"不同的自然条件对交通运输线路布局的影响不同,比如,山区的交通运输线以公路为主,而后才是铁路,这是为了降低修建成本和难度,要求大家思考回答以下问题:
> ① 20 世纪 70 年代,我国在修建成昆铁路时遇到很多困难,其中受自然条件的影响有哪些?
> ② 我国西北地区正在设计修建的一条铁路——敦格铁路(甘肃敦煌—青海格尔木),从自然条件影响的角度,如果请你给担任"敦格铁路"设计任务的某总工程师提建议,请简要说明工作的方法和内容。"

案例 8-7 中,王老师以问题的方式创设情境,要求学生从自然条件组成的气候、地形、地质、水文、植被、土壤等要素特征,结合具体的交通线的建设进行野外踏勘、信息收集、资料整理、思考、判断,有利于培养学生的综合思维。学生对问题的回答和解决问题的实际状态及其差异也能反映是"综合思维"不同的学生所处的学业质量水平层次。

8.2.2.3 区域认知的学习评价

区域的含义一般指土地的界划,是指地区、界限、范围。区域认知是指人们运用空间—区域的观点认识地理环境的思维方式和能力。人类生存的地理环境多种多样。将其划分成不同尺度、不同类型的区域加以认识,是人们认识地理环境复杂性的基本方法。"区域认知"素养有助于人们从区域的角度,分析和认识地理环境,以及它与人类活动的关系。区域认知是地理核心素养的重要组成。高中地理课程目标对区域认知的要求是:学生能够形成从空间—区域视角认识地理事物和现象的意识,对地理事物和现象的空间格局有较强的观察力,并运用区域综合分析、区域比较、区域关联等方法认识区域,简要评价区域现状和发展。其学业质量水平见表 8-4。

---

① 中华人民共和国教育部.普通高中地理课程标准(2017 年版)[S].北京:人民教育出版社,2018.

表 8-4　地理学科核心素养"区域认知"水平划分[①]

素养 水平	区域认知
水平 1	能够根据提示,将简单、熟悉的地理事象置于特定区域中加以认识;能够认识和归纳区域特征
水平 2	能够从区域的视角认识给定简单地理现象,收集整理区域重要的信息;能够简单解释区域开发利用方面决策的得失
水平 3	能够结合给定复杂的地理事象,从空间-区域尺度、区域特征、区域联系等认识区域;能够为赞同或质疑某一区域决策提出相关论据
水平 4	能够对现实中的区域地理问题,运用认识区域的方法和工具进行分析;能够较全面地评析某一区域决策的得失,提出较为可行的改进建议

8.2.2.4　地理实践力的学习评价

实践是指人们改造自然和改造社会的有意识的活动。人类实践活动具有多样性、丰富性和复杂性。地理实践力指人们在考察、实验和调查等地理实践活动中所具备的意志品质和行动能力。考察、实验、调查等是地理学重要的研究方法,也是地理课程重要的学习方式。"地理实践力"素养有助于提升人们的行动意识和行动能力,更好地在真实情境中观察和感悟地理环境及其与人类活动的关系,增强社会责任感。区域认知是地理核心素养的重要组成。高中地理课程目标对地理实践力的要求是:学生能够运用所学知识和地理工具,在室内、野外和社会的真实环境下,通过考察、实验、调查等方式获取地理信息,探索和尝试解决实际问题,具备活动策划、实施等行动能力。其学业质量水平见表 8-5。

表 8-5　地理学科核心素养"地理实践力"水平划分[②]

素养 水平	地理实践力
水平 1	能够进行初步的观察和调查,获取和处理简单信息,有探索问题的兴趣;能够借助他人的帮助使用地理工具,设计和实施地理实践活动,从体验和反思中学习;能够理解和接受不同的想法,有克服困难的勇气并寻找方法
水平 2	能够进行细微观察和调查,获取和处理信息,有探索问题的兴趣;能够与他人合作使用地理工具,设计和实施较复杂的地理实践活动,主动从体验和反思中学习;能够有自己的想法,有克服困难的勇气和方法
水平 3	能够进行分类观察和调查,获取和处理较复杂的信息,主动发现和探索问题;能够与他人合作设计和实施较复杂的地理实践活动,主动从体验和反思中学习;能够有自己的想法,有克服困难的勇气和方法
水平 4	能够进行较系统的观察和调查,获取和处理较复杂的信息,主动发现和探索问题;能够独立设计和实施地理实践活动,主动从体验和反思中学习;能够提出有创造性的想法,有克服困难的勇气和方法

学习实践

1. 参照本节案例,对《普通高中教科学地理必修第一册》(人教版)"海水的性质",设计一个综合思维的详细评价方案。
2. 自选人教版《普通高中教科书地理必修第二册》(人教版)中的一节内容,进行区域认知的评价设计。

---

① 中华人民共和国教育部.普通高中地理课程标准(2017 年版)[S].北京:人民教育出版社,2018.
② 中华人民共和国教育部.普通高中地理课程标准(2017 年版)[S].北京:人民教育出版社,2018.

8.3 地理试卷的设计

关键术语

◆ 试卷编制　◆ 试题设计　◆ 试题类型　◆ 单元测验　◆ 试卷分析

地理学习测量的方式有多种,但无疑纸笔测验是其中一项最主要、最普遍的测量方式。纸笔测验的过程就是组织编制试题,通过试题作用于被考,将正确答案与被考的答案相比较,然后给出评价的过程。纸笔测验的质量首先取决于设计试卷的优劣。地理试卷设计主要包括四方面内容:试卷设计基本程序、试题设计基本技术、常见试题类型设计、试卷分析技术。

8.3.1 地理试卷设计的基本程序

从地理试卷的设计程序来看,其基本步骤如图 8-3 所示。

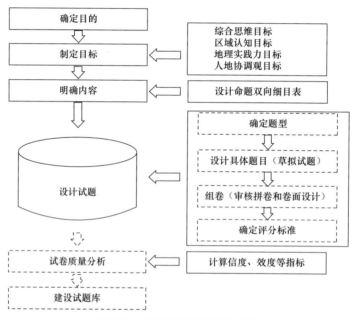

图 8-3　地理试卷编制基本程序

8.3.1.1 确定目的

确定目的是试卷设计者实施测验所要达到的具体目的,它明确规定测验的对象、内容、使用材料以及要达到的预期效果,是决定测验性质的前提条件。不同性质的测验,其命题要求和方式不同,主要表现在试题的覆盖面、难度分布以及对测验结果的解释等方面。如期末进行的测验,目的往往是对学生所学课程进行总的评价,确定是否达到预期教学要求。

8.3.1.2 制定目标

测验目标是测验的出发点和依据,是试卷设计的基础。测验是为教学服务的,测验目标同教学目标应一致。以往的地理学习测验,受传统地理教育观影响,常把测验重点放在对学生知识记忆水平的考查上,忽视学生地理能力的考查。新课程着眼于学生全面发展和终身发展的指导思想,地理教学目标已经发生了突破性的变革,测验命题必须从知识立意向能力立意转变,相应的,试题设计则要增加应用型和能力型题目。为使测验设计科学化,必须对测验目标做深入的地理学习心理分析。

8.3.1.3 明确内容

受测试时间和试题容量限制,地理测验不可能覆盖所有的学习内容,测验内容只是学习内容的一个取样,良好的测验必须能使测验试题的取样对学习内容和学习目标有较高的代表性,通过命题双向细目表可以较好地实现这样的要求。[①] 把每一项测验内容的分数比重逐一分配到若干必要的测验目标层次上去,形成网格状的分数分配方案,即为命题双向细目表,也称命题蓝图或命题计划表。

根据课程标准和学科的知识结构、能力结构以及由试卷反映出的题型结构、难度结构等,可以由不同要素组合形成命题双向细目表。如,反映测验内容与测验目标关系的双向细目表,反映测验内容与测验目标、题型之间关系的双向细目表等。双向细目表一定程度上是"知识立意"的产物,在强调命题"能力立意"的今天,双向细目表有向三维或更高维的多向细目表发展的趋势。

案例 8-8

表 8-6 "世界地理"终结性考试学习水平目标命题双向细目表

分数 \ 目标 \ 内容	识记	理解	应用	合计(总分)
地球和地图	5	5	10	20
世界地理概述	5	5		10
东亚、东南亚、南亚和中亚		10		10
西亚和北非、撒哈拉以南的非洲	5		10	15
欧洲西部、欧洲东部和北亚		5	10	15
美洲	5	10		15
大洋洲和南极洲		5	10	15
合计(总分)	20	40	40	100

表 8-7 高中地理"宇宙中的地球"一章的题型双向细目表

题型 \ 内容	选择题	填空题	问答题	材料情境题	……	合计(总分)
地球的宇宙环境						
太阳对地球的影响						
地球的历史						
地球的圈层结构						
合计(总分)						

表 8-8 核心素养目标双向细目标

目标 \ 内容	人地协调观	综合思维	区域认知	地理实践力	合计(总分)
地球的宇宙环境					
太阳对地球的影响					
地球的历史					
地球的圈层结构					
合计(总分)					

---

① 于向英.教育测量与统计[M].郑州:郑州大学出版社,2004:54—55.

8.3.1.4 设计试题

设计试题主要包括以下几个方面：

确定题型。在地理测验中，常见的试题类型有客观型试题和主观型试题两大类。客观型试题的主要形式有选择题、是非题、配对题等。主观型试题主要形式有问答题、论述题等。两类试题各有所长，在选择题型时，将二者相结合是命题的一个基本原则。

编制具体题目（草拟试题）。将所要考查内容，按照已确定的考查目标要求，进行草拟试题。基本要求是：试题的文字叙述简明扼要，通俗易懂，完整、清晰。

审核拼卷和卷面设计（组卷）。对所录用的试题进行综合审核后，确定题量，对其进行科学编排。审核的标准是，首先对照双向细目表，审查所编试题是否与课程标准或考核目标相符；其次，依据考试的时间要求，确定题量，对试题做进一步调整；再次，对已确定下来的试题，从科学性、准确性和试题的难度、区分度等方面做最后审定和修改。编排试题的总原则是先按试题的形式及内容分类，参考试题难度，从易到难排列。各试题之间应保持独立，不隐含有关的暗示和解题线索；全卷应层次性与多样性相结合。注意试卷的排版问题。

确定评分标准。科学合理的评分标准是实现测验科学化、标准化的重要环节。评分标准一般要求做到客观、合理、严格、细致，易于被评卷老师掌握。

标准链接

> 教学评价：能够利用技术工具收集学生学习反馈，跟踪、分析教学与学生学习过程中存在的问题与不足，形成基于学生学习情况诊断和改进教学的意识。
>
> 　　　　　　　　　　　　　中华人民共和国教育部.中学教育专业师范生教师职业能力标准(试行)[S].2021.

随堂讨论

讨论并设计《普通高中教科书地理必修第二册》第 2 章试题的三维目标双向细目表。

8.3.2 地理试题的编制技术

8.3.2.1 客观性试题的编制技术

地理测验中常见的客观性试题有选择题、是非题、配对题、填空题等。以下以选择题和填空题为例，说明此类试题的编制要求：

选择题的编制技术

选择题的编制要掌握以下一些要领和原则：

(1) 题干的表述力求准确、精炼，本身有意义，以明确的问题形式呈现。

(2) 题干中不包括无关的内容，选项中相同的内容应尽可能置于题干之中。

(3) 所有的干扰项（诱惑项）都应该似是而非，干扰项不能太明显，否则形同虚设。

(4) 答案避免使用"可能""一般""往往"等具有提示性的词语。

(5) 避免使用"以上皆是"或"以上皆不是"作为备选答案。

(6) 正确答案随机分布。

学习卡片

怎样编制好的诱惑项

增加诱惑项迷惑度的方法一般有：①用学生经常或易犯的错误作为迷惑项；②迷惑项尽可能与题干某些部分相关，使得每个迷惑项看起来都是可能的；③利用教材上的语言或真理性的措辞作为迷惑项；④尽可能使迷惑项与正确选项保持同质或相似；⑤所有选项在形式上与题干保持平行，语法上与题干保持一致，如都是短语或句子等；⑥所有选项本身在长度、结构和内容复杂程度上基本一致或相似。

案例 8-9

设计不当的选择题

读下面自然保护区、宗教名山、古都和历史文化名城（不含六大古都）分布图。下列选项中，排序与图序相符的是（　　）

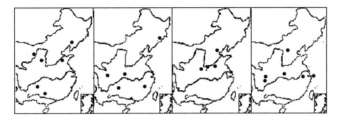

A. 宗教名山图、古都图、自然保护区图、历史文化名城图
B. 历史文化名城图、自然保护区图、古都图、宗教名山图
C. 自然保护区图、历史文化名城图、古都图、宗教名山图
D. 历史文化名城图、自然保护区图、宗教名山图、古都图

本题见于1992年全国高考地理卷，正确答案为B。此题四个备选答案分别列出四种分布图名称。排序第一位出现频率最高的是历史文化名城图B和D；排序第二位出现频率最高的是自然保护区图B和D；排序第三位出现频率最高的是古都图B和C；排序第四位出现频率最高的是宗教名山图B和C。由此可以看到B出现最多，暗示B可能为正确答案。答案证实了这种猜测。本题就丧失了考查的意义。

填空题的编制技术

填空题是一种传统的题型，多用于测试以记忆性知识为主的内容，如地名、物产、地理术语、地理数据等。填空题的编制要领如下：

(1) 题意明确，限定严密，答案唯一。
(2) 填写内容应为关键性词语，如重要的地理名称、地理分布、地理数据等。
(3) 避免照抄原文，应重组文字。
(4) 空白长度大体一致，不随答案文字多少而长短有别，以免对考生起提示作用。
(5) 一题中空白数量不宜太多。
(6) 空白尽量放在句中或句后，不要放在句首。

案例 8-10

设计不当的填空题

1. 企鹅主要分布在_____,这里气候严寒,_____很少,极度干燥。

命题者的本意是让考生填"南极洲"和"年降水量",但考生也许会填"南极"和"居民"。这样阅卷时就会产生分歧:有的地理教师认为"南极"是一个点,企鹅主要生活在沿海,所以不能得分;也有的地理教师认为"南极"一词,现已泛称"南极地区",可以得分。

2. 我国长江发源于_____,流入_____海。
3. 我国冬季气温,_____差别很大。
4. 连接_____市与_____的是_____河。

随堂讨论

上述设计不当的填空题分别不符合哪条编制要领?你认为应如何改正?

8.3.2.2 主观性试题的编制技术

主观性试题的特征是考生可以自由作答,只要在题目限制的范围内,可以在深度、广度、组织方式等方面享有很大的应答自由。这类题目一般包括材料情境中的开放性问题、综合测试中的论述题、活动课程中活动设计等操作题型。

主观性试题编制要领如下:

(1) 突出学科重点内容,全面考核学生地理学习水平。
(2) 创设问题情境,避免照搬教材,问题与情境结合,强调知识应用。
(3) 选用恰当的行为动词陈述试题内容,避免使用"是什么""在哪里""有哪些"等词语编制问题。
(4) 语言表述清晰、明确,避免产生歧义。

案例 8-11

主观试题的编制[①]

如右图所示,若 AB 为晨昏线,D 点的地方时为 15 点,直射点地理坐标怎样?硅谷地区天气状况怎样?地球公转速度较快还是较慢?此时全球是新一天范围大还是老一天范围大?请把此时的光照图转绘到以北极、南极点为中心的经纬网坐标图中。(用阴影表示夜半球)比较是人们认识地理事物的重要方法,试从成因和风向两个方面比较南北半球西风带的共同点和不同点。

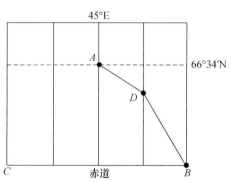

此题以一题多问的形式较好地考查了光照图。题中有较多的隐含条件需要学生去挖掘(B 点是晨点还是昏点,晨昏线与赤道相交点所在经线的地方时,两条经线之间的经度差为多少?等等),能通过时间差算出经度差,能根据 AB 为昏线判断出北极圈及其以北地区出现极夜现象,就是北半球的冬至日。

---

① 王君威.如何编制提升学生能力的地理试题[J].地理教育,2004(1).

8.3.2.3 客观与主观兼容——材料情境题的编制技术

地理材料情境题是一种由以前的问答题演变而来的,兼含选择、填空、简答、读图、论述等多种题型和功能的复合式题型。材料可由文字提供,也可由地理图像构成。这类题型题目设计灵活,角度多变,源于教材,高于教材;题在书外,理在书中。多以当前社会生活中的重点和热点问题做背景,题目立意注重对"对生活有用""对终身发展有用"的地理知识与技能的考查。地理材料情境题编制要领如下:

(1) 整个试题构成一个相对完整的中心。
(2) 选择的情境材料以教学目标为依据,与课程目标相符。
(3) 尽可能采用不同形式的情境材料编制试题,如地图、表格、景观图等。
(4) 试题数应与背景材料的长度相匹配。材料长,试题少,会造成时间的浪费。材料过短,则不易分析问题。
(5) 设问形式多样化,设问层次应有渐进性。

案例 8-12

情景材料题的编制

王老师在教完高中地理必修 2 后设计了这样一道情景材料题①:

背景资料:宁启铁路西起南京市,途径扬州、泰州至海安,与新长铁路相通,再经南通、海门至启东,全长约 351 千米。2004 年 4 月 18 日,古城扬州实现了百年梦想——宁启铁路扬州段正式通车。

2005 年 4 月 30 日,中国第一、世界第三的连接镇江、扬州两座古城的润扬长江公路大桥正式通车,实现了两座古城的"手拉手"。

请回答以下问题:

1. 唐朝时扬州的谁曾 6 次东渡日本结下了中日友好的光辉篇章?
2. 建设宁启铁路、润扬大桥的主要区位因素有哪些?
3. 从扬州到广州要经过哪些铁路线?
4. 武汉位于_____和_____交汇处,著名的旅游景点是_____;"烟花三月下扬州"出自_____(作者)的_____(诗名)。
5. 从扬州到北京依次要经过江苏省、_____省、_____省、_____省、_____市和北京市。在_____与陇海线(铁路)相交.
6. 扬州铁路和润扬大桥的开通可能造成的不利影响有哪些?(至少写出 2 点)

本题围绕生活热点实际,将历史、地理、政治等有关知识糅合在一起,既让学生关心时势,又考查学生历史、地理、古诗文等知识,特别是提高学生迁移运用知识的能力。

比较客观性试题与主观性试题的优缺点。

---

① 罗定,刘伟华.地理命题中的新课程理念[DB/OL].人民教育出版社高考纵论,[2021-06-22]. http://www.pep.com.cn/gzdl/jsxx/gkzl/gkzl/200510/t20051025_231456.htm.

8.3.3 常见地理测试类型的设计

8.3.3.1 随堂测试的设计

随堂测试是指每节课在学习前、教学进行过程中、结束时针对本节课的教学目标进行的测验。它以新课教学目标为依据编写测试题,通过它,地理教师可以了解学生对本节课教学内容的掌握程度,还可以起到检查教学效果、提高学生学习动机等的作用。

一般说来,随堂测试题的设计应重在基础性,以小型单一设问为主,具有练习性质,其题目设计应充分体现"源于教材"。通过测试,一方面使学生能够在脑海中"重现教材",另一方面能及时"查漏补缺",从而更加熟练地掌握教材中的基本内容。[1]

案例 8-13

> **"大气环流"随堂测试[2]**
> 1. 全球气压带、风带的形成,主要受到影响因素有(　　)
> ① 地转偏向力　② 地表气温分布不均　③ 气压分布状况　④ 海陆分布不均
> A. ①②　　　　B. ②③　　　　C. ③④　　　　D. ①④
> 2. 气压带、风带呈季节性的移动规律是(　　)
> A. 6月22日开始向北移动　　　　　　B. 夏季南移、冬季北移
> C. 约与太阳直射点移动方向一致　　　D. 约与太阳直射点移动方向相反
> 3. 南亚西南季风形成的主要原因是(　　)
> A. 北印度洋的洋流影响　　　　　　　B. 气压带和风带的季节移动
> C. 青藏高原对冬季风的阻挡　　　　　D. 飓风

8.3.3.2 单元测试的设计

单元测试是在一个单元教学结束,针对单元教学目标,对学生掌握知识程度、学习能力水平进行的检测,是地理教学过程中经常采用的具有测量水平和诊断功能双重作用的一种测验。目的在于检查学生对单元教学目标的达成度,查找学生学习中存在的问题及其原因,以便进行补偿性教学。单元测试题的主要设计步骤如下[3]:

第一步,明确单元教材内容和行为目标要求,列出单元命题双向细目表。新课标人教版"行星地球"单元双向细目表如表8-9所示。

表 8-9　高中地理"行星地球"单元的学习水平目标双向细目表

内容 \ 目标分数	识记	理解	应用	合计（总分）
宇宙中的地球	10	8	4	22
太阳对地球的影响	8	6	4	18
地球的运动	10	16	16	42
地球的圈层结构	8	6	4	18
合计（总分）	36	36	28	100

---

[1] 徐文智,孙磊.地理测试题的设计与编写[J].地理教育,2007(1).
[2] 深圳市碧波中学地理课后练习：大气环流[DB/OL].(2007-11-30)[2021-6-22].http://www.21cnjy.com/H/10/50500/638084;Shtml.
[3] 林华春.略论语文单元过关试卷编制中的效度控制[J].教学与管理,1995(5).

第二步,根据双向细目表,进行代表性取样,选取最能代表本单元知识点的试题样本,确定每个题目所测内容与行为目标,具体编制试卷。

第三步,根据各水平层次目标的权重比例,确定每道题的权重分值。

第四步,制定相应的评分标准。

试题的合理取样使之达到较高的内容效度,是一个相当复杂和不易解决的问题,对于单元过关考试,不仅要求测试题目能代表本单元所学过的全部内容,还要求能反映不同的行为目标层次,以提高单元过关试卷的效度,使编制的单元样本试卷能真正为达到"过关"之目的服务。

从随堂测试到单元测试,是一个循序渐进的过程。与随堂测试题的相比,单元测试题的设计重在"灵活运用,引申迁移"。其题目设计不仅要体现"源于教材",更要体现"高于教材"。例如:在学习有关地转偏向规律的内容时,随堂测试题的基点是要学生在教材基础上略加概括,明确偏转规律是什么,正所谓"源于教材"。单元测试题的基点则是要学生能够将已概括出的规律由文字转变为图示(以提高学生知识的迁移能力),并能运用这一规律来解释自然界中的一些地理现象(以提高学生灵活运用知识的能力),正所谓"高于教材"。

8.3.3.3 综合测试的设计

综合测试是指在教学内容的重要部分(较大范围的教学内容)或整个教学内容结束后,对学生学习质量所作的全面性测试。一般在学段结束时进行,如专题检测、期中、期末考试等。

与单元测试题的"小"综合性相比,综合测试题具有显著的"大"综合性,是在前两种测试题基础上的再发展。综合测试题的设计重在"纵横交错,融会贯通"。综合测试具有以下特点:强调学科知识的整合,突出对学科主干知识的考查;结合学科特色,考查学生的学习能力;隐性介入社会热点问题,突出考查学生解决社会实际生活问题的能力。

综合测试题的设计一般包括以下几步[①]:

第一步,针对测试所面对的学生以及测试时间,先大致确定题量和梯度(基础题、较灵活题、较难题各自的比重,以及预计的优秀率、及格率和平均分等)。

第二步,分配各种题型在每章节中所占的比例。

第三步,按照教材知识点和"考纲"要求,列出细目表。

第四步,按照细目表中的知识点和能力层次要求,有目标地收集试题。

第五步,具体落笔编写和设计题目。

由以上分析可以看出,随堂测试、单元测试、综合测试,这三种类型的测试题,是紧密相连的,应该体现出从低级到高级,从简单到复杂,由浅入深的递进式发展过程。它们虽然各有侧重,但并不等于截然分开。随堂测试题可有一定程度的"归纳概括,引申迁移"或是"灵活运用",有些甚至是必需的。特别是用在每节课后的随堂测试题,更应注意这一点。

随堂讨论

认真阅读《普通高中教科书地理课程标准》必修2"生产活动与地域联系"的标准,结合中图版《普通高中教科书地理第二册》"第三章:生产活动与地域联系",设计一份单元测试卷。

---

① 徐文智,孙磊.地理测试题的设计与编写[J].地理教育,2007(1).

8.3.4 地理试卷的分析技术

8.3.4.1 地理试卷质量分析

一次测验完成后,测验成绩可靠不可靠,有多大的可靠性?目标达到没有,达到何种程度?哪些试题的质量较好,好在哪里?哪些试题较差,差在何处?这些问题可以通过试卷分析来进行。

分析试卷质量一般有四个指标:难度、区分度、信度、效度。

难度

难度是反映试题难易程度的指标。不同题型计算试题难度的方法也不相同。

(1) 客观题的难度计算公式:

$$P = \frac{R}{N}$$

式中:P 为某试题的难度,R 为做对该试题的人数,N 为参加考试的总人数。

(2) 主观题的难度计算公式:

$$P = 1 - \frac{\overline{X}}{X}$$

式中:P 为某试题的难度,$\overline{X}$ 为参加考试的学生对该题得分的平均分数,X 为该题的满分数。

难度值 P 的最大值为 0,难度值 P 的最小值为 1,难度过大或过小,都不易区分学生的学习水平。一般情况下,难度在 0.3 以下为容易,0.3~0.6 为中等,0.6 以上为难题。难度与区分度有关,难度越接近 0.5,区分度越高。

区分度

区分度是指某题对于不同水平的测试者加以区分的量度,即水平高的考生得分高,水平低的考生得分低的一种倾向程度。

(1) 客观性试题的区分度

先把考试总分进行排序,然后选出得分最高的 27% 列为高分组,将得分最低的 27% 列为低分组,P_H 为高分组对某题的通过率;P_L 为低分组对某题的通过率,D 为区分度,则:

$$D = P_H - P_L$$

(2) 主观性试题的区分度

分别统计高分组和低分组在某题上所得总分为 X_H 和 X_L,再找出所有测试考生中某题的最高分 S_{max} 和最低分 S_{min}。则某题的区分度 D 为:

$$D = \frac{X_H - X_L}{n(S_{max} - S_{min})}$$

其中:n 是高分组或低分组的考生人数。

试题区分度的评价标准如表 8-10:

表 8-10 试题区分度的评价标准

区分度值	评价
0.4 以上	优
0.30~0.39	良好
0.20~0.29	中
0.19 以下	劣

信度

信度是评价考试结果稳定性的一个指标。一份相同的试卷,对于不同学校、不同师资、不同班级的学生如果产生同样的作用效果,则认为试卷信度比较高。

信度大小同相关系数有关,通常把学生按学号奇偶分为两组,先计算两组学生同一试卷答题情况的相关系数,然后计算出相关系数 R_{xy}。

相关系数公式:

$$R_{xy} = \frac{\sum X \cdot Y}{\sqrt{\sum X^2 \cdot \sum Y^2}}$$

其中:X——奇数组某题答对人数偏差,Y——偶数组某题答对人数偏差。

然后再通过相关系数计算出信度值 D。信度计算公式:

$$D = \frac{Z \cdot R_{xy}}{1 + R_{xy}}$$

其中 Z 为被试人数,信度系数越接近1,可靠性和稳定性越高;系数越趋近于0,可靠性和稳定性越低。

效度

效度是衡量测试结果与测试目的吻合程度的统计量数。当考试的目的是检验试题取样合适性程度时,如果考试的题目越恰当,那么试题的效度就越高,反之就越低;当考试的目的是检验考试结果与事先预测的考试结果间的一致性程度时,如果考试的结果与事先预测的考试结果相关程度越强,那么试题的效度就越高,反之就越低。计算试题效度可采用积矩相关系数法。计算两次考试成绩的相关系数 R,公式为:

$$R = \frac{n\sum xy - \sum x \sum y}{\sqrt{(n\sum x^2 - (\sum x)^2)(n\sum y^2 - (\sum y)^2)}}$$

其中 n 表示参加测试的总人数;x 表示正在分析的考试的分数;y 表示作为效度用的那一次考试的分数。

一般要求试题的效度系数达到0.4以上,效度值太低的试题,对于实现预定的目标来说是没有实际意义的。

8.3.4.2 撰写地理试卷质量分析报告

试卷质量分析报告的撰写一般包括以下一些要点:

(1) 测验目的与性质;

(2) 能力要求与测验内容;

(3) 试卷设计:题型结构、考点分布(内容效度);

(4) 试卷评价:试卷质量(平均分与标准差、试卷信度、试卷难度与区分度、试题难度与区分度的分布)、试卷特色;

(5) 答题情况分析:试题考查的主要知识与能力(效度的定性分析)、试题设计思路、解题思路、考生得分情况、常见或典型错误及原因分析;

(6) 对命题的意见或建议;

(7) 对教学的意见或建议。

学习实践

任选一份高中地理新课程测试卷,分析评价该试卷的设计质量。

8.4 地理教师评价

关键术语

◆ 地理教师评价　◆ 课堂教学评价　◆ 发展性评价　◆ 工作绩效

8.4.1 地理教师课堂教学评价

地理教师评价就是根据地理教育目标和地理教师的工作任务,运用现代地理理论和方法手段,对地理教师的素质、工作过程以及工作绩效进行价值判断,以改进地理教学,提高地理教师工作质量,促进地理教师专业发展的过程。

地理教师评价的内容很广泛,地理教学是地理教师工作的中心,因此,地理教师课堂教学是地理教师评价的主要内容。地理教师的专业发展是提高地理教师教学质量的基本途径,因此,发展性的地理教师评价是重要的组成部分。

地理教师评价也是学校管理的重要环节,科学的地理教师评价有助于加强和改善学校管理。

案例 8-14

同行对地理教师的课堂教学评价

高老师在完成《普通高中教科书地理必修第一册》(人教版)"地球的历史"一节课的教学后,观摩这节课的同行评价如下:"教学目标设计合理,表述明确具体。熟悉教材,教学内容系统,注意理论联系实际,讲解透彻。教学方法灵活多变,板书结构完整、层次清晰。地图运用时机适宜,指图准确。教学思路清晰、节奏紧凑、过渡自然,注意师生互动。普通话标准,语速恰当,语言流畅。但教学中对学生读图、析图及独立分析地理问题能力的培养不够,对学生的启发诱导不够,学生的主体性、能动性没有得到充分发挥。"

随堂讨论

1. 地理教师课堂教学评价有什么作用?
2. 地理教师课堂教学评价的内容有哪些?

8.4.1.1 地理教师课堂教学评价的内容

地理教师课堂教学评价的内容见本章附表1。

(1) 教学目标

对教学目标的评价包括两个方面:一是教学目标设计合理。课堂教学目标符合地理课程标准要求、地理教材内容特点和学生接受能力;地理课堂教学目标全面,既包括知识与技能目标、过程与方法目标,又包括情感态度与价值观目标。二是教学目标表述明确具体。地理课堂教学目标陈述使用意义比较单一的行为动词,具有可观测性、可操作性。[①]

---

① 赫兴无,李家清.地理教学目标设计初探[J].中小学教材教学,2004(11).

(2) 教学内容

对教学内容的评价包括五个方面：一是正确理解教材,教学内容系统、科学、准确。熟悉教材内容,理解教材在全章节中的地位与作用。二是教学内容难度适中,丰富充实。教学内容符合地理课程标准要求,符合学生年龄心理特征,既紧扣教材,又不拘泥于教材,有适度的扩展和延伸。三是注重学生地图技能的训练、情感态度的培养和价值观的教育。四是突出重点、抓住关键、突破难点。五是教学内容新颖,理论联系实际。

(3) 教学方法与手段

对教学方法与手段的评价包括五个方面：一是教学方法选择恰当,运用灵活。二是注意发挥学生的主体作用。教学过程中注重启发诱导,充分调动学生学习的积极性和主动性。三是板书、板图、板画设计规范,运用熟练。四是能根据教学内容、目的以及学生的年龄特点合理选择地理直观教具,并能灵活运用。五是熟练应用现代地理教育技术。这是信息时代对地理教师的客观要求。

(4) 教学过程

对教学过程的评价包括三个方面：一是课堂教学结构设计合理。整个地理课堂教学结构设计思路清晰,符合地理知识的内在逻辑关系和学生的认知规律,教学环节主次分明。二是师生互动,积极性较高。师生之间的信息沟通交流充分,情感交流融洽;教与学双方情绪饱满,课堂气氛活跃;地理教师能正确处理来自学生的反馈信息,调控得当。三是注意对学生意志、气质、性格等个性品质的培养。在课堂教学中地理教师应鼓励学生克服学习困难,培养刻苦和坚定的意志品质,锻炼学生的自制能力,培养遵守纪律的良好品质。①

(5) 教学基本功

对地理教师教学基本功评价包括对地理教师语言的评价,地理教师推进教学技能的评价(如导入技能、讲解技能、承转技能、反馈技能、结束技能、"三板"技能等)和教学方法以及教学媒体选择与运用的技能等的评价。

(6) 教学效果

对教学效果的评价包括三个方面：一是按时完成规定的教学任务。教学容量适度,课堂效率较高。二是达成课堂教学目标。学生较好地掌握地理基础知识和基本技能,地理实践能力得到较好的培养,情感态度与价值观得到一定的发展。三是使学生对地理学科产生较为浓厚的学习兴趣。

一堂好的地理课应该是在地理教师的引导帮助下,全体学生的潜力得到最大限度的挖掘,好中差生均有所得。课堂教学中充分体现师生平等、教学民主的思想,师生信息交流畅通,情感交流融洽,合作和谐,配合默契,师生均有满足感,教与学达到最优化程度。②

8.4.1.2 地理教师课堂教学评价的方法

对地理教师课堂教学进行评价的方法主要有课堂观察法、座谈法和学生成绩分析法等。

(1) 课堂观察法

课堂观察又称课堂听课。它需要评价者亲自深入课堂,通过对教学过程的观察,了解课堂教学的真实情况,获得评价的第一手资料。课堂听课式评价需要注意以下几点：① 听课前应明确地理教学进度、教学目标和授课计划。② 听课时应将听课重点放在对地理教学过程和学生活动的观察上,而不只关注地理教师个人,尽可能完整地记录教学过程。③ 课后要及时反馈评价信息,并与被评地理教师充分讨论交流,对地理课堂教学的改进提出有实用价值的建议。

---

① 苏庆华.素质教育形式下地理课堂教学评价指标体系的构建[J].中学地理教学参考,2004(9).
② 梁洁仪.地理课堂教学评价的标准[J].文教资料,2005(22).

(2) 座谈法

它是评价者与有关人员进行的一种有目的的谈话,评价者通过提问或引导谈话对象可以直接听取谈话对象的意见,通过双方沟通与交流,获取问卷调查得不到的信息。[①] 座谈法的基本要求是:充分准备,措辞准确,正确引导,步步深入,认真倾听,准确记录,冷静分析,客观评价。

(3) 学生成绩分析法

根据学生的成绩分析来评价地理课堂教学,是一种间接评价的方法,也是一种重要的方法。学生学完规定的地理教学内容之后,知识和能力的提高是评价教学是否实现规定的教学目标的根本标准。如果某地理教师所教学生的成绩经常低于或高于全年级同类学生的统考平均成绩,就有理由做出某些关于教学能力和教学效果的评价。另外,根据学生成绩的分布状态,可以对地理教师的教学重点及其价值做出评判。

8.4.2 发展性地理教师评价

发展性地理教师评价是地理教师评价的方向,它与传统的地理教师评价有着本质的区别,它明确把地理教师评价的发展功能置于核心地位,以可持续发展理论为指导,以促进地理教师发展、提高教学质量为目的。[②]

8.4.2.1 发展性地理教师评价的内涵

(1) 评价的方向是面向未来

它不仅注重地理教师个人的工作表现,更注重地理教师的未来发展。在实施发展性地理教师评价制度的过程中,让地理教师充分了解学校对他们的期望,培养他们具有主人翁的精神。根据地理教师的工作表现,确定地理教师的个人发展需求,制定地理教师的个人发展目标,为地理教师提供日后培训或自我发展的机会,提高地理教师履行工作职责的能力,从而促进地理教师的发展。

(2) 评价的目的在于促进地理教师的专业发展

发展性地理教师评价认为,地理教师工作是一种专门职业,每位地理教师都需要不断地对自己的教育教学进行反思、总结与改进,每位地理教师都有在教育教学的过程中不断发展的内在需求和可能性,而评价则是地理教师获得专业发展的重要促进力量。地理教师评价的目的不再是给地理教师排队,而是要为地理教师提供关于教育教学的反馈和咨询信息,帮助地理教师反思和总结自己在教育教学中的优势和薄弱之处,探讨克服缺陷、保持优势的措施与途径,从而不断改进地理教师的教育教学实践,提高地理教师的专业发展水平。

(3) 发展性地理教师评价是一种个性化的评价

每位地理教师在年龄、学识、经历、职业素养、教学风格等方面都存在着一定的差异。发展性地理教师评价主张评价不但不应该消除这些客观差异,而且应尊重地理教师的个体差异,并根据这种个体差异,确立个体化的评价标准、评价重点及相应的评价方法,明确地有针对性地提出每位地理教师的改进建议、专业发展目标和进修需求等。充分挖掘地理教师的潜能,发挥地理教师的特长,更好地促进地理教师的专业发展,激发其创新意识。发展性地理教师评价强调评价对不同地理教师甚至是同一地理教师的不同发展阶段的适宜性。它不是事先确定一个绝对统一的评价标准,然后将所有地理教师的表现与之相对照,从而衡量、判定地理教师的优劣或是否合格、称职,而是通过将地理教师评价时的水平和表现与地理教师的原有基础进行纵向比较,以期发现地理教师在某一时间周期中的进步和专业成长的轨迹。

---

① 王斌华.发展性教师评价制度[M].上海:华东师范大学出版社,1998:163.
② 何洪,等.发展性教师评价试构[J].玉林师范学院学报(哲学社会科学),2003(2).

随堂讨论

结合实例,说明传统地理教师评价观的弊端。

8.4.2.2 发展性地理教师评价的内容

发展性地理教师评价的内容可见本章的附表2。

(1) 地理教师素质

地理教师素质主要包括政治思想道德素质、专业知识素质、专业能力素质和专业心理素质四个方面。

(2) 地理教师工作过程

地理教学

对地理教学的评价包括四个方面:一是地理课堂教学。二是地理活动教学。活动目标明确;内容选取符合实际;方案设计科学、严谨、可行;活动计划圆满完成。三是备课、批改作业、学习辅导、学业考评等教学辅助环节。地理教师应深入钻研教材和课程标准,了解学生实际,认真撰写教案。布置的作业分量恰当、难易适中,批改作业认真仔细、及时,评语恰如其分。辅导学生耐心细致。考试命题科学合理,能根据考试反馈的有关信息及时发现和纠正教学中存在的问题等。四是地理课程资源建设。积极收集和编制习题、试卷,编写教学参考书,绘制教学地图,制作地理模型、建设地理实验室、地理专用教室与地理园等。

教研科研

教研科研的要求主要包括三个方面:一是积极参加各级教研活动。尤其是参加本校地理教研室的集体备课、听课、评课活动。二是积极参加各种学术会议。三是积极申请教科研课题,撰写教科研论文,编写学术论著。

学校建设与管理

学校建设与管理主要包括两个方面:一是关心并积极参与学校的环境建设。学校环境包括物质环境和心理环境。地理教师应以专业眼光关心学校的自然环境建设,在净化、绿化、美化校园环境等方面献计献策,以努力营造一个幽静、清新的校园环境。二是主动承担力所能及的班级、党政群团等管理工作。

社会服务

社会服务内容主要包括三个方面:一是积极举办各种形式的地理科普活动。通过广播、电视、报刊、网络等多种形式向社会传播地理科普知识及其举办他科普活动,丰富社会主义精神文明内容。[①]二是积极参加各种形式的乡土建设和公益服务活动。积极利用专业知识在城乡规划、资源开发、环境保护、国土整治等方面为乡土建设出谋划策。积极参加社区清洁卫生、禁毒宣传等公益服务活动。三是积极开展社会地理教育。应学校和社会的要求,对成人进行地理素质教育,对相关从业人员(如环保、旅游、土地、物业行业人员)进行有关培训,促进地理教育社会化。

---

① 袁书琪.地理教育学[M].北京:高等教育出版社,2001:236.

（3）地理教师工作绩效

学生发展

学生发展表现主要包括三个方面：一是地理学习兴趣浓厚，有良好的学习方法和习惯。二是地理考试成绩达标。三是地理小论文或地理知识竞赛获奖。

教学业绩和教研成果

教学业绩和教研成果主要包括三个方面：一是地理教育教学工作受到好评或表彰。二是申请的教科研课题按期结题，有较高质量的教科研论文发表或获奖，有学术著作出版。三是承担学校建设和管理，参加社会服务工作有实绩。

8.4.2.3 发展性地理教师评价的基本要求

（1）全员评价和全面评价

全员评价指的是，发展性地理教师评价制度是面向全体地理教师的，不是面向少数优秀地理教师或少数不称职地理教师的，换言之，它要求包括领导在内的全体地理教师都要接受评价。

全面评价有两层含义：第一，要求对地理教师的职业道德、学科知识、文化素养、教学能力、参与意识、与人共事、终身学习、个人奋斗以及课堂内外的全部工作进行全面的评价。[①] 第二，要求在评价过程，保证信息渠道的畅通，全面掌握评价信息。获得评价信息的来源越广泛、越多样，占有的评价信息就越丰富、越充实，地理教师评价的结论就越准确。

（2）评价主体多元化

自评应是地理教师评价的最主要方式。一方面自评使地理教师感受到信任感，增强地理教师的自尊心和自信心，激励他们积极参与评价工作；一方面，通过自我诊断，地理教师可发现自身的长处和不足，以便为进一步发展确定努力的方向，使评价过程称为一个连续的自我激励、自我提高的过程，真正达到促进地理教师专业发展的目的。[②] 同时，自评也使得评价信息的来源更为全面，增强了评价结果的有效性。

除了教学管理者和地理教师本人以外，发展性地理教师评价也强调让同事、学生及家长等人员共同参与评价，使被评地理教师从多渠道获得反馈信息，更好地反思和改进教育教学工作。发展性地理教师评价强调为同事、学生和家长创设积极参与评价的氛围，同时被评地理教师要端正态度，认识到他人评价所提供的信息对于自己的重要作用，以平和的态度、宽广的胸襟看待他人的评价。

（3）注意评价结果的保密性

不恰当地公布考评结果不但没有激励后进的作用，反而影响了他们的情绪，影响了被评地理教师在学生、同事中的威信，损害他们的自尊心，致使地理教师不能坦诚面对评价。发展性地理教师评价的成败取决于地理教师的坦诚和配合，因此，确保评价结果等相关材料的保密性是地理教师评价的一条重要原则，评价者必须认真做好保密工作。

（4）评价过程民主化

民主化原则要求破除评价过程的神秘化，增加评价过程的透明化，把评价目标、评价标准、评价方法、评价程序、评价要求原原本本地告诉所有参加评价的评价者和评价对象，以便调动广大地理教师的参与意识，激发地理教师的积极性。

（5）注重反馈评价信息

地理教师评价需要向评价对象提供反馈信息，不向评价对象提供反馈信息的地理教师评价是不完全的评价制度，也就失去了地理教师评价的部分意义，这是一个常识问题。发展性地理教师评价制

[①] 王斌华.发展性教师评价制度[M].上海：华东师范大学出版社，1998：133.
[②] 段玉山.地理新课程测量评价[M].北京：高等教育出版社，2003：202.

度一般向两个方向提供反馈信息。第一,通过评价者向学校领导提供评价对象是否需要在职进修,学校应该提供哪些帮助等有关信息;第二,通过评价者,向评价对象提供有关其工作表现方面的信息,从而改善评价对象的工作表现。

(6) 注意导向性

发展性地理教师评价制度不是面向过去,而是面向未来,不以奖惩为目的,而以发展为目的,其最终目标是充分调动地理教师的积极性,为地理教师日后的工作提供规范,指明努力的方向,从而实现学校的发展需求。因此,在确定评价目标、评价标准、评价程序、评价方法、撰写评价结论、确定评价者资格等各个环节方面,不仅要求符合目前的地理教师工作特点,还要求充分考虑到地理教师未来的发展需求,注重与学校的发展需求和发展方向紧密地结合起来,发挥地理教师评价的导向功能。

学习实践

到中学听一节地理课,给地理教师课堂教学进行评价,并与老师交流。

附表1:

地理教师课堂教学评价指标体系

一级指标		二级指标
A1	教学目标	B1 教学目标设计合理
		B2 教学目标表述明确
A2	教学内容	B3 正确理解教材,教学内容系统、科学、准确
		B4 教学内容难度适中,丰富充实
		B5 注重学生地图技能的训练、情感态度的培养和价值观的教育
		B6 突出重点、抓住关键、突破难点
		B7 教学内容新颖,理论联系实际
A3	教学方法与手段	B8 教学方法选择恰当,运用灵活
		B9 注意发挥学生的主体作用
		B10 板书、板图、板画设计规范,运用熟练
		B11 地理直观教具选择合理,运用熟练
		B12 熟练应用现代地理教育技术
A4	教学过程	B13 课堂教学结构设计合理
		B14 师生互动,积极性较高
		B15 注意对学生意志、气质、性格等个性品质的培养
A5	教学基本功	B16 语言表达能力强
		B17 教态亲切自然
A6	教学效果	B18 按时完成规定的教学任务
		B19 达成课堂教学目标
		B20 学生对地理学科产生较为浓厚的兴趣

附表2：

发展性地理教师评价指标体系

一级指标	二级指标		三级指标	
A1 地理教师素质(20%)	B1	政治思想道德(20%)	C1	热爱祖国,忠诚地理教育事业(40%)
			C2	热爱和关心学生(40%)
			C3	热爱生活,乐观向上；热爱集体,关心他人(20%)
	B2	专业知识(30%)	C4	地理专业知识(40%)
			C5	相关学科知识(20%)
			C6	教育科学和心理科学知识(30%)
			C7	信息科学知识(10%)
	B3	专业能力(40%)	C8	地理教学能力(50%)
			C9	教研科研能力(30%)
			C10	社会服务与社会交际能力(20%)
	B4	专业心理(10%)	C11	兴趣广泛,意志坚定(40%)
			C12	敏锐的观察能力,丰富的空间想象能力(60%)
A2 工作过程(60%)	B5	地理教学(60%)	C13	地理课堂教学(60%)
			C14	地理活动教学(10%)
			C15	备课、批改作业、学习辅导、学业考评(20%)
			C16	地理课程资源建设(10%)
	B6	教研科研(20%)	C17	积极参加各级教研活动(50%)
			C18	积极参加各种学术会议(10%)
			C19	积极撰写教科研论文(40%)
	B7	学校建设与管理(10%)	C20	关心并积极参与学校的环境建设(60%)
			C21	主动承担班级、党政群团等管理工作(40%)
	B8	社会服务(10%)	C22	积极举办各种形式的地理科普活动(50%)
			C23	积极参加各种乡土建设和公益服务活动(40%)
			C24	积极开展社会地理教育(10%)
A3 工作绩效(20%)	B9	学生发展(60%)	C25	学习兴趣浓厚,有良好的学习方法和习惯(30%)
			C26	地理考试成绩达标(50%)
			C27	具有较强的实践能力和创新意识(20%)
	B10	教学业绩和教研成果(40%)	C28	地理教育教学工作受到好评或表彰(60%)
			C29	有较高质量的教科研论文发表或获奖(20%)
			C30	学校建设和管理、社会服务工作有实绩(20%)

本章小结

1. 地理教学评价的类型多样,按功能可以分为诊断性评价、形成性评价和终结性评价；按标准可以分为相对评价、绝对评价和个体内差异评价。地理教学评价具有重要的功能,它是促进地理教师专业发展的重要途径,是促进学生不断发展的重要策略。

2. 地理新课程提出了新的评价理念和评价取向：评价目标多元化、评价过程动态化、评价内容全面化、评价主体多元化、评价方法多样化、着眼评价的激励功能。测验法、观察法、谈话法、问卷法、作业法、档案袋评价等是地理新课程评价的主要方法。

3. 地理学习评价倡导评价主体多元化,除了地理教师,还应有学生本人、同学、家长等。地理学习评价的内容丰富,既包括地理知识与技能、过程与方法,也包括情感态度与价值观。

4. 地理试卷设计主要包括四方面的问题:地理试卷设计基本程序、地理测试题设计基本技术、常见地理测试题型设计、地理试卷分析技术。

5. 地理教师课堂教学评价是地理教师评价的重要组成部分,发展性地理教师评价面向未来,以促进地理教师的专业发展为目的,是地理教师评价的方向。它注重对地理教师进行全面评价,要求全员评价和全面评价。

本章思考题

1. 运用附表1,给模拟地理课堂教学同学进行评价。
2. 走访几所中学,了解地理教学评价现状,提出改进建议。

课程链接

中国地理课程网:http://geo.cersp.com/
地理课程网:http://www.dilike.net
中学地理教学资源网:http://www.yeschool.net/zhp
地理教学评价网:http://www.dljxw.com
中国教育学会地理教学研究会:http://www.gezhi.sh.cn/geography/CN/

参 考 文 献

[1] 普通高中教科书地理必修第一册[M].济南:山东教育出版社,2019.
[2] 普通高中教科书地理必修第二册[M].北京:中国地图出版社,2019.
[3] 普通高中教科书地理必修第一册[M].北京:人民教育出版社,2019.
[4] 陈澄,樊杰.全日制义务教育地理课程标准(实验)解读[M].武汉:湖北教育出版社,2002.
[5] 中华人民共和国教育部.普通高中地理课程标准(2017年版)[S].北京:人民教育出版社,2018.
[6] 袁书琪.地理教育学[M].北京:高等教育出版社,2001.
[7] 段玉山.地理新课程测量评价[M].北京:高等教育出版社,2003.
[8] 夏志芳.地理课程与教学论[M].杭州:浙江教育出版社,2003.
[9] 陈澄.新编地理教学论[M].上海:华东师范大学出版社,2007.
[10] 陈澄.地理教学论[M].上海:上海教育出版社,1999.
[11] 王民.地理新课程教学论[M].北京:高等教育出版社,2003.
[12] 褚亚平,等.地理学科教育学[M].北京:首都师范大学出版社,2000.
[13] 中华人民共和国教育部.义务教育地理课程标准(2011年版)[S].北京:北京师范大学出版社,2012.
[14] 李家清,陈实.新课程高中地理教学评价实做设计[J].中学地理教学参考,2006(z1).
[15] 梁洁仪.地理课堂教学评价的标准[J].文教资料,2005(22).
[16] 苏庆华.素质教育形式下地理课堂教学评价指标体系的构建[J].中学地理教学参考,2004(9).
[17] 赫兴无,李家清.地理教学目标设计初探[J].中小学教材教学,2004(11).
[18] 钟启泉,等.基础教育课程改革纲要解读[M].上海:华东师范大学出版社,2001.
[19] 陈玉琨.教育评价学[M].北京:人民教育出版社,1999.
[20] 肖锋.学会教学——课堂教学技能的理论与实践[M].杭州:浙江大学出版社,2002.
[21] 何洪,等.发展性地理教师评价试构[J].玉林师范学院学报(哲学社会科学),2003(2)
[22] 王斌华.发展性地理教师评价制度[M].上海:华东师范大学出版社,1998.

[23] 季明明.学校地理教师工作评估适用手册[M].北京:中央民族学院出版社,1993.
[24] 张华.课程与教学论[M].上海:上海教育出版社,2000.
[25] 于向英.教育测量与统计[M].郑州:郑州大学出版社,2004:55.
[26] 黄光扬.教育测量与评价[M].上海:华东师范大学出版社,2002.
[27] 王君威.如何编制提升学生能力的地理试题[J].地理教育,2004(1).
[28] 苏平.2007年广东新课标高考地理试题评析[J].考试(高考文科版),2007(9).
[29] 徐文智,孙磊.地理测试题的设计与编写[J].地理教育,2007(1).
[30] 中华人民共和国教育部.中学教育专业师范生教师职业能力标准(试行)[S].2021.

第 9 章　地理实践活动

本章概要

地理实践活动也被称为"地理课外活动",是地理课堂教学的补充和延伸。本章内容主要有地理实践活动组织和开展的原则和要求,地理实践活动的主要类型,开展地理实践活动的具体方法、措施和案例;介绍了中学生国际地理奥林匹克竞赛;在地理研究性学习中,阐明了研究性学习中教师和学生的地位,研究性学习的实施步骤。

学习目标

通过本章学习你可以
1. 表述地理实践活动的理念、功能及地理实践活动组织的原则。
2. 简述地理实践活动的类型,能设计和开展各种地理实践活动。
3. 表述地理研究性学习的实施类型和要求,能针对性地开展地理研究性学习。

9.1　地理实践活动概述

关键术语

◆ 地理实践活动　　◆ 地理实践活动功能　　◆ 地理实践活动原则

案例 9-1

《普通高中地理课程标准(2017 年版)》对地理实践活动的要求

《普通高中地理课程标准(2017 年版)》对地理实践活动以"教学提示"和"学业要求"的形式提出了明确的要求。以下摘录的是 地理 1 和地理 2 的"教学提示"和"学业要求"。

模块	教学提示	学业要求
地理 1	指导学生运用体验、观察、观测、实验、野外考察等方式开展地理实践活动	具备一定的运用考察、实验、调查等方式进行科学探究的意识和能力
地理 2	注重社会调查等方法,联系生活实际,解决现实问题	能够运用地理信息技术或其他地理工具,收集和呈现人口、城镇、产业活动等人文地理数据、图表和地图

随堂讨论

1. 地理实践活动与地理课堂教学的关系是什么?
2. 开展地理实践活动的意义是什么?

9.1.1 地理实践活动含义与功能

9.1.1.1 地理实践活动含义

地理实践活动主要是指"课堂教学以外的,教师指导学生进行的各种有关地理学科的课外、校外、野外学习活动"①。地理实践活动是课堂教学必要的延伸和补充。丰富多样的地理课外、校外、野外活动,对提高地理教学质量、实现地理教学目标具有特殊的意义和作用。因此地理实践活动在地理教学中具有特殊的地位。在初高中地理课程标准中都明确提出,要改变地理学习方式,要根据学生的心理发展规律,联系实际安排教学内容,开展地理实践活动,能够使学生亲身体验地理知识产生的过程,引导学生从现实生活的经历与体验出发,激发学生对地理问题的兴趣,培养地理学习能力和探究精神。

地理实践活动在地理课程标准中是以活动建议的形式出现,为地理实践活动提供了参考性建议,教师可根据条件选择,也可以自行设计实践活动。在开展地理实践活动的过程中,教师要积极创造条件帮助学生学会自己设计和实施地理实践活动。

9.1.1.2 地理实践活动的功能

拓展知识领域,培养地理技能

地理课堂教学从理性认识的角度向学生揭示了人类赖以生存的地理环境及人地关系,地理系统是个复杂的巨系统,地理实践活动能让学生接触到比地理课本知识更为复杂的地理问题,是课堂教学的延续和补充。通过地理课活动,可以使学生在一定范围内和一定程度上接触地理事物和现象,有利于理论联系实际,开阔地理视野,拓展学生的知识领域。例如,学生学习了形成气候的要素后,要分析武汉市的气候特点和形成原因,他们会发现除了根据课本知识中关于形成气候的位置、地形、洋流、气压带和风带要加以分析之外,必须考虑武汉处于两江交汇处,河湖众多对武汉市气候的特殊性的影响。

掌握地理学习方法,提升地理核心素养

地理实践活动是地理学重要的研究方法,也是地理课程重要的学习方式,具体的考察、实验和调查等地理实践活动不但丰富了学生的地理表象和地理感性认识,培养学生观察地理事物、分析地理事物的能力,使其学会地理学习的方法,而且有助于培养学生认识在不同时空组合条件下,地理要素的相互作用,使学生学会从整体的角度,全面、系统、动态地分析和认识地理环境,以及它与人类活动的关系,提升综合思维素养;有助于培养学生运用空间—区域的观点认识地理环境的思维方式能力,从区域的角度分析和认识地理环境,以及它与人类活动的关系,提升区域认知素养。

锻炼非智力因素,升华情感态度与价值观

高中地理课程的改革传递着一个信号:那种过分依赖于书本以及教师讲授来学习地理的局面,不能再继续下去了!"我们要加强学生的地理实践活动,包括认知性实践、社会性实践、伦理性实践,从而培养学生的交往的、合作的、动手的、设计的、组织的、决策的等实践能力。让学生在走进社会与大自然的过程中,领略环境与生活的魅力,增强社会的适应能力与应变能力。"②在高中地理课程标准中尤其强调学生地理意识和地理情感的培养。

"地理意识包括空间意识、环境意识、全球意识等。它们是在地理认知达到一定境界后的自然感悟与意念流露。地理情感是地理素养的重要组成部分,是维持地理思维活动、影响地理判断能力、支

---

① 陈澄.地理教学论[M].上海:上海教育出版社,1999:257.
② 陈澄,樊杰.普通高中地理课程标准(实验)解读[M].南京:江苏教育出版社,2003:38.

配地理活动的精神支柱,它表现在学习兴趣、文化情操、审美情趣等。"[1]

心理学认为,学生学习的兴趣、动机、意志、情感、性格、气质等构成学生学习的非智力因素,学生学习最后取得的效果,是由智力因素和非智力因素共同作用的结果。在地理实践活动中,学生接触到丰富多彩的自然和社会,激发了学习的好奇心;在地理实践活动中,学生会面临多种困难和障碍,这就要求学生必须有坚强的意志和克服困难的勇气;在实践活动中,学生之间的交流合作,有利于培养学生社会交往能力和合作精神。另外在地理实践活动中,学生从中受到国情、乡情教育,科学的人地观教育,辩证唯物主义和历史唯物主义教育,国家和地方性政策法规教育等。这些对培养学生的非智力因素都起到积极的促进作用,对学生的情感态度与价值观领域得到升华起到促进作用。

标准链接

> **《普通高中地理课程标准(2017年版)》中对加强地理实践的实施建议**
>
> 地理实践是支持学生地理学科核心素养发展的重要手段。地理教学应将实践活动作为教学的重要方式之一。地理实践活动的设计和实施,要以地理学科核心素养的培养为宗旨,与地理理论知识的学习和应用相结合,引导学生用地理视角去观察、行动和思考,并在对真实世界的感受和体验中进一步提升理性认识,逐步建立起地理知识之间的关联。
>
> 中华人民共和国教育部.普通高中地理课程标准(2017年版)[S].北京:人民教育出版社,2018.

9.1.2 地理实践活动原则

地理实践活动原则是活动教学原理与活动教学实践之间的中介,它反映了地理活动教学规律,是实现地理实践活动教学目的的有效指导。地理实践活动应遵循以下原则:

9.1.2.1 主体性原则

地理实践活动的主动性原则是通过开展地理活动,让学生认识地理事物现象,主动探究地理事物的原理和规律,并不断改进已有的认识而不断成长的历程。组织和开展地理实践活动时,要考虑激发学生参与的动机。可以从学生身边的地理事物和地理现象入手,因为这些是学生熟悉的现象,而对它背后所蕴含的地理事物的真相和规律的探究,不仅使学生产生浓烈的探究兴趣,还能激励他们用自己全部力量去解决问题,而且这种兴趣一旦与系统学科科学知识的掌握相联系,就成为学生学习的最好时机。例如:生活在城市的学生,对身边的环境污染问题很熟悉,如何治理身边的环境污染问题?也是学生很感兴趣的问题,学生一旦认识到这个问题的解决需要与所学的生物、化学、地理等知识的联系,由兴趣而来的学习动机就有可能成为稳定持久的探索动机。

9.1.2.2 发展性原则

地理实践活动的发展性原则强调全面发展个体能力素质,强调地理实践活动对学生个体认知、技能和情感态度与价值观倾向的不断影响,开展地理实践活动不但使学生形成和增长关于现实世界的知识,而且要发展他们的地理理论思维和创造性思维能力,实现个体知识、能力和情感态度与价值观的不断增长和完善。

地理实践活动以学生实践活动为基本特色,在这些活动中学生通过观察、测量、记录、计算、搜集信息、整理信息、分析信息、提出假设、解决问题、检验假设等一系列动手、动脑活动,不断地解决现实中和思维中的问题,这是认识不断深化和个体不断成长的基础,同时更是对学生的态度、意志力、耐心等的磨砺,是学生的地理知识、能力和情感态度与价值观不断发展完善的良好载体。

---

[1] 陈澄,樊杰.普通高中地理课程标准(实验)解读[M].南京:江苏教育出版社,2003:39.

9.1.2.3 整体性原则

目前学校教育采用的主要是分科教育的课程,它反映了近代以来科学文化知识积累和整理的基本形式,但分科教学不利于认识世界的统一性。活动教学原理认为,通过实践性的教学活动,可以加强各科知识间的联系与转换。例如,如何治理环境污染问题?这个问题的解决需要与所学的生物、化学、地理等知识的联系与转换。

9.1.2.4 地方性原则

我国国土辽阔,各地经济文化背景有所不同,地域差异大。因此,地理实践活动的项目设计要有灵活性,要体现因地制宜的原则。因地制宜主要体现在根据当地地理环境特点、学校设备条件、学生的特长和爱好、教师本身的能力和素养,设计出具有本地本校特色的地理实践活动系列项目。

学习实践

结合高中地理新教材的一节内容,设计一个地理实践活动,并说明该活动的教学意义。

9.2 地理实践活动类型

关键术语

◆ 地理实践活动类型　◆ 地理观测　　　◆ 地理研学旅行
◆ 地理教具制作　　◆ 中学生国际地理奥林匹克

地理实践活动形式多样,可在校外,可在校内;可在室外,可在室内;可个别自愿参加,可全体学生参加;可集中时间进行,可持续长期活动;内容丰富,可以组织学生阅读地理课外读物、观看地理影片、进行野外观察和地理参观,也可以组织对地理有兴趣的学生进行乡土地理研究,编辑地理墙报、举行地理讲座、召开地理主题会、制作地理教具等。但从实践活动的内容性质上看,主要有以下几种类型:地理观测类、野外考察类、地理调查研究类、地理研学旅行类、教具制作类、宣传展览类、地理写作活动、地理竞技活动等。

9.2.1 地理观测类

地理观测类是一种带有实习性质的地理实践活动类型。地理观测类活动主要包括气象观测、天象观测、经纬度的观测等。在地理观测活动过程中,学生的视觉、听觉、触觉与体觉等参与或偏于思辨性或偏于操作性学习过程,在真实情景的世界里,在动手做的过程中,学习变得更为有效,因此,地理观测活动是使学生深入了解地理事物及其发展变化规律的重要手段,是发展学生地理智能、培养他们科学研究能力的重要途径,与此同时,对培养他们非智力因素,树立辩证唯物主义世界观,及献身科学事业的精神也具有重要意义。

9.2.1.1 气象观测

学生学习了有关天气、气象、气候知识以后,在建有气象站或者地理园的学校,就可以组织气象小组开展气象观测活动。学生通过气象观测活动能更好地理解气温、气压、风、降水等气象要素之间的关系,掌握对天气观测的基本技能。

第一,气象观测的组织准备工作

开始气象观测活动之前,先要根据学校的具体情况,拟订气象观测活动计划,组织气象小组,排好值班名单,依次轮流观测。要准备好观测活动所需的气象仪器和记录用的表格,然后对气象小组的学生进行气象观测仪器的结构、作用和观测记录的方法,以及观测时应注意的事项等一系列技能训练。还要有计划地讲解一些有关气象的基本知识,加强指导,及时解决气象观测活动中产生的问题。

第二,气象观测内容和方法

气象观测的内容主要包括气温、湿度、气压、风、云、降水等以及各种天气现象、物象状况等。气象观测可以收听和记录当地气象台站的天气预报,结合当时当地的气象要素实况进行分析,画出简易天气图,与补充预报相结合。

在气象观测之前,教师要先确定观测小组各成员的分工和任务,然后给学生讲解气象观测仪器的结构和性能,观察和记录的方法和时间,并给予示范和写出操作规程。气象要素观测顺序为云、风、气温、湿度、气压、降水以及天象、物象等。

第三,气象观测资料的整理可供天气预报时做参考

气象资料整理:气象观测资料要及时加以整理,算出月平均气温、月降水量、绘制风向频度图等。例如每个月将风向统计一次,可根据统计数字绘制风向频度图,又叫风向玫瑰图。风向玫瑰图是在极坐标图上绘出一地在一年中各种风向出现的频率。因图形与玫瑰花朵相似,故名。"风向玫瑰图"是一个给定地点一段时间内的风向分布图。通过它可以得知当地的主导风向。风向玫瑰图可直观地表示年、季、月等的风向,为城市规划、建筑设计和气候研究所常用。下面为某研究性学习小组根据某一时段校园观测资料绘制的风向状况如图 9-1 所示。

图 9-1 风向玫瑰图

补充天气预报的步骤:

① 按时收看中央电视台气象节目,观看卫星云图和天气形势图,收听并记录中央、本省或邻省气象台天气形势广播,并绘制成简易天气图,了解天气变化趋势。

② 按本气象园观测到的实测记录,分析研究当地天气变化的实际情况,并参照当时天象、物象变化和有关天气谚语,气象小组成员进行认真讨论,确定本地区今、明两天的天气发展趋势,最后确定补充天气预报,由值班员发布天气预报。

学校气象园天气预报,是小范围的补充天气预报。过后要有检查,对预报的正确程度作出分析,记载成功和失败的原因;并不断总结经验教训,探索当地天气变化的基本规律。

9.2.1.2 天象观测

天象观测是学生很感兴趣的地理活动,学生在成长过程中所经历的月相变化、斗转星移使学生对神秘的夜空充满了好奇。在初高中地理学习中都要求教师指导学生开展相应的天象观测活动。有计划地组织学生进行天文观测活动,对扩大知识领域,探索宇宙奥秘,养成热爱科学的精神具有重要作用。

第一,天象观测主要内容

天象观测的内容非常丰富。有些内容可组织学生进行长期观察,如大行星、银河、北极星、著名星座、月面、月相变化,有些内容可进行即时观察,如月食、日食、流星雨等天文现象,还包括测定当地经度、纬度的活动。

第二,天象观测的准备和组织工作

天象观测之前要根据学校的具体情况,拟订观测活动的计划,要准备好观测的用具和记录用的表格。要提出明确的目的和要求，拟定好观测项目和程序以及观测时应注意的问题。

第三，天象观测的方法

观察大行星：太阳系的八大行星绕太阳公转，它们在天空中的相对位置会产生明显变化。大行星的公转轨道与太阳赤道平面十分接近，总是出现在黄道（地球上的人看太阳于一年内在恒星间所走的视路径）附近。晴夜观测，行星的光芒看上去是稳定而不闪烁的，相对位置又在不断变动，较容易辨识。

星座观测：要辨认天上的星座，首先要学识使用星图。星图描述了星星的排列形状及光度，是辨认星座十分重要的工具。

星图主要分为四种：四季星图、每月星图、旋转星图及全天星图（寻星图）。前三种星图需要配合观测地点的纬度使用。四季星图及每月星图可以被旋转星图取代。

 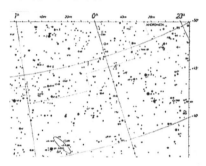

旋转星图　　　　　　　　　　　　全天星图

图 9-2　旋转星图与全天星图

不同纬度的星图，北极星的高度不相同，星图显示出来的星空会和实际星空有出入，纬度相距越大出入越大。如果把北半球用的星图携带到南半球使用，你会发觉星图显示出来的星空会和你所看到的星空有很大分别。

全天星图所记录的星一般比较暗，看起来有些像地图，星图显示着一些经纬度，这些经纬度和地面使用的并不同，我们称这些为赤经和赤纬。这种星图一般用于寻找深空天体及彗星等，很少用来辨别星座。

日食的观测：日食可以分为日偏食、日环食和日全食。

图 9-3　日偏食、日环食与日全食

太阳仅可以在日全食的短期内能够用肉眼安全观看。日偏食及日环食就绝不能在没有采取安全防范措施情况下观看。甚至当在日全食的偏食阶段，太阳的表面被遮掩了 99% 时，剩下新月形的光球层，它也可以对眼睛造成伤害。不要试图用肉眼观察任何日偏食或环食阶段的太阳。最安全的最廉价的是采用投影法。

学习卡片

简易而安全的日食观测法——投影法

投影法:是把太阳的影像投射至白色纸板上。最简单的是用两块硬纸板做一个投影器。在其中一块硬纸板钻出一个小孔,并在另一块硬纸板上贴上一张白纸。将两块纸板举向天空,有孔的一块放在前面及对准太阳,使太阳光通过小孔投射在白纸上。

月食的观测:月食只分为月全食和月偏食,而无月环食。当月球全部隐入地球本影时,发生月全食;若月球只是部分陷入地球本影,则发生月偏食。月球进入地球半影时,不会发生月食。观察月食,应先讲解月食发生的原因和观察月食的意义。若学校有较好的观察场地,时间适宜,可组织学生在学校集体观察,或让学生分散在家中自选观察场地进行观察。无论是集体还是分散观察,都应要求学生做好观察记录,并作为资料保存好。

案例 9-2

月相观测实践活动①

一、实验目的

在高中地理教学中,"月相变化"这一内容较为抽象,主要考察学生的空间思维和想象能力,是教学的重点和难点。同时,月相变化是常见的天文现象,和人们的生活也息息相关。在新学期伊始,笔者设计了"观月日志"的观测表格,请学生自行开展为期一个月的观月实践活动。希望通过一个月的连续观测,让学生获得月相变化和出没时间的直观感受,培养他们的实践、探索、归纳、总结的能力,让学生学以致用,切实感受到地理就在身边。

二、前期准备

由教师设计为期28天的月相观测表,并将观测方法和记录方法进行说明,帮助学生在观测时作好记录。本次"观月体验"在高一(3)班中开展,要求学生各自利用课余时间,每天进行月相观测,并填写"观月日志"一个月后由课代表收齐、上交。

三、月相观测的实施

进行为期四周观测,具体观测过程略。

表9-1 月相观测时间参考表

	月相	理论观测时间	观测月相的时间范围
第一周	新月	无	18时起可逐渐向后推迟观测,建议在18点之后立即观测
	上弦月	18—24 时	
第二周	上弦月	18—24 时	18时起即可随时观测,可将观测时间安排在完成作业后
	满月	18—6 时	
第三周	满月	18—6 时	晚上观测时间较晚(23时左右),不利于休息,故推荐早起观测,即 6 时之前观测(凌晨也可观测)
	下弦月	0—6 时	
第四周	下弦月	0—6 时	晚上不能观测到月相,建议在早晨6时之前观测
	新月	无	

---

① 邵懿.高中地理月相观测实践活动设计与实施[J].上海课程教学研究,2018(Z1):133-135.

随堂讨论

1. 还有观测月相的其他实验方法吗？请设计并与同学讨论。
2. 在网上查找一个阴历月月相变化的资料，演示或用计算机模拟它。

9.2.1.3 测定当地纬度和经度

测定当地纬度

在北半球，利用斜度测角器，在晴夜对准北极星，所测得的北极星的高度角就是当地的地理纬度的约数。

因为地球在自转和公转的同时，地轴总是指向北极星附近，一般来说，这是不会改变的，当地地处北半球，理论上在晴朗的夜晚可以观察到北极星。这就是说，北半球某地的地理纬度等于当地观测北极星仰角的度数。

测定当地经度

在北回归线以北地区(赤道与北回归线之间的地区，秋分到春分的时间内)，用一支细直的竹竿(或细木棒)作日影杆，垂直插在地平面上，以日影杆所插的点(O)为圆心，在上午某时某刻画一个半径稍短于当时杆影的圆。见杆子的影端落在圆周上时记取 A 点，下午见日影又落在圆周上时，再记取 B 点。然后将两点连成直线，取其中点。中点与圆心的连线就是正南北线(子午线)；第二天当日影与这条南北线重合的时刻，就是当地的正午 12 点。然后算出它与北京时间(即东八区中央经线东经 $120°$ 的地方时)正午之间的时间差数，就可算出当地的经度(约数)。

9.2.2 野外考察类

地理野外考察主要包括野外地形观察、河湖及海岸观察、土壤和天然植被观察等，通过地理野外考察，帮助学生认识家乡地理环境的主要特征及其形成原因，了解家乡劳动人民利用自然、改造自然和保护自然的概况。通过理论联系实际，加深对地理知识的理解，初步学会地理野外考察的基本技能，从中也能受到生动活泼的思想教育。

9.2.2.1 地形观察

地形观察主要包括地形的形态观察和组成物质观察。前者指观察地形的类型，如山地、丘陵、高原、平原、盆地等，各种特殊地形，如冲沟、河谷、河漫滩、阶地、沙丘等。后者指观察地形的组成物质，如黏土、沙土、砾石、砂岩、石灰岩、页岩、花岗岩等。通过对地形形态和组成物质的观察，可以进一步分析地形的成因，分析地形及其组成物质对人类活动的影响，人类活动对地形的影响等。

9.2.2.2 河流及海岸观察

河流观察主要包括水文特征(流速、流量、含沙量等)的观察，水系特征(水网特点、源地、干流、支流、左岸、右岸、河口等)的观察，河流水质观察和河流水生生物观察等；海岸观察主要包括海岸类型(泥岸、沙岸、岩岸)的观察，海岸变化、波浪、潮汐的观察和海洋利用的观察等。

9.2.2.3 土壤和天然植被观察

对土壤的观察主要是对成土母质(如冲积土、黄土、风化壳等)、土壤类型(如沼泽土、草甸土、水稻土、盐土、红壤、黄壤、黑土、灰化土等)、土壤质地(如砂土、壤土、黏土、重黏土等)、土壤酸碱度的观察。通过土壤观察，可了解当地人民是怎样利用和改良土壤的。对天然植被的观察，主要是指对草本、灌木、乔木、阔叶、针叶、常绿、夏绿等植被形态种类的观察。通过对天然植被的观察，可认识家乡天然植被的主要特征。

案例 9-3

"土壤观测"的活动设计[①]

一、土壤观测实践活动目的

开展"土壤观测"实践活动,不仅能使学生对土壤的类型、土壤的质地有更进一步的认识和理解,提高学生观察能力和动手能力,培养学生的积极思维习惯,还能增强学生的学习兴趣,开阔学习视野。同时也培养了学生合作意识和团队精神。

二、活动工具

小铲、小棍、放大镜、蒸馏水、pH 试纸、塑料袋(包括有孔和无孔的)、记录本、小刀、笔等。

三、活动过程

1. 准备阶段

教师先给学生讲清楚"土壤的概念"(土壤是覆盖在地球陆地表面上能够生长植物的疏松层)、"土壤的几个基本类型""各个类型的基本形态",以及"土壤酸碱性的检测方法",为学生进行该次活动提供理论基础,使学生明确活动的目的。

2. 分组阶段

根据学生自愿的原则,自由分组,成立"土壤观测"活动小组。每一个教学班分成 8 个小组,每个小组 6～7 人,并推荐一名学生为组长,在教师及小组长的带领下按规定时间进行观测。

教师对学生提出以下要求:每组在不同的地点需采集一份土样,如果有小动物,把土样放入带孔的塑料袋内,如果没有小动物,就放入无孔的塑料袋中。学生需仔细进行颜色、手感等方面的观测并记录在记录本上。同时小组成员动手检测土壤的酸碱性情况并讨论土壤的改良措施。

3. 采样阶段

尽可能寻找一个土壤类型较为多样的地方进行采样,保证土壤类型的多样性。

这一阶段在观测小组组长的安排下进行,教师到现场指导。

4. 观测阶段

组织各组学生集中起来,在教师的指导下,看一看土壤的颜色、摸一摸土壤的手感、闻一闻土壤的气味等,并一一记录在记录本上。小组成员动手检测土壤的酸碱性情况并讨论土壤的改良措施。观测完毕后,各组可将样本相互交换,并与之前观测的样本进行比较,将比较的结果记录在记录本上。最后填写实验报告单。(表 9-2 为实验报告单)本组采集的样本作为 A,交换后的样本作为 B。

表 9-2 土壤标本实验报告单

样本 土壤特性	A	B
颜色		
质地		
结构		
酸碱性		
是否有小动物		

5. 讨论阶段

实验报告单填写完毕后,组内各成员一起讨论,讨论的问题如下:

(1) 该土壤样本的污染情况。

(2) 改良该土壤的措施。

(3) 比较 A、B 土壤样本的异同。

[①] 本活动为华中师范大学 2007 级地理课程与教学论硕士刘媛设计。

> 6. 总结阶段
>
> 8个小组讨论后,在教师的指导下,每个小组推选一人汇报观测的结果。按小组顺序依次进行,汇报时将"实验报告单"展示给全体学生。并分析土壤的酸碱性,提出改良措施。最后教师对该次活动进行总结评价,对观测仔细全面,善于发现问题的小组或个人给予表扬。
>
> 四、活动中应注意的问题
> 1. 应选择一个土壤类型较为多样的地方进行采样。
> 2. 取样时要尽量保证不破坏土壤本身的特性,切勿挤压土壤样本,破坏其物理特性。
> 3. 使用工具时要轻拿轻放。
> 4. 讨论过程中,老师要给予适当的引导。

9.2.3 地理调查研究类

9.2.3.1 地理调查研究的内容

地理调查研究的内容主要有土地利用状况调查、环境质量调查、社区人口状况调查、工农业生产条件与布局调查、市政建设调查、市场经济调查、资源开发利用与保护调查、环境承载力与潜力调查等。通过调查研究,让学生认识家乡工农业生产的优势和不足,了解家乡人口、资源、环境的发展和利用状况,树立正确的人口观、资源观、环境观,并从中培养学生的地理能力。

"地理调查研究是一项头绪纷繁的工作。地理教师应具有比较扎实的地理专业知识,有开展地理研究的能力,比如正确解释本地资源环境的特征,工农业生产的有利条件与制约因素、布局特点及其成因,以及野外工作、室内整理和分析资料、撰写说明文字、绘制图表的能力。此外,还应具有较强的组织能力。"[①]

9.2.3.2 地理调查研究的主要步骤

(1) 调查选题:确定地理调查的对象和研究课题。针对课题查看相关资料。

(2) 拟定调查提纲:调查提纲一般包括课题、地点、对象、时间、调查目的、调查准备工作、调查项目和内容、调查总结。

(3) 开展调查:依据调查项目和内容展开调查研究工作,组织访问,开调查会或座谈会。参加地理调查的学生,以组为单位,依据调查提纲逐项进行,认真做好调查记录。

(4) 整理材料:对调查所得的材料要及时加以整理。整理材料的过程中,对还没清楚的问题,进行补充调查。

(5) 写调查报告:把调查所得的材料,围绕课题,实事求是地写成调查报告。

9.2.4 地理研学旅行类

地理研学旅行是地理实践活动的重要方式,它是初、高中地理课程方案的组成。研学旅行是由教育部门和学校有计划地组织安排,通过集体旅行、集中食宿方式展开的研究性学习和旅行体验相结合的校外教育活动,是学校教育和校外教育衔接的创新形式,是教育教学的重要内容,是综合实践育人的有效途径。以下主要介绍地理研学旅行的分类,地理研学旅行的实施要求等基本内容。[②]

9.2.4.1 地理研学旅行的分类

地理研学旅游活动根据研学的内容不同,可以分为地理类、自然类、历史类、科技类、人文类、体验类等六个方面。

---

① 陈澄. 地理教学论[M]. 上海:上海教育出版社,1999:267.
② 郭锋涛,段玉山,周维国,袁书琪. 研学旅行课程标准(二)——课程结构、课程内容[J]. 地理教学,2019(06):4-7.

地理类

地理类研学旅行内容包括地理位置与地名、地理要素与景观、地理环境、地理标志、人地协调观与地理审美等方面,主要体现地理、科学、艺术等学科在研学旅行中的作用,借助地图、地理信息技术等工具,依托自然和人文地理环境,通过自然考察、实验、社会调查等形式,探究地质地貌、气象水文、土壤植被等自然要素,人口、聚落、经济、文化、社会等人文地理事象,进而发现该区域存在的人地关系问题,并提出相应的解决方案。

自然类

自然类研学旅行内容包括欣赏自然现象与景观、自然资源与灾害、自然生态、自然规律等方面,主要体现地理、生物、科学、艺术等学科在研学旅行中的作用,借助生态、林草、地质、水利等学科的科学研究方法,依托自然保护区、风景名胜区、地质公园、矿山公园、森林公园、湿地公园、水利风景区、生态旅游区等自然保护地,深入了解自然环境与人类发展的关系,协调人地关系机制,进而宣传保护环境的理念,参与和体验环境保护志愿者工作,从中培育科学精神、社会参与等学生发展素养。

历史类

历史类研学旅行内容主要包括历史遗迹、文物与非物质文化遗产、历史聚落、纪念场所、历史题材艺术、家国情怀等方面,主要体现历史、思想政治、社会、语文、地理等学科在研学旅行中的作用,借助历史考证、社会调研、人文探究、文艺鉴赏等方法,依托历史遗迹、革命遗址、博物馆、纪念馆、文艺展馆等人文遗产,欣赏、体会中华优秀传统文化、哲学智慧、道德伦理、文学艺术特色、传统科技工艺创造、历史名人名事声誉等,引导学生坚定文化自信、传承和弘扬革命传统。

科技类

科技类研学旅行内容主要包括科技发展、科技研发、科技建设、科技伦理等方面,主要体现数学、科学、物理、化学、生物、信息技术等学科在研学旅行中的作用,借助现代人工智能、VR、AR、3D 打印等技术,科学探究和实验方法,依托科技馆、科技活动、科研机构、高等院校、国家重大工程、现代产业园区等场所,通过参观、培训、实验等形式,培育学生科学伦理、创新意识、劳动观念等素养。

人文类

人文类研学旅行内容主要包括人文特色、社会发展、人居环境、文化建设等方面,主要体现思想政治、历史、社会、地理等学科在研学旅行中的作用。借助社会科学调查、研究、评价、决策等方法,依托爱国主义教育基地、社会发展展馆、城乡聚落、战略发展项目、社会科学研究机构、高等院校、民族聚居地等社会研学基地,重点感知中华人民共和国建立以来,尤其是改革开放以来我国社会发展所取得的成就、国际地位的提升、人民生活水平的提高,探究当前我国转型发展的重大问题与发展战略。培育学生的家国情怀、世界眼光、社会责任感等素养。

体验类

体验类研学旅行内容主要包括体育与拓展运动、劳动与创业、集体生活等方面,主要体现劳动技术、信息技术、体育、艺术等学科在研学旅行中的作用,借助现代生产方法和技术、身心发展理论和方法,依托综合实践活动基地、劳动教育基地、团队拓展基地、国防教育基地、军营、体育训练基地、现代生产企业等场所,通过从事生产劳动、军事训练、团队拓展、职业体验、体育培训等形式,达到身心体验、精神提升和团队协同等目的,培育自我发展、健康生活、勇于拼搏、团队合作等素养。

9.2.4.2 地理研学旅行的实施要求

1. 教师指导要求

教师指导对于研学旅行作用重要,不可或缺,指导教师不可由一般导游等人员替代,需要有专业的研学指导教师。

指导教师资质

研学旅行指导教师的资质由人力资源管理部门和教育部门认定,指导教师必须持证上岗。高校不同层次的教师教育专业应当设置研学旅行指导的人才培养目标、规格和学位,尤其是依托地理、旅游等专业,规范培养研学旅行指导教师。学校教师,尤其是地理、旅游等专业背景的教师,以及各行各业专业人员、旅游行业导游、会展行业解说员等必须经过教育部门系统培训,通过考核取得资质。必须杜绝研学旅行市场指导教师滥竽充数的乱象。

指导教师职责

(1) 在研学旅行活动中,落实教育立德树人根本任务,达到综合培育学生发展核心素养的综合实践活动目标。

(2) 贯彻综合实践活动课程和研学旅行活动课程标准,开发研学旅行活动课程教材。

(3) 参与建设研学旅行活动基地、营地。设计研学旅行线路及其实践点的活动任务。

(4) 组织带领学生参加研学旅行活动全过程,在野外或社会现场指导研学活动的开展,在室内进行必要的讲课、个别辅导。

(5) 评阅学生研学旅行作业,公正、客观、科学地撰写学业评语。

(6) 管理学生的集体旅行、集体食宿、集体研学。

(7) 做好学校、社会、家庭之间的沟通协调,共同完成研学旅行教学任务。

(8) 开展研学旅行教学研究,参与基于研学旅行的学校教育课程和升学考试的改革。

(9) 教育、监督学生遵纪守法、注意安全。

教学设计

教学设计成功与否是研学旅行是否有效的关键。教学设计要达到下列要求。

(1) 明确研学旅行在学段课程方案中的地位和作用,科学制定研学旅行活动目标。

(2) 明确研学旅行活动的重点、难点和风险,制订突出重点、突破难点、规避风险的预案。

(3) 突出学生的主体地位,组织有效的师生互动、学生小组合作学习。

(4) 综合运用多学科基础知识、基本理论,综合培育多学科核心素养,提升学生发展核心素养。

(5) 综合运用多学科考察、调查、实验等研学方法,切实引领学生从真实情景中发现问题、提出问题、分析问题进而解决现实问题。

(6) 注重研学旅行成果的实践生成,留出适时修改和调整教学设计的空间。

2. 学生研学要求

学生研学是研学旅行活动的主体,学生研学的要求如下。

预备学习

(1) 了解研学旅行活动的背景、意义、地位。

(2) 研习研学旅行教材,搜集相关资料。

(3) 初步了解研学旅行基地、营地、线路。

(4) 准备研学旅行装备、生活用品。

(5) 了解研学旅行目的地、自然环境、社会习俗,做好吃苦克难、规避风险的身心准备。

实践探究

(1) 按照研学旅行教材、学案,服从组织安排,遵循计划,规范参与研学旅行活动,遵守研学旅行纪律。

(2) 主动、积极体验研学旅行活动过程,把握好独立思考、自主操作与小组合作、师生互动之间的关系。

(3) 认真观察、调查,主动发现问题,积极提出问题,参与问题的分析与解决。

(4) 积极参与实践操作,在实践活动中争取发现问题,在分析问题中思考设计解决问题的可行性实践。

(5) 面对真实情景,积极整合多学科知识,综合运用多学科方法,抓住独立思考、自主提出解决现实问题意见的机遇。

(6) 认真倾听别人的意见,积极表达自己的意见,参与集体讨论和辩论。

(7) 安排好生活与学习,形成适应集体旅行、集体研学的节奏,关心同学,关心集体,养成团结互助的品格。

(8) 遵纪守法、履行安全规范。

案例 9-4

河西走廊研学旅行活动设计

一、研学路线规划

本次研学旅行,主要对学生所掌握的自然地理和人文地理相关知识和内容开展全面的实践,从而提高学生认识、分析地理现象和问题的能力。本次研学旅行主要以内陆河流域为背景,主要选择了河西走廊的石羊河和黑河流域作为实习点,对其进行全面的考察和学习。根据研学旅行的时间、费用,安排具体的路线。

对考察地点的选择应遵循以下原则:① 安全性原则,整个研学过程要保证师生安全。② 教育性原则,研学活动重在学习,不能只游不学,因此,考察地点必须与学生学习的地理知识相关联。③ 实效性原则,选取的考察地点要具有直观性,形象说明地理现象。

二、研学内容

1. 认识河西走廊的自然地理环境

① 河西地区地貌类型的认识;② 河西走廊不同气候类型的认识;③ 石羊河与黑河水系组成的认识;④ 张掖丹霞地貌与彩色丘陵地貌的认识。

2. 认识河西地区的人文地理环境

① 河西地区绿洲城市规划与布局的认识;② 河西地区产业结构的认识;③ 河西绿洲的开发及变迁的探讨。

3. 河西地区区域可持续发展问题的探讨

① 民勤绿洲荒漠化发展成因及治理措施的探讨;② 内陆河流上水库作用的认识;③ 黑河中游湿地资源的作用和保护的探讨;④ 河西地区特色农业发展与农业产业化的探讨;⑤ 河西地区旅游资源开发的探讨;⑥ 水资源约束下河西绿洲可持续发展的探讨。

三、研学要求

1. 带队教师要求

① 制订详细、科学、合理的研学计划;② 精心准备研学内容,完成研学计划和目标;③ 提前安排好交通和住宿,合理安排学生就餐和休息时间;④ 做好研学动员工作,按分级管理体系组织和管理学生;⑤ 若出现意外事件,应及时向学院主管领导汇报,并及时做出应急处理;⑥ 确保研学成员平安出发并平安返校。

2. 学生的要求

① 研学旅行机会难得,应从思想上高度重视;② 明确研学目标和内容,争取有最大收获;③ 在研学过程中,勤观察、勤记录、勤思考、勤提问和勤讨论;④ 听从指导教师的安排,不擅自外出;⑤ 注意自身言行,要明白自己代表着学校;⑥ 保护环境,不能将垃圾乱扔在车内或野外;⑦ 要有集体意识及团结和协作精神,及时帮助身边有困难的同学;⑧ 研学结束后,及时整理实习记录,保质保量完成研学报告。

摘自:靳生理.地理核心素养下的地理研学旅行活动设计——以河西走廊为例[J].地理教育,2019(S2):28-29.

9.2.5 教具制作类

地理直观教具是中学地理教学的重要工具之一。根据教材内容要求,组织学生自制地理教具,不但可以增强动手、动脑的能力,使学生把课堂学到的知识应用到实际中去,而且能培养学生热爱劳动的思想品德和创造性思维能力。

9.2.5.1 教具制作内容

在中学地理教学活动中,可组织学生制作的直观教具包括:地理图像类教具(包括教学挂图、图片、幻灯片、投影片等)、地理实物标本类(经过加工整理的植物、动物、矿物、岩石、土壤标本和各种自然、人文地理实物等)、地理模型类(主要有地形模型、地质构造模型、资源模型等)、地理仪器类(三球仪、地球仪、经纬网仪、地动仪、日照仪、风速风向仪,以及雨量器、蒸发器、区时计算器、测角器、日晷和天文望远镜等)。

9.2.5.2 地理教具制作的原则

地理直观教具的设计制作,应以中学地理课程标准、教材为依据,以地理学、教育学、美学为指导,使之具有科学性、系统性、艺术性和可行性。

科学性

所有自制地理图像、地理实物标本、地理模型和地理仪器设备等,都首先必须具备鲜明的科学性,以使其充分反映地理事物的本质属性和客观规律性。这是自制地理直观教具的第一标准。值得注意的是,缺乏科学性的地理教具,容易在教学过程中给学生形成错误的概念,影响地理教学质量。

系统性

排列有序,层次清楚,结构合理的自制地理教具,最能显示其自身内在的逻辑性。这种教具内涵丰富,透明度高,直观效果好,操作简便,通过教具演示,可使教学内容深入浅出,对学生具有很强的吸引力。

艺术性

造型美观、色泽明快的自制教具会给学生以美感和吸引力,进而使学生产生学习兴趣和求知欲,以至于跃跃欲试。一件好的地理直观教具,应既有鲜明的科学性,又有一定的艺术性,达到科学性与艺术性的统一,使其成为名副其实的科学工艺品。

可行性

地理直观教具的设计、制作,必须从本地、本校的经济、材料、工具和技术条件等实际情况出发,使所制订的教具研制方案具有一定的可行性。一般说来,自制教具应因陋就简,由简到繁,由单一到复合,从低级到高级,以普及型为主,从普及中求提高。自制地理直观教具应特别强调设计图纸,制订制作方案时,应难易适度,留有余地,并预见可能出现的问题,善于应变,务求成功,千方百计实现制作方案预定的目标。

9.2.5.3 教具制作要求

教具制作的内容和形式十分多样,教师可根据学校的自身条件,因地制宜地进行组织和安排。在指导学生制作教具时,对制作的设计思路和要求要有明确交代,并由教师和已有制作经验的高年级学生示范,要让学生自己设计和准备材料。对制作完成的仪器、模型和标本要进行检查验收,做出恰如其分的评价,肯定优点,指出缺点,以利于今后提高制作水平。教师在教学中还应尽量运用学生制作的教具,以激励和鼓舞学生的学习热情。

案例 9-5

太阳直射点的变化规律演示性教具

制作目的

高中一年级第一单元系自然地理地球及其相关知识的讲解,在某些高中学校还未配置计算机多媒体,不能运用 Flash 或其他计算机辅助设备进行演示,为帮助学生理解太阳直射点的变化规律,制作本教具。

材料准备

硬纸板两块,一个圆形硬纸板,一个半圆形硬纸板;螺旋式螺丝钉一颗;白纸两张;自制红色硬纸条一个;不同颜色的彩笔各一只;尺子;螺丝刀(用于旋螺丝钉)

制作过程

首先将白纸贴附于硬纸板上,将板块板上涂黑,表示夜半球;在圆形贴白纸的硬纸板上,大致画出经线、纬线等相应线,注意颜色的区分;其次将两块硬纸板放在一起,并在板块板上将自制红色硬纸条贴紧;再次用螺丝刀将螺旋式螺丝钉在中心处旋紧,将圆形纸板、半圆形纸板及纸条钉在一起;最后,通过缓慢旋转半圆板自行画出回归线及极圈。

教具使用

通过该教具可以展示下列相应内容:

1. 晨昏线的由来:通过看教具就可以得出,由于太阳光线(红纸条)照射地球,结合地球不发光、不透明的特性,就会出现一半白天一半黑夜的景象,在黑与白纸间的界限(大圆)就是晨昏线。

2. 晨昏线与纬线的关系:当春分和秋分时,晨昏线与经线重合;当其他任何时候,太阳光线直射南北半球,而晨昏线需与太阳光线保持垂直,则造成其与经线斜交。

3. 晨昏线最高纬度点的变化范围(66°34′～90°)

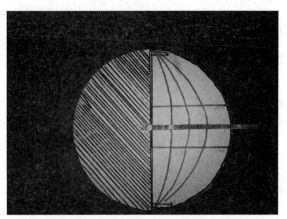

图 9-4 太阳直射点的变化规律演示性教具

9.2.6 宣传展览类

宣传展览类的地理活动是为了配合宣讲国内经济建设、科学研究的新形势,国际国内的政治形势、有关纪念活动及与地理环境有关的法规、条例而举办的各种地理讲座、地理墙报及地理展览等。地理宣传类活动可以使学生提高学习兴趣,增进感性知识,理解和掌握地理理性知识,训练和提高地理技能,情感态度与价值观得到陶冶和提升。

9.2.6.1 地理讲座

地理教师组织地理专题讲座,是向全体教师和学生普及地理知识的良好载体。它涉及面广大,在规模上可以年级为单位,也可面向全校学生。地理专题讲座因为规模较大,开展的频率视学校的具体情况而定,有条件的学校可以一学期开展一次。

地理专题讲座的影响面广,因此在内容选择上要选择大多数学生感兴趣并希望了解的地理知识,例如,选择与当时形势结合紧密的时事政治地理事件,如美国为什么入侵伊拉克?世界环境日纪念活动、解读印度洋海啸、汶川地震及其影响等;或选择国家一些重大建设工程,如三峡水利工程、南水北调、西气东送等,谈谈这些项目所具备的地理条件、工程建设规模及其意义等;也可选择在课本中内容比较简略,但与生产、生活密切相关,应用频率大的某些地理专题知识,如梅雨、寒潮、台风、地震、洪涝、干旱等自然灾害地理;还可以选择重要的地理科普知识,如关于火山、日食月食、流星雨等的知识;或者选择著名的地理事件、地理学家或著名的地理著作,如哥伦布发现新大陆、麦哲伦环球航行、郑和下西洋、徐霞客、竺可桢、《禹贡》与《山海经》等。

开展地理专题讲座前,要认真和同事商量,选择好讲座的专题,再搜集资料,做好充分准备,讲座的内容要通俗易懂、生动有趣,每次时间以一小时左右为宜,不宜过长。

9.2.6.2 地理墙报、地理板报与地理橱窗

地理墙报、地理板报与地理橱窗的题材广泛,利用它们可以及时地向全校师生员工宣传和普及地理知识,尤其是重大时事政治地理知识;也可结合地理课堂教学开辟专栏,扩大学生的知识面,如祖国地理新貌、重大工程项目的建设,以及各地风土人情和世界地理趣闻等。地理墙报、地理板报与地理橱窗表现形式多样,如地理图片、地理谜语、地理短文等形式。通过组织编辑地理墙报,可培养学生独立工作能力,增强学生对地理科学的爱好,并从中受到思想教育。

9.2.7 地理写作活动

地理写作活动就是地理教师指导学生撰写地理小论文。这是地理教师综合教学能力和素质的重要体现。

在地理写作活动中教师的指导工作大体上包括指导选择论题、指导搜集资料、指导写作和修改以及论文宣传与答辩等相互联系的几个方面。

指导选择论题

指导选择论题时应考虑与学生的生活实际和学习实际相结合的论题,或者与地理兴趣小组或读书小组等地理活动密切结合的论题,此外,还应考虑论题对学生的难易度,以及有利于教师指导的论题。

指导搜集资料

可以查阅文献资料,了解别人做了哪些研究工作,有哪些还没做,存在哪些问题,并用卡片或笔记本做些必要的摘录。还可以进行系统的观察记录或进行调查访问,并将获得的第一手资料分析整理成图、表或文字。对资料的利用要真实、准确。

指导论文写作

地理小论文同其他论文的结构一样,由绪论、本论和结论三部分组成。绪论可概括选题的背景或作者的写作目的,也可以概括论文的内容,提出论文要解决的问题等。本论是小论文的主体。作者要在这一部分讨论和解决绪论中提出的问题,必须做到有论点鲜明,逻辑关系顺畅。论据有说服力,推理正确,说服力强。结论是论文得出的研究结果,应科学、准确、有说服力。论文初稿完成后,还应进行几次修改加工,使之严密、逻辑性强。

论文的宣读或发表

论文定稿后,可以进行讨论、答辩。高质量论文,可推荐给有关部门与地理科普报刊发表。

9.2.8 中学生国际地理奥林匹克竞赛

目前,中学生国际地理学科竞赛有两项:一项是由国际地理学联合会(International Geographical Union,IGU)主办的中学生国际地理奥林匹克竞赛(IGC),另一项是由美国国家地理学会(National Geographic Society,NGS)主持的中学生国际地理奥林匹克竞赛(The International Geography Olympiad,IGO)。

9.2.8.1 IGC 简介

(1) 竞赛主旨

中学生国际地理奥林匹克竞赛(IGC)是在国际地理联合会地理教育委员会(IGU-CGE)监督下的国际委员会协调举办的,1996 年 8 月,IGU-CGE 在荷兰海牙举行了第一届中学生国际地理竞赛,此后每两年举办一次。其竞赛的主旨是:

① 激发学生对地理及环境研究的主动兴趣;
② 培养学生在地理方面的知识和技能;
③ 提供正式接触环境以及建立来自各地年轻学生间的友好关系,促进国家彼此间的了解。

(2) 参加者事宜

中学生国际地理竞赛是一种学生之间的竞赛。每一个参加国或地区需派一队由四位学生组成的参赛队伍。参赛者必须是就读于中等学校的学生或尚未开始接受高等教育的学生,于参赛当年至 6 月 30 日前,年龄必须未满 20 岁。除了参赛学生外,还必须有两名成人代表,其中一位将代表全队为领队;另一位需负责参赛选手之特殊的任务,如翻译等。由于国际地理竞赛是以英语为正式语言的,竞赛的问题及解答以英文呈现,故参赛选手必须掌握英语。

(3) 内容和命题

学习卡片

地理教育内容

中学生国际地理奥林匹克竞赛根据 IGU 1992 年的国际地理教育宪章,并测试一般中学所教授的知识和技能。1992 年的国际地理教育宪章规定的地理教育内容包括三个方面:基本态度和价值观念、知识、技能。

基本态度和价值观念:通过教育培养人们对自身所处周围环境以及地球表面上各种不同的自然人文特征的兴趣,一方面具备鉴赏世界的审美能力,另一方面能够正确评价人们不同的生活条件,为了未来的一代关注环境质量和人类的栖息地,在个人生活中、在职业经历中、在社会生活中能够利用足够而可靠的地理知识,愿意在《世界人权宣言》的基础上承担解决当地以及地区性和国际性问题的责任。

知识:掌握关于地理位置和地方的一般知识,已有能力在地理框架结构内解决国家和全球性的问题,理解基本空间上的相互关系,掌握地球上主要自然系统的知识(地形、土壤、水体、气候、植被)以理解生态系统内部及不同生态系统之间的相互作用,掌握地球上主要的社会经济系统的知识(农业、村落、交通/工业、贸易、能源、人口及其他),以获得关于地方特征的知识。如一方面理解自然条件对人类活动的影响,另一方面理解按照不同的文化价值观念、宗教信仰、技术经济和政治体制创造人文环境的不同途径,掌握地球上人们和社会在社会、经济、政治和种族上的差异以鉴赏人类丰富的文化,掌握作为日常活动空间的本地区和本国的结构和发展过程方面的知识,以及生存在"地球飞船"上人们的全球性相互依存、面临的挑战和变化方面的知识。

技能：利用由文字、图片、定量和符号资料构成的教科书、图画、图表、文献、示意图和地图，以及通过野外观察和制图、会见采访、解释第二手资料、应用统计数据等形式进行对地理主题和有关问题的研究学习，学生将能够发展和形成以下方面的能力：明确问题和争端；发展一般性结论；搜集组织信息；应用一般性结论；处理资料；做出判断；解释资料；做出决策；评价资料；根据调查结果和价值观念采取行动。

资料来源：www.wangminedu.com

中学生国际地理竞赛由主办国根据上述内容确定范围、主题以及所需的技能，并尽早通知参赛国。在进行竞赛的每一部分前，国际地理竞赛国际委员会商榷所有的选题、解法，以及建议改进方针。

以第四届 IGC 竞赛题为例，国际地理联合会的区域地理大会于 2002 年 8 月在南非城市德班举行。会议期间同时举行了第四届国际中学生地理奥林匹克竞赛。这次比赛一共有 12 支代表队参加（我国没有参加这次中学生地理奥林匹克竞赛）。

本次竞赛分四部分：第一部分（共 35 分）："德班市的商业竞争：中心商业区和区域购物中心"。分野外考察和野外工作两个阶段完成；第二部分（共 60 分）：一般地理知识的考查；第三部分（共 60 分）：考查问题解决能力。题目是"德班：面临的风险和未来的发展"，分现场调查和问题解决两个阶段完成；第四部分：农村地区发展规划。纵观整个竞赛，从知识、技能、基本态度和价值观念等三个维度看，偏重于技能与基本态度和价值观念的考察，而在这两个维度上，基本地理技能的运用能力、信息获取能力、加工能力、分析解决问题能力是考察的重点。

案例 9-6

2002 年第四届 IGC 竞赛第一部分试题分析

第一部分：德班市的商业竞争：中心商业区和区域购物中心。总共：35 分	**阶段一：野外考察** 1. 地点：德班市的中心商业区 这是一道绘图题，要求在一小时内绘出 West 大街的从 Grey 大街到 Aliwal 大街部分，只要求绘出街道南面朝着建筑物的一边，要求：在 West 大街的横切面图上，要标明地面的土地利用类型；步行测量各建筑物之间的距离；要标明不同地方的商业活动，比如书店、咖啡店、加油站等；在地图上标明非法小商贩的位置。 2. 地点：Gateway 购物中心 在一小时之内完成以下任务： ① 在购物中心外面走一圈，注意看到了什么。比如购物中心周围的土地利用状况如何？为什么选择这个地方作为购物中心？ ② 购物中心内的建筑有何特色？这主要是受什么因素的影响？ ③ 购物中心想要吸引怎样的顾客？ ④ 这个购物中心与 West 大街（德班市中心商业区）的商店有何不同？ ⑤ 区域性购物中心的优势在哪里？ ⑥ 区域性购物中心存在的问题是什么？Gateway 购物中心是否也存在这些问题？说明理由。 **阶段二：野外工作的完成** 1. 在所提供的图纸上，画一幅起于 Grey 大街、止于 Aliwal 大街的 West 大街的横截面示意图，注意选择好合适的比例尺。用不同的图例表示不同的土地利用类型，并在图上标明不同的商业活动区，同时指出非法小商贩的位置。（15 分） 2. 列表说明德班中心商业区和如 Gateway 这样的区域性商业中心在商业活动方面有何相同和不同之处。（10 分） 3. 根据你在 Gateway 购物中心的观察和思考，制作一份图表，来说明区域性购物中心由于分布零散而产生的问题。（10 分）

随堂讨论

2002年第四届IGC竞赛题第一部分试题有什么特点?

(4) IGC的特点

注重学生能力的考察

注重学生的野外考察能力。在历届的IGC中,野外考察题占有相当的比重,从分值分布上看,占竞赛的30%~50%。从内容上看,举办地点为出题热点,考察内容涉及自然地理和人文地理,更关注两者结合的综合能力考察。1996年在荷兰举行的第一届IGC,在奥拉涅(Oranjezon)地区的野外调查是沿着一个横断面进行的。考察集中于土壤、水文、地形和植被及土地利用方面。1998年在葡萄牙的里斯本,野外考察把人文地理作为重点。从第三届IGC以后,中学生国际地理竞赛野外考察部分将人文地理与自然地理综合起来,例如,第五届中学生国际地理学竞赛在波兰的格丁尼亚举行,野外考察主要考察了举办地点格丁尼亚的自然与人文地理知识。人文知识包括格丁尼亚港口的交易额、客流量及其影响因素、用地类型、主要经济来源问题等。自然地理主要包括沿岸漂移、海岸变化过程、海陆风、正午太阳高度角、悬崖岩石沉积物分析、气候影响因素问题等。也存在相当一部分二者结合的题目。例如,试题提及海岸变化过程对人类的消极影响和人类能采取的措施,城市土地使用与格丁尼亚当地地形地势的关系问题等。

注重学生分析和解决地理问题的能力。在IGC试题中,学生分析和解决地理问题的能力是考察的重心,分析历届的IGC试题可看出,重在检测参赛者分析、解决地理问题的能力和基本的地理思维技能。避免很明显的识记型测验问题,而要考察竞赛者观察能力、搜集资料和分析资料等野外技能和用地图、图标或图片分析信息的能力。所以,这个测验不是考验参赛者记忆地理知识的能力,而是检验他们的地理分析技能。

注重学生地图技能的考察。在IGC试题中,无论是户外考察部分还是户内测试部分,学生识图、用图、绘图技能考察贯穿于整个过程。在户外考察部分侧重自然和人文地理的地图阅读和定向、制作图表等地图技能,例如:在第五届中学生国际地理竞赛中,对地图的认读与方向感的考察。不论是现场问答还是主观笔试部分,几乎每一个问题都有图。在野外考察任务中更是让学生绘制地形图与剖面图。试题中出现要求学生根据地图计算区域面积的问题,还多次出现在地图上确定照片拍摄地的问题。

关注人类和自然的热点问题

地理学是在人类与自然的相互作用中形成和发展起来的,地理学家也始终关注着人类和自然的热点问题,如资源短缺、环境破坏和保护、人口问题、粮食问题等,这些也都反映在IGC的试题中。例如,第一届IGC的试题主要是水问题、发展和生态、温室效应等有关内容。比如,水的自净能力下降,下游三角洲的萎缩,物种的灭绝(洄游受阻隔,下游湖泊的干涸),局部气候恶化,缩短了水循环的过程,从而影响到很大范围内的生态环境。第四届IGC的试题中,第36题厄尔尼诺现象对非洲南部的可能影响是什么?第37题非洲土壤恶化(土壤流失)的主要原因是什么?第38题给出3个理由,说明生活在非洲的孩子比其他国家的孩子面临更大的生病与死亡的风险。但是所有的考题都不涉及意识形态、宗教矛盾和地区冲突的敏感问题。

鼓励合作与交流

"IGC的考题不仅有队员单独完成题,还有代表队集体题,相应的奖励也分个人奖和团队奖。后一种考题的完成需要小组队员的分工与合作,这就需要小组队员的密切配合和团队精神。""举办IGC的目的之一就是加强国际的文化交流和相互了解。为此,在IGC举办期间,举办国安排了文艺晚会、参观观光、交流活动等。为了能自由地交流,参赛选手最好能熟练运用英语。"

9.2.8.2 IGO简介

IGO是由美国国家地理学会(NGS)主持的中学生国际地理奥林匹克竞赛(IGO)。要求学生参赛时年龄不超过17周岁,相当于国内初三或高一年级的学生,因而竞赛方式内容和要求各有不同。第一届IGO于1993年在英国伦敦举行,共3个国家参加;第二届IGO于1995年在美国佛罗里达州举行,共有5个国家参加;第三届IGO于1997年在美国首都华盛顿NGS总部举行,共有9个国家参加。第四届IGO于1999年在加拿大多伦多举行,有13个国家参加。

IGO分为初赛和决赛两部分。

初赛是团体赛,由越野识图比赛和多项选择笔试比赛组成。越野识图比赛要求在规定的时间内,在某一指定地区找到地图上标注的20个控制点,用或不用罗盘都可以。每找到一个控制点即有自动打卡机打出相应的符号,如与地图上该控制点的符号一致,可得2分。找到正确的控制点越多,得分越高。多项选择题比赛要求在45分钟内回答60个选择题,每题只有一个正确答案,内容涉及广泛的地理问题:地理位置、文化地理、自然过程、历史地理、经济地理、政治地理等。初赛中得分相同的队将通过附加赛分出名次。初赛结束后,得分最高的3个队参加决赛,根据决赛成绩得分高低,分获金、银、铜3级奖牌。

决赛共计8轮,其中7轮是口答题,最后一轮是笔答题。8轮比赛中有6轮是团体赛,规定在20秒钟内回答问题。有2轮是个人赛,规定在12秒钟内回答问题。口答题要求参赛学生熟知其他2个参赛国家的地理知识;能够通过辨认地图、照片和实物展示回答相关的问题;能够根据竞赛提供的一组地理范畴,先选定一个范畴然后再回答该范畴内的特定地理问题。笔答题是所有参赛队的共答题,要求参赛学生能够根据竞赛提供的线索判断地理事物或某一地方的名称,答案正确,并且所需提供的线索越少得分越高。

9.2.8.3 问题与思考

IGC与IGO最大的问题是参赛国太少,国际影响不大。第一届IGC有5支代表队参赛,第三届IGC有13支代表队参加,第四届IGC有12个代表队参加,第5届有16个代表队参加。第一届IGO共3个国家参加,第三届IGO共9个国家参加,第四届IGO有13个国家参加。历数每次的IGC与IGO,没有超过20个参赛队。

中国作为一个世界大国,占有世界人口的五分之一,IGC与IGO如果没有中国的参加,就不能说是国际性的比赛。因此,IGC需要中国代表队的参加。同时IGC与IGO的举行为我们开阔了地理教育的视野,有利于我们掌握国际的先进的地理教育思想,为我们的地理教育带来了有益的对照和思考。到目前为止,中国参加了第三届IGC,获得总分第八名(共13个队),写作、问答和野外考察的平均名次分别为5.3,7.4和10.3。由此可见,野外考察部分是我国地理教育的弱项。为此,我国的地理教育必须在这一方面加强训练。

学习实践

1. 根据《普通高中地理课程标准(2017年版)》中选修1的教学提示,结合当地自然环境和学校条件,组织学生开展某种天文现象观察活动,并查阅有关资料,说出自己的观察结果及体会。
2. 根据《普通高中地理课程标准(2017年版)》中地理1的教学提示和学业要求,组织学生根据本地情况,进行土壤、植被等野外观察。
3. 组织学生搜集家乡某条河流的资料,调查分析其变化的主要原因,并对该河流的治理和开发提出自己的设想。
4. 在网上搜集一届IGC试题,分析试题的特点,谈谈你对IGC试题的看法和IGC试题对你的教学产生的启发。

9.3 地理研究性学习

关键术语

◆ 地理研究性学习　　◆ 实施要求　　◆ 实施类型　　◆ 组织形式　　◆ 实施程序

地理研究性学习活动,是指在地理教师的指导下,学生通过模拟地理科学的研究方式,提出地理问题,获取地理信息,应用地理知识和技能,分析地理问题的现象和成因,提出解决问题的方法和建议。教育部在2000年颁布的《全日制普通高级中学课程计划》(试验修订稿)中,首次把"研究性学习"课程列入高中的必修课程。2001年1月颁布的《九年义务教育课程计划》(实验稿)也把"研究性学习"课程列入初中的必修课程。《普通高中地理课程标准(2017年版)》中将"重视问题式教学"作为课程实施建议之一:问题式教学是用"问题"整合相关学习内容的教学方式。问题式教学以"问题发现"和"问题解决"为要旨,在解决问题的教学过程中,教师应引导学生运用地理的思维方式,建立与"问题"相关的知识结构,并能够由表及里、层次清晰地分析问题,合理表达自己的观点。教师要特别关注开放性的没有标准答案的问题。由此可见,开展地理研究性学习活动是时代发展的必然要求。

随堂讨论

1. 地理研究性学习对教师教学理念的转变有何意义?
2. 地理研究性学习对教师教学方法选择产生什么影响?

9.3.1　地理研究性学习与地理教师

促使地理教师学会科研方法

开展地理课题研究活动,促进了地理教师对地理科研知识的学习。在指导学生进行选题、开题、研究、结题、交流、答辩等的过程中,地理教师体验和熟悉了地理科学研究的一般流程。在研究过程中,通过指导学生围绕地理问题展开资料搜集与分析、实验、观测、野外考察、社会调查、参观访问等活动,地理教师也就掌握了地理科学研究的一般方法。

建立民主平等的师生关系

在地理研究性学习过程中,教师是考虑学生需要、指导学生开展研究的指导者和参与者。学生根据自己的兴趣和特长自己选择研究课题,自由组合课题组,自主设计研究方案、开展研究、得出结论。学生真正成为学习的主人,处在与教师平等的地位。教师与学生的"合作关系",使教学相长、共同进步,促进了新型师生关系的建立。

促进地理教师教学观念的转变

地理研究性学习使地理教师接触了地理科学前沿知识以及相关科学知识,掌握了地理科学研究的方法,了解了21世纪的人才所必须具备的能力,对学生自主选择学习的要求和他们的创造精神有了感受,这些都会促使地理教师教学观念的转变,进而促使地理教师教学方法的革新。如经常指导学生开展地理研究性学习的地理教师在地理课堂上就非常注重讨论学习、辩论学习、问题解决学习、自主学习、合作学习、探究学习等学习方式和启发式教学方式的运用。

9.3.2 地理研究性学习与学生

随堂讨论

1. 开展地理研究性学习对学生有什么影响?
2. 地理研究性学习是如何转变学生的学习方式的?

9.3.2.1 学生获得亲自参与地理科学研究的体验

地理研究性学习的过程,是情感活动的过程。地理研究性学习注重让学生自主参与类似于地理科学家研究的学习活动,让学生把地理知识综合运用到地理科学探究的实践中去,将理论与实际结合起来,亲历获取知识、运用知识、解决问题的过程,这有助于学生获得亲身体验,逐步形成一种在日常学习与生活中喜爱质疑、乐于探究、努力求知的心理倾向,激发探索和创新的积极欲望。①

9.3.2.2 提高学生发现地理问题和解决地理问题的能力

地理研究性学习通常围绕一个需要解决的地理实际问题展开,要求学生在开放的环境中自主地发现和提出地理问题,设计解决问题的方案,通过多渠道采集相关信息,分析与处理信息,进行实验、观测、野外考察、社会调查、参观访问,得出结论,解决问题,并进行思想表述和成果交流活动。它十分注重学生在自主探究过程中激活已有的知识储存,学习并掌握一些研究的科学方法和技能,形成发现地理问题和解决地理问题的能力。

标准链接

> 不论是演绎学习还是归纳学习,都要使学生能形成一定的地理知识结构框架,并综合地理解、解释和解决地理问题。要提倡和鼓励学生呈现开放性思维,具有创新性表现。
>
> 中华人民共和国教育部.普通高中地理课程标准(2017年版)[S].北京:人民教育出版社,2018.

---

① 钟启泉,等.基础教育课程改革纲要解读[M].上海:华东师范大学出版社,2001:135.

9.3.2.3 培养学生搜集和处理地理信息的能力

在科学技术飞速发展的社会,一个人即使终身学习所能获得的知识也是有限的,而知识却在不断地增加、更新。因此,我们要培养的人才并非掌握的知识越多越好,而应知道哪里有所需的知识,如何找到这些知识,如何分析和运用这些知识。在地理研究性学习过程中,学生学会了社会调查,上图书馆、档案馆采集资料;学会了上网查找资料、传送电子邮件等搜集、传递信息的方法;学会了给资料分类、分析归纳等处理信息的方法。

标准链接

> 教师在教学中,可以借助信息技术整合相关地理信息,引导学生综合地认识"自然—社会—经济—文化"之间的相互作用与协调关系,体验自主思考探究的过程。
>
> 中华人民共和国教育部.普通高中地理课程标准(2017年版)[S].北京:人民教育出版社,2018.

9.3.2.4 提高学生的交往能力和合作能力

在地理课堂教学中,尽管也常常采用小组合作形式,其目的仍主要是提高教学效果,其人际合作关系通常表现为学习中的先进者帮助后进者,所以效果会受到影响。地理研究性学习为学生提供了一个更有利于人际沟通与合作的良好空间。小组成员之间分工协作,开展平等的讨论和交流,以合作手段取得集体的成功,各成员的努力结果相互依存,成为整体的重要部分。此外,小组与小组之间、学生与教师之间、学生与家长之间、学生与社会人士之间也需要积极的交往与合作。这无疑对学生学会交流和分享研究的信息、创意及成果,养成乐于合作的团体精神,增强人际交往能力,是十分有利的。

案例 9-7

> **研究性学习与学生能力培养**
>
> 一所高中的五名学生组成了"火车站附近客流量与交通状况的调查分析"课题组,他们共同研究制订了调查方案、问卷表格,并在同一时间内对位于火车站附近不同位置地段的交通状况进行问卷调查(人流量、现有公共交通设施设备、交通通达性、乘客满意率等)。这一过程中,合作既是手段,也是目的。一方面提高了调查的可信度,另一方面培养了合作精神与合作能力。在回答自己小组的最大特色是什么的时候,他们选择的是团结合作精神。

9.3.2.5 培养了学生科学态度和科学道德

地理研究性学习中,会碰到各种问题和困难,学生只有认真、踏实地进行思考、调查研究及科学实验,才能够获得科学合理、切合实际的结论,科研活动才能有序地开展下去。因此,"地理研究性学习能够养成学生严谨、求实的科学态度和不断追求的进取精神,形成尊重他人思想与成果的科学道德,并在此过程中锻炼他们不怕吃苦、勇于克服困难的意志品质"[①]。

---

① 段玉山.地理新课程研究性学习[M].北京:高等教育出版社,2003:48.

案例 9-8

研究性学习与学生科学态度和科学道德培养

某中学的几名学生对海洋探险很有兴趣,他们将"谁先发现了新大陆"作为研究课题。从互联网、学校阅览室、图书馆等处搜集到大量资料,经过整理分析,却得出了一个"众说纷纭"的结论。他们无法确定到底是哥伦布还是郑和先发现了美洲新大陆。这很让他们苦恼,是继续查找资料或者请教专门的研究人员还是重新选题研究?有的组员觉得自己又不是专家,这种还没有定论的问题就从别人的结论中选一个算了。但他们很快排除了这种想法,向其他的学生和老师请教。指导老师给了一些启发,这几个学生经过认真思考,最终的课题题目是"关于哥伦布与郑和航海探险发现的探讨"。他们在成果汇报中写到:虽然没有获得预期的结论,但通过解决遇到的问题,我们做到了求实创新。

9.3.2.6 增强了学生对社会的责任感和使命感

地理学与人们的生产生活、人类的生存和发展有着十分密切的关系。一个地区的交通状况、环境污染、远景规划等与人们的生产和生活息息相关。当今世界人口问题、环境问题、资源问题等都严重影响着人类的可持续发展。学生通过开展地理研究性学习,通过对真实地理问题的研究探索,通过地理实验、地理观测、地理野外考察、地理社会调查、地理参观访问活动,加深对地理学与人类生存、与社会生活关系的认识。有利于培养学生理论联系实际、实事求是的科学精神,增强学生对社会的责任心和使命感。

案例 9-9

研究性学习与学生对社会的责任感和使命感

上海某高级中学在"苏州河的昨天、今天与明天"课题的研究中,学生首先通过上网、去图书馆查阅资料、社会调查等学习活动了解了苏州河的昨天:养育了上海人民,是上海的母亲河,近代成为中国工业的发祥地等;然后通过不同河段的水质监测、沿岸走访居民、去环保局查阅资料等不同形式知道了苏州河的今天:污染严重,成为臭水河,沿岸居民深受其苦;最后,小组成员根据他们所拥有的资料提出一些创造性的设想,畅想苏州河的明天:限制污水排放,加紧苏州河水质的治理,使苏州河成为上海人民的生态景观河。

在整个课题的研究过程中,小组成员经历了提出问题、设计解决问题的方案、搜集资料、社会调查、进行实地水质监测等亲身实践的过程,目睹了苏州河的现状,切身体会到无限制的工业污水排放对河水造成的严重污染,以及对沿岸居民造成的危害。增强了学生对社会的责任感和使命感。

9.3.3 地理研究性学习的实施

9.3.3.1 地理研究性学习的实施要求

强调全体性

"关注每一名学生的发展"是地理新课程的核心理念之一,它倡导地理教师要相信每一名学生身上都蕴藏着巨大的发展潜力,是追求完善和进步的,是可以获得成功的。地理研究性学习注重过程而非注重结果,因此,从理论上说,每一个智力正常的中学生都可以通过地理研究性学习提高自己的创新意识和能力。所以,在地理研究性学习中应强调学生的全员参与,要面向全体学生,要给予全体学生同样的关心和指导,同样的鼓舞和期望。

突出自主性

自主性是地理研究性学习的基本要求。在实施过程中,研究课题要让学生根据自己的兴趣与特长确定,课题组要让学生根据自己的喜好与性格自由组合,指导教师要让学生根据自己的标准选择,研究方案要让学生在认真思考、多方论证的基础上确定,研究过程要让学生积极主动地探索,研究结论要让学生自主做出。总之,在整个过程中应让学生独立自主地开展活动,使之真正成为学习的主体。

体现引导性

地理教师在地理研究性学习中要成为学生的帮助者、促进者。教师要针对不同学生的兴趣、潜能设计不同的地理研究课题,要积极为学生的课题研究创造优越的环境和条件,要帮助学生搜集和处理研究信息,要在研究方法和思路方面给学生以科学的指导,要引导学生对课题研究的结论进行科学分析。教师还很有必要向学生进行符合学生思维方式、思维水平、学习逻辑的研究示范的引导。只有通过地理教师的积极引导,才能唤醒学生追求主体人格的期待,促进学生研究、创新能力的生成。

坚持开放性

在地理研究性学习中应坚持全方位的开放。首先,研究内容应开放;其次,研究资源和研究环境应开放。地理研究性学习既可渗透在地理课堂教学,也可延伸到地理课外活动;既可在校内,也可拓展到家庭、社会,另外,研究形式也应开放。

随堂讨论

在地理研究性学习实施过程中如何处理好突出学生自主性和体现教师引导性两者之间的关系?

9.3.3.2 地理研究性学习的实施类型

根据地理研究性学习的内容与方法,其实施类型可以分为地理实验型、地理观测型、野外考察型、社会调查型、项目设计型、理论研讨型等六类。

地理实验型

例如,利用身边可以找到的材料(如透明塑料袋、塑料薄膜、玻璃瓶等)和温度计,做一次模拟大气温室效应的小实验。又如,做一个含有有机磷的洗衣粉对水体污染的实验以证明水体污染对农业生产的影响。

地理观测型

例如,连续观测半个月以上的月相,记录并总结月相的变化规律,分析月相变化的原因。又如,利用"立竿见影法"测量并记录某地春分、夏至、秋分、冬至时正午太阳高度角的度数及变化规律,总结出正午太阳高度角的大小与昼夜长短变化及气温高低的关系。

野外考察型

例如,组织一次野外地质考察活动,观察岩层及地质构造,采集岩石、矿物标本,寻找化石,讨论地质构造与地表形态的关系。又如,开展黄河某段的水文考察活动,观察该段黄河河水四季的水位、流量、流速及含沙量等水文特征。

社会调查型

例如,在乡村集市上对赶集人进行调查。粗略估计集市的服务范围。又如,开展一次关于社区公共服务设施布局的问卷调查,撰写一份调查报告。

项目设计型

例如,设计一条本地"一日游"的旅游路线;绘制社区主要的文化、教育、体育设施的分布草图,分析其布局是否合理。

理论研讨型

例如，搜集探索"地外文明"的资料，谈谈自己的看法；围绕"厄尔尼诺现象利与弊"的辩题，运用材料，开展辩论。又如，搜集近年来我国某种自然灾害的资料，绘制其地理分布简图，解释其形成原因，并说出我国已采取的防灾、减灾措施。

9.3.3.3 地理研究性学习的组织形式

研究性学习的组织形式主要有三种类型：小组合作研究、个人独立研究、全班集体研究。

小组合作研究

小组合作研究是主要的组织形式。课题组一般由3~5人组成，学生自己推选组长，聘请本校地理教师或校外地理专家为指导教师。研究过程中，课题组成员既有分工又有合作，各展所长，协助互补。

个人独立研究

个人独立研究可以采用"开放式作业"的形式，"即先由教师向全班学生布置研究性学习任务，可以提出一个综合性的研究专题，也可以不确定范围，然后由每个学生自定具体题目，并各自相对独立地开展研究活动，用几个星期、几个月至更长时间完成专题的研究性学习作业"[1]。个人独立地对某一个地理问题进行探索研究，这可最大限度地发挥自己的主观能动性，全面、细致地体验地理研究的全过程，培养独立思考、独立完成任务的能力，但受个人知识、能力的限制，往往研究耗时长，进展慢，甚至顾此失彼。

全班集体研究

全班同学需要围绕同一个研究主题，各自搜集资料、开展探究活动、取得结论或形成观点。再通过全班集体讨论或辩论，分享研究的信息、创意及初步研究成果，进行思维碰撞，由此推动学生在各自原有基础上深化研究。之后，进入第二轮研讨，或就此完成各自的论文。

采用小组合作研究和全班集体研究的形式，要以个人的独立思考和认真钻研为基础，要强调集体中每个人的积极参与，避免出现一个人忙、其他人闲，少数人做、多数人看的现象。采取个人独立研究的形式，则要引导学生经常主动地与他人交流探讨，学会信息和资源共享。

9.3.3.4 地理研究性学习的实施程序

案例 9-10

"旅游区生态环境问题调查"研究性学习的实施[2]

在学习"旅游与区域发展"的内容时，以"旅游区生态环境问题调查"为主题开展研究性学习。

指导选题。教师概要介绍旅游业的发展可能给旅游区生态环境带来的影响，说明保护旅游区生态环境的意义，激发学生研究旅游区生态环境问题的兴趣，引导学生确定研究课题。

组织课题组，制订研究计划。研究计划内容包括：课题名称、研究小组负责人、指导教师、实施步骤、资料和设备等。

实验研究。教师可提供如下思路：

(1) 观察记录游客乱扔废弃物的情况；走访园林管理处，获取每日到旅游区旅游的人数；

(2) 调查旅游区内气体污染物的种类及来源、查阅有关书籍了解污染物的成分及危害；

(3) 利用调查数据与结果，分析归纳旅游区内主要的生态环境问题，查阅资料分析其危害。

撰写调查报告，提出改进建议。撰写调查报告并接受其他小组的质疑，反思本小组的研究结果，是否需要进一步论证。

组织研究成果的交流研讨。各小组向全班展示本小组的调查报告，并最后形成一个基本反映全班调查结果的总报告，提交有关部门。

---

[1] 胡兴宏.研究性学习活动实施中的操作问题[J].上海教育科研，2001(5).
[2] 中华人民共和国教育部.普通高中地理课程标准(实验)[S].北京：人民教育出版社，2003：24.

地理研究性学习的实施程序可以用图 9-5 的流程图表示：

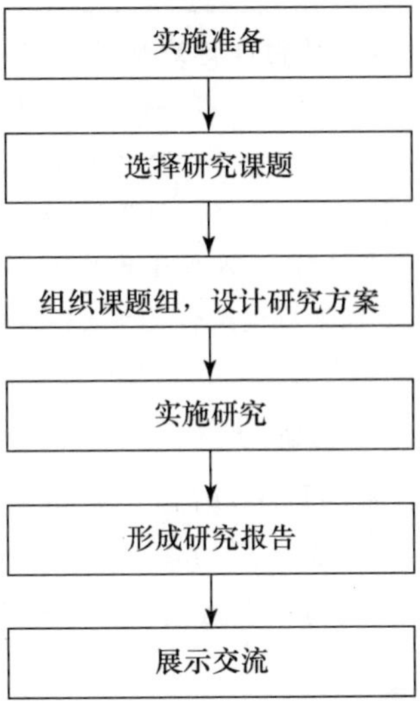

```
┌──────────────┐
│   实施准备    │
└──────┬───────┘
       ↓
┌──────────────┐
│  选择研究课题  │
└──────┬───────┘
       ↓
┌──────────────────────┐
│ 组织课题组，设计研究方案 │
└──────┬───────────────┘
       ↓
┌──────────────┐
│   实施研究    │
└──────┬───────┘
       ↓
┌──────────────┐
│  形成研究报告  │
└──────┬───────┘
       ↓
┌──────────────┐
│   展示交流    │
└──────────────┘
```

图 9-5　地理研究性学习的实施程序

(1) 实施准备

首先，要向学生介绍地理研究性学习的性质、目标、实施步骤、意义等，使学生有一个概括性认识。如地理研究性学习的目标为：提高学生发现和解决问题的能力；培养学生创新能力和创新精神；培养学生搜集并进行分析利用信息的能力；提高学生的交往能力和合作能力；培养学生科学态度和科学道德。

其次，结合实例向学生介绍一些常用的地理科学研究方法以及如何选题、撰写开题或结题报告等。应注意的是教师不仅要求学生掌握多样的研究方法，还要让他们学会选择最恰当的方法进行研究。

最后，为学生选题提供相关主题的背景资料。

(2) 选择研究课题

在地理教师的指导下，学生根据自己的兴趣、爱好、特长与家庭背景自由选择自己要研究的地理课题。课题可以先由教师拟定若干课题题目，供学生自选，也可以由学生通过查阅资料自己得出。

地理研究性学习课题的选择除必须符合地理研究性学习的综合性、实践性、探究性、开放性、社会性、问题性等主要特点外，还需充分考虑到地理性、价值性、可行性、地域性等。

地理研究性学习课题选择可以从以下几个途径进行：

从地理教材中引申地理研究课题

地理教材是学生学习地理的主要工具。限于篇幅和内容深度，很多内容地理教材只是点到为止，如果地理教师善于挖掘、引申和拓展，那么很多内容都可以引申为地理小课题。

案例 9-11

地理教材与地理研究课程

从《普通高中教科书地理必修第一册》(人教版)"第一章 人口"中可以引申和拓展出以下研究课题：

我国的人口问题；德国人口负增长问题；我国人口老龄化问题；我国人口政策的演变及走向；中印人口政策的比较及启示；影响人口分布的因素；影响人口迁移的因素；历史上我国人口迁移的规律；改革开放以来我国人口迁移方向的变化；当代世界人口迁移的特点；人口迁移对迁入地和迁出地经济和社会发展的影响；运用本地人口资料，绘制图表，探究本地人口的发展模式和人口迁移的特点；流动人口的计划生育问题。

从学生的日常生活中发现地理研究课题

地理学是一门与社会、生活密切联系的科学，结合社会和生活实际，有许多小课题值得研究。如区域经济的发展、城镇的发展过程、区域商业网点的建设、风土人情与地域文化；旅游点线的选择、家乡旅游景点的开发；气候与房屋建筑、气候与饮食有何关系、住房区位与环境质量分析等。

从乡土地理中挖掘地理研究课题

乡土地理中蕴含的地理研究性学习素材相当丰富。"从自然地理到人文地理，从很多平时视而不见的地理事物和现象中往往可以挖掘出极具价值的学习课题。乡土地理便于学生搜集资料和进行实地考察，研究成果最容易被认可和采用。"[①]

案例 9-12

乡土地理与地理研究课题

表 9-3　武汉市地理研究性学习课题设计

主题	具体选题
地理与环境保护	武汉市与郊区气温差异调查，武汉市热岛效应分析，城市交通要道车流量状况及尾气排放分析，东湖污染的化学分析与对策
地理与商业布局	武汉市商业中心的分布及对环境影响的调查，武汉市城区农贸市场经营状况的调查与探索
地理与饮食业	武汉市饭店分布及客流状况调查分析
地理与房地产开发	武汉市中心及周边地区住宅楼价考察，武汉市城区楼价的影响因素分析
地理与古建筑保护	武汉市古建筑调查报告，武汉市古建筑保护措施
地理与城市绿化	武汉市绿化现状调查，武汉市绿化建设的分析与建议
地理与其他	武汉市居民用水量的调查分析，从春运看武汉市火车站的发展前景

从中国和世界的热点问题中提炼地理研究课题

我国和世界的各种区域热点是人们关注的焦点，也频频出现在各种媒体报道中，学生对这些热点问题有强烈的好奇心，通过适当的引导，可使学生更加牢固地掌握知识并拓展知识的外延。如我国的西部大开发、东北振兴、中部崛起、西气东输、南水北调、三峡工程、青藏铁路建设、杭州湾跨海大桥建设、铁路大提速、"奔月"工程、沙尘暴等，世界范围的人口过快增长、粮食安全、新能源开发、全球变暖、

---

① 段玉山.地理新课程研究性学习[M].北京：高等教育出版社，2003：103.

地区冲突等都可作为课题。

（3）组织课题组,设计研究方案

"确定课题后,就要组织课题组,设计研究方案了。研究小组的组成应依据学生的兴趣和特长,同时要考虑男女生搭配、学生学习成绩差异以及学生社会活动能力强弱的合理组合。组长由大家推选确定。然后组员们一起合作设计研究方案。"[①]研究方案包括课题名称、课题组成员、课题研究背景、目标、范围、内容、方法、步骤、课题组成员的分工、研究所需条件以及预期研究成果等。方案应具有灵活性,在研究过程中,会出现一些新的情况和问题,应随时修改补充。

（4）实施研究

此阶段大致的研究方式有观察、查阅资料、咨询、调查（包括抽样调查、跟踪调查、实地考察、问卷、访谈等）、实践等,然后综合整理获得的信息,得出可靠的结论。活动小组成员要根据分工,可单独完成任务,也可与他人合作完成任务,并及时交流汇总。这一阶段,有关地理老师要让各组推出代表向全班同学汇报其研究的进展情况和难以解决的问题,以便老师调控研究进度,促进学生间相互交流、学习和借鉴。

（5）形成研究报告

学生将自己的实践体验归纳整理、总结提炼,写成研究报告。根据研究课题的不同,报告可以是情况的反映,也可以是调查报告、学术论文等形式。其内容大致为:问题的提出,问题的分析、研究,问题的解决及取得的成果,尤其是重要的、创新的成果等。

（6）展示交流

这一阶段主要是以班级活动或校级活动方式进行。各小组在有关地理老师的组织安排下,根据研究课题内容的不同,将研究的结果或成果采用文字、多媒体演示、报告会、辩论会、展板、墙报、刊物等形式,向全班或全校展示,大家分享其研究成果,提高课题研究的价值。

学习实践

阅读《普通高中教科书地理必修第一册》（中图版）"第三章常见自然灾害的成因与避防",结合高中地理课程标准,引申和拓展出该章教材内容隐含的地理研究性课题。

本章小结

1. 地理实践活动主要是指课堂教学以外的,教师指导学生进行的各种有关地理学科的课外、校外、野外学习活动,主要有地理观测、野外考察、教具制作、宣传展览活动和中学生国际地理奥林匹克竞赛等。

2. 地理观测类实验活动主要包括地理气象观测和天象观测活动。

3. 野外考察活动是学生地理感性知识的重要源泉,地理调查研究是学生地理信息处理能力、地理判断能力、地理综合思维能力和批判性思维能力培养的重要途径,是落实课程标准的重要方式。野外考察活动主要有地形、地貌、河流、土壤等类型;地理调查研究主要有环境问题调查等。

4. 教具制作和宣传展览活动是学生动手能力和综合运用地理知识能力的重要体现。地理写作活动是学生知识与技能、过程与方法的综合体现。

5. 中学生国际地理奥林匹克竞赛是地理竞赛的最高级形式,它从知识、技能、基本态度与价值观三个维度充分体现了《国际地理教育宪章》的有关理念。

6. 地理研究性学习的开展对教师教学理念的转变、学生学习方式的转变起重要作用,地理研究性学习选题、组织、实施是开展研究性学习的关键步骤。

---

① 夏志芳.地理课程与教学论[M].杭州:浙江教育出版社,2003:392.

本章思考题

1. 联系本地实际,组织学生讨论某一工业企业的布局特点,以及该工业企业的原料供应和市场联系,对改进不合理布局的建议。
2. 组织学生调查本地主要生态环境问题所产生的危害,以小组为单位讨论保护、治理措施。
3. 联系本地实际,组织学生撰写一篇有关环境治理或生态保护的小论文,并展示交流。

拓展研究

测当地经纬度的方法有多种,利用网络或图书馆搜集查找测当地经纬度的方法,将学生分为不同的小组,用不同的方法设计实验,测当地经纬度。要求:设计实验报告,进行实验并进行交流和讨论。

结合乡土地理特点,编制乡土地理特色的研究性学习课题,组织学生开展乡土地理研究性学习。

课程链接

王民地理教育网 www.wangminedu.com
北京天狼网 http://www.tianlang.com.cn
中国中小学信息技术教育网 http://www.nrcce.com
中国地理课程网 http://geo.cersp.com

参考文献

[1] 卫杰文,等.中学地理教师手册[M].上海:上海教育出版社,1984.
[2] 曾浩然.中学地理实践活动[M].北京:北京教育出版社,1996.
[3] 王静爱.乡土地理教学研究[M].北京:北京师范大学出版社,2001.
[4] 但武钢.活动教育的理论与方法[M].武汉:华中师范大学出版社,2005.
[5] 陈澄.地理教学论[M].上海:上海教育出版社,1999.
[6] 陈澄,樊杰.普通高中地理课程标准(实验)解读[M].南京:江苏教育出版社,2003.
[7] 全疆发.地理研究性学习活动与创新思维[M].广州:广东地图出版社,2001.
[8] 段玉山.地理新课程研究性学习[M].北京:高等教育出版社,2003.
[9] 夏志芳.地理课程与教学论[M].杭州:浙江教育出版社,2003.
[10] 张华.课程与教学论[M].上海:上海教育出版社,2000.
[11] 钟启泉,等.基础教育课程改革纲要解读[M].上海:华东师范大学出版社,2001.
[12] 中华人民共和国教育部.普通高中地理课程标准(2017年版)[S].北京:人民教育出版社,2018.
[13] 汪宏林.研究性学习的实施原则[J].教师报,2002-1-2.
[14] 胡兴宏.研究性学习活动实施中的操作问题[J].上海教育科研,2001(5).
[15] 李宗录.开展地理社会调查实施地理研究性学习[J].地理教学,2001(12).
[16] 邵懿.高中地理月相观测实践活动设计与实施[J].上海课程教学研究,2018(Z1):133-135.
[17] 郭锋涛,段玉山,周维国,袁书琪.研学旅行课程标准(二)——课程结构、课程内容[J].地理教学,2019(06):4-7.
[18] 周维国,段玉山,郭锋涛,袁书琪.研学旅行课程标准(四)——课程实施、课程评价[J].地理教学,2019(08):4-7.
[19] 靳生理.地理核心素养下的地理研学旅行活动设计——以河西走廊为例[J].地理教育,2019(S2):28-29.

> 教师发展篇

第10章 现代地理学习理论

本章概要

本章从影响地理学习的智力因素和非智力因素分析地理学习的群体差异性、个体差异性,探讨地理学习的心理过程。介绍了新课程改革倡导的自主学习、合作学习以及探究学习等学习方式。行为主义、认知主义、人本主义等学习理论是当前最有影响的学习理论,在介绍这些理论的基础上,提出了地理学习的一些基本策略。

学习目标

通过本章的学习你可以
1. 结合地理学习,举例说明学生之间的差异;
2. 说明智力因素和非智力因素对地理学习的影响;
3. 结合地理学习说明学习方式的选择;
4. 运用学习理论指导地理学习的方法。

10.1 地理学习概述

关键术语

◆ 地理学习　◆ 智力因素　◆ 非智力因素　◆ 群体差异　◆ 个体差异　◆ 心理过程

"学""习"二字早见于《论语·学而篇》,孔子曰:"学而时习之,不亦说乎?"后人对"学习"二字的解释有两种观点:第一种观点认为,学了一些知识、技能之后,经常去温习它、实习它、练习它,不是一件很快乐的事情吗?第二种观点认为,"学"和"习"是两种不同的获取知识的方式。"学"是从书本上、从教师口头上获取知识;"习"是从经验中、从个体的实践活动中获取知识。[①]

按照新的脑科学研究观点,人的大脑可以分为感受区、存储区、想象区、判断区。学生进行地理学习的过程就是地理信息在大脑四个功能区域不断加工的过程。书本上的地理知识要变为学生内化的地理知识,就要靠学生积极开动脑筋。而大脑的活动要依赖于四个功能区的协调运作,但其中感受区的作用是"首当其冲"的,如果感受区的大门不开启,再简单的知识也不可能进入大脑。感受区只有保持开放的与外界主动交流的态势,才能带动其他功能区不断工作,从而体现学生在地理学习中的主体作用。

现代教育理论认为,学生是地理学习的"主体"而不是"客体"。积极主动的地理学习,才是有效的地理学习。如果一个中学生毫无地理学习动机,在地理课上"身在曹营心在汉",不接受外界地理信息传输,那么可以说,地理学习在这个学生身上并没有发生。

---

① 张奇.学习理论[M].武汉:湖北教育出版社,1999:32—33.

地理学习有广义和狭义之分,"广义的地理学习是指人在社会生活的各种环境和实践过程中,以语言为中介,以情境为表象,以经验为支撑,自觉地、积极主动地了解地理环境和不断调节人与环境关系的过程"。"狭义的地理学习指学生在地理教师的组织、诱导、启发下,按照地理课程标准的要求,利用学校教育设备及特定的校外地理教育场所,有目的、有计划地获得地理经验、技能、观念的过程。"[①]

我们认为,地理学习是指以"地理学科"内容为对象,在学校环境中的学生的地理学习。由于地理学科的研究范围很广,上至大气圈对流层的顶部,下至岩石圈沉积层的底部,因此,地理学习对象具有综合性、地域性、空间性、实践性等特点。地理学科学习对象的这些特点是客观存在的,它对地理学习者的学习会产生一定的影响,但学生的年龄差异、性别差异、个体差异、智力因素以及非智力等因素对地理学习的影响显得尤为突出。

10.1.1 地理学习的群体差异分析

中学生地理学习有共性的一面,也有差异的一面。这些共性和差异是学生地理学习的智力因素和非智力因素共同作用的结果。在学习过程中,学生都具有对新鲜地理现象的好奇心,在认知规律上初中生的形象思维力较强,高中生的抽象思维力较强等共性的一面,但更多的是差异的方面,这种差异性包括不同年龄阶段的纵向差异以及不同性别的横向差异。

10.1.1.1 年龄差异

皮亚杰认为学生认知发展不是一种数量上简单累积的过程,而是认知图式不断重建的过程。皮亚杰把认知阶段分为感知运动阶段(0~2岁)、前运算阶段(2~7岁)、具体运算阶段(7~12岁)以及形式运算阶段(12岁以后)。正是在这样的基础上,不同年龄之间的学生在地理学习上必然会出现学习兴趣、学习能力、注意与情绪等方面的年龄差异。这些差异的形成具有生理性、心理性和社会性等多方面的原因。[②]

10.1.1.2 性别差异

在地理学习过程中,男女学生存在差异,但这个差异并不意味着男生优于女生或女生优于男生,而是各有优势,这种差异是客观存在的。比如,在地理感知方面,男生的视觉空间能力较强;而女生的听觉能力较强。在地理学习注意力方面,男生对事物的指向性大,对自然地理的各种现象比较感兴趣;女生的注意力则多定向于人,相对而言,对人文地理的内容比较感兴趣。在记忆力方面,男生理解记忆、抽象记忆力较强;而女生的机械记忆、形象记忆较强。在思维力方面,男生的逻辑思维较强,比较善于运用概念、判断、推理的方法学习地理,而女生的形象思维较强,较多依赖于地理表象。

案例 10-1

表 10-1 初高中课程标准中"地球"的内容要求比较表

初中	高中
地球的形状、大小与运动 • 提出证据说明地球是个球体。 • 用平均半径、赤道周长和表面积描述地球的大小。 • 用事实分别说明地球自转、公转及其产生的地理现象。	• 运用资料,描述地球所处的宇宙环境,说明太阳对地球的影响。 • 运用示意图,说明地球的圈层结构。 • 运用地质年代表等资料,简要描述地球的演化过程。 • 结合实例,说明地球运动的地理意义。 • 简要说明地球上碳、氮、氧等元素循环的过程及其对环境的影响。

---

① 夏志芳.地理学习论[M].南宁:广西教育出版社,2001:24—25.
② 陈澄,夏志芳.地理学习论与学习指导[M].上海:华东师范大学出版社,2001:30.

案例 10-2

"辨向绘图"竞赛

上海东方电视台,曾在一档节目中,进行过一次别开生面的"辨向绘图"竞赛,以两个女生或两个男生一组,共组合了男、女生各五组,让他们在上海南市的老城厢地区,一人拿着指南针,一人拿着画板,寻着指定的路线走,最后又回到出发地,其间要完成一副示意地图的绘制,并标明方向。结果,地图作品各展风采,面貌迥然,相差甚远,评比下来,女生组的整体成绩明显不如男生,有的女生组把方向搞反了,有的因为距离感不好把几条路的长短画得过于失真。①

案例 10-3

城市和乡村学生熟悉的个体经验

乡村的学生可能具有很多关于水土流失、荒漠化、盐碱化等个体体验;而城市的学生可能具有很多关于城市化、工业发展、城市地域结构、城市的空间结构等方面的个体经验;位于海滨的学生可能具有很多关于海洋、海岸带、波浪、潮汐、洋流、海水资源、风暴潮、海啸、大陆架等方面的个体经验。

随堂讨论

分析案例10-1,10-2,10-3,请分别说明学生的地理学习存在什么差异。

10.1.2 地理学习的个体差异分析

地理学习过程是学生智力因素和非智力因素相互结合、综合发展的过程。智力因素和非智力因素之间是相互影响、相互促进、相辅相成的关系。智力因素是学生认知活动的操作系统,而非智力因素则是学生认知活动的动力系统。学生的任何一次认知活动都是两者相互协调共同完成的。② 同样是一个年级的学生,由于家庭背景、生活经验、环境文化、知识基础等因素的迥异,在地理学习上也会表现出较大的差别。地理学习的个体差异主要表现在学生学习态度、学习智力、学习风格几个方面。比如,在学习态度上,有自觉型、兴趣型、被动型和强迫型等。在学习智力上,加德纳认为每个人有8种智力,即语言智力、音乐智力、数理逻辑智力、空间智力、身体运动智力、人际交往智力、自我认识智力和自然观察智力。但在具体的智力方面,个体之间是有差异的。

学习卡片

"贫民窟里的儿童和有文化的家庭里的儿童,有不同的经验;乡村的儿童和城市的儿童,有不同的经验;海滨的儿童和内地草原的儿童,有不同的经验。这些都是不会有人怀疑的。"

杜威.我们怎样思维·经验与教育[M].姜文闵,译.北京:人民教育出版社,2007.

10.1.2.1 智力因素

作为操作系统的智力因素一般指观察力、记忆力、想象力、思维力和迁移力。这是智力的五个基本因素。地理学习中,学生智力的个体差异也就表现在地理观察力、记忆力、思维力、想象力、迁移力等方面。

---

① 夏志芳.地理学习论[M].南宁:广西教育出版社,2001:89.
② 裴新生,等.地理教育中的思维·实践·创新[M].北京:北京科学技术出版社,2002:123.

(1) 观察力

观察力是运用多种感觉器官,对地理事物进行的有意识、有目的的感知活动,包括对地理事物进行视觉、听觉、触觉、嗅觉等方面的感知。由于地理观察对象的特殊性,有时候还要运用仪器进行深入、细致的观察和记录。

德国著名气象学家、地球物理学家魏格纳详细观察了世界地图,发现大西洋两岸的轮廓相似,并从各方面搜集了大量的证据,提出了"大陆漂移学说"。可见观察力是每一个有成就的人必不可少的才能之一。地理观察是培养学生观察力的最重要方式,但从实际情况来看,通过观察并不是每一个人都能达到预期观察效果的。这涉及不同的人在观察力上存在着一定的差异性。

案例 10-4

> **观察力的考察与地理综合试题**
>
> 每一个区域的地理特征或一个地理综合体的形成,都是由各种事物或现象相互影响、相互联系、相互制约发展的结果,近年高考试题尤其是文科综合试题,突出对区域图以及区域的平面组合图的考查,这种试题可以充分考察学生的观察力,或者信息提取能力。在观察的时候,体现出了层次性。例如,2019年高考全国卷文科综合第37题第(1)问板块运动导致的山脉隆起改变了区域的地貌、水文和气候特征,分析这些特征的变化对里海的影响。
>
>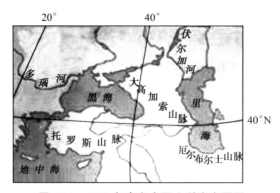
>
> **图 10-1 2019 年高考全国文科卷考题图**
>
> 在观察该图时,应采取以下几个步骤:第一步,先确定区域分布;第二步,确定区域特征与现象;第三步,根据区域特征与现象,进行成因分析,或据此运用地理观点进行评论、进行演变趋势预测。

(2) 记忆力

记忆是人脑对过去经验中的客观事物的识记、保存、认知和再现,是由记到忆的一种心理过程。它包括短时记忆和长时记忆两种,短时记忆的信息量是极有限的,但人们正是依赖短时记忆,才能把前后接收到的信息连成一个整体,换句话说,有短时记忆,才有长时记忆。记忆力是对所学知识进行识记和再现的能力。记忆力的好坏,可以通过记忆的速度和广度、记忆的持久性和准确性加以检验。

阿特金森-希弗林提出的记忆信息加工模式,由三个结构成分组成:① 感觉登记;② 短时记忆;③ 长时记忆。(见图 10-2)外来信息首先进入感觉登记,在这里,信息只停留几分之一秒,然后要么进入短时记忆,要么消退或消失。一般说来,短时记忆中的信息在 20~30 秒之内完全消失。通过复述信息,可以防止短时记忆中的记忆痕迹的消退,以便使信息能够按照我们所希望的那样保持下来。当信息停留在短时记忆中时,长时记忆便"复制"其中的一部分,长时记忆是一个相当永久的信息库。[①]

---

① 施良方.学习论[M].北京:人民教育出版社,1994:270—271.

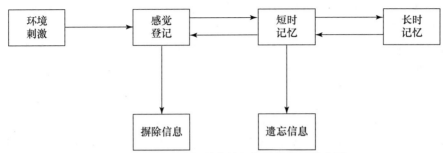

图 10-2　阿特金森-希弗林记忆信息加工模式图

在地理学习中,学生要掌握一定数量的地名知识、地理景观、地理数据、地理分布知识、地理现象等地理事实材料,这就需要记忆。如何提高学生的记忆力呢?心理学研究表明,复习次数越多越易识记,在复习次数及其他条件相同的情况下,直观、形象材料要比文字材料容易识记。因此,在地理学习过程中,要充分利用图、像、音、电脑等直观工具,充分调动多种感觉器官对大脑进行多方位刺激,从而提高记忆效果。但在具体的地理学习过程中,由于受多种因素的影响,学生的记忆力是不一样的。比如,受图、像、音等多媒体手段刺激的学生的记忆力强;有的学生记忆的速度快;有的学生记忆速度慢;有的学生擅长于通过联想、理解、直观、歌诀、比较等信息加工手段进行有意义的记忆;有的学生倾向于机械的记忆;有的学生在记忆中擅长于发掘新旧知识点之间的有机联系;有的学生擅长于将所学的知识结构化。

案例 10-5

中美两国培养学生记忆力的策略

1. 中国地理教师在教"中国的疆域和邻国"内容时编了下列顺口溜帮助学生记忆

北接俄蒙东邻朝,印不锡尼在西南,西北哈吉塔吉克,隔海相望有六邻,海陆邻国二十一,南邻越缅和老挝;巴阿两国西相连;中亚新邻三个国;日朝菲马文印尼;和平共处好邻居。

2. 美国地理教师在讲"美国五大湖"内容时采取了下列方法:

五大湖环绕着北方富饶的平原,很多大人都不能清楚地记住五大湖的名称和地点。可是上幼儿园的孩子大都能很快说出来。因为地理老师把这五大湖的名称编成一个单词"我们的家园"(HOMES),即 Huron, lake(休伦湖), Ontario, lake(安大略湖), Michigan, lake(密歇根湖), Erie, lake(伊利湖), Superior, lake(苏必利尔湖)。H-O-M-E-S,每一个字母代表一个大湖。

(3) 思维力

在学习过程中,人们通过思维活动来认识事物的本质和规律性,并运用思维来预见和推导事物的发展过程,用以指导自己的实践活动。思维力是所有智能的核心。思维力的强弱是一个人智力高低的重要标志。思维力主要指学生在学习过程中所体现出来的敏捷性、深刻性、创造性、整体性等能力。

地理学习中的思维力可以分为形象思维力和抽象思维力两大类型。形象思维力是抽象思维力的基础,抽象思维力包括很多,比如判断能力、推理能力、辩证思维能力、综合分析能力。传统地理教学重视培养学生抽象思维力、轻视培养学生形象思维力的倾向并未完全得到改变。由于轻视形象思维力的培养,使许多学生的地理形象思维力比较低,在他们的头脑中,丰富多彩的地理事象变成了苍白的文字,趣味横生的地理知识变成了死记硬背得来的概念。同时,在思维的独立性、思维的灵活性、思维的逻辑性、思维的敏捷性以及思维的深刻性和周密性方面,学生之间的思维力也是有差异的。比如,有的学生能透过现象看清本质,在庞杂的知识中寻找规律,善于全面、深入地思考问题;有的学生能独立地提出问题、独立地分析问题、独立地去解决问题;有的学生能运用所学的知识迅速而准确地解决问题,做出正确判断,得出正确答案;有的学生善于抓住事物的本质属性,在认真理解的基础上灵活运用知识,去解决所遇到的实际问题。

标准链接

> 地理教学要重视培养学生的创新意识,激发学生的学习兴趣,培养学生独立思考的习惯,鼓励学生大胆质疑并提出自己的观点,看法,为学生自由学习营造宽松的学习环境。
> 中华人民共和国教育部.义务教育地理课程标准(2011年版)[S].北京:北京师范大学出版社,2012.

(4)想象力

想象力是指根据已有的知识和经验,创造性地形成新事物形象的能力。地理学科研究的对象极其广泛,内容异常丰富,很难一一感知。因此,在学习地理知识时,许多地方需要借助于想象力,这是获取地理知识的重要方法,也是地理学科发展的重要源泉。[①]

就地理学科而言,空间想象力非常重要。空间想象力是指"人对头脑中所形成的空间表象进行加工、改组,从而创立新思想、新形象的能力",是"人们对客观事物的空间形式进行观察、分析和抽象思维的能力"。这种能力的特点是在头脑中构成研究对象的空间形状和简明的结构,在头脑中进行相应的思考。

在具体的学习过程中,学生的空间想象力是有差异的。学生空间想象力的差异主要由其联想能力、观察力及想象力的差异造成,这些差异进一步影响到学生对信息的提取、加工和迁移,从而影响地理知识的学习。联想能力的差异,影响学生对信息的提取。所谓联想是学生在头脑中把一事物与另一事物联系起来,从而将对一事物形成的思想或表象推移到另一事物上去的认识形式和思维方法。比如,通过对"太阳系模式图"的观察,人在脑海里形成太阳系及其结构的形象;通过观察我国地形模型,在脑海中形成我国地势西高东低,各大地形区大致分布状况的具体形象。观察力的差异,影响学生对信息的对其分析加工。学生的观察力是导致其空间想象力产生差异的一个重要因素。因为空间想象力是现实中已有模型或符号在头脑中的建构,那么要正确建构这些模型和符号,就必须有较强的观察力。想象力的差异,影响学生对信息的迁移。在地理知识的学习中,大多数学生在再造想象力方面差异不是很大,但是创造想象力却有较大的差异,而想象力直接影响到学生对信息的迁移。

(5)迁移力

教育心理学对"迁移"做了如下定义:"迁移是指一种学习对另一种学习的影响。"按其类型,迁移包括知识的迁移、思维方法的迁移和学习态度的迁移。所谓地理知识的迁移,就是一种地理知识对另一种地理知识的影响。如,学习了气候形成及分布的基本原理,会对大洲或国家的地形、河流、农业地理特征以及自然带等知识的学习产生一定的影响。一个问题解决后,常会将解决这个问题的思维方法运用于解决类似的问题,这是思维方法的迁移;在学习某一地理内容时获得的成功愉悦的心理对进一步学习产生影响,这是地理学习态度的迁移。

迁移力是将所学得的概念、原理原则、技能技巧、技术方法以及态度等改变后运用于新环境的能力,包含对新情境的感知和处理能力、旧知识与新情境的链接能力、对新问题的认知和解决能力等层次。

在具体的地理学习中,学生的迁移方法存在很多差异。比如,有的学生就事论事,思维狭窄,不能实现知识的有效迁移。在学习中过于重视对知识个体(案例、图表)的孤立、机械性记忆和理解,在新

---

① 王树声.特级教师谈学习策略[M].北京:北京师范大学出版社,1993:157.

的问题和情境面前往往表现出手足无措,或是对知识点的生搬硬套,或是东拼西凑、胡乱编造。有的学生类比推理能力差,影响了正迁移力的形成。如等高线、等温线、等压线等概念,虽地理意义各不相同,但却含有共同的要素:都是地图上数值相同的点的连线,这些"线"构成的地图能反映不同地区的地理事物和现象在强度和程度上的差异。我们可以对等高线做详细讲解,学生学习了等高线之后,利用思维的连动性,将等温线、等压线、等潜水位线等所有等值线联系起来,进行类比学习。

学习卡片

孔子说:"举一隅而不以三隅反,则不复也。""举一而反三,闻一而知十,乃学者用功之深,穷理之熟,然后能融会贯通,以至于此。"

论语·述而[M].北京:人民教育出版社,2003.

随堂讨论

在教学中经常听到学生反映:"老师,你分析讲解的问题我全部可以听懂,可是碰到课外相似题目,只是条件略加改变,我就不知如何解答,找不到突破口,该怎么办?"也经常听见有些老师抱怨地说:"这类题目有的学生已经问了三遍了,不知怎么,还有一些同学不懂,不会运用,一碰到相似题目,就束手无策,真是让人难以理解。"

讨论:上述案例反映了什么问题?它的形成有哪些因素影响?

10.1.2.2 非智力因素

作为动力系统的非智力因素一般指地理学习中渗透的情感、意志、动机、兴趣、个性、习惯等方面,良好的非智力因素可以促进智力水平、促进智力的发展,而智力活动的成功反过来又可以加强非智力因素的发展。如果一个学生智力水平一般甚至偏低,但他学习欲望强烈,情绪积极向上,学习认真刻苦、性格坚强、意志坚定,在智力活动中能获得超出其智力水平的成绩。

(1)学习兴趣

"兴趣是最好的老师",兴趣培养历来是中外有影响的教育家极力倡导的。地理学习兴趣是学生对地理学习活动或地理事物现象的一种力求认识或趋近的倾向。这种倾向和一定的情感联系。凡是对有兴趣的事物,人们总是想办法去认识它、接近它、获得它,并对它产生愉快的情绪体验。如果学生在学习地理知识的同时,也培养了学习地理的兴趣,那么学业虽然结束,但学生对地理学习仍然意犹未尽,地理知识的大门始终向他们敞开。从这个角度讲,培养地理学习兴趣不但是地理学习的重要保证,还是现代地理教学的目的之一。

地理学习兴趣可以分为地理直接兴趣、地理间接兴趣和地理相关兴趣。认识倾向直接指向地理学科的知识、技能和观念的兴趣是地理学习的直接兴趣;由地理学习过程中教材、教法、教师、结果等因素引起的兴趣称为地理学习的间接兴趣;而那种对于地理学科相关领域的知识发生的兴趣属于地理学习的相关兴趣,如有的学生对与地球自转相关的科氏力产生求知欲。一般情况下,这三种兴趣状态往往都是有机融合交互作用的,很难截然分开。地理教师既要培养和激发学生对地理学习的直接兴趣,也要爱护和引导他们的间接兴趣,并且要设法通过中间步骤,把原有的与地理学科的相关兴趣,甚至是无关兴趣与目前的地理学习领域联系起来。①

标准链接

> 增强对地理事物和现象的好奇心,提高学习地理的兴趣以及对地理环境的审美情趣。
> 　　　　　中华人民共和国教育部.义务教育地理课程标准(2011年版)[S].北京:北京师范大学出版社,2012.
> 要激发探究地理问题的兴趣和动机,养成求真、求实的科学态度,提高地理审美情趣。
> 　　　　　中华人民共和国教育部.普通高中地理课程标准(实验)解读[M].南京:江苏教育出版社,2003.

千姿百态、变化万千的自然景观和社会现象常常能吸引学生的原始兴趣,这是地理学科教学必须充分重视和发掘的先天优势。但在现实地理学习中,大多数学生的学习兴趣却随年龄增长而显著降低。造成这种现象的原因是多样的。比如,高中学生随着知识的丰富、视野的开阔,社会责任感也随之增强,因而对世界上的一些重大问题、热点问题及其地理背景,对我国经济建设和社会发展中的一些重大问题表现出极大的兴趣,他们的兴趣显露出责任性、探索性、求异性等特征。

学习卡片

> 布鲁纳认为:"最好的学习动机莫过于学生对所学材料本身具有内在的兴趣。"
> 　　　　　布鲁纳.学习过程[M].香港:文化教育出版社,1982.

(2) 学习动机

地理学习动机是地理学习过程中一个非常活跃的因素,在地理学习过程中发挥着重要功能:一是能引发学生学习地理学科或地理材料的热情与积极性;二是能使学生以积极进取的态度参与地理学习活动,维持学生的学习兴趣;三是能使学生排除干扰,把注意力集中于地理学习或地理材料的学习。正是由于地理学习动机具有这样的教学功能,所以要求地理教师在学生刚接触地理学科或开始新的地理课题的学习时,都能通过激发学生的地理学习动机来展开教学过程,并采用恰当的方法或手段,维持或不断强化学生的地理学习动机。②

地理学习动机是驱动学生学习地理以满足其学习需要的动因或力量。只有充分激发了学生地理学习动机,才能引发学生对地理学习的愿望、好奇心、兴趣和求知欲,才能构建充满生命力的地理课堂教学体系,才能使学生从"要我学"的被动局面中解脱出来,转向"我要学""我会学",甚至达到"我爱学""我乐学"的境界。学生地理课堂学习的动机由三个方面的内驱力构成:认知内驱力、自我提高的内驱力以及附属内驱力。比如,有的学生对地图、天文、气象、地质、物产、生物等地理材料有浓厚的兴趣;不少学生对与地理有关的自然之谜、自然灾害、旅游、民俗风情、文化风情等感兴趣;有的学生认为学习地理对于他们今后从事地学、环境、农林、水利、经济、管理、新闻、旅游、军事等相关专业有帮助,因此很多学生选择学习地理;有不少学生(低年级表现突出,随着年龄的增长而下降)追求高分是为了取得父母、教师的赞扬和肯定,赢得同学们的羡慕,保持自己在班上的地位,或是为维护班集体荣誉等。

---

① 陈澄,夏志芳.地理学习论与学习指导[M].上海:华东师范大学出版社,2001:60.
② 陈澄.地理教学论[M].上海:上海教育出版社,1999:300.

学习卡片

学习的三种内驱力

认知内驱力是学生想理解要掌握的知识、要阐明要解决的问题方法时所产生的以求知为目标的动机因素,是指向学习任务本身的动机。

学生因自己的胜任能力和工作成就而赢得相应地位的需要称为自我提高的内驱力。

附属内驱力是指学生为了获得教师或家长的赞许与认可而产生的学习动力。附属内驱力既不指向地理学习任务本身,也不把取得地理学习成绩看作是赢得地位的手段,而是为了从教师或家长那里得到赞许和认可。

陈澄.地理教学论[M].上海:上海教育出版社,1999.

(3) 学习习惯

我国著名教育家叶圣陶先生说:"什么是教育?简单一句话,就是要养成习惯。"习惯是个人在一定情境下,自动化地进行某种动作的需要或特殊倾向。习惯是养成的,习惯是可以培养的。中学时代是学生养成教育的关键时期,也是最适宜养成良好学习习惯的关键时期。因此,在地理教学活动中,教师应该有意识地、逐步培养学生良好的学习习惯。作为一名地理教师,应该突出地理学科的特点,培养学生的地理学习习惯。

在地理学习过程中,良好的学习习惯主要表现在以下几个方面:一是预习的习惯。预习是学生对即将学习的地理课程内容概略了解的过程。没有预习,在教学过程中,学生会产生生吞活剥的感觉,难以接受新知识。二是理解的习惯。学习地理知识,离不开对地理知识的记忆,养成知识积累的习惯很重要。但是靠死记硬背教材来掌握地理知识不可取的。只有在对地理知识理解的基础上,知其然,且知其所以然,才能将所学的知识内化为学生本人的知识,为地理知识的应用和解决地理问题打下基础。三是应用的习惯。地理知识有广泛的应用价值。学生的学习贵在学以致用,在应用中加深对地理知识的理解,体现"生活的地理""有用的地理""鲜活的地理"。①

10.1.3 地理学习的心理过程

地理学习过程是特殊的认识过程,也是心理活动的过程。不同的学者对学习过程提出了各自不同的观点。有的提出学习过程是"由形象思维活动到抽象思维活动""由已知到未知""由认识到实践""由理解到记忆"的过程。有的提出:"学生掌握知识的过程,就是接受信息和把输入的信息在头脑中重新加工处理的过程,最后变成储存状态的记忆"的过程。综合他们的观点,地理学习的心理过程应包括激发动机、感知信息、理解信息、巩固信息、迁移应用几个环节(见图 10-3)。

激发动机

现代心理学认为,人的一切行为都是由动机引起的,激发学生的学习动机是引导学生主动学习的前提。所以,在教学中教师要善于引导、激发、培养学生形成正确、稳定、持久的学习动机,在学生内心深处点燃希望的火花,不断激起学生的求知欲望,这样才能使学生主动学习。

学以致用,激发内因。心理学家布鲁纳认为:学习是一个主动的过程,对学生学习内因的最好激发是学生学习的内在动机,这是直接推动学生主动学习的心理动机。把学习目的与生活实际联系起来,可以更有成效地培养学生的学习动机。比如,在引导学生学会如何在实地辨认方向时,可以先问:除了使用指南针、地图等工具外,日常生活中还有哪些事物或现象能够帮助我们辨认方向?学生可以答

---

① 赵炽.让学生拥有良好的地理学习习惯和正确的地理学习方法[J].贵州教育,2006(23):42.

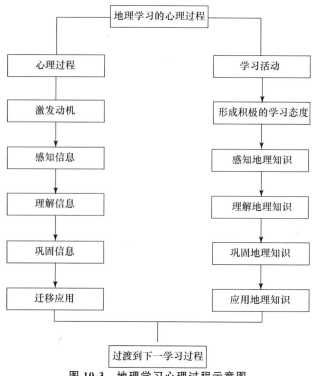

图 10-3 地理学习心理过程示意图

出太阳、树木等。再问：如果是在阴雨天气，你处在陌生的街头，周围又没有树木，人还能从什么事物上辨认出方向？有些学生可能回答：太阳能热水器，它们都是朝南摆放的。教师再问：是不是所有地区的太阳能热水器都朝南呢？学生通过思考后回答：不是，南半球的太阳能热水器应该是朝北摆放的。

创设情境，激发兴趣。学生学习的积极性、主动性往往以自己的兴趣为转移，它是促进学生主动学习的重要因素和内在动力。在教学中教师要充分利用学生的好奇心创设情境，激发学生的学习兴趣，诱发他们主动参与学习的动机。教材中常有一些比较重要但又抽象的内容，教师若适当地引用一些学生爱听的且真实的、生动的、形象的、有趣的材料加以印证，可以使学生对所学知识加深理解，也能引起学生学习地理的兴趣。比如，讲地球的运动时用"坐地日行八万里，巡天遥看一千河"；描述黄河奔腾咆哮、滚滚东去的气势用"君不见黄河之水天上来，奔流到海不复回"；讲气候时用"沾衣欲湿杏花雨，吹面不寒杨柳风"（春），"黄梅时节家家雨，青草池塘处处蛙"（夏），"看万山红遍，层林尽染"（秋），"忽如一夜春风来，千树万树梨花开"（冬）；讲解长江时，为描述三峡滩险、流急、景色奇美，可吟诵李白的诗句："朝辞白帝彩云间，千里江陵一日还。两岸猿声啼不住，轻舟已过万重山。"短短四句，把学生带入了奇妙的意境，湍湍急流，秀丽风光一览无余；情景交融，诗情画意油然而生。

及时鼓励，激发热情。及时鼓励是激发学生学习积极性、主动性的有效手段。在不断地及时鼓励中，学生的自尊心和成就感的需要更为强烈，因而能激发积极向上的热情。在教学中教师可以采用多种及时鼓励措施激发学生的学习热情。比如，作业批改写鼓励性的话，增强学生努力上进的信心和勇气。对于作业做得完全正确、书写工整的就写批语为"很好，望继续努力或继续发扬"；这样学生的激情就调动起来了，但在以后的作业批改中，应根据学生的作业、听课情况，找出他们进步的地方给予及时鼓励，以强化学生的学习。

感知信息

感觉是客观事物个别属性在人脑中的直接反映。知觉是人脑对直接作用于感官的当前事物的整体反映,知觉有一定思维成分。在地理学习的过程中,感觉和知觉关系十分密切,合称为地理感知。地理感知活动是地理学习心理过程的重要环节,是后续学习活动的基础与前提,是形成地理表象的条件。地理感知就是通过各种感觉和知觉,去观察所学地理材料,从而获得地理感性认识的过程,而地理表象就是过去感知过的地理事物和现象的形象在人们头脑的反映。由此可见,地理表象的形成是以地理感知为基础与前提的,完整的地理表象应该是综合了多次感知的结果,没有感知学习,学生就不可能形成丰富的地理表象,而没有地理表象积累,更为复杂的认识活动,如分析与综合、抽象与概括及地理想象就无法进行,因而难以形成正确的地理概念,难以准确理解地理原理。

感知信息转化为地理表象是地理学习的重要环节,而地理感知是多层次的,一般按感知程度从低到高依次可分为地理语言文字感知、图像教具感知、地理实地感知三个层次。

理解信息

理解地理信息是在教师有计划的讲解与指导下,学生充分运用感知所获得的大量地理信息,结合已有的知识结构,展开形象思维和抽象思维,通过想象、联想、抽象、概括、判断、推理、分析、综合等思维方式,形成新的认知结构,从而获得理性知识。理解地理信息是将书中的地理概念、地理规律与理论,同学生在感知地理材料阶段中形成的表象相结合的过程。只有当学生形成了有关地理事物的表象,并将表象与这一抽象知识结合在一起,才是真正地理解了这些信息。理解地理信息是学生掌握理性知识的过程,这些理性知识、概念、规律、成因等只能经过思维过程才能形成。因此,理解地理信息的关键是"思维"。教师在教学中要重视引导学生思维,促使学生真正理解地理信息。

思维的核心是要理解一些核心的地理概念。地理概念的形成与其他学科概念形成一样,是随着实践经验的积累,在对地理事物和现象进行反复感知和不断地分析、综合、比较、抽象、概括的基础上,概括出某一类地理事象的本质属性与共同特征。这些特征具有相对的稳定性。这是因为"概念被界定为一种心理建构,是对多种事例加以分类的组织性观念。虽然在不同场景中例子会有所不同,但都具有共同的、永恒的、普遍的、抽象的、广泛的和概括的特性等。"[①]

地理概念的形成和掌握受多种因素的影响,其中影响较大的有学生已有的生活经验以及教师在地理教学过程中所采用的变式。学生在日常生活中会积累一些生活经验,随着经验的积累,学生在头脑中会形成某种较为稳定的观念,这些观念有的是正确的、有的是错误的。这些前科学概念对于学生形成科学概念有一定的影响。当前科学概念与科学概念一致时,则会促进学生对地理概念的掌握;当前科学概念与科学概念内涵不一致时,则前科学概念对科学概念的掌握产生消极作用,如降水、降雨这两个概念,日常生活是不分的。在地理教学中,教师提供的多种变式有助于学生掌握地理概念。变式是从不同角度变换、组合各种感性材料,以突出地理事物的本质特征的方法。

巩固信息

地理知识的巩固,主要依靠记忆来实现。地理记忆是对地理知识进行识记、保持和再现。按信息加工理论,记忆是指对输入信息进行编码、储存并在一定条件下提取、检索的过程。

在地理学习过程中,地理知识的记忆具有机械记忆(地理名称、地理数据、地理分布、地理演变过程等地理感性知识)内容多、理解记忆(地理概念、地理特征、地理成因、地理规律等理性知识)内容复杂、空间记忆(地理事物的空间位置、空间联系)范围广、比较记忆(如内力作用与外力作用、恒星日与太阳日、气旋与反气旋、冷锋与暖锋、背斜与向斜)内容多等特点。由于地理知识本身的复杂性以及学生个体之间的差异,地理知识的巩固受到很多因素的影响(见表10-2)。

---

① H. Lynn Erickson. 概念为本的课程与教学[M]. 兰英,译. 北京:中国轻工业出版社,2003:65.

表 10-2　影响学生信息巩固的因素

因子 \ 解释	主要特性
注意力	当学生对要记忆的信息有明确的感知指向时,那么知觉效果就好,记忆痕迹就深刻
熟悉度	学生对学习的熟悉度取决于学习基础及生活经验。熟悉度高,记忆痕迹就深刻
新奇感	学习材料愈新奇,学生头脑中记忆痕迹愈深刻
重要性	内容重要或对学生有意义的学习内容,易引起学生注意,记忆痕迹较深刻
呈现方式	不同的呈现方式,记忆痕迹深浅不同
知识的编码技巧	"编码"就像仓库保管员或商店营业员对物品进行分类一样,如果分类有序,那么提取就方便。同样的内容,采取不同的方法记忆,效果就大相径庭
知识的贮存方式	贮存是指头脑对外界输入的信息的保存。贮存是个动态的过程,应及时更新。贮存又是一种开放的格局,被贮存的知识应该是相互联系的,就像珍珠用一条线将之串起来一样
知识的检索能力	检索能力指检索的敏锐性、定向性、发散性、正确性等。有些学生贮存了较多地理知识,但一旦做题,却不知如何下笔,正确率低,这与学生的知识检索能力较差有关

迁移应用

在地理学习过程中,过去所学的地理知识、技能、方法等与新学习的知识、技能、方法的相互影响,这就是地理学习迁移。地理学习迁移对学生的智力、能力、兴趣等心理素质发展均有较大作用,运用迁移规律指导地理教学,有利于提高地理教学质量。

迁移产生的效果分类,地理学习迁移可分为正迁移和负迁移。正迁移表现为已有地理学习对新的学习起促进作用,使新的学习更加容易、经济,其效果是积极的。这是地理教学所要追求的迁移类型,如在学习有关等值线的内容时,学习了等高线的概念,有助于学习等温线、等压线、等降水量线、等震线、等盐度线等有关等值线概念。在学会了分析南方的地理特征后,那么就容易学习北方的地理特征。负迁移表现为过去的地理学习对新学习产生干扰、阻碍作用,其效果是消极的,又称为干扰。这是地理教学尽力回避的。例如,在学习了纬度与太阳辐射强度关系后,再学习我国南北方太阳年辐射总量分布差异时,往往认为南方多于北方。

根据迁移方向分类,地理学习迁移又可分为纵向迁移和横向迁移两种类型。纵向迁移指某种智力技能作为更高一级智力技能的基础。如学习了气候成因要素分析方法后,再学某个区域的气候成因分析就容易多了,热力环流原理可作为大气环流、城市热岛效应的基础理论。横向迁移就是把学得的内容应用于类似的新情境中去。例如,在物理上学习了热容量的概念,就可应用于地理上的海陆热力差异这一概念的教学。

地理学习迁移受制于多种条件,影响地理学习迁移的条件中最重要的是共同要素。学习对象之间的共同要素是地理学习迁移产生的基本条件,认知教育心理学家奥苏贝尔提出的同化学习理论认为,良好的认知结构具有三个基本特征:一是原有观念的稳定性,原有观念越稳定越有助于新的学习迁移。二是新旧知识的可辨别性。新旧知识之间的异同越是被辨析清楚,则越有助于保持与迁移。三是原有知识的抽象和概括水平,抽象和概括水平越高便越适合同化新知识,有助于迁移发生,例如,有了太阳直射点的季节移动这一概念,就容易理解正午太阳高度、昼夜长短的季节变化,也不难理解气压带、风带的季节移动规律,以及地中海气候、萨瓦纳气候的成因。

学习实践

选择一节高中地理课题中的一个教学内容,进行激发动机、感知信息、理解信息、巩固信息和迁移应用五个环节的学习过程设计。

10.2 地理学习方式

关键术语

◆ 学习方式　◆ 自主学习　◆ 合作学习　◆ 探究学习

在我国传统文化教育等因素的影响下,接受学习方式仍然是目前占主导的地理学习方式。这种学习方式,学生可以在有限的时间内,较多地、比较迅速地、有效地接受较系统完整的地理知识,掌握地理知识结构。这种学习方式下教师的主导作用直接得到发挥,就传授知识来说,效率较高,是最经济的学习方式之一。但这种学习方式过分强调教师的主导作用,忽视学生的主体地位和主动作用,不利于调动学生地理学习的积极性,也不利于能力的全面培养,限制了学生思维品质的发展,不利于学生探究精神和创造能力的培养和形成,因而其学习效果较差。

为了改变传统被动、单一的学习方式,《基础教育课程改革纲要》(2001)指出:"改变课程过于注重知识传授的倾向,强调形成积极主动的学习态度,使获得基础知识与基本技能的过程同时成为学会学习和形成正确价值观的过程","改变课程实施过于强调接受学习、死记硬背、机械训练的状况,倡导学生主动参与、乐于探究、勤于动手,培养学生搜集和处理信息的能力、获取新知识的能力、分析和解决问题的能力以及交流与合作的能力"。在纲要的指导下,初高中地理课程标准中均提出了有关改变地理学习方式的理念。

标准链接

> 创新培育地理学科核心素养的学习方式。根据学生地理学科核心素养形成过程的特点,科学设计地理教学过程,引导学生通过自主、合作、探究等学习方式,在自然、社会等真实情境中开展丰富多样的地理实践活动;充分利用地理信息技术,营造直观、实时、生动的地理教学环境。
> 　　中华人民共和国教育部.普通高中地理课程标准(2017年版)[S].北京:人民教育出版社,2018.
> 　　要根据教学目标、教学内容的特点、学生的年龄特征、学校条件以及教师自身特质选择合适的地理教学方式,注意运用多样化的教学方法,帮助学生学会学习。
> 　　中华人民共和国教育部.义务教育地理课程标准(2011年版)[S].北京:北京师范大学出版社,2012.

10.2.1 自主学习

所谓"自主学习",是相对于被动学习而言。根据国内外学者的研究成果,概括地说,自主学习就是"自我导向、自我激励、自我监控"的学习。具体地说,它具有以下几方面的特征:学习者参与确定对自己有意义的学习目标,自己制订学习进度,参与设计评价指标;学习者积极发展各种思考策略和学习策略,在解决问题中学习;学习者在学习过程中有情感的投入,学习过程有内在动力的支持,能从学习中获得积极的情感体验;学习者在学习过程中对认知活动能够进行自我监控,并做出相应的调适。要促进学生的自主发展,教师就必须最大可能地创设让学生参与到自主学习中的情境与氛围,从根本上真正消除学生地理学习的依赖性、被动性,改变以往那种以教师为中心,学生跟在教师后面亦步亦趋的被动学习状态,引导学生自主学习,使学生成为真正意义上的学习主人。

自主学习应该是贯穿于学生学习活动的全过程之中的。在学习活动之前,学生自己要能够确定学习目标,制订学习计划,做好具体的学习准备;在学习活动之中,能够对学习进展、学习方法做出自我监控、自我反馈和自我调节;在学习活动之后,能够对学习结果进行自我检查、自我总结、自我评价和自我补救。自主学习又是具有内在规定性的,它应该是"建立在学生自我意识发展基础上的'能学';建立在学生具有内在学习动机基础上的'想学';建立在学生掌握了一定的学习策略基础上的'会学';建立在意志努力基础上的'坚持学'"①。

10.2.2 合作学习

合作学习是针对教学条件下学习的组织形式而言,相对的是"个体学习"。合作学习是指学生在教师的引导下,在小组或团队中为了完成共同的任务,有明确的责任分工的互助性学习。它有以下几方面要素:积极承担完成共同任务中的个人责任;期望所有学生能进行有效的沟通,建立并维护小组成员之间的相互信任感,有效地解决组内冲突;对于各自完成的任务进行小组加工;对共同活动的成效进行评估,寻求提高其有效性的途径。

案例 10-6

"农业区位选择"小组调查法合作学习②

1. 明确学习目标、提出调查问题

根据本地区农业生产条件及农业类型的相对差异性,确定出五个村组让学生调查,调查的主要内容有:该村农业生产类型及其影响因素,农业类型选择是否合理。

2. 异质分组

为了便于学生合作调查研究,使组内学生个性及学习品质形成差异、特长互补,每组约 6~8 人,组内选举一名组长,做好组内的协调工作,学生按自身的特长分工负责,如绘画和空间思维力较强的学生负责绘图及处理资料,人际交往能力强的学生可以外出调查、走访农户,写作能力强的学生写调查报告,其他学生收集相关的文献资料,组内学生既分工又协作,保证小组顺利完成任务。

3. 制订调查计划

小组根据调查的任务,确定出调查的时间安排、方法、步骤和实施策略,以书面的形式报教师审阅修改,制订出切实可行的调查计划。

4. 调查的实施过程

(1) 学生实际考察,客观地在本村的简图上标出主要的农业结构类型。

(2) 查阅当地乡土地理资料,了解当地的气候、水文、地形、土壤等自然条件,了解农业市场、农业政策及交通状况。

(3) 走访农户,向农民了解选择某种农业生产的原因。

(4) 分类整理搜集到的信息数据,归纳出本地区农业区位选择的原因,结合课本知识,分析其合理性,提出农业产业结构调整的建议。在实施过程中,学生既分工负责,遇到难题时又要合作"会诊",同时,可积极寻求父母及其他社会成员的帮助。教师对调查过程要密切关注,必要时引导、帮助学生完成任务。

5. 调查报告

小组以文字、表格、图表等不同方式,做出调查报告,然后全班抽出 5~6 人汇总各小组的成果,形成班级的调查报告。

6. 知识的构建

在小组调查的基础上,学生对农业区位选择的影响因素已具有一定的经验,再结合课本知识及教师引导、点拨,将经验性的认识"同化"和"顺应",对农业区位的选择形成规律性知识,完成对知识的意义建构。

7. 评价

将自评、互评、师评相结合,对小组合作调查的各个环节及意义的构建过程进行客观公正的评价,对小组每位成员的贡献给予肯定,对它们的团队意识、合作精神给予表扬,同时,还要让学生认识到集体的智慧、合作的力量是强大的。

---

① 林成策. 走进高中地理教学现场[M]. 北京:首都师范大学出版社,2008:107—108.
② 徐哲,白文新. 基于建构主义理论的地理合作学习模式[J]. 陕西师范大学学报(自然科学版),2005(6).

合作学习将个人之间的竞争转化为小组之间的竞争。如果学生长期处于个体的、竞争的学习状态之中,久而久之,学生就有可能变得冷漠、自私、狭隘和孤僻,而合作学习既有助于培养学生的合作精神、团队意识和集体的观念,又有助于培养学生的竞争意识和竞争能力;合作学习还有助于因材施教,可以弥补一个教师难以面向有差异的众多学生的教学的不足,从而真正实现使每个学生都得到发展的目标。

在合作学习中由于学习者的积极参与,高密度的交互作用,使教学过程远远不只是一个认知的过程,同时还是一个交往与审美的过程。合作学习可以帮助学生通过共同工作来实践其社会技能,在合作式的小组学习活动中可以培养学生的领导意识、社会技能和民主价值观。

标准链接

> 学习指导:能够依据学科特点,中学生认知特征和个体差异,指导学生开展自主、合作、探究性学习,注意差异化教学和个别化指导,帮助学生针对学习重点与难点进行有效学习。
> 中华人民共和国教育部.中学教育专业师范生教师职业能力标准(试行)[S].2021.

随堂讨论

1. 请结合上述案例谈谈合作学习方式的利弊。
2. 选择一节高中地理课题,进行合作学习的方案设计。

10.2.3 探究学习

探究式学习是以解决问题为重点,以充分调动学生的主动性、积极性为前提,以发展学生的思维力和创新能力,教会学生怎样学习为目的的认知与实践过程。探究式学习的过程实质是一个发现与提出问题、分析与解决问题的过程,在这一过程中,教师要引导学生的积极参与,培养学生的思维力和创新能力。通过在教师的引导下学生自主、独立地进行发现问题,实验,调查,搜集与处理信息,表达与交流等探索活动,获得知识、技能、情感与态度的发展,特别是探索精神和创新精神的发展。

探究学习具有更强的问题性、实践性、参与性和开放性。就地理学科而言,探究学习是实现地理学习方式转变的突破口,是培养学生的创新精神和地理实践能力的重要途径。通过探究来学习地理,可以使学生把地理知识的学习与科学方法的训练结合起来,将所学知识用于解决新的问题;可以使学生对地理与社会生产、生活的关系,地理科学的性质等问题有切身的认识和体验;还可以培养学生的优秀智慧品质,培养学生的人文精神、科学态度和科学精神。

案例 10-7

> **"美国人口密度透视"——美国探究式学习案例**
>
> 课题:美国人口密度透视
>
> **内容概述**
>
> "人口密度"是描述单位面积内人口数的术语可通过算出单位面积的人口数目获得。这一课主要内容集中于美国不同标准的人口密度空间分布。地理学家将地图作为理解事物存在于某处之原因的工具。学生将按照不同标准制作美国的人口密度地图,这将促使学生按不同的标准组织、分析不同的空间信息,并总结出结论。

教学材料

1. 美国轮廓图(每名学生两张)2. 人口数据表(学生也可上网查询)

教学目标

学生查询并且提取人口数据；制作两种不同标准的美国人口密度地图；分析人口密度地图；确定不同标准的数据是怎样产生不同类型的人口密度图并影响其数据的解释的；选择作为市场营销工具的人口密度地图。

地理技能

提出地理问题；获得地理信息；组织地理信息；分析地理信息

建议的教学程序

开头：

告知学生，他们现在正为一家零售公司工作，这家公司计划开一些新店，但新店只开在人口最集中的州。鼓励学生为准确地定位人口最集中的地方而出谋划策。

展开

帮助学生逐步了解人口密度的概念。让他们以每平方英里(或平方千米)为单位研究每个州陆地面积和居民人口，然后计算人口密度。运用公式"人口密度= 人口/土地面积"来计算每个州和整个美国的人口密度。计算中不包括哥伦比亚地区。确保能在表中记录下正确答案。提示：计算整个美国平均值时，首先把50 个州的人口相加，再把所有州的面积相加，用总人口除以总面积。

在美国轮廓图上，让学生用不同的颜色分别显示比美国平均人口密度(70 人/km^2)大的州和比美国平均人口密度小的州。处理的规则是值越高其颜色越深。用最浅的颜色表示"小于"的种类，用最深的颜色表示"大于"的种类。

观察空间分布。问学生观察人口密度图可以发现各州人口分布类型是什么。由此可以得出什么推论？

通过不同的、更具体的等级分析制作地图。给学生提供另外一张美国轮廓填充图，把下列不同人口密度地区用不同灰度分类填充此图。

- 少于 70 人/km^2(美国的平均值)
- 70 和 140 之间
- 140 和 280 之间
- 280 和 560 之间
- 多于 560

分析地图，问他们在新地图上观察到了什么类型人口分布。人口是完全分散的？他们所判断类型的理由是什么？如果我们将哥伦比亚这一城市也作为一个州计算在内，平均人口密度将发生什么变化？

结尾：

比较地图。像地理学家那样思考，需要从各种各样的观点和数值范围来思考问题。

学生集体讨论教师提出的如下几个问题以得出结论：

1. 第二种人口密度地图是如何更加详细地描述人口密度的？2. 你可以从第二种人口密度地图中得出哪些在第一种人口密度地图中所得不到的结论？3. 根据人口密度地图上所显示的人口空间分布，你能得出什么结论？4. 如果你要开新店，你将选择哪种人口密度地图？

建议学生评价

比如"美国人口密度透视"的"评价环节"是这样设计的："评价学生能否像今天课堂上教的那样搜集恰当的数据并制作一张含有五种人口密度的地图，将学生分组并分派给他们不同种类的零售公司(如：青年服装、老年服装、男式服装、女式服装公司等)。要求学生在轮廓图上显示他们所分派的公司的特殊市场集合的密度。制作了一张地图以后，学生可以写一篇小论文或作一个口头报告，有说服力地建议他们的公司将开在哪个州。这个报告或论文将介绍他们决策所需要的地图种类以及使用这张地图的原因。"

课程拓展

鼓励学生使用相同的技术(将地理数据运用于地图),从年龄分布类型上探究,例如,描绘一个区域或一个洲内若干国家的 18 岁以下人口的百分率。一个非常年轻的人口结构对一个国家有什么重要性?非常年长的人口呢?

Fred Walk from Normal Community High School in Normal, Illinois, contributed classroom ideas for Standard One.

网络链接

国家地理地图网址:http://plasma.nationalgeographic.com/mapmachine/

美国人口局网址:http://www.census.gov/

随堂讨论

1. 结合案例 10-7,谈谈美国探究学习的特点及步骤。
2. 选择一个合适的高中地理课题,设计一个探究学习方案。

学习实践

1. 三种不同类型的学习方式(自主、合作、探究)各有什么利弊?它们在内容的选择上有哪些要求?
2. 设计一个关于自主、合作、探究学习的问卷调查,对学生的学习方式的现状进行一次调查。

10.3 学习理论与地理学习策略

关键术语

◆ 行为主义学习理论 ◆ 认知主义学习理论 ◆ 人本主义学习理论 ◆ 地理学习策略

近百年来,很多心理学家花了相当多时间和精力研究学习的各个方面的问题。比如,什么是学习?为什么要学习?有哪些形式的学习?学习怎样进行?怎样更好地学习?怎样促进学习和怎样研究学习问题?不同的学者对这些问题的解释是不一样的,从而形成了不同类型的学习理论。不同学习理论用来解释学习中人的行为改变的心理机制不同。其中最有影响的是行为主义学习理论、认知主义学习理论、人本主义学习理论。

10.3.1 行为主义学习理论与地理学习策略

10.3.1.1 行为主义学习理论

行为主义心理学家都认为学习的实质在于形成 S-R 联结(形成反应、习惯);刺激与反射之间的关系是直接的,不存在观念、意识的中介,其中最具影响的是美国心理学家斯金纳(B. F. Skinner)的行为主义学习理论。

反射理论

斯金纳认为,一切学习都是由反射构成的,但这种反射不是经典性反射,而是操作性条件反射,即反射的形成不是取决于某个明确意识到的刺激,而是得之于学习者对学习环境进行的操作。斯金纳区分出两类反应：一类是引发反应,即有特定的刺激引发的反应,由引发反应引起的称为经典条件反射。另一类是自发反应,它不是由特定的刺激引起的,由自发反应引起的称为操作性条件反射。

强化理论

学习的操作性行为为什么会发生呢？斯金纳认为关键在于强化。如果某种学习反应之后伴随着一种强化物,那么在类似的情境中发生这种反应的概率就会增加,而且强化物与学习环境都是一种刺激,可以用来控制学习反应的发生。强化可分为即时强化和延缓强化。即时强化指在每一次正确的反应之后都给予强化;而并非每一次正确的反应之后都给予强化称为延缓强化。一般说来,在最初学习时给予即时强化,学习的速度会比较快些;延缓强化与即时强化相比,能使学生有较高的反应率和较低的消退率。

根据反射理论和强化理论,斯金纳提出了著名的程序教学。程序教学的基本原则是积极反应原则、小步子原则、即时强化原则、自定步调原则、低错误率原则。这些原则也充分体现了反射理论和强化理论的思想。

10.3.1.2 行为主义学习理论指导下的地理学习策略

地理是一门实践性很强的学科,在地理学习过程中,学生需要掌握很多技能。行为主义学习理论,尤其是斯金纳的反射理论和强化理论对学生的地理学习具有一定的启示作用。在地理学习过程中可以采取如下策略。

创设情境　营造氛围

创设地理情境是营造良好学习氛围、激发学生学习兴趣的重要手段,地理情境的创设应符合以下几个特征：① 愉悦性。好的情境能让学生产生愉悦的心理,激发学生的学习动机,引导学生主动学习。② 现实性。情境最好与学生的生活密切相关,学生在学习时可以汲取自身的生活经验,进行合作交流,从而使学生的学习潜能得到开发并在学习过程中形成求真、求实的学习态度。③ 有用性。高中生对学习的兴趣取决于对课程价值的认识,重视对自己有用知识的学习。

及时强化　提高效率

根据斯金纳的观点,学习就在于正确与恰当地运用操作性条件原理,对个体进行及时和一贯的积极强化,加强重新出现这种反应的倾向,使之保持较长时间。如果最初学习时给予连续强化,学习的速度会比较快些。在学生地理学习的动机水平较低的情况下,引导学生及时强化地理学习行为就显得非常重要。外部强化包括及时的肯定、鼓励(奖励)与纠误、批评与惩罚,而强化的手段主要应以正面表扬为主。在地理学习过程中,要使学生正确的反应得到教师的及时确认,从而让学生获得自身学习情况的反馈,同时要让学生经常看到学习的成果,体验成果的喜悦。在地理教学中一定要设计多种问题或活动,从学生那里及时获取信息,从而调整教学。

研究表明,对中学生而言,所做习题,如果当天知道正确答案,学习效果才可能较高,如果一周以后才知道正确答案,学习效果则大为降低,如果不知道答案,则是无效的学习。总之,教师教学效果如何,学生知识掌握程度和学习质量如何,只有通过检测反馈环节才能知晓,教师根据学生解答问题和测评结果,可及时获得反馈信息。因此教师要对学生进行及时的评价。

在做中学　培养技能

行为主义的学习理论贯彻的是经验主义的哲学路线,主要研究的是直接经验的学习。提倡"在做中学",一方面可以培养地理技能,另一方面也有利于学生直接经验的积累。地理技能是地理学习的重要组成。地理技能的学习具有较强的操作性特点。练习是掌握技能的基本方法。一般而言,在一定的数量范围内,练习次数愈多,知识与技能掌握得愈牢固。比如学生对地理空间概念的掌握,需要多次阅读或填绘地图;地理计算或地理观察等操作性技能的掌握也需要经过一定数量的练习。①

地理教学在如绘图、采集标本、制作模型及使用多种观察、观测仪器等活动中都包含动作技能学习。地理教师应根据动作技能习得的条件进行有效指导,尤其要给学生提供较多的实际操作机会。

案例 10-8

地理学习过程中情境创设的案例

1. 情境故事化,增强情境的趣味性。如在讲直布罗陀海峡的密度流时,以第二次世界大战时德国潜水艇能自由进出英国把守严密的直布罗陀海峡这一个故事导入。又如在学习"日界线"时,讲述"为何孪生妹妹比姐姐生日早一天"的趣味故事,通过讲述故事,引导学生把兴趣投射到有关地理问题的认知过程中,激发学生的求知欲。

2. 情境生活化,增强情境的联系性。"学习对生活有用的地理"是新课改的基本理念,利用生活中的地理问题创设情境以激发学生的学习兴趣,如在讲授义务教育课标教材(湖南版)七年级上册"地球和地图"一课时,在教"地球形状证据"时,创设一个"孤帆远影碧空尽"的情境,通过多媒体课件展示,使学生产生探究的欲望。

3. 情境活动化,增强情境的参与性。如学"地球和地图"时,让学生把自己家所在小区平面图设计出来,以"欢迎到我家做客"的形式在班上展示,也可以把学校平面图绘出来,以"我为学校提建议"的形式设计未来学校蓝图。

案例 10-9

关于设计"内流河和外流河"的练习题的案例

在设计"内流河和外流河"的练习题时,在讲完了内流河和外流河的概念后,可设计如下检测题:"分析下列河流中哪些河流是内流河?哪些河流是外流河?A. 塔里木河 B. 长江 C. 嘉陵江 D. 珠江"让学生分析判断。从学生的回答中教师便能了解学生是否真正理解了外流河和内流河的概念。同时教师对学生的反馈要及时给予评价,比如课堂回答,课外作业等。

随堂讨论

根据案例 10-8,10-9,分别说明体现了行为主义的哪些学习策略。

标准链接

通过各种途径感知身边的地理事物和现象,积累丰富的地理表象;初步学会根据收集到的地理信息,通过比较、分析、归纳等思维过程,形成地理概念,归纳地理特征,理解地理规律。
中华人民共和国教育部. 义务教育地理课程标准(2011年版)[S]. 北京:北京师范大学出版社,2012.
能够运用所学知识和地理工具,在室内、野外和社会的真实环境下,通过考察、实验、调查等方式获取地理信息,探索和尝试解决实际问题,具备活动策划、实施等行动能力。
中华人民共和国教育部. 普通高中地理课程标准(2017年版)[S]. 北京:人民教育出版社,2018.

---

① 李家清. 学习理论与高中地理新教材编写研究[J]. 地理教学,2007(1):8.

10.3.2 认知主义学习理论与地理学习策略

10.3.2.1 认知主义学习理论

认知主义学习理论是当代学习理论中较具影响的学习理论,其中布鲁纳的认知发现说、奥苏贝尔的认知同化学习论、皮亚杰的建构主义(认知结构)理论最具代表性。

布鲁纳认知发现说:学习是主动形成认知结构的过程

美国教育心理学家布鲁纳认为:任何学科都可以用理智上忠实的形式教给任何年龄阶段的任何儿童。① 所谓"理智上忠实的形式"是指适合于学生认知发展水平的学科的基本结构或基本概念和基本原理,而发现学习是一种最佳的方式。发现学习是让学生独立思考,改组材料,自己发现知识,掌握原理原则。其特点是:① 由学生通过独立发现而不是通过接受的方式来获得经验。② 着重于学习过程而不是着重于学习结果。③ 强调直觉思维在学习上的重要性。④ 重视学习的内部动机。

布鲁纳的认知发现理论认为学习是主动形成认知结构的过程。学生不是被动的、消极的知识接受者,而是主动的、积极的知识的探究者;他认为发现学习有提高智慧的潜力,能激发内在学习动机,学会发现和有助于保持所学知识。

奥苏贝尔认知同化学习论:学习是从已知到未知的过程

美国教育心理学家奥苏贝尔提出了意义学习理论、同化理论以及先行组织者学说。

意义学习理论 奥苏贝尔认为有意义学习的实质是符号(语言文字及其他符号)代表的新知识与学习者认知结构中的有关观念建立起非人为的、实质性的联系。他认为有意义学习的条件是学习材料本身具有逻辑意义,学习者具有同化新知识的有关观念,学习者具有有意义学习的心向,使新旧知识发生相互作用。

同化理论 有意义学习的过程中,新知识与认知结构中原有的有关观念建立了联系,这种有关观念叫作新知识在认知结构上的固定点。在有意义学习的过程中,新知识被学习者认知结构中合适的观念所吸收,从而获得了意义;原有的起固定作用的观念(固定点)也发生了变化,从而形成了更为分化的认知结构,这一过程称为同化。同化是有意义学习的心理机制。同化有三种类型:①下位学习,把知识归入原有的认知结构的适当部位,从而使新旧知识与之发生类属关系。②上位学习,在认知结构中几个原有观念的基础上学习一个概括程度、包容程度更高的概念或命题是上位学习。③并列结合学习,当新的观念与原有认知结构中的观念既不能产生从属关系,也不能产生总括关系,它们在有意义学习中可能产生联合意义。

先行组织者 奥苏贝尔认为先行组织者是一种促进理解的教学策略。设计先行组织者的目的是为新知识提供观念上的固定点,充当新旧知识联系的桥梁。他认为先行组织者呈现要符合以下要求:组织者的抽象、概括、综合水平要高于学习材料,且与学习材料有关联;组织者的呈现不必详细,要用学生熟悉的语言和观念来呈现;注意唤起学生头脑中与组织者有关的知识经验。

奥苏伯尔的认知同化论认为新知识的学习必须以已有的认知结构为基础。学习新知识的过程是学习者积极主动地从自己已有的认知结构中提取与新知识最有联系的旧知识。这个联系作用的过程就是"同化"。他认为,影响学生学习的首要因素是他的先备知识,学习的实质是利用已有的知识对新知识进行理解,使新知识纳入已有的认知结构中,实现同化并形成新认知结构的过程。

---

① 施良方.学习论[M].北京:人民教育出版社,1994:221.

皮亚杰建构主义理论：学习是学生自己建构知识的过程

瑞士教育心理学家皮亚杰的建构主义学习理论认为：① 学习是由学生自己建构知识的过程。② 学习是学生根据自己的经验背景对外部信息进行主动的选择、加工和处理,从而获得自己的意义的过程。外部信息本身没有什么意义,意义是学习者通过新旧知识经验间的反复的、双向的相互作用过程而建构成的。③ 同化和顺应,是学习者认知结构发生变化的两种途径或方式。同化是认知结构的量变,而顺应则是认知结构的质变。④ 建构主义认为,学习者的知识是在一定情境下,借助于他人的帮助,如人与人之间的协作、交流、利用必要的信息等,通过意义的建构而获得的。理想的学习环境应当包括情境、协作、交流和意义建构四个部分。学习环境中的情境必须有利于学习者对所学内容的意义建构;协作应该贯穿于整个学习活动过程中,对学习资料的搜集与分析、假设的提出与验证、学习进程的自我反馈和学习结果的评价以及意义的最终建构都离不开教师与学生之间,学生与学生之间的协作;交流是协作过程中最基本的方式或环节。比如学习小组成员之间必须通过交流来商讨如何完成规定的学习任务以达到意义建构的目标,怎样获得教师或他人更多的指导和帮助等;意义建构是教学过程的最终目标。其建构的意义是获得事物的性质、规律以及事物之间的内在联系。

由此可见,认知主义学习理论认为学习不是简单的信息积累,学习过程不是简单的信息输入、存储和提取,而是新旧知识经验之间的双向的相互作用过程,也是学习者与学习环境之间互动的过程。总之,认知主义学习理论的核心可以用一句话概括：以学生为中心,强调学生对知识的主动探索、主动发现和对所学知识意义的主动建构。

10.3.2.2 认知主义学习理论指导下的地理学习策略

地理科学是一门综合学科,地理学习内容中有很多自然学科的内容。在地理学习过程中,学生会遇到很多概念、原理。对于这些概念、原理等程序性地理知识的学习,认知主义学习理论发挥着非常重要的作用。

同化顺应　理解概念

按照奥苏贝尔的同化学习理论,新地理概念的学习,主要取决于其认知结构中已有的概念,意义学习是通过新概念与学生认知结构中已有的相关概念相互作用才得以发生。同化有下位学习、上位学习和并列学习三种基本的形式。下位学习是学生认知结构中已有的概念在概括和包容水平上高于新学习的概念的学习。比如在学习"南亚季风环流"和"东亚季风环流"两个概念时,可以把这两个概念纳入"大气环流"这一上位概念中。上位学习是当学生学习一种包摄性较广,可以把一系列原有概念从属其下的新概念的学习。比如自然资源是总概念（上位）,而原先已学过生物资源、矿产资源、水资源等从属其下。并列学习是当学生学习的新概念与原有概念既不产生上位关系,也不产生下位关系时,新概念与原有概念可能产生并列关系。如等温线与等压线、绿洲农业与灌溉农业、热带雨林气候与热带草原气候,等等。

学习者当遇到不能用原有图式来同化新的刺激时,便要对原有图式加以修改或重建,以适应环境。在地理学习过程中,很多概念存在着南北半球之间的对比,很多情况下南北半球截然相反。比如,在南北半球的气旋、反气旋旋转方向（逆时针还是顺时针）、南北半球的地转偏向力方向（向右还是向左）、南北半球的季节划分等。当学生分析处于南半球的气旋或反气旋现象时,就不能直接使用北半球的气旋或反气旋的规律,而必须对其加以修改或重建以适应新的情境。实际上,顺应的过程与杜威所讲的"教育是经验的重组或改造的过程"是一致的。通过这种顺应,原来的概念的内涵不断丰富、扩充。

案例 10-10

地理概念学习案例

1. 如要学习"沼气也是二次能源",而原先已学习的汽油、煤气、蒸汽等概念时得知二次能源是从一次能源加工而转化的,因此,学生马上明白沼气也是二次能源。

2. 如学习"季风环流",教师在确认学生已具备学习心向后,向学生解释"一年中盛行风向随季节有规律地向相反或者接近相反方向变换的大气运动称之为季风环流。"学生方面,随着教师的讲解,开始进行积极的认识活动:首先,他们将"季风环流"这一新概念与自己认知结构中原有的"大气环流"知识联系起来,把"季风环流"纳入原有"大气环流"概念中,认识到"季风环流"是"大气环流"的一个组成部分。然后他们将"季风环流"与原有的有关概念,如"大气环流""三圈环流"等概念精确分化。最后,他们就将"大气环流""低纬环流""中纬环流""高纬环流""季风环流"融合在一起,组成一个整体结构。

3. 在学习"饱和空气"这一比较抽象的概念时,可用"海绵吸水"这一现象充当"先行组织者":将水倒入海绵,到了一定程度海绵不再吸水,这时海绵已达到饱和状态,这时学生对"饱和"这一概念就有一定的了解。学生学习了这样的"先行组织者"后,再去学习"一定温度下,空气不能容纳更多的水汽,就成了饱和空气"这一新材料时,就能顺利理解"饱和空气"这一概念。

随堂讨论

案例 10-10 中的案例分别采取什么方式学习新的地理概念?

扩充已知 吸纳未知

认知主义学习理论非常重视学生已有知识,尤其是学生已有经验在学习新知识中的作用。直接经验有助于理解一些原理性、规律性知识。直接经验的数量越多、质量越高就越有利于促进学生对知识的学习。由于与人类生活和自然的相互作用有关的社会生活的一切方面都与地理有关联,因此,在日常生活中、在这种非正式的原生态的教育中,学生会不知不觉地积累一些经验,比如太阳的东升西落、月亮的阴晴圆缺、四季的更替、气候的变化等感性经验。除了在日常生活当中(比如旅游)要加强有教育意义的直接经验的积累外,在学校教学中,当发现学生关于某一方面知识的直接经验不足时,地理教师要在条件允许的情况下提前加强学生直接经验的积累,如表 10-3 所示。

表 10-3 学生从已知到未知案例表

学生已有的直接经验(已知)	地理学科事实、原理(未知)
夏季中午影短,冬季影长	正午太阳高度角
太阳未升,天空已白	大气的散射作用
6~7月衣物和食品容易发霉	梅雨
马桶水旋转方向、江河旋涡方向	气旋
纸堆燃烧时,灰烬升落现象	热力环流
盛夏期间海滨玩耍感觉水温低、沙温高	海陆热力性质差异

学习卡片

教育心理学家奥苏贝尔在他的著作《教育心理学——认知观点》一书的扉页上写道:"假如让我把全部教育心理学仅仅归结为一条原理的话,那么,我将一言以蔽之:影响学习的唯一最重要的因素,就是学习者已经知道了什么。要探明这一点,并应据此进行教学。"

奥苏伯尔. 教育心理学——认知观点[M]. 北京:人民教育出版社,1994.

陶行知认为:"我们要有自己的经验做根,以这个经验所发生的知识做枝,然后别人的知识方可以接得上去,别人的知识方才成为我们知识的一个有机部分"。

中央教育科学研究所. 陶行知教育文选[M]. 北京:教育科学出版社,1981.

总结归纳　形成结构

认知主义心理学家布鲁纳、奥苏贝尔、皮亚杰等都重视学科的学科结构在学习中的作用。在地理学科的学习中,教材起着非常重要的媒体作用。在教材的编制过程中,地理专家和学者们会编制出符合学生和社会发展需要的教材,这些教材也有内在的教材结构,但教材结构一般是隐性的。地理学习的目的就是在教师的引导下,通过教材,将地理科学的知识结构转化为学生的认知结构。因此,地理科学的知识结构、地理学科的教材结构以及学生的认知结构之间有着内在的逻辑关系(见图10-4)。

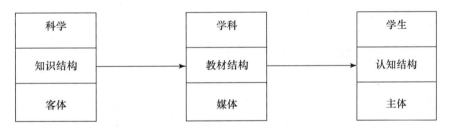

图10-4　知识结构、教材结构、认知结构之间的相互关系

认知主义心理学家所讲的学科结构实际上是学生的认知结构。在地理学习的过程中,尤其是在高三复习过程中,教师和学生应深入钻研教材,揭示出教材的知识体系和内在联系,帮助学生形成认知结构。这样,不仅可以促进理解,还有利于学生获得新知识,从而强化学生的迁移力。认知结构可以是一个知识点、一节、一章、一本书甚至整个初高中地理教学内容。在学习过程中,学生需要发现知识点与知识点,尤其是概念与概念之间的结构关系,要善于总结、归纳各个知识点之间的关系。按照建构主义学习理论的观点,不同的学生对同一内容的建构、理解是不一样的,因此,在教学中,教师不能直接将教材结构或知识结构呈现出来,只有经过学生自我建构之后,这些知识结构才能转化为学生的认知结构。在复习的过程中,可以采取留白的形式帮助学生建构认知结构。

案例 10-11

请将有关内容的代号填入空框内,用以正确反映水资源问题的相互关系:
1. 植树种草 2. 平整土地 3. 修建水库 4. 降水量增多 5. 径流量增多 6. 洪水减少 7. 绿岛效应 8. 湖泊效应

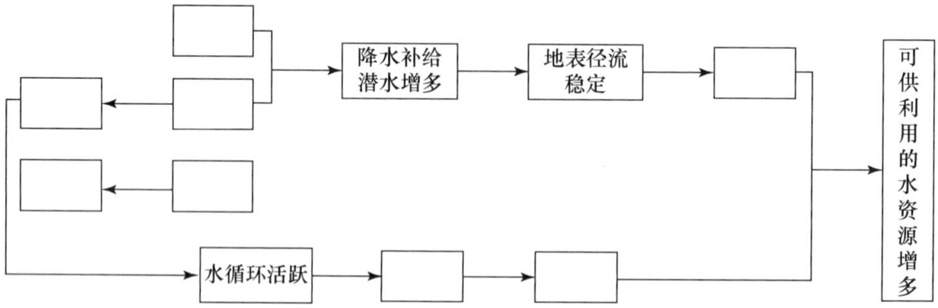

图 10-5 黄土高原水资源问题知识结构图

随堂讨论

1. 请讨论知识结构图或者概念图有什么作用?
2. 设计一个热带雨林概念图、新疆温带大陆性气候下的区域地理概念图。

10.3.3 人本主义学习理论与地理学习策略

10.3.3.1 人本主义学习理论

人本主义心理学起源于20世纪50年代的美国,其创始人为马斯洛和罗杰斯,他们主张心理学应该把人作为一个整体来研究,而不能将人的心理肢解成几个不能整合的部分。人本主义心理学对人的最基本假设是每个人都有优异的自我实现的潜能。

人本主义学习理论的基本观点有以下几个方面:① 强调人是学习活动的主体,必须重视学习者的意愿、情感、需要、价值观;② 学习对于儿童是一种自然的、正常的过程,人类有一种学习和发展自己潜能的天然倾向,要相信学习者能自己教育自己、发展自我潜能;③ 强调有意义的学习,当学习材料对于一个人具有个人意义、能被他理解、符合其目的时,学习效果最好;④ 学习者认真参与学习过程,可以促进学习;⑤ 学习者全身心投入学习,学习效果最好;⑥ 最有用的学习是对学习的学习;⑦ 强调对完整的人的教育,而不是发展人的某一侧面;⑧ 学习是人的自我实现,是丰满人物的形成过程;⑨ 人际关系是有效学习的重要条件,它在学与教的过程中创造了"接受"的气氛。学习应重视学生的情感因素。教师应是"学习的促进者"。

10.3.3.2 人本主义学习理论指导下的地理学习策略

人本主义学习理论"强调完整的人的培养""强调有意义的学习""强调师生情感的互动",这些观点突出学生主体的地位、关注学生的生活世界、追求学生个人价值。人本主义学习理论有利于克服传统教学过于重视社会功能,忽视学生的个性发展、能力培养和非智力因素等弊病,具有启迪作用和积极意义。在合理处理个性发展和社会发展的基础上,在具体的地理学习中,可以采用如下策略:

目标整体取向

在学习的目标上,人本主义学习理论认为学生对学习的投入不仅涉及认知方面,还涉及情感、行为、个性等方面;学习不单是对认知领域产生影响,还对行为、态度、情感等多方面发生作用。因此,在具体地理教学过程中,要体现目标的整体设计取向。课堂教学目标不仅仅是认知,还要在认知的过程中,促进学生情感体验形成,感受过程,掌握方法,促进科学价值观的形成。新的课程标准提出了"知识与技能""过程与方法""情感态度与价值观"三个维度目标,其中,"知识与技能"是首要目标,"过程与方法"是关键目标,"情感态度与价值观"是终极目标。在具体地理教学目标的设计过程中,首先要通过多种途径(教材、课标)确定本节内容要掌握哪些具体的知识点和技能,然后思考这些知识点和技能可以通过什么过程和方法去落实,通过这些过程和方法可以培养学生的哪些情感态度与价值观等。由此可见,"过程与方法"维度是达到整体目标设计取向的关键,而这一环节恰恰是我们传统地理教育所忽视的。在具体教学目标设计中,三者应同时出现并整合在课时教学目标中,不能各自为政,相互抵牾,而要协同作用,相辅相成。

联系学生生活

在学习的内容上,人本主义心理学家罗杰斯强调"有意义的学习"。罗杰斯认为,只有当学生正确地了解到所学内容的用处时,学习才是"有意义的学习"。一般说来,学生感兴趣并认为是有用处、有价值的经验或技能比较容易学习和保持;而那些学习者认为是价值很小或效用不大的经验或技能往往学习起来很困难,也容易遗忘。人本主义学习理论提示教师,要尊重学生的学习兴趣和爱好,尊重学生自我实现的需要。在课程内容的安排和设置上要给学生以充分的自由,允许学生根据自己的兴趣和爱好以及自我理想来选择有关学习内容。

在地理学习中,要关注地理内容与学生衣食住行等日常生活之间的联系,阐述其中的地理背景;要密切联系学生的生活实际与经验,阐述地理现象、地理概念、地理特征等知识,使学生感受地理就在身边、地理是鲜活而有趣的;要关注地理内容与生产之间的联系,阐述地理在生产中的应用。只有将地理学习内容与学生的日常生活以及今后发展紧密联系起来,才是人本主义心理学家罗杰斯所提倡的"有意义的学习"。比如,当学校更换作息时间表的时候,在课堂上问学生:"上个学期18时30分上晚自习,天已暗下来了,而现在为什么19时30分上晚自习,天仍大亮?"再如,在学习气候或大气对太阳辐射的削弱作用时,给学生提出生活中的一个问题:"为什么夏天更多的人穿白色衣服,而冬天则有更多的人穿深色衣服?"在学习美国的一些宇航基地、航空工业基地、汽车城等地名时,可以结合学生感兴趣的美国NBA球队名称,比如,通过"休斯敦火箭队",学生知道休斯敦是美国的宇航基地;通过"西雅图超音速队",学生知道西雅图是美国航空工业基地;通过"底特律活塞队",学生知道底特律是美国的著名汽车城。

标准链接

> 地理课程选择与生活密切相关的地球与地图、世界地理、中国地理和乡土地理等基础知识,引导学生在生活中发现地理问题,理解其形成的地理背景,提升学生的生活品位,增强学生的生存能力。
> 　　中华人民共和国教育部.义务教育地理课程标准(2011年版)[S].北京:北京师范大学出版社,2012.

案例 10-12

地理知识与生活联系

在地理学习中,很多地理概念、原理都可以和学生的日常生活现象联系在一起。比如,日月星辰的东升西落与地球自转;河水漩涡与地转偏向力,气旋和反气旋;夏季北阳台早晚日照与昼夜长短变化;太阳能热水器与正午太阳高度的变化;红绿灯与大气热力状况;铁管上水滴与空气的饱和与过饱和,与大气降水的形成,与干旱地区相对湿度的日变化;人对天气的感受与天气系统的变化;天气变化与天气系统的移动;珊瑚装饰品与海岸带的保护;城市臭水沟与河湖富营养化问题;家庭装潢材料与三大类岩石的成因和物质组成;折木条时,木条顶部易破裂与背斜谷;成堆东西的突然滑落与滑坡、崩塌;居民区的选择与区位理论;日用品购买与商业中心的形成条件;冬季取暖与环境污染;父母工作地点转移与产业转移等。

重视情感交流

在学习的氛围上,人本主义学习理论认为,学习是一个情感与认知相结合的整个精神世界的活动,情感和认知是学习者精神世界不可分割的部分,是彼此融合在一起的,学习不能脱离学习者的情绪体验而孤立地进行。"成功的教学依赖于一种真诚的理解和信任的师生关系,依赖于一种和谐安全的课堂气氛。"建立和谐、民主的师生关系以形成良好的学习氛围,是学生学习的基础,为此,教师在教学中应把信任的目光投向每一名学生,把尊重的话语送给每名学生,把和谐的微笑洒向全体学生。对学生的过失能理智分析,正确引导,给予宽容和理解;对后进生感化和挽救;对学生群体出现的问题,公正无私处理;当学生对教师产生抵触情绪时,要心理换位设身处地为学生着想。教师用热爱与尊重学生的行为赢得学生对教师的喜爱与尊重、信任,创造一种宽松和谐、互相尊重的教学氛围,这种良好的师生关系使学生产生最佳的学习心态,易于形成学生的自信、自强等良好的意志品质、轻松愉快地参与学习。尊重学生不能只表现在口头上,而必须反映在具体行动中,主要表现在以下三个方面:第一,尊重学生的心灵,这是对学生最大的尊重。第二,尊重全体学生。第三,不伤害学生的自尊心。

在地理学习中,要注意师生之间情感的互动,应该建立一种积极的、有利于学生发展的反馈机制,要通过情感的反馈,激发学生学习的积极性。正如夸美纽斯在《大教学论》中指出:"孩子的求学欲望是由教师激发出现的。"教师在评价反馈中应把对学生的爱融注到教学中,肯定他们的成功,让学生真切地感到温暖、激励,从而鼓起努力上进的风帆。苏联著名教育家苏霍姆林斯基也说:"成功的快乐是一种巨大的精神力量,它可以促进学生学习,请你无论如何不要让这种内在的力量消失,缺少这种力量,教育中任何巧妙的措施都是无济于事的。"因此,教师在教学中一定要注意心理因素对学生的影响,在评价中要多用鼓励性的话。

初高中地理课程标准都从知识与技能、过程与方法、情感态度与价值观三个维度提出了明确的课程目标。地理教师只有深入了解学生的年龄差异、性别差异等群体差异和智力因素(观察力、记忆力、思维力、想象力、迁移力)、非智力因素(学习兴趣、学习动机、学习习惯)等个体差异,才能贯彻落实地理课程标准,实践"满足学生不同的地理学习需要"的学习理念。自主学习、合作学习和探究学习有利于"改变地理学习方式",有利于充分发挥学生的主动性、主体性,培养学生的创造能力和实践能力。行为主义学习理论、认知主义学习理论和人本主义学习理论对于三维目标的落实具有指导意义。行为主义学习理论强调对行为的强化,在地理技能的教学中,可以以行为主义学习理论为指导,采取"及时强化""在做中学"等策略;认知主义学习理论重视对知识的自我建构,在地理概念、原理等地理程序性知识的教学中,可以采用认知主义学习理论提出的"同化顺应""从已知到未知"等策略;人本主义学习理论重视整体的人的发展,重视学习对人的生活本身的价值,重视情感在学习中的作用,在地理教学中,可以采取"目标整体取向""联系学生生活""重视情感交流"等策略。在地理教学中合理应用行为主义、认知主义和人本主义学习理论,能起到事半功倍的效果。

学习实践

1. 结合高中地理一节课,运用行为主义学习理论设计教学策略。
2. 结合高中地理一节课,运用认知主义学习理论设计教学策略。

本章小结

1. 学生地理学习有很多共性的方面,但在年龄方面、性别方面、个体之间存在差异。
2. 地理学习的影响因素很多,除了外部因素以外,更多的还是受智力因素(观察力、记忆力、思维力、想象力、迁移力)和非智力因素(学习兴趣、学习动机、学习习惯)等内部因素影响。
3. 地理学习活动是一个心理过程,具体包括激发动机、感知信息、理解信息、巩固信息和迁移应用五个环节。
4. 当前,我国学生学习地理的方式主要是接受学习,这种学习方式比较适合于符号学习。为了落实新课程标准的理念,为了促进学生的全面发展,有必要采取自主学习、合作学习、探究性学习等学习方式。
5. 行为主义学习理论的代表斯金纳提出了反射理论和强化理论;认知主义学习理论的代表布鲁纳提出了发现学习,奥苏贝尔提出了有意义的学习、同化学习、先行组织者,皮亚杰等提出了建构主义学习理论;人本主义学习理论从整体的人的角度出发提出了学生全面发展的观点
6. 根据行为主义、认知主义和人本主义学习理论,提出了相应的地理学习策略。

本章思考题

1. 选择一节高中地理课题,结合教学内容设计学生学习地理的激发动机、感知信息、理解信息、巩固信息和迁移应用的具体策略。
2. 分别选择合适的地理学习内容设计自主学习、合作学习以及探究学习的学习方案。
3. 三种不同的学习理论分别适合于什么类型的地理学习内容?

拓展学习

1. 实地观察一两节地理课堂教学说明学生的学习差异。
2. 针对中学生学习地理的年龄差异、性别差异、个体差异、记忆力、学习兴趣等设计一份问卷进行调查,并撰写调查报告。
3. 选择不同的地理学习内容,说明行为主义、认知主义或人本主义学习理论的指导作用。

课程链接

中国地理课程网:http://geo.cersp.com/
地理课程网:http://www.dilike.net
中学地理教学资源网:http://www.yeschool.net/zhp
地理教学网:http://www.dljxw.com
中国教育学会地理教学研究会:http://www.gezhi.sh.cn/geography/CN/

参 考 文 献

[1] 夏志芳. 地理课程与教学论[M]. 杭州:浙江教育出版社,2003.

[2] 陈澄. 新编地理教学论[M]. 上海：华东师范大学出版社,2007.
[3] 皮连生. 学与教的心理学[M]. 上海：华东师范大学出版社,2001.
[4] 夏志芳. 地理学习论[M]. 南宁：广西教育出版社,2001.
[5] 霍华德·加德纳. 多元智能[M]. 沈致隆,译. 北京：新华出版社,1999.
[6] Linda Campbell, Bruce Campbell, Dee Dickinson. 多元智能教与学的策略[M]. 王成全,译. 北京：中国轻工业出版社,2001.
[7] 施良方. 学习论[M]. 北京：人民教育出版社,1994.
[8] 张奇. 学习理论[M]. 武汉：湖北教育出版社,1999.
[9] 陈澄,夏志芳,等. 地理学习论与学习指导[M]. 上海：华东师范大学出版社,2001.
[10] 裴新生,等. 地理教育中的思维·实践·创新[M]. 北京：北京科学技术出版社,2002.
[11] 王树声. 特级教师谈学习策略[M]. 北京：北京师范大学出版社,1993.
[12] 联合国教科文组织. 教育—财富蕴藏其中[M]. 北京：教育科学出版社,2006.
[13] H. Lynn Erickson. 概念为本的课程与教学[M]. 兰英,译. 北京：中国轻工业出版社,2003.
[14] 林成策. 走进高中地理教学现场[M]. 北京：首都师范大学出版社,2008.
[15] 奥苏伯尔. 教育心理学——认知观点[M]. 北京：人民教育出版社,1994.
[16] 中央教育科学研究所. 陶行知教育文选[M]. 北京：教育科学出版社,1981.
[17] 约翰·杜威. 学校与社会·明日之学校[M]. 赵祥麟,等译. 北京：人民教育出版社,2006.
[18] 约翰·杜威. 我们怎样思维·经验与教育[M] 姜文闵,译. 北京：人民教育出版社,2004.
[19] 马骏. 给地理教师的101条建议[M]. 南京：南京师范大学出版社,2007.
[20] 李家清. 学习理论与高中地理新教材编写研究[J]. 地理教学,2007(1).
[21] 赵炽. 让学生拥有良好的地理学习习惯和正确的地理学习方法[J]. 贵州教育,2006(23).
[22] 徐哲,白文新. 基于建构主义理论的地理合作学习模式[J]. 陕西师范大学学报(自然科学版),2005(6).
[23] 陈立新. 读图分析题的解题思路与方法[J]. 地理教育,2003(3).
[24] 黄京鸿. 广采现代学习理论精华 促进地理学与教的变革[J]. 地理教育,2000(3).
[25] 黄京鸿. 现代学习与教学论发展对地理素质教育的启示[J]. 中学地理教学参考 2001(5).
[26] 中华人民共和国教育部. 中学教育专业师范生教师职业能力标准(试行)[S]. 2021.

第11章 地理教师专业发展

本章概要

根据现代教学理论,地理教师不仅仅是知识的传授者,还应当是地理教学活动的引导者和合作者、地理课程的开发者以及地理教学的研究者。本章根据地理课程改革的需要,对地理教师应当具备的知识结构进行了全面的阐述;概括介绍了地理教师的基本职责,并对地理教师的职业标准进行了初步探讨;对行动研究的意义、程序与类型作了概括的描述。

学习目标

通过本章学习你应能做到
1. 概括说明地理教师本体性知识、条件性知识、实践性知识以及素养性知识的含义及内容;
2. 简述教师专业化的含义和地理教师专业化的意义;
3. 简述地理教师的成长阶段;
4. 说明地理教师的主要职责有哪些;
5. 说明什么是行动研究、如何开展行动研究以及行动研究与教师专业发展之关系。

11.1 现代地理教师的素养

关键术语

◆ 现代地理教师　◆ 本体性知识　◆ 条件性知识　◆ 实践性知识　◆ 素养性知识

 学习卡片

"素质"一词的原始含义是指事物的主要成分或质量,或者事物本来的性质。在生理学和心理学中,它是指人生来就具有的某些解剖生理特点,特别是指神经系统、脑的解剖生理特点和感觉、运动器官的解剖生理特点。

素质的内涵是指人的先天性、遗传性的自然素质,外延则限定于个人的个体素质。它是人的身体、智慧、能力和个性乃至整个心理活动形成和发展的自然前提,但不能决定人的心理内容和发展水平。

熊大成,黄日耀,等.教师素质教育论[M].南昌:百花洲文艺出版社,2000.

案例 11-1

地理教师教学过程中涉及的知识举例

(1) 在学习"洋流"这一节内容时,王老师采用了下面一段开场白:1498年,航海家哥伦布在航行途中遇到意外,一艘帆船沉没,另一艘帆船上的船员不听指挥,航行遇到极大困难。于是他向西班牙国王写信汇报,他把这封信装入椰子壳,外面涂满沥青,然后投入大海漂流。他急盼这封信能尽快漂到西班牙,让国王火速派人来增援他,帮他渡过难关。可是这只椰子壳却漂到大西洋比斯开湾一个荒滩上,一搁就是358年,直到1856年才被遭遇风暴而停泊到那里的船员们发现。

(2) 在对"地球自转的地理意义"教学中,李老师使用多媒体课件,将抽象概念用可直观感受的动画展示给学生:第一步用 Flash 课件动画模拟地球自转,复习相关知识,导入本节教学环节;第二步用动画演示昼夜更替,阐述相关内容,如昼夜更替周期、晨昏线及其变化特点;第三步是用影音资料说明时差的存在,用动画演示时间的变化规律,具体讲述时区、时差以及地方时的计算;第四步用影音资料说明水平地转偏向力的存在,通过南北半球对比分析,得出北半球向右偏、南半球向左偏的结论,然后讲述地转偏向力大小的变化规律;第五步通过示意图,分析地球的不同纬度在自转过程中产生的离心力对地球形状的影响。

随堂讨论

结合案例11-1,说明地理教师需要掌握的知识类型有哪些。

现代地理教师的知识构成主要包括本体性知识、条件性知识、实践性知识和素养性知识,如图11-1所示。

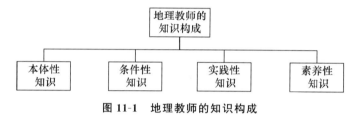

图 11-1 地理教师的知识构成

11.1.1 本体性知识

11.1.1.1 本体性知识的含义

"本体"原本是一个哲学概念,用来表示真实世界实体的客观存在,后来被引入信息科学领域,表示公共认同的关于领域知识的明确描述。因此,地理教师的本体性知识,是指地理教师所具有的关于地理科学领域的地理专业知识。具备扎实和宽广的本体性知识是地理教师搞好地理教学工作的基础。

11.1.1.2 本体性知识的内容

由于地理学科知识覆盖的范围非常广,地理教师不可能对所有的知识都十分精通,但是必须掌握基础的和必要的地理专业知识。不同教学阶段的地理教师应当掌握的本体性知识也有不同的要求,对于中学地理教师而言,应当具备的本体性知识包括:自然地理知识、人文地理知识、区域地理知识以及地图、地理信息技术知识等,具体表现为:

自然地理知识包括地球基础知识以及综合自然地理学、地貌学、气候学、水文地理学、动物地理学、植物地理学、土壤地理学等分支学科的基础知识。要求掌握各自然地理要素的结构、特征、成因、变化发展规律;自然地理要素间的相互关系,彼此间的物质循环和能量转化的动态过程;自然地理环境的整体特征和地域分异规律;各区域综合或某一方面自然地理特征的分析、比较,自然条件和自然资源的评价;受人类干扰、控制的人为环境的变化特点、发展趋势、存在的问题、合理利用的途径和整治措施等。既要掌握尽可能多的地理事实,又要掌握地理规律、地理原理。

人文地理知识包括政治地理学、经济地理学、社会地理学、文化地理学、人种地理学、人口地理学、聚落地理学等分支学科的基础知识。既要认识到自然环境对人文事物、现象分布、扩散和变化的制约作用,又要认识到社会、经济、文化和政治等因素,尤其是生产方式和社会经济制度对人文事物、现象所起到的十分重要的作用;既要掌握人地关系的基本理论,也要掌握尽可能多的相关地理事实。

区域地理知识包括世界地理知识、分区和分国地理知识、乡土地理知识、区域地理环境与人类活动、区域可持续发展以及区域差异知识等。重点是这些区域的人地关系——地理环境对人的影响和人对地理环境的适应、利用、改造,以及区域差异的分析比较、区域自然条件和资源的评价。作为中学地理教师,不可能对世界的和中国的各种尺度区域的地理环境特征、结构、成因、发展变化都能掌握了,其关键是掌握区域地理的研究方法——能对占有资料的各地理区域进行分析、评述。

地图知识主要包括地图投影、地图上的方向、比例尺、图例和注记,以及等高线地形图、分层设色地形图和地形剖面图、影像地图和电子地图等基础知识。"地图是地理学的第二语言",既要学会读图、用图,又要学会绘图。

3S(RS、GPS、GIS)技术及其进展方面的知识。既要掌握它们的基本概念、基本原理和基本用途,又要掌握 GIS 软件的基本操作步骤、普通 GPS 接收器的使用方法和遥感地图的判读技巧。

除此之外,地理教师的本体性知识还包括现代地理学与相邻学科交叉和渗透而产生的新知识。地理学科中出现的新的分支领域、新的研究方法和手段、新的思维方式等,都将启迪地理教师进一步深化地理课程改革、地理教学方法的改革。

11.1.1.3 本体性知识的获取途径

地理教师本体性知识获取的途径主要是通过各地理专业课程的学习,掌握地理学科的知识体系和知识内容以及地理学的研究方法;通过有关讲座、短期培训学习,了解地理科学前沿研究动态;阅读地理专业文献,与专家、教师、同学进行交流以及通过网络自主学习等。

11.1.2 条件性知识

11.1.2.1 条件性知识的含义

地理教师的条件性知识是指地理教师的教育学、心理学和地理课程与教学论等方面的知识。这些知识能够对教师的本体性知识起到支撑的作用,是地理教师知识结构的重要组成部分。地理教学过程就是地理教师如何运用条件性知识把本体性知识转化为学生可理解知识的过程。在此过程中,地理教师应用教育学和心理学等方面的科学规律,对本体性知识进行重组和表征,使学生能够顺利地进行同化和顺应,建立自身的内在知识体系。没有条件性知识,本体性知识的传授便难以得到保障。

11.1.2.2 条件性知识的内容

作为一名地理教师,至少应当熟悉和掌握以下有关理论。

应当熟悉和掌握普通教育学的基本理论。通过教育学理论的学习,能够使地理教师比较系统地认识教育的本质、教育的目的、教育的一般原则,掌握教育的基本规律、教学环节、教学方法以及主要的教育理论与教育实践问题,从而使教师能够在地理教学中自觉地运用这些知识,根据教学内容、学生实际选择切实而有效的教学方法和手段,以达到最优的教学效果,并借助于普通教育学理论指导、拓宽地理教学改革的思路。

应当熟悉和掌握心理学的基本理论。地理教师要上好每一堂课,调动学生思维,积极开展教与学的双边活动,就离不开对学生心理特征和学生心理的认识了解,离不开对学生个性差异及其特点的认识。心理学系统地研究人的心理机制、感觉、记忆、思维活动,以及动机、情感和心理差异等心理发展规律,揭示不同年龄阶段学生的心理特征及其学习和创造活动的心理过程。地理教师如果能够很好地掌握心理学的基本理论,并在教学中运用这些理论,细心观察学生的心理状况,熟悉学生心理的共同特性和个性差异,就能够大大加强教学的针对性,减少盲目性,在达到教学基本要求的基础上,充分照顾和发展学生的个性,提高学生学习地理的兴趣与能力。

应当熟悉和掌握地理课程论的基本理论。地理课程论是关于地理本体性知识如何组织成适合学生学习,并便于实施与评价的理论。地理课程论主要包括地理课程的含义,制约地理课程的因素,地理课程的类型、设置、标准、设计、实施与评价等内容。地理教师必须了解教学内容及其组织结构方面的知识,同时要了解学校课程结构,注意地理知识与其他学科知识的结合。

应当熟练掌握地理教学论的基本理论。地理教学论是学科教育学的重要组成部分,它研究中学地理教学系统的特征和规律,其基本理论对中学地理教师具有直接的指导作用,其内容主要包括地理教学目标、地理教材的结构、地理教材分析、地理教学方法、地理教学设计、地理学习论、地理教学环境与教学评价等。掌握地理教学论的基本理论,有助于地理教师掌握分析地理教材的方法,了解中学地理教材的智能结构,有助于地理教师掌握和了解地理教学过程的基本环节和规律,较快地提高自己的地理教学水平。

标准链接

教学实践能力:熟悉课程,熟悉拟任教学科的课程标准和教材,理解教材编写逻辑和体系结构,能够正确处理课标与教材的关系,具有依据课标进行教学的意识和习惯。

中华人民共和国教育部.中学教育专业师范生教师职业能力标准(试行)[S].2021.

随堂讨论

结合实例,说明本体性知识与条件性知识的关系及其在地理教师知识体系中的功能。

11.1.2.3 条件性知识的获取途径

地理教师条件性知识的获取途径很多,首先是相关课程的学习,如教育学、教育心理学、地理教学论等;其次可以通过听讲座等形式接受一般教育学、心理学理论的熏陶,关注教育改革、课程改革的发展,关注新的教育理念的实施等。最后是积极开展教学研究,注意把条件性知识学习与地理教学实践相结合,能有效地提高学习效果。

11.1.3 实践性知识

11.1.3.1 实践性知识的含义

地理教师的实践性知识是相对于地理教师的理论知识而言的,是指地理教师真正信奉的、并在其教育教学实践中实际使用和表现出来的对教育教学的认识,也就是在实施有目的的地理教学行为过程中所具有的教学情景知识和解决问题的知识。地理教师的实践性知识是地理教师专业发展的主要知识基础,在其工作中发挥着不可替代的作用。

11.1.3.2 实践性知识的内容

地理教师实践性知识的构成如下[①]：

地理教师的教育信念，是积累于地理教师个人头脑中的价值观念，通常作为一种无意识的经验假设支配着教师的行为，具体表现为对教育教学过程中一些问题的理解，如地理教学的目的是什么？什么是好的地理教育？好的地理教育应该如何实施和评价？等等。

地理教师的自我知识，包括自我概念、自我评估、自我教学效能感、对自我调节的认识等。这一类知识主要体现在教师是否了解自己的性格、气质和能力方面的特点以及教学风格，能否从错误中学习，并及时调整自己的态度和行为。

地理教师的人际知识，表现在是否关注学生，能够有效地与学生交流，是否愿意帮助学生，是否有一种想要了解周围世界的渴求并以之感染学生等。教师在与学生交往时会通过身体力行来表达自己对某些人际交往原则的理解，如公平、公正、分寸和默契等。地理教师的人际知识还表现在课堂管理中，包括对学生群体动力的把握、班级管理惯例的制定及教室的布置等方面。

地理教师的情景知识，主要体现为地理教师的教学机智。教学机智是教师在教学过程中创造性地运用心理学原理和教学规律，为适应教学的需要，灵活自如地驾驭课堂教学进程的一种随机应变的能力。教学机智不是一种简单的感觉或无意识的行为，而是教师直觉、灵感、顿悟和想象力的即兴发挥。

地理教师的策略性知识，主要是指地理教师在教学活动中表现出来的对理论性知识的理解和把握，主要基于教师个人的经验和思考。这一类知识是在对本体性知识和条件性知识把握的基础上，将其应用到实际的地理教学过程中的具体策略、对地理学科及教学目标的了解和理解、对课程内容和教学方式的选择和安排、对地理教学活动的规划和实施、对地理教学方法和技术的采用等。

地理教师的批判反思知识，主要表现在地理教师日常行动中。地理教师的反思是一种实践取向的反思，有不同的类型，可以用语言描述自己的行为和思考，也可以对自己的经验进行系统梳理，甚至对自己反思的方式进行反思。通过自我反思，地理教师可以不断发现教育教学工作中的不足，调整教育实践的方法与策略，使自己的教学工作始终沿着正确的方向前进。

学习卡片

> 教师的实践性知识有两种状态：显性知识和缄默知识。
>
> 缄默知识，也称为意会知识或隐性知识，是指人类知识总体中那些无法言传的知识。缄默知识具有下列特点：其一，具有情境依附性，缄默知识的获得总是与特殊的问题或任务情景联系在一起，是对某种特殊问题或任务情景的一种直觉综合或把握；其二，具有"非逻辑性"，它不能通过语言、文字或其他符号进行明确的逻辑论证与说明；其三，具有"非公共性"，不能以显性的常规组织形式加以传递。一般认为能够意识到且能够通过言语表达的知识大致属于显性知识，而能够意识到但不能通过言语表达的知识则大致属于缄默知识。
>
> 迈克尔·波兰尼.个人知识[M].许泽民,译.贵阳:贵州人民出版社,2000.

11.1.3.3 实践性知识的获取途径

地理教师的实践性知识主要是在地理教学实践过程中不断学习和积累获得，也可以通过指导其教学或观摩其他教师的教学工作而获得。

[①] 陈向明.实践性知识：教师专业发展的知识基础[J].北京大学教育评论,2003(1):112.

11.1.4　素养性知识

11.1.4.1　素养性知识的含义

地理教师的素养性知识是指除了地理学科知识之外教师需要了解和掌握的有关自然科学和人文社会科学的知识,以及熟练运用工具性学科的知识。素养性知识是其他知识学习的基石,也是地理教师作为教师的先决条件。

11.1.4.2　素养性知识的内容

地理教师必须以素养性知识作为地理学科知识学习和教学的基础,具体表现在以下几个方面:

地理科学知识包含广泛的自然科学知识,如地形地貌的形成、气候的影响因素等,这些地理知识必然与物理、化学、生物、天文学等科学知识产生直接的联系,如地转偏向力、气压梯度力与风向、海水盐度等问题涉及物理学知识、生态系统和食物链等问题涉及生物学知识等,因此教师必须掌握相应的自然科学知识。

地理科学知识也包含广泛的人文社会科学知识,如文化地理学、经济地理学和政治地理学等,这些地理知识与历史学、社会学、政治学、经济学等也会产生直接的联系,如文化现象和人口的分布和扩散等问题涉及多门人文社会科学知识,大陆漂移学说等科学史问题涉及历史知识等,因此地理教师必须掌握相应的人文社会科学知识。

地理科学知识的学习必须用到很多工具性知识,如在学习过程中必须进行广泛的交流,因此必须掌握扎实的语言文字知识,即语文学科知识;在学习比例尺、等高线、社会经济要素的统计等知识的过程中必须用到很多数学知识;在进行地理理性知识的教学中需要进行一定的逻辑推理,因此必须掌握一定的逻辑知识等。

此外,地理教师还应当掌握现代科学和技术的一般常识、一定的人际交往知识以及美学方面的知识,这些对于地理教师的教育教学工作也是十分必要的。

11.1.4.3　素养性知识的获取途径

素养性知识涵盖的范围非常广泛,这些知识的学习仅仅依靠学校的课程学习是远远不够的,是一个逐步积累的过程,需要终身学习,要积极拓展各种学习渠道,如通过阅读相关科学文献获取自然科学知识,广泛参加社会实践活动积累社会科学知识,培养多个方面的兴趣和爱好以提高自己的综合素质等。

地理教师的知识结构组成为本体性知识、条件性知识、实践性知识和素养性知识,其中素养性知识是其他知识获取的基础,本体性知识是地理教学活动的实施对象,条件性知识是进行地理教学活动过程的理论支撑,实践性知识对地理教学活动起实践性指导作用。因此,这四个方面的知识构成了地理教师完整的知识结构,缺一不可。

学习实践

1. 根据地理教师应当具备的知识结构,检查自己,说明存在的差距及解决途径。
2. 走访中学地理特级教师或地理学科带头人,了解他们的成长。

11.2 现代地理教师专业化发展

> **关键术语**
>
> ◆ 地理教师专业化　◆ 地理教师专业成长　◆ 地理教师职责　◆ 地理教师职业标准

11.2.1 地理教师专业化

11.2.1.1 教师专业化的含义

教师专业化是指教师职业具有自己独特的职业要求和职业条件,有专门的培养制度和管理制度。教师专业化的基本含义是[1]:

教师专业既包括学科专业性,也包括教育专业性,国家对教师任职既有规定的学历标准,也有必要的教育知识、教育能力和职业道德的要求;

国家有教师教育的专门机构、专门教育内容和措施;

国家有对教师资格和教师教育机构的认定制度和管理制度;

教师专业发展是一个持续不断的过程,教育专业化也是一个发展的概念,既是一种状态,也是一个不断深化的过程。

11.2.1.2 地理教师专业化及其意义

地理教师专业化就是把地理教育教学工作作为专门的职业。这种职业要求地理教师经过严格的训练和持续的学习,获得并保持与地理教育教学工作有关的知识和特别的技能。这些知识和技能的主要内容组成了地理教师的素质结构。地理教师专业化无论是对地理教师还是对地理教育教学都有重要的意义,具体表现在以下几个方面:

地理教师专业化有利于提高地理教师的社会地位,吸引优秀人才进入地理教师队伍中来。教师的社会地位既是人们精神生活和物质生活的追求目标,也是一种职业及其从业人员对社会贡献大小的标志。要提高地理教师职业的社会地位,必须以深入认识这项职业的专业性和提高地理教师的专业地位为前提,通过专业地位的提高,求得社会地位的改善。有了一定的社会地位,就能充分调动地理教师工作的积极性,提高该职业的社会竞争力,也就能吸引社会上更多的优秀人才从事这项职业。

地理教师专业化有利于提高他们的专业素质,保证地理教育教学质量。地理教师质量是地理教育质量高低的决定因素,而地理教师的专业素质又是地理教师质量高低的集中表现。只有掌握精深的地理专业知识,通晓教育科学理论,熟悉地理教育教学手段和方法,具有良好职业道德和专业精神的人才能做教师。只有清楚地认识地理教师职业的专业性,建立地理教师职业的专业标准体系,加快地理教师专业化进程,才能不断提高地理教师的专业素质,保证地理教育教学质量。

地理教师专业化有利于地理教师教育的一体化、制度化和规范化。教师教育是对教师培养和教师培训的统称,是包括教师职前培养和在职培训的专业化教育。地理教师职前培养的目标是使未来的地理教师具有从事地理教育教学所必需的专业知识、专业技能和良好的专业道德,为其专业成长奠定基础;地理教师在职培训的目标是促进地理教师的专业成长,促进他们从知识型向能力型、从经验型向研究型、从教书型向专家型转化。要实现这两个目标就必须使地理教师教育一体化、制度化、规范化。

---

[1] 刘微. 教师专业化:世界教师教育发展的潮流[N]. 中国教育报,2002-01-03.

11.2.1.3 地理教师专业化的基本要求

地理教师专业化的基本要求主要表现在以下几个方面:

地理教师必须是专业教师。教师专业化首先是对教师专门职业的认定,这种职业要求教师经过严格的、持续的学习获得并保持专门的知识和特别的技术,同时获得相应的资格认定,没有经过地理教师专业训练的人将不具备地理教师资格。

地理教师要重视自身素质的发展。地理教师为了获得地理教育的成功,必须重视提高自身的专业素质,地理教师素质提高的专业化方向主要体现在加强地理学科本体性知识和条件性知识的学习,努力掌握地理教学方法和提高地理教学技能,促进价值观和态度的学习。

地理教师要树立终身学习的思想。教师的专业成长是终身的发展过程,是职前教育、新任教师培训和继续教育一体化的过程,地理教师为了不断适应教育改革与教育发展的新标准和新要求,就一定要树立终身学习思想,努力抓住各种学习机会不断学习,使自己在职业生涯的各个阶段都能保持较高的专业水平。

11.2.2 地理教师专业成长

地理教师的专业发展过程主要包括三个阶段,即职前阶段、职初阶段和成熟阶段,如图11-2所示。

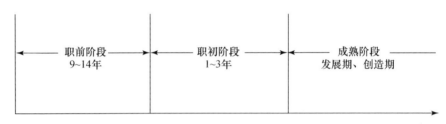

图 11-2 地理教师成长的三个阶段

11.2.2.1 职前阶段

地理教师专业发展的职前阶段是指地理教师从事教育工作以前的阶段,是在学校接受教育和学习的阶段。在这一阶段中,教师的素质特点是:在知识内容上,以学习书本知识和间接经验为主;在知识和经验特点上,具有一般化和表面化的特点;在素质优势上,形成了教师所需要的一部分独特的优势素质。从我国目前中小学教师情况来看,地理教师的准备期少则9年,多则14年甚至更长时间,以走上地理教师工作岗位而结束。

11.2.2.2 职初阶段

职初阶段是指地理教师走上教育工作岗位,由没有地理教学实践经验到初步适应地理教育教学工作,具备最基本、最起码的地理教育教学能力和其他相应素质的阶段。在这一阶段中,地理教师的素质特点是:在知识上,开始形成实际的、具体的、直接的知识和经验;在能力上,地理教育教学的实践能力开始初步形成;在素质上,水平还处于较低的层次,项目还不够全面和平衡。地理教师职业职初阶段结束的标志,是地理教师能够适应和胜任地理教育教学工作,能够基本上完成地理教育教学任务,得到学生的认可。适应期的长短、快慢受多种因素的影响,时间周期一般在1~3年。

11.2.2.3 成熟阶段

这一阶段又可以分为发展期和创造期两个阶段。

发展期是指地理教师在初步适应地理教育教学工作后,继续在地理教育教学实践中锻炼自己的教育教学能力和素质,努力使自己达到熟练程度的时期。在这一阶段中,地理教师的素质特点是:在素质水平上,向着熟练化、深广化方向发展,地理专业化水平不断提高;在素质项目上,向着全面化和整体化方面发展;在素质倾向性上,由注重地理教师教的方面向注重学生学的方面转变;在地理教育教学水平和成果上,是工作自动化、工作效率高、能够比较自如地处理各种各样的问题。

创造期是指地理教师开始由固定的、常规的、自动化的工作进入开始探索和创新的时期,是形成自己的独到见解和教学风格的时期。这一时期地理教师的特点是:在素质上,创新性素质获得发展;在活动上,具有探索性;在成果上,注意总结工作,形成自己的地理教育思想。

11.2.3 地理教师职责

明确地理教师的职责是规范地理教师教育教学的依据,也是地理教师专业化的要求。在新的地理课程改革中,地理教师的基本职责主要包括以下内容(具体内容见表11-1):

表 11-1 地理教师的基本职责(根据胡良民[①]修改)

	地理教师的基本职责
地理课程建设	实验并评价试用课程和教材 编制国家课程教材和教材参考资料 编制多媒体地理教学课件 购置或制作并维护教学设备 建设地理专用教室和实验场所 建设校外地理实习基地 编制地方或学校选修课程和教材 积极参与地理教师队伍建设活动
地理课程教学	制订并实行地理课程教学计划 进行地理教学设计和课堂教学 搜集并使用教材外的地理信息 协调地理教学过程中的各种关系 组织并实施地理课外实践、研学旅行等活动 设计并实施地理学习评估方案 参加国家和地方地理统一考试评卷
地理教学 研究和进修	建设地理教学研究室并参加教研活动 承担地理教学研究和改革课题 参加地理教育学术团体和活动 撰写和发表地理教学研究论文 接受地理教师继续教育
学校教育工作	担任班团队导师 组织并实施学生社会活动 参加学校育人环境建设 开展社区服务 组织综合实践活动

11.2.3.1 地理课程建设

在新基础教育课程改革中,课程政策发生了重大的改变,要求实施国家、地方和学校三级课程,教师从课程的被动接受者和实施者转变为课程资源的开发者。因此,地理教师在履行地理课程教学职

---

① 胡良民,等. 地理教学论[M]. 北京:科学出版社,2005:54.

责的同时,还应当承担起地理课程建设的任务。在地理课程资源开发过程中,地理教师应当结合学校的实际和学生的需求,利用学校已有的地理课程资源,以及师生可以用于地理教学的经历和体验。地理教师在课程建设中的主要职责有试用和评价教材、编制参考资料、课件、校本课程教材以及建立地理活动课场所等。

标准链接

> 地理课程资源是实现高中地理课程目标的重要保障,学校应该高度重视校内外地理课程资源的开发。各地可以根据实际情况,制定本地区高中地理课程资源配备标准,推动地方课程资源建设。
>
> 中华人民共和国教育部.普通高中地理课程标准(2017年版)[S].北京:人民教育出版社,2018.

11.2.3.2 地理课程教学

地理课程教学是地理教师工作的基本任务。在学期或学年初制订地理课程教学计划。地理教师的日常工作主要是进行地理教学设计和课堂教学,同时还要注意搜集并使用教材外的地理信息,丰富地理课程资源,提高地理课堂教学质量。地理新课程提出的"重视对地理问题的探究,倡导自主学习、合作学习和探究学习,开展地理观测、地理考察、地理实验、地理调查和地理专题研究等实践活动"在地理课程教学中应努力贯彻。要注意协调地理教学过程中的各种关系。要设计并实施地理学习评价方案。地理新课程提出的:注重学习过程评价和学习结果评价的结合。重视反映学生发展状况的过程性评价,实现评价目标多元化、评价手段多样化,强调形成性评价与终结性评价相结合、定性评价与定量评价相结合、反思性评价与鼓励性评价相结合等评价理念和方法在地理课程教学中应努力实践。

11.2.3.3 地理教学研究与进修

地理教师是地理教学活动的实施者,在教学中积累了丰富的经验,可以经常发现教学中存在的问题,这些都是进行地理教学研究的源泉和基础。地理教师进行地理教学科研,可以总结地理教学经验、发现地理教学规律、提高地理教师的理论水平以及提高地理教学效果等。根据终身教育的理念以及地理教师专业化的要求,地理教师还必须进行各种形式的在职教育,不断提高自己的专业水平。具体形式有建立地理教研室、参与地理教学改革与科研、参加各种地理学术团体、撰写地理教学科研论文、继续教育等。

11.2.3.4 学校教育工作

除了地理教学工作之外,地理教师经常需要参与学校教育与管理工作,如担任班主任和学校团组织相关工作、组织学生参加社会活动、开展社区服务等。

标准链接

> 发展规划:了解教师专业发展的需求,具有终身学习和自主发展的意识。根据基础教育课程改革的动态和发展情况,制定教师职业生涯发展规范。
>
> 中华人民共和国教育部.中学教育专业师范生教师职业能力标准(试行)[S].2021.

11.2.4 地理教师职业标准

11.2.4.1 教师职业标准概述

教师专业化是现代教育发展的必然要求,在教师专业发展过程中,建立规范的教师职业标准将使教师发展有章可循,对教师的专业发展起到促进作用。教师职业标准是教师职业准入制度的门槛,对所有试图进入教师行业的劳动者起着明确的导向和规范作用。因此,世界各国都对教师职业标准的研制、颁布和实施等方面给予了高度的重视。发达国家的教师职业准入制度的建立和发展先于我国,如美国于1988年成立了教师职业标准国家理事会这一政府机构,主要负责制定中小学和幼儿园的各科目约30种教师资格标准,并组织相应的资格考试和颁发教师资格证书,逐步建立全国统一的教师资格制度。英国教育与就业部和教师培训司颁布了《英国合格教师的职业标准及初任教师培训的要求》,文件规定了受训教师在获得教师资格之前必须达到的国家教师标准,同时也规定了对培训者的要求,并强调只有那些达到所有标准的受训教师才能获得教师资格。

教师职业标准事实上是教师素质结构的另一种表现形式,是一种技术取向的教师素质结构。[1] 制定教师职业标准是教师专业化的基本要求,需要从各个方面对教师的素质进行规范。因此,教师职业标准的制定是一个非常复杂的工程,需要由特殊的教育部门(如我国的教育部)组织许多教育专家和教育工作者来进行。目前,我国还没有制定完备的教师职业标准,只是从教师必须具备的基本素质的角度给出了相应的规范,例如,我国中小学教师的教育技术能力标准(见本章附录1)。制定统一的、更为规范和科学的教师职业标准,是我国教师职业专业化建设方面亟须做的一项基础性工作。

标准链接

> 提高地理教师对课程的理解与认识水平,以保证课程实施的方向与质量。在深化课程改革,落实立德树人根本任务的大背景下,对地理教师的师德、专业素养、教学能力提出了更高的要求。以地理学科核心素养为纲,并将其贯彻落实到地理教学的各个环节,是高中地理课程改革的重点,而要准确理解地理学科核心素养的内涵,及以地理学科核心素养为中心设计的地理课程结构、内容要求、学业质量标准等,必须加强对地理教师的培训力度,这对于他们正确执行课程、开展有效的地理教学具有重要意义。
>
> 中华人民共和国教育部.普通高中地理课程标准(2017年版)[S].北京:人民教育出版社,2018.

11.2.4.2 地理教师职业标准

我国目前还没有制定关于地理教师的职业标准,而国外已有相关的地理教师职业标准出台,如美国《伊利诺伊州地理教师专业知识标准》(见本章附录2)。我们认为,地理教师职业标准应当从下面几个方面进行制定:

情感标准

情感标准也称为道德标准,主要包括两方面的内容:一是地理教师的个性品德,包括地理教师的道德水准、心理健康、人生态度、人际交往、个性倾向等;二是地理教师的职业道德,包括事业心、责任感、爱岗敬业、热爱学生、团结协作、进取精神等。

知识标准

知识标准是地理教师职业标准与其他教师职业标准区别最大的地方,主要包括地理科学本体性知识,教育学和心理学知识、地理学科教学论等的条件性知识,地理教师实践性知识以及地理学科之外的其他科学的素养性知识。地理教师知识标准应当在对这几个方面的知识从内容和掌握程度两个方面做出详细具体的规定。

技术标准

地理教师从事地理教学时有效使用计算机和其他电子设备所必须具备的技能和知识,也必须进

---

[1] 代建军.教师素质结构研究述评[J].天津师范大学学报(基础教育版),2005(4):35.

行相应的规范,即为技术标准。技术标准规范的内容应当包括相关技术的知识和技能,运用教学技术优化教学过程、改进教学评价、提高教学效率以及与技术相关的社会伦理道德、法律和法规等。

能力标准

地理教师的能力标准应当包含语言表达能力,地理思维能力,地理教学设计能力,地理板书、板图、板画能力,选择和制作地理教具的能力,开展地理教学实验的能力以及地理教学评价能力等方面的内容,应当从这几个方面进行详细和具体的规范。

学习实践

1. 你认为应当从哪些方面制定我国地理教师职业标准?
2. 对照美国"地理教师职业标准",你还存在哪些方面的差距,应如何解决?

附录1:(中国)中小学教师教育技术能力标准(试行)

为提高中小学教师教育技术能力水平,促进教师专业能力发展,根据《中华人民共和国教师法》和《中小学教师继续教育规定》有关精神,特制定《中小学教师教育技术能力标准(试行)》。本标准适用于中小学教学人员、中小学管理人员、中小学技术支持人员教育技术能力的培训与考核。

第一部分 教学人员教育技术能力标准

一、意识与态度

(一)重要性的认识

1. 能够认识到教育技术的有效应用对于推进教育信息化、促进教育改革和实施国家课程标准的重要作用。
2. 能够认识到教育技术能力是教师专业素质的必要组成部分。
3. 能够认识到教育技术的有效应用对于优化教学过程、培养创新型人才的重要作用。

(二)应用意识

1. 具有在教学中应用教育技术的意识。
2. 具有在教学中开展信息技术与课程整合、进行教学改革研究的意识。
3. 具有运用教育技术不断丰富学习资源的意识。
4. 具有关注新技术发展并尝试将新技术应用于教学的意识。

(三)评价与反思

1. 具有对教学资源的利用进行评价与反思的意识。
2. 具有对教学过程进行评价与反思的意识。
3. 具有对教学效果与效率进行评价与反思的意识。

(四)终身学习

1. 具有不断学习新知识和新技术以完善自身素质结构的意识与态度。
2. 具有利用教育技术进行终身学习以实现专业发展与个人发展的意识与态度。

二、知识与技能

(一)基本知识

1. 了解教育技术基本概念。
2. 理解教育技术的主要理论基础。
3. 掌握教育技术理论的基本内容。
4. 了解基本的教育技术研究方法。

(二)基本技能

1. 掌握信息检索、加工与利用的方法。
2. 掌握常见教学媒体选择与开发的方法。

3. 掌握教学系统设计的一般方法。
4. 掌握教学资源管理、教学过程管理和项目管理的方法。
5. 掌握教学媒体、教学资源、教学过程与教学效果的评价方法。

三、应用与创新

(一)教学设计与实施

1. 能够正确地描述教学目标、分析教学内容,并能根据学生特点和教学条件设计有效的教学活动。
2. 积极开展信息技术与课程的整合,探索信息技术与课程整合的有效途径。
3. 能为学生提供各种运用技术进行实践的机会,并进行有针对性的指导。
4. 能应用技术开展对学生的评价和对教学过程的评价。

(二)教学支持与管理

1. 能够收集、甄别、整合、应用与学科相关的教学资源以优化教学环境。
2. 能在教学中对教学资源进行有效管理。
3. 能在教学中对学习活动进行有效管理。
4. 能在教学中对教学过程进行有效管理。

(三)科研与发展

1. 能结合学科教学进行教育技术应用的研究。
2. 能针对学科教学中教育技术应用的效果进行研究。
3. 能充分利用信息技术学习业务知识,发展自身的业务能力。

(四)合作与交流

1. 能利用技术与学生就学习进行交流。
2. 能利用技术与家长就学生情况进行交流。
3. 能利用技术与同事在教学和科研方面广泛开展合作与交流。
4. 能利用技术与教育管理人员就教育管理工作进行沟通。
5. 能利用技术与技术人员在教学资源的设计、选择与开发等方面进行合作与交流。
6. 能利用技术与学科专家、教育技术专家就教育技术的应用进行交流与合作。

四、社会责任

(一)公平利用努力使不同性别、不同经济状况的学生在学习资源的利用上享有均等的机会。
(二)有效应用努力使不同背景、不同性格和能力的学生均能利用学习资源得到良好发展。
(三)健康使用促进学生正确地使用学习资源,以营造良好的学习环境。
(四)规范行为能向学生示范并传授与技术利用有关的法律法规知识和伦理道德观念。

第二部分　管理人员教育技术能力标准(略)
第三部分　技术人员教育技术能力标准(略)

附录2:《伊利诺伊州地理教师专业知识标准》[①]简介

该标准对地理教师的要求分为17项,在这17项标准中,每项又包括知识目标(Knowledge Indicators)和行为目标(Performance Indicators)两部分,其中知识目标详细列举了教师必须掌握的地理知识要点;行为目标则对知识目标提出了具体要求。按照标准的内容,可以将其分为地图知识、自然地理知识、区域知识、经济地理知识以及人地关系等五方面。

1. 关于地图的知识

标准1:合格的地理教师应当懂得如何使用地图和其他地理表现方式、地理工具以及地理技能获取和应用关于人、地方和环境的信息。

知识目标:合格的地理教师能够使用地图和其他地理表现方式描述地理问题;能够运用技术手

---

① 刘兰.美国伊利诺伊州地理教师专业知识标准简析[J].课程·教材·教法,2005(12):87.

段描述和解释地球的自然和人文系统问题;能够利用地理表现方式和工具分析、解释和解决地理问题。

行为目标:合格的地理教师应该能够绘制、解释和评价地图和其他地理表现方式,用以解决地理问题;能够运用地图和其他地理表现方式反思全球性事件,并对此提出相关的解决办法,能够借助科学技术提出和解决有关空间布局和空间模式的问题;能够借助相关工具和技术如卫星图片、航片、地理信息系统、全球定位系统等,描述、解释和分析自然、人文系统的问题。

标准2:合格的地理教师应该能够运用心理地图在空间背景下组织人、地方和环境的信息。

知识目标:合格的地理教师要能够使用具有自然属性和人文属性的心理地图去解决复杂的地理问题;要能够理解心理地图是如何反映人们对地方的认识的;要能够理解心理地图对空间决策和环境决策的影响。

行为目标:合格的地理教师要能够利用具有自然和人文特点的心理地图来回答综合性的地理问题;能够识别心理地图对人们关于地方、聚落和公共政策决策的影响方式;能够分析心理地图如何反映个人对地方的态度;能够解释心理地图对空间和环境决策的影响。

2. 关于地方和区域的知识

标准3:合格的地理教师应该能够分析人、地方和环境的空间信息。

知识目标:合格的地理教师要能够描述和解释空间相互作用的普遍意义;能够描述空间组织模型;应该理解人们的空间行为;应该会应用空间组织模型和概念去做决策。

行为目标:合格的地理教师要能够应用空间相互作用的概念,如相互补充作用、相互干扰作用、远距离衰落以及联结等,来分析地球运动的形式;会分析和解释城市、郊区和农村土地利用类型,并且会应用一些专业术语,如距离、可到达和联结等;能够利用空间组织分析两地之间的关系;能够应用空间组织的概念和模型去做出相关决策。

标准4:合格的地理教师应该理解地方的自然特征和人文特征。

知识目标:合格的地理教师要理解地方的含义及其重要性;要理解地方不断变化的自然、人文特征;要理解人与自然环境的关系是如何导致地方的形成和导致个人对社区的认同感。

行为目标:合格的地理教师能够描述和解释地方形成的自然过程;能够解释社会、文化和经济过程对地方特征的影响;能够分析技术对地方的自然和人文特征的作用;能够评价人类与自然环境的相互作用对地方形成的影响。

标准5:合格的地理教师应该理解区域的概念,并且能够以区域的观念解释地球上地理事物的复杂性。

知识目标:合格的地理教师能够理解区域概念的多元标准;能够理解区域系统结构;能够理解自然和人文区域系统之间相互联系的方式。

行为目标:合格的地理教师能够判断和解释区域概念的不断变化;能够分析区域系统内部的相互联系和相互作用,提出解决空间问题的方法;能够分析不同时期的地方和区域,认识人类与自然环境之间关系的变化,并解释导致这些变化的因素;能够分析地方系统和区际联during系,如报纸发行、航空服务以及欧洲联盟等,解释它们之间是如何相互联系的,以及它们所产生的影响,如欧洲的人口流动和商品;能够解释区域化过程是如何用来分析地理问题的,如一个新商业中心选址的区位问题。

标准6:合格的地理教师应该理解文化背景和生活经历对人们认识"地方"和"区域"概念的影响。

知识目标:合格的地理教师应该理解地方和区域可以作为个人和社会特征(Symbol)的原因;应该理解同一社会不同人群对地方和区域理解的差异;应该理解不断变化的地方和区域概念是如何反映其中的文化变化的。

行为目标:合格的地理教师应该能够从不同角度评价地方和区域的特征;能够解释为什么技术会对不同文化群体认识地方和区域产生影响;能够理解为什么对人、地方和区域的认识不同的人会发展成为具有不同的文化背景、不同生活经验的人;能够理解具有统一或分裂两种不同社会特征的地方和区域对个人认同具有重要性的原因;能够分析人类对地方和区域不断变化的观点所反映的文化变化的方式;能够解释在世界各地人类生活方式如婚礼、葬礼和社交集会等,是如何被不同文化群体阐释的。

3. 关于自然系统的知识

标准7:合格的地理教师应该理解自然界在地表形态形成过程中的作用。

知识目标:合格的地理教师要理解地球表层自然地理系统四要素大气圈、生物圈、岩石圈和水圈中的原动力;能够理解地球上自然系统的相互作用;能够理解地表自然过程引起的空间变化。

行为目标:合格的地理教师能够在自然环境中分析自然过程,识别和解释一些空间模型(Spatial Patterns);能够分析美国和世界上其他地区地形的形成过程;能够解释地球和太阳之间的关系是如何影响地球上的自然过程而创造自然模型的;能够预测地表特殊的自然过程所产生的结果;能够解释地球表面自然过程发生变化的相互作用的方式。

标准8:合格的地理教师应该理解地表生态系统的空间分布及其特征。

知识目标:合格的地理教师应该理解生态系统的空间分布及其特征;理解生态系统的生物多样性和生态系统的发生机制;理解生态系统在人类环境问题中的重要性。

行为目标:合格的地理教师能够通过土壤、气候和动植物之间的相互作用关系分析生态系统的分布;评价生态系统的概念;用生态系统的有关理论解决环境问题;能够从不同尺度分析生态系统的空间分布特征;能够判断和解释生态系统知识是如何影响人们对环境问题进行决策的。

4. 关于人文系统的知识

标准9:合格的地理教师应该理解全球人口特点、人口分布特征和人口流动规律。

知识目标:合格的地理教师能够理解世界人口数量和人口的发展趋势;能够理解移民对各地区自然因素和人文因素产生的影响;能够理解人口分布的空间变化原因;能够理解历史上移民的类型和模式。

行为目标:合格的地理教师要能够预测地球上人口空间分布的趋势;能够分析人口问题,提出解决人口问题的办法;能够解释导致移民产生的经济、政治和社会因素;能够评价移民对自然和人文系统的影响。

标准10:合格的地理教师应该理解多元文化特征、分布及其复杂性。

知识目标:合格的地理教师能够理解不同地域文化的空间分布特征;能够理解文化融合和文化冲突的空间特征;能够理解文化对区域特征的影响。

行为目标:合格的地理教师能够解释文化融合和文化冲突中的空间过程;能够描述和解释多元文化中文化扩散的重要性;能够描述和解释社区(包括受到移民影响的社区)文化是如何反映居民的文化背景的;能够分析文化对区域特征的影响。

标准11:合格的地理教师应该理解全球经济相互依存的模式及其网络关系。

知识目标:合格的地理教师能够理解经济系统的分类、特征和空间分布;应该理解作为不同地方成为经济活动中心的功能;能够理解世界各国日益增长的经济相互依存关系;能够理解世界贸易产生的地理原因和结果。

行为目标:合格的地理教师应该能够描述主要经济系统的空间分布并能够对其进行分类,能够根据生产力和工人的社会福利评价空间分布的相对优势;能够认识和评价经济系统的空间组织形式,如市场要围绕主要商业区建立;能够从空间角度分析和评价国际经济问题;能够认识和解释世界贸易中涉及的基本地理要素。

标准12:合格的地理教师应该理解聚落的形成过程、聚落的类型和功能。

知识目标:合格的地理教师能够理解城市的功能和内部结构;能够理解发达国家和发展中国家聚落的不同特征;能够理解改变城市的功能和内部结构的过程;了解目前城市的发展进程。

行为目标:合格的地理教师能够分析伊利诺伊州以及美国、国外其他城市的功能、内部结构和城市的形成过程;能够分析发达国家和发展中国家城市的不同特征;能够评价自然界和人类在大城市周围新出现的城市类型如边缘城市、大城市走廊、大都市圈等形成过程中的作用;能够理解伊利诺伊州以及美国及世界其他城市的城市化原因和结果;能够描述城市化的本质、原因和空间影响。

5. 关于人地关系的知识

标准13:合格的地理教师应该理解人类的合作与冲突对全球布局的影响。

知识目标:合格的地理教师应该能够理解地球上合作与冲突对社会、政治和经济布局的影响;应该理解从地方到全球以不同尺度划分的范围。

行为目标:合格的地理教师要能够理解合作与冲突对社会、政治和经济实体的影响,能够解释合作与冲突共存的原因;能够分析世界上不同地方、州、国家和国际层面政治空间划分的案例。

6. 关于环境和社会的知识

标准14:合格的地理教师应该理解人类活动是如何对自然环境产生影响的。

知识目标:合格的地理教师应该理解技术在人类改造自然环境中的作用;能够理解人类改造自然对全球的重大意义;能够应用合适的模型和相关信息去理解环境问题。

行为目标:合格的地理教师要能够理解由于技术进步而不断提高的人类改造自然的方式;能够分析和设计解决由于人类的不恰当行为所导致的环境问题的合理方案;能够分析和评价自然环境中人类活动对全球的影响。

标准15:合格的地理教师应该理解自然环境对人类的作用。

知识目标:合格的地理教师能够理解自然环境的变化情况,能够说出不同性质的人类活动对自然环境的影响,以及自然环境对人类活动的种种限制;应该理解不同的自然环境是怎样促进和阻止人类活动的;应该理解自然灾害对人类空间活动的影响。

行为目标:合格的地理教师能够分析自然环境恶化对人类活动影响的案例;能够解释在伊利诺伊州以及美国和世界其他地区自然环境对人类活动的影响;应该能够描述自然灾害对伊利诺伊州以及美国和世界其他地区的影响。

标准16:合格的地理教师应该理解资源的内涵、资源的分布、资源对于人类的重要意义和资源的利用情况。

知识目标:合格的地理教师能够理解资源的空间分布在聚落形成中的作用;能够理解资源的开发和利用随时间改变的情况;能够理解在资源利用、资源管理和有关项目中地理所发挥的作用。

行为目标:合格的地理教师能够分析聚落分布和资源之间的关系;能够解释世界不同地区的资源开发与殖民地的关系;能够正确评价美国和世界其他国家及地区关于资源使用的政策;能够评价美国和世界其他国家及地区在资源利用方面的相关政策和项目。

7. 关于地理知识的应用

标准17:合格的地理教师应该能够运用地理知识解释过去、现在以及未来(地理事物的发展变化规律)。

知识目标:合格的地理教师应该理解随时间变化而不断变化的空间过程;应该理解用空间纬度解决区域问题的方法;应该理解导致目前地球环境状况的自然、人文系统的相互关系;应该理解关于当代研究地理问题的多种观点;能够在过去、现在和未来背景下分析解决地理问题;应该理解如何利用地球上五个圈层研究地球表层和人类的关系。

行为目标:合格的地理教师要能够解释空间变化的过程如黑死病或烟草的空间扩散等对美国和世界历史的影响;能够提出以空间视角解决当地区域问题的计划,如在自然灾害中保障生命和财产的安全措施、解决公共交通问题以及新商业区选址等;能够通过对自然和人类的相互作用的分析,理解当前环境问题的可能原因;能够综合多种观点分析和评价当代地理问题;能够搜集、整理、提出、分析和解决各种关于过去、现在和未来的地理信息;利用地球的五个圈层探索地理研究的不同方法。

11.3　行动研究与教师专业发展

关键术语

◆ 行动研究　◆ 校本研究　◆ 博客　◆ 论坛　◆ 教学日志　◆ 教学叙事
◆ 教学反思　◆ 学习共同体　◆ 研究共同体

案例 11-2

张老师的课题研究

2017年9月,张老师接受了高二年级两个班的地理教学任务。他在对学生地理学习基础情况的调研过程中,发现了两个突出问题:一是学生之间的学习水平差距大,二是很多学生认为地理知识的记忆太难,没有兴趣学。张老师在对学生的情况进行调查分析后,从学生学的角度和教师教的角度做了认真的思考,并结合学习相关理论,制订了高二地理教学计划。之后,张老师将满足学生需求、改进教学方法作为激发学生学习地理动机的突破口,充分考虑到不同水平学生的状况,注意采用直观的教学手段激发学习兴趣以及灵活多样的教学方法,在不断改进地理教学方法手段的过程中,开展思维结构评价,运用表现性评价,使教学做到了有的放矢,调动了学生学习地理的积极性。张老师所教的两个班的学生地理学习的兴趣明显提升,在学期末总结中,学生地理学习成绩有了很大的提高。张老师自己也有很大的成就感。

随堂讨论

1. 什么是行动研究?
2. 行动研究与地理教学改革有哪些关系?

11.3.1　行动研究的意义

11.3.1.1　行动研究的含义

行动研究(Action Research)是基于教师在课堂上遇到的实际问题的研究,它着眼于实际的教学问题,其研究的主体不是受过专门训练或具有研究专业功底的专业研究人员,而是教学第一线的教师,行动研究的结果是一些能够改进教学问题的新做法。

地理教师的行动研究是地理教师为了解决地理教学过程中出现的实际问题,提高对地理教学实践的理性认识,探究地理教育教学的实践精神,为加深对地理教育实践活动及其依赖的背景的理解所进行的反思研究。

11.3.1.2　行动研究的特征

一般认为,教师行动研究有以下几个特征:

(1) 旨在处理即时情景中的具体问题,重视教师的研究参与;
(2) 研究结果的应用是立即的、短程的;
(3) 重视协同合作,一般由教师与相关研究者通力合作,分析和研究问题,拟订相应的行动计划方案,从而顺利解决问题;

（4）研究具有弹性和适应性，即在行动研究中可以随时修正研究问题的假设与研究的方法，以适应实际情况的需要，因而最适用于学校和教师的研究；

（5）行动研究主要依赖观察和行为资料；

（6）其目标随情景而异，一般是解决特定的和实际的问题，其样本是有限的，不具有代表性，其研究结果不加以概括化，仅适用于研究实际的情景。

11.3.1.3 地理教师行动研究的意义

教师行动研究的重要意义主要体现在以下几个方面：

有助于教师职业专门化

教师专业化是国际教师教育的发展趋势和潮流，而教师职业专业化要求教师不仅仅从事教育教学工作，还需要进行相应的教学研究工作，因此教师进行行动研究对于教师职业专门化意义重大。

有助于教师个人的专业成长与发展

因为教师教育研究能力的提高本身就是教师专业成长与发展的体现，教师开展教育研究有助于教师提高自身的素质。

是教育改革能否成功的保障

世界教育改革的大量事实和证据表明，一线教师是教育改革成败的关键，教育改革要求教师对待教育教学问题，不再只是单方面需求理论解释，而必须关心教学实际情况，反省教学理论与教学实践，将二者联系起来以寻求解答，解答的最佳方法就是参与教育科学研究。

11.3.2 行动研究的程序

教师行动研究是以解决问题为中心的一种研究方式。首先，它以找出一个起点为开端，这个起点是教师个人在实践中发展起来的，也是教师个人希望投入精力去追求和加以解决的问题。之后，通过观察、访谈以及其他搜集资料的方式，找到相关资料，再通过对资料进行整理和分析，以达到对情景的深入透视和理解。在情景得到认识与理解之后，教师在研究结果的基础上发展出自己的行动策略。最后，将行动策略应用于教学实践，并对其效果加以检验。如果行动策略被实践证明是有效的，那么这一轮行动研究宣告结束，接着再进行新一轮的研究过程，否则就需要对情景进行更进一步的审视，并发展出新的行动策略应用于实践，直到问题得到最终的解决。

11.3.2.1 找到研究的起点

在行动研究中，地理教师要在自己认为重要的领域中，或者是迫切需要解决的问题中寻找自己的研究起点，并以此来推进自己的工作和能力发展。

行动研究的起点通常有下面三种：

某个方面的兴趣，例如尝试一种新的地理教学评价方法，开发一种新的地理教学方法，或者以更周到或高效的方式来处理平时的例行工作。

教学过程中出现的困境，例如地理课堂教学中学生的学习积极性不高、学生某个方面的知识掌握不好、地理教材中遗漏的内容或者存在的不足等。

一种不明的情况，地理教师经常因为一些大大小小的"疑惑"而开始他们的研究，通常是缘于课堂上的意外与无法解释的体验，这些意外与体验可以看作是进行行动研究、发展教学策略的一个有用的起点。

11.3.2.2 搜集资料

资料的搜集与整理贯穿于整个研究过程的始终，资料包括两种类型：

搜集既有资料,包括学生的书面作业;教师的文字资料,如地理课程设计、地理教学计划、教案、对学生作业所做的修改和评价、学生进步的记录等;其他文件,如班级名册、家长来函、考勤记录、校规、通知单、新闻简讯、通告、参考书等。

观察和记录情景,观察在地理教学中是一个例行的过程。地理教师在观察过程中要使用系统的观察程序和严格的观察方法,在观察的过程中,还要详细记录当时的情况,以备事后使用。

11.3.2.3 分析资料

资料分析主要包括以下几个基本步骤:

阅读资料

仔细阅读资料,在阅读时回忆资料所呈现的事件与经验,了解被研究者到底做了什么,说了什么,真正发生了什么事情。

选择资料

区分资料的重要性,将资料进行归类,将复杂的资料排序、简化,寻找资料中不同主题之间的关系。

呈现资料

用比较容易理解的方式呈现被选择的资料,可以用图表或线条的方式对资料中的有关主题进行强调。

解释资料及做出结论

解释资料中呈现出来的一些关系的含义,建构可以应用的实践性理论或模式,理论或模式要符合所研究的情景,与研究的重点有关,并且有助于教师了解自己的教学工作。

11.3.2.4 形成行动策略

行动策略是为了解决某个具体问题而提出的一系列方法和措施。它需要对特殊情景进行分析,体现了教师的人格特点。在形成行动策略时,应当注意:

不要只满足某一个构想,应当在多项可能的策略中做选择。从事研究的地理教师越能想出不同的策略,就越能有机会想出适当的解决方法。

不要过多地受执行困难的干扰,在形成行动决策时,不要只考虑可能遇到的困难,更重要的是能够想到该行动策略有可能提供的潜在的解决问题的机会,不要只是因为有可能遇到困难而过早排除或拒绝某一个行动策略。

借助群体讨论形成行动策略,求助于地理教师群体的智慧形成行动策略比个人冥思苦想要更加有效。这么做不仅可以为寻求策略的地理教师指出一条光明途径,更可以促使地理教师团体对类似地理教学情景形成更加丰富的洞察力和解决问题的能力。

11.3.2.5 实施与检验行动策略

行动策略只是关于实践的一种假设,它是否符合实际,是否具有预想的效果,需要将其应用于地理教学实践中,并对其效果进行检验。

行动策略的实施

首先是想象情景,并在心中预先演练,类似运动员在参加竞赛之前做一些预备动作;然后在家里或者在学校尝试实施行动策略;参观已采取新行动策略的同事的班级,并和这位同事进行讨论,对该策略的可能性和限制有更清楚的了解。

一般而言,只有真正将行动策略使用于地理教学实践中,才能知道该策略是否合适有效。在实际教学中采取一个新的策略也只是一个实验,我们不可能指望所有的问题都被解决,但是只要不断努力,就能够提高地理教师专业能力。

行动策略成功的标准

如果行动策略满足下面的条件,我们可以认为它是成功的:

按照执行的方案,得到了"改善情景"结果;执行的结果并未产生会损害正向效果的副作用;改善的效果可以在较长时间内维持下去。

案例 11-3

> **改进作业,提高学生地理学习质量的行动研究**
>
> 姜老师任教两个班的地理课,其中一个班的地理平均分在入校时全年级最低。姜老师决心改变这个班地理学习差的状况。他一方面改进课堂教学,另一方面加大作业量,除了课本上的习题一律全做外,还要做课外辅导书上的大量练习题。一学期结束后,这个班期末考试成绩平均分还是最低。他深感这个成绩与学生做作业所付出的努力相比,相差甚远。于是他决定用行动研究法来提高班上学生的地理学习质量。为此,他打算在现有的教学条件下对作业加以改进。他的做法步骤如下:
>
> 界定问题:阅读有关学习理论以及有关作业改革实验的文献资料,请市教科所研究人员指导,经认真研究,确定以改进地理作业的质和量,提高练习效果作为研究课题。
>
> 文献探讨:确定研究课题后,他广泛深入地搜集有关改进地理作业练习的各种资料,从中获取地理作业的目的、形式、作业量与练习效果的关系等相关理论。
>
> 拟订计划:根据文献及对问题的分析,确定该班为实验班,借用观察法、实验法等教育科学研究方法进行地理作业练习的研究。
>
> 搜集资料:根据研究设计,搜集和整理学生对地理作业的意见,发现学生对地理作业兴趣低落,练习效果不佳,原因是重复练习多,缺乏有一定难度的习题,并且题型单调。
>
> 建立假设:根据分析研究,姜老师推出行动假设——对地理作业进行结构调整,即每次作业中记忆性练习题和创造性练习题的比例为 7∶3 或者 8∶2,同时科学选择作业内容,对作业的形式进行精心设计,希望提高地理作业的练习效果。
>
> 实施行动:根据行动方案,姜老师开始进行改进地理作业的实验。他观察并记录了学生的作业时间和作业正确率,发现中等以下学生完成创造性练习有一定困难,于是不断调整创造性练习题的难度,使多数学生能通过创造性思考解答出创造性练习题。
>
> 评价效果:在实验过程中,该班学生地理成绩逐渐上升,第二学期期末统一考试,成绩位于全年级第二,提高非常显著。这表明实验确有成效。

标准链接

> 学会研究:初步掌握学科研究与教育科学研究的基本方法,能用以分析研究教育教学实践问题,并尝试提出解决问题的思路与方法,具有撰写教育与教学研究论文的基本能力。
>
> 中华人民共和国教育部.中学教育专业师范生教师职业能力标准(试行)[S].2021.

随堂讨论

1. 归纳案例 11-3 中姜老师行动研究成效明显的原因。
2. 你认为地理教学中还有哪些问题可以采取行动研究?

11.3.3 行动研究的类型

按照不同的分类标准,行动研究有不同的类型,如果按照研究主体分类,可以分为教师个性行动研究、合作式行动研究以及学校行动研究。如果按照研究取向分类,可以分为技术取向、实践取向和批判取向三个类型。[①] 这里我们主要根据行动研究的内容和实施方法,将其分为以下几个类型。

11.3.3.1 校本研究

校本研究在英美等国是伴随着"教师即研究者"运动于20世纪60年代前后兴起的,当时人们意识到没有学校参与特别是教师参与的教育科研无法使教育科研成果很好地在教育实际中加以运用。

在我国,校本研究是近年来伴随着基础教育课程改革所兴起的学校教育研究的一种范式,它是以学校存在的突出问题和学校发展的实际需要为选题范围,以学校教师作为研究的主要力量,通过一定的研究程序取得研究成果,并将研究成果直接用于学校教育教学的研究活动。校本研究的基本特点是为了学校、在学校中、基于学校。学校教育教学工作是校本研究的对象。

地理校本研究的内容包括地理课堂教学研究,地理教材研究,地理备课、说课研究,地理校本课程的开发研究、地理教学评价研究等。

开展校本研究可以采用以下的方法[②]:

从叙事研究入手,改变地理教师作为研究者的话语方式,重构"教师成为研究者"的思路。教育叙事的主题是从某个或几个教学事件中产生的,形成的报告是一种"教育记叙文",这种教育"记叙文"比传统的教育"论文"更能引起读者的共鸣,并由此而体现其研究价值。

搭建教育网志(教师博客)平台,以信息技术支持教育叙事,促进地理教师之间的"同伴互助"和"思想互联"。博客作为反思交流的工具平台,有利于实现教师思想互联,它是地理教师教学反思的工具平台,是迄今为止所发现的最有利于实现教师专业发展的工具。

以课堂观察为工具,发现和揭示教学问题,通过行动和反思,改善教学行为和教学效果。地理课堂观察的内容包括教学内容设计、教学表述、进度安排、资源运用、激发动机、师生互动、资源学习、鼓励创新等方面,从这些内容中发现需要研究的典型问题和疑难问题。

课堂观察是行动研究的一个组成部分,同时也可以为撰写教学案例积累素材。

以叙事和观察积累的素材,针对地理教育教学中的典型问题,撰写教学案例,使地理教师缄默知识显性化。地理教学案例以丰富的叙述形式,向人们展示了一些包含有地理教师和学生的典型行为、思想、情感在内的故事,它包括有一个或多个疑难问题,也可能包含有解决这些问题的方法,具有真实性、典型性、浓缩性和启发性的特点。

建立教师学习型组织,学习地理新课程理念和方法。在学习型组织中,大家都不断突破自己的能力上限,彼此信任、互补长短,培养全新的、前瞻性的思考方式。学习型组织的学习是一种"团体学习",通常是以问题解决为主要模式,它主要不是以"课"为研究对象,不以某些地理教师的讲解为主,而是用地理教师之间的相互讨论,来分享经验和地理专业知识。

11.3.3.2 博客

博客一词源于英文单词 Blog,是 Weblog 的简称。Weblog 就是在网络上的一种流水记录形式或者简称网络日志。Blogger 是指习惯于日常记录并使用 Weblog 工具的人。通常我们所说的博客,既

[①] 申继亮. 教学反思与行动研究 [M]. 北京:北京师范大学出版社,2006:131.
[②] 黄永久. 浅议中小学校如何开展校本研究[J]. 当代教育论坛,2007(7):66.

可以表示具有博客行为的一类人,也可以指博客们所撰写的网络日志。

博客通常是由简短且经常更新的帖子所构成,这些张贴的文章都按照年份和日期倒序排列。博客的内容和目的有很大的不同,包括对其他网站的超级链接和评论、有关公司、个人、构想的新闻以及日记、照片、诗歌、散文,甚至科幻小说的发表或张贴等。许多博客记录着撰写者个人所见、所闻、所想,还有一些博客则是一群人基于某个特定主题或共同利益领域的集体创作。

教师博客,是教师们利用博客技术,以文字、多媒体等方式,将自己日常的生活感悟、教学心得、教案设计、课堂实录、课件等上传发表,超越传统时空局限,促进教师个人内隐知识的显性化,并让教师团队共享知识、生成新知识的一种方法。教师博客管理方便、形式多样,为教师的专业成长与教学研究提供了新的方法。①

进行记录与反思。地理教师可以很方便地将自己所学的教育理论、经历的教学实践、教学案例、个体的教育困惑、点滴的教学反思记录在博客平台上。在记录与书写的过程中进行思考和分析,总结与探讨教师应该如何教、学生应该如何学,不断改进自己的教学方式,提高自己的教学能力。在博客的留言板中,也可通过对反馈信息进行整理研究,根据他人的评价和建议,不断深化自己对教育教学规律的认识,调节自己的教学行为。此时,教师可以在非外力作用的情况下自主地在博客上开展剖析式研究,并将研究的过程、结果完整地记录和呈现出来。这种被称为"教育叙事"的过程就是积累的过程、思想的过程、成长的过程。

进行交流共享。地理教师可将教案设计、教学信息、教学实例、教学反思、影音资料、多媒体课件、网络链接等教育资源上传到自己的博客中,与他人交流共享。通过博客的交流共享,可及时发布自己的思想,并选取和链接因特网上有价值、有意义的教育信息与教育资源,使更多的教师能够零距离、零壁垒地汲取这些最鲜活的思想和知识。这种通过博客的交流共享是跨时空的,信息互补性很强。另外,教育教学工作重复性比较强,可以通过教师博客实现同行之间教育资源的共享,减少许多重复的工作。

进行知识管理。教师可以在博客中积累各种系统的或零碎的知识,这些知识的不断积累,成为教师专业成长和进行研究的重要知识源泉。同时,当教师阅读别人的博客,或别人阅读自己的博客,实质就是在与别人进行知识的分享和交流,这种知识分享的过程既是对自己已有知识的补充和深化,也是新知识可能诞生的前提条件。将阅读与交流的感受记录整理,就可能生成新的知识,从而又能促使新一轮的知识创新和知识分享。

参与校本研究。博客的开放性使得学校教育科研能面向教师群体,让广大教师共同参与进来,教师通过博客形式,可及时快速地了解校本研究的科研动向,对课题发表自己的感想,提出建设性意见,甚至承担某一方面的研究。博客的交流共享性能使广大教师在进行校本研究的讨论中加深对问题的认识,也可避免研究的盲目性和重复性,课题管理者还可通过对交流记录的整理分析,探索课题的走向或深化课题的内涵。博客的时间延续性能引导教师关注教育科研的研究过程,教师可以日积月累地将研究心得通过博客记录下来,真正实现校本研究的过程化。

11.3.3.3 论坛

论坛又名 BBS,全称为 Bulletin Board System(电子公告板),是因特网上的一种电子信息服务系统。它提供一块公共电子白板,每个用户都可以在上面书写,可发布信息或提出看法,是一种交互性强,内容丰富而及时的因特网电子信息服务系统。用户在论坛站点上可以获得各种信息服务,发布信

---

① 朱新华.教师博客——构建教师专业成长新平台[J].北京教育(普教),2007(5):39.

息,进行讨论,聊天等。

每个 BBS 站都会提供大量用户发表的文章,这些文章按主题内容分列各讨论区,每个讨论区由系统管理员设定主题,每一位注册用户都可向感兴趣的讨论区投递文章,或针对他人的问题、看法提出意见。BBS 站内各用户之间可互通电子邮件,电子邮件内容只有收发信人可读,也可将信件发往所在站点之外的某个电子邮件地址。此外,BBS 的用户可在站内与其他在线用户进行实时屏幕交谈。

地理教师可以利用 BBS 的这些功能进行地理教学研究:

在相关的教育论坛上开辟地理教学研究板块,让更多的地理教师能够有一个讨论交流的平台,便于交流地理教学经验,为地理教学科研打好基础。

利用论坛的开放性与及时性,地理教师可以在论坛上及时反映所了解或者所进行的地理教学研究的新进展、新成果以及相关信息(如关于课程教学改革的相关政策、地理教学研究会议的内容等),为地理教师科研指明方向。

地理教师可以通过论坛发布需求信息,邀请有关人员在论坛上提供地理教学研究的相关资料,也可以在论坛上发布自己在教学过程或者研究过程中的感想和心得,这一方面可以及时获得相应的帮助,不断补充自己的科研资料,另一方面也可以在撰写感想和心得的过程中不断思考,发现和解决新的问题,积累素材。

在论坛上进行互动式问答、及时交流对现实世界的一些现象的看法是网络论坛的基本功能,因此地理教师可以借助论坛,对地理教学和科研中的一些问题进行探讨,充分吸收他人的先进经验,并应用于地理教学改革之中。

通过网络论坛,地理教师可以不受地域的限制,在网上进行调查研究,方便快捷地获取地理教学研究的相关调查信息。

11.3.3.4 教学日志

教学日志也称为工作日志或教师日志,是教师对教学生活事件的定期记录。[1] 通过撰写地理教学日志,地理教师可以定期回顾和反思日常的地理教学情境,更加深入理解学生的问题,从多个角度认识地理教学中的特殊现象,更加了解自己组织教学的方式方法,了解最适合自己的地理教学方式,了解如何获得地理教学资源等。与其他形式的研究方法或者成果相比较,地理教学日志的撰写最方便。

地理教学日志通常需要每天或者几天记录一次,至少是每周记录一次。在日志中,记录的是地理教师在地理教学实践活动中所观察、感受、解释和反思到的内容,是地理教师所见所闻所感所思的自由写作。日志的主体部分是地理教师对观察的记录和描述,此外还包括其他一些基本信息,例如事件的日期、时间、地点、参与者以及其他可能对研究问题有意义的内容。

日志常用的记录形式包括备忘录、描述性记录和解释性记录。备忘录是最常见的日志形式,它通过研究者试着去回忆和记录特定时段的经历,再现地理教学实践中的生活场景。描述性记录包含地理教学科研活动的说明、地理教学事件的描述、个人肖像与特征(外表、语言与动作等)的叙述、对话、手势、声音、表情的描写以及时间和地点的介绍等。

---

[1] 郑金洲.教师如何做研究[M].上海:华东师范大学出版社,2005:116.

案例 11-4

我的教学日志（选摘之二）

课题内容：作业题分析讲评

上课班级：高二（6班）

执教时间：3月8日（下午）第6节

这节作业讲评课上下来还算顺利，学生的神情比5班要专心，教室里更为安静，但同样的问题是：这些学生似乎都不怎么想回答问题。

是学生因为目前刚分班的原因被催促长大了？变得"深沉"了？还是他们很现实地感到地理课能认真听听就可以了，没有必要太费心费神费时间去研究了？

或者是因为我的教学方法有问题？是我无意中挤掉了学生的思维空间与表现舞台？

也许只是因为新班级新环境的不适应？……

可能，如果我要改变现状的话，要从了解学生、理解学生开始，从熟悉他们的名字、读懂他们的眼神做起？

我真的很希望自己能够在他们的高中学习经历中留下一些对他们今后生活有积极意义的东西，也很想把自己的地理课上得富有特色、富有生机。

（来源：http://www.qpstudent.com/blog1/more.asp?name=xukuanhong&id=6011）

这篇教学日志对某一节地理课进行了描述性记录，记录了该教师在教学过程中的观察、感受以及反思，是成为改进地理教学、进行行动研究的第一手资料。

11.3.3.5 教学叙事

教学叙事可以理解为一种研究方式，也可以理解为教学研究成果的表述形式。作为行动研究成果表述形式的教学叙事，既指教师在研究过程中用叙事的方法所作的简短的记录，也指教师在研究中采用叙事方法写作的成形的研究成果。[①] 地理教学叙事也可以是地理教师在日常生活中、地理课堂教学以及地理教学改革实践活动中曾经发生或正在发生的事件，也包括地理教师本人撰写的个人传记、个人经验总结等各类文本。

地理教师叙事研究的主要目的是以自我叙述的方式来反思自己的教学活动，并通过反思来改进自己的行动，不断提高教学质量。地理教学叙事研究的基本特点是研究者以叙事、讲故事的方式表达对教学的理解和解释。它不直接定义什么是教学，也不直接规定教学应该怎么做，它只是给读者讲一个或者多个教学故事，让读者从故事中体验什么是教学或者该怎么进行教学。因此，地理教学叙事叙述的故事是已经过去的或者正在发生的地理教学事件，而不是教师的主观想象；叙述的故事中包含一些具体的人物，不仅把地理教师自己置身于事件的场景中，还注重对地理教师个人或学生的行为做出解释和合理说明；叙述的故事是有一定的情节、有意义的相对完整的故事。

根据叙述的角度和立场不同，地理教学叙事可以有不同的类型，常见的类型有：按照地理教学事件发展的时间顺序逐件陈述，注重突出其关键部分；着重强调地理教师个人对问题的认识，夹叙夹议地陈述事件的全过程；从学生的角度陈述故事，注重学生的语言和文化等。在地理教学叙事的写作过程中，需要注意如下的几个方面：通过观察、访谈和问卷，多方面搜集资料；用一个明确的主题将选用的材料连贯起来，形成一个完整的故事；在叙述过程中要注意对事件细节的关注和描述；要注意对事件的分析和阐释。

地理教学叙事的优点和缺点可以通过表 11-2 来说明。

[①] 郑金洲. 教师如何做研究[M]. 上海：华东师范大学出版社，2005：134.

表 11-2　地理教学叙事的优点和局限性[①]

地理教学叙事的优点	地理教学叙事的局限性
● 易于理解 ● 接近日常生活与思维方式 ● 可以帮助读者在多个侧面认识教学实践 ● 更能吸引读者 ● 使读者有亲近感，具有人文气息 ● 能创造性地再现事件场景和过程 ● 给读者带来一定的想象空间	● 一旦与传统的研究方式混淆，容易遗漏事件中的一些重要信息 ● 搜集的材料可能不太容易与故事的线索相吻合 ● 读者容易忽略对故事叙述重点的把握 ● 难以使读者有身临其境的感觉 ● 结果往往不够清晰明确

案例 11-5

纸飞机飞出一个新天地

人生总会有无数次偶然，这些偶然构筑了我们的生活，也改变了我们的思想。岁月的风雨能冲蚀掉坚固的岩石，但却永远也冲不走那记忆中偶然飞来的纸飞机。

那是一节平常的地理课，讲的是"地图的基本要素"。我知道对这节内容，学生不会有太大兴趣，所以课上我让学生拿出地图册，边指点边按课本认真讲析，讲得很卖力气，原本设想会收到很好的效果，可是学生反应很漠然，举手的也寥寥无几，我心里有些恼火，可一时也不知如何发作，只得继续讲着。可正当我讲得手舞足蹈，情绪高涨时，突然，不知从哪儿飞来了一架纸飞机，很准，一下子就扎进了我飞舞的手里。我低头一看，竟是用地图册叠的，再看教室里，还有几架飞机正寻着去处呢。见这情景，我顿时火冒三丈，厉声喊道："谁叠的？赶快给我站起来！老师一天天辛苦地给你们上课，你们……"气愤之余，我不知自己都说了些什么。只记得待我平静下来，才发觉教室里静极了，学生们都屏着气，低着头不敢正视我。一个个都像是做错了事的孩子，等着大人的责骂。

那一刻，我的心猛地一颤，突然间就觉得心灵深处不安起来，一阵自责袭上心头。学生今天把地图册当成彩纸甚至废纸，我就没有责任吗？我陷入了沉思，我如此卖力气，为什么学生仍然不重视呢？问题出在哪？课改理念告诉我们：教学要面向学生的生活实际，我做到了吗？如果我今天把教材、地图与学生的生活世界联系在一起，还会出现这样的场面吗？自责笼住了我，压得我喘不过气来。我不禁回想起这一年来的教学，这一年来我反复强调的是知识的传授，对地图册、地图填充图册的利用也只停留在填记上，所以每次课后总觉得教材是教完了，但又好像缺点什么，让我困惑。今天我终于明白：课堂缺少的是生命的气息和活力，缺少的是那走进学生生活世界的东西。新课程认为教学从本质上说是一种课程的开发，是呀，兴趣是最好的老师，只有开发好课程资源，只有让课程面向学生的生活世界，学生才会最感兴趣，才不会出现今天这样的场面呀！

想到这，我坚定了信念，脑子里有了主意，我望了望学生，他们无辜的眼神里，分明闪着期待。我冲他们笑了笑，这一笑冰释了凝固的空气，融化了所有的不快。我想是该改变的时候了。于是，我说道："同学们，咱们今天不讲课了，你们帮老师解决一个问题好不好？""好！"同学们异口同声。小脸扬得高高的，笑得那么灿烂，那小脸分明就是一朵朵盛开的向日葵。我接着说："校长让我画一张校园平面图，你们能利用咱们今天学的知识帮帮老师吗？"听罢，他们个个神采飞扬，纷纷打开地图册，拿出教材，一副要大显身手的样子。那几个把地图册叠了纸飞机的学生，此时也向我投来了求救的目光。我笑了，走下讲台，一一把纸飞机还给了他们。他们高兴了，调皮地说："老师，你真厉害，一下子就接住了我们的纸飞机。"我笑着说："我接住的岂止是你们的纸飞机呀，我还接住了你们那易碎的心哪！"其实他们哪里知道，他们的纸飞机撞进我手里，也撞进了我的心里。

[①] 陈澄,樊杰. 普通高中地理课程标准(实验)解读[M]. 南京：江苏教育出版社,2003：12.

我环视了一下课堂,死水般的沉寂早已荡然无存,教室里充溢的只有格尺的碰撞声、研讨问题的争辩声。我知道新的春雨已润入他们的心田,板结的田块已开始疏松,瘦瘠的土壤开始肥腴。我高兴了,真想对他们说:"知道吗,是你们的纸飞机飞出了这一片新天地。"真怪,他们仿佛听到了我的心声,不时地冲我笑笑,这一笑带给我多少感慨呀!

是的,孩子们生活在现实世界中,他们对生活有着自己的独特感受和理解,我们的教学要让学生感觉到生活中处处有地理,地理就在我们的身边,只有这样才能够打开教学的视野,拓展课程的时空,激发学生的求知欲。也只有这样,才能创设师生互动、生生互动的地理教学情境,让学生真正经历在交流中进行不断碰撞和在思考中相互交纳的生命历程。

今天是纸飞机让我明白:学生并不是一张白纸,可以让我们随意图画,他们有着自己的生活世界,我们的教学只有面向学生的生活,才会与学生产生共鸣,才会让地理与学生的生活共舞。只有这样,学生心灵的飞机才会真正飞上蓝天,飞出一片新天地!

最后,我要说:地理新课程是一道曙光,迎着它我没有理由止步不前,但地理新课程也让我体验到了成长的艰辛。此时此刻,我的心情只能借用屈原的诗句来表达:路漫漫其修远兮,吾将上下而求索!

(作者:齐齐哈尔市富区杜尔门沁学校地理教师 李艳会,2007 年)

随堂讨论

案例 11-5 教学叙事对地理教学改革的启示。

11.3.3.6 教学反思

从广义上看,教学反思应该是教师的基本研究行为,前面提到的教学日志、教学叙事和教学案例等都属于教学反思的范畴。从狭义上看,教学反思指的是教师以体会、感想和启示等形式对自身教学行为进行的批判性思考。它不同于教学日志和教学叙事的一般性记录和白描,也不同于教学案例具有明确的问题发现、分析和解决线索,而是在记录教学事实基础上所进行的思考和评判。[①] 这里的教学反思主要是狭义上的。

地理教学反思是一种批判性的思维活动,把这些思维活动记录下来则可以看作一种写作文体。作为研究方式,它运用简便,可以贯穿教学过程的始终;作为研究成果的表达形式,写作方式灵活,可以成为地理教师成长发展的忠实记录和反映。

标准链接

> 反思改进:具有反思意识和批判性思维素养,初步掌握教育教学反思的基本方法和策略,能够对教育教学实践活动进行有效的自我诊断,提出改进思路。
>
> 中华人民共和国教育部.中学教育专业师范生教师职业能力标准(试行)[S].2021.

地理教学反思主要包括以下几种类型:

专题反思和整体反思

专题教学反思有明确的问题取向,常常围绕一个特定的问题进行多方面的思考,这种反思目标明

---

① 郑金洲.教师如何做研究[M].上海:华东师范大学出版社,2005:193.

确,针对性强,分析也相对较为深入。例如,地理教学任务的完成程度、地理教学内容确定的适宜程度以及教学策略选择的得当程度等,都可以作为专题反思对象。

整体教学反思一般不是把反思的对象集中在教学的某一个具体问题上,而是总体把握教学各个方面的行为,就其中的突出问题进行思考。例如,在上完一堂地理课后,教师可以分析自己教学中以下的行为:是否达到了教学目标,如何衡量?这一节课哪些方面做得较好,哪些方面还不够好,如何改进?课堂进行与课堂设计有哪些差距,自己是如何处理的,方法是否得当?课堂上发生了哪些令人印象深刻的事情,这些事情的发生意味着什么?这些行为可以对教师自己的教学有较为完整的认识,有利于改进教学工作。

及时反思与延迟反思

及时反思是地理教师在地理教学活动结束后立即对活动过程中的现象和问题或者活动的成效等进行的反思。这种反思紧跟着教学活动进行,教师可以在头脑中详尽地再现活动的场景等细节,对活动本身做出分析和评判。在这种反思活动中,教师及时发现教学中学生出现的问题,将问题作为反思的焦点,力求使自己在以后的教学中避免产生类似的问题。整个反思的过程与教学问题的发现、分析、解决过程同步发生,增强了教学的针对性和有效性。

延迟反思是教师由于各种原因不能马上对教学过程中的事件做出系统的思考,而是在以后结合其他教学事实对其进行的综合的批判性分析。这种事后反思一般是汇总多个类似的事件后综合分析得出的,是对不同事件相同意义的挖掘与整理。

课前反思、课中反思和课后反思

课前反思主要是指在备课时进行的反思,例如备课是否遇到一些困惑,是否对教材进行了二次开发,对学生实际需求的估计是否合理,能够联系实际生活实现知识与态度、过程与方法的统一。

课中反思包括在上课过程中思考学生在课堂上的实际参与的热情与程度如何,师生互动是否积极有效,课堂上是否发生了意外事件,如何利用课上的资源改变原有的教学设计进程等。

课后反思包括思考课堂教学效果如何,存在哪些需要进一步改进的问题,有哪些需要关注的地方或有什么困惑,课堂上的某些事件对以后教学的影响等。

在进行地理教学反思时,地理教师要以新的教学理念为出发点,注意形成反思的框架标准,对地理教学活动进行批判和思考;要注意形成自身的问题意识,善于发现问题;反思者要形成自己对问题的看法,提升自己的理性分析问题的能力,构建个人化的理论;要对地理教学行为进行持续不断的系统化思考;反思后要将反思的结果用于实践之中。

案例 11-6

地理教学反思

期中考试过后进行了试卷分析,我和我的学生感受多多。

素质教育揭示了教育的起点,指出了教育的终点,规定了教育的内容,确认了教育的整体性,是当今深入开展教育整体改革的必然归属。中小学生的素质应该包括身体素质、心理素质、科学素质、道德素质、审美素质、劳动素质和交往素质等。其中的科学素质包括旺盛的求知欲(兴趣),良好的学习习惯,正确的学习方法,必要的知识,技能结构,一定的智能基础,积极的创造精神(能力)等。

新课程标准实施以来我本着学生是学习的主体的原则,教是为了不教,教会科学知识不如培养科学素养,素养的形成我从培养兴趣开始。

兴趣是人积极探究事物的认识倾向。稳定的兴趣能使认识过程的整个心理活动积极化,能使观察更加敏锐,记忆得到加强,想象力更加丰富,克服困难的意志得到加强,使智力活动的效能大大提高。有人说:"当学习充满乐趣时,才更为有效";"兴趣是一种魔力,它可以创造出人间奇迹来(爱因斯坦语)","哪里没有兴趣,哪里就没有记忆","兴趣是最好的老师"。有了兴趣就会主动探寻,深入研究。由于我从培养学生的兴趣入手,几年来收到了一些效果,我教过的历届学生都很爱上地理课。在有了兴趣的基础上,我还时时用问题做引导,使学生的思维常常处在兴奋的状态中。

我还对兴趣教学前后学生的注意力的变化做过一个抽样调查:学生在课上的注意力分为四个层次:当时在班上各方面都属于中上等的学生在班级中占43%,他们一节课有效的注意时间为40分钟;中等生占45%,他们一节课的有效注意力时间为30分钟,中等以下的学生占11%,他们一节课的有效注意力时间为20分钟左右;那2%属于"活跃"分子,他们在一节课的有效注意力时间只有15分钟。实行了兴趣教学以后,中上等以上的学生注意力没有发生什么变化,原来占11%的中等以下的学生一节课的有效注意力时间提高了一倍;那2%属于"活跃"分子的有效注意力时间提高得最明显,提高了25分钟。

学生学习地理的兴趣非常高,再加上我适时经常表扬,产生兴趣的越来越多,他们还能互相之间解决问题,例如:在讲长江、黄河时关于干流、支流和流域这些概念时,有的学生对这三个概念弄不清,当时有一个男学生主动站到讲台前,用他的肢体动作和几句再简单不过的话解决了问题:他站在讲台上向两侧一边平伸胳膊,一边解释:"从我的头到脚就相当于河流的主干,我的两条胳膊就代表了支流,我胳膊能触及的地方那就是流域。"被他内化了的知识得到了同学们热烈的掌声。

学生兴趣高昂地迎来了期中考试。学习地理知识的目的在于应用,而且也只有通过应用地理知识,才能体会到地理知识的正确性与重要性。因为,这些知识对学生来说,大多是未经实践验证的知识。在应用地理知识的过程中,还能加深理解,并巩固、扩展知识,形成多种技能。也只有在应用地理知识中,才能真实地验证学生是否已真正掌握了知识。考试后我进行了试卷分析,然后将试卷发到学生手中,虽然我们班的成绩年级第一,但我向同学们提出了一个问题:同学们这次考试你们有什么遗憾吗?情况种种,其中一道题有45%的学生同时举手,遗憾都出在同一个问题上:综合题。

地理学科由于它有一定的难记性,为聪明学生所不以为然;又由于它的综合性,为能力较差学生所畏难。这道题的问题集中出现在平时各方面属于中等层次的学生身上,他们表格内的内容填充得完全正确,而由于缺乏一定的心理素质,没有把问题理解完整,把本来会的知识而给忽略了,没有填图。这部分学生再次重申:"不是不会,是遗漏。"白失掉了应得的分数,他们感到非常遗憾和内疚。也是由于我对于学生审题问题没有引起足够的重视所造成的。反思后我有所得:

审题失误在地理解题中是比较常见的。有的学生虽然具备答好题目的知识基础,但由于不会审题,结果仍然答错,或不切题、不规范乃至漏题。审题不清主要表现在问题不明和已知条件不明确两个方面。

在中学地理教学中,学生应用地理知识的方式主要有两种:一种是完成各种类型的练习,如回答问题、画地形图、分析图表、"预报"天气过程等,这类练习必须紧密结合教学任务进行;另一种是解决实际问题,如在野外考察中对某一问题的探索,解决小范围环境问题等。虽然应用地理知识的方式可以不同,但是在应用地理知识时,学生的心理过程是相同的。它是由三个环节组成的:
……………

经过期中考试我们各自有所思,有所获,我们师生达成共识,期末考试见。我们看中的不是分数:让我们的知识和能力再一次接受考验!

 随堂讨论

案例11-6地理教学反思对推进地理教学改革有哪些启示?

11.3.3.7　学习共同体

学习共同体是指一个由学习者及其助学者（包括教师、专家、辅导者等）共同构成的团体,他们彼此之间经常在学习过程中进行沟通和交流,分享各种学习资源,共同完成一定的学习任务,因而在成员之间形成了相互影响、相互促进的人际联系。

教师群体就是一个学习共同体,在学校中构建教师的学习共同体,是学校在促进教师向专业化发展过程中发挥作用的一条有效之路,可以使教师在群体学习中不断地实现自我超越,在不断的自我超越中提升自己的专业素养,并最终实现教师队伍专业化。构建教师学习共同体要注意以下几个方面的问题：

构建教师学习共同体的共同愿景。教师学习共同体的共同愿景就是教师共同体中每个成员真心向往并愿意为之奋斗的目标,它是推动共同体行动的内在动力。例如,三年内学校要建设一支什么样的地理教师队伍,某一次地理教研活动要达成哪些目标等。共同的愿景应建立在共同体成员追求个人愿景的基础上,建立在全员参与并沟通探讨的基础上,有了共同愿景,共同体成员才有可能精神振奋并不断促进自己的成长和实现自我超越。

创建积极和谐的共同体的学习氛围。一个积极和谐的学习共同体对其成员的影响力是巨大的,要构建这样的共同体,共同体成员之间关系要融洽、气氛要民主,如老教师经验较丰富,青年教师思想较活跃,他们在学习中可以相互促进。此外,要合理分工,让每个人均能体验到合作的快乐,例如在集体备课中可以轮流做中心发言人。

建立健全的共同体的学习机制。教师学习共同体是建立在其成员主动自觉的学习的基础上的,但其自觉性并不是自发的,配以制度保障是完全必要的。

首先,要根据教师发展的需要构建共同体组织,如组建教研组、备课组、专家组等。

其次,要给各学习共同体及其成员提出明确要求,如学校组织可以给共同体提出公开课、读书报告会、专题讨论、课题研究的次数、内容等建议,各共同体可以要求其成员每周进行一次教学学术交流,每学期写一份评课材料,每学年撰写一篇专题研究论文,青年教师和骨干教师每学期分别上一节汇报课和示范课等。

最后,要建立相应的考核机制,学校组织可以组成有专家引领的考核小组对教师进行发展性考核,可以制订首席教师、学科带头人、骨干教师的评比方案。学校组织要对共同体的活动进行考勤、质量评估等。

11.3.3.8　研究共同体

行动研究是对教育行动的研究,而教育行动是在特定的时间、地点和条件下,由特定的教师对其学生采取的行动,又要使作为行动者的教师在行动过程中获得理性的自觉,故这种研究必须以参与研究的教师为主体。但中学地理教师一开始往往缺乏研究规范、研究技能等方面的必要训练和足够的理论准备；同时,很多教师对教育科学理论的语言不很熟悉甚至会有理解上的偏差,这就为教师深入分析问题、准确表述观点等造成一定的困难,从而妨碍了行动研究的深入进行和研究结果的交流。另外,单个教师由于受认识水平与价值观念等的局限,对教育实践的理解水平也有限,教师个体的研究开始时一般较难取得成功。因此,建立教师研究共同体,将为教师行动研究提供有利条件。

所谓教师研究共同体就是把关注同一个教育教学问题并围绕着一个问题进行学习、探究且能互相帮助以改进教学行为的教师组织起来的一个研究的团体,也可以是教师与专业研究者合作进行研究的团体。

研究共同体事实上是一个实践共同体,它是指这样一个群体,其所有成员拥有一个共同的关注点,共同致力于解决一组问题,或者为了一个主题共同投入热情；他们在这一共同追求的领域中通过持续不断的相互作用而发展自己的知识和专长。

因此,构建研究共同体就是要形成这样一个教师实践共同体,它是由有着强烈学习意愿和共同研究兴趣的教师与专业研究者自愿组建,其共同目标是要在共同参与的各种教育实践和研究实践中形成良好的学习和研究氛围,并通过创造与传承知识而促进自身专业成长。

学习实践

在互联网上查找与地理教学相关的博客或者论坛,阅读相关内容,写出自己的感受。

本章小结

1. 现代地理教师的知识构成应当包括本体性知识、条件性知识、实践性知识和素养性知识。这四类知识形成了地理教师完整的知识结构,缺一不可。

2. 地理教师专业化是地理教育改革发展的趋势,对地理教育改革与地理教师的发展有重要意义;地理教师专业发展的过程包括职前阶段、职初阶段和成熟阶段;地理教师的职责包括地理课程建设、地理课程教学、地理教学研究以及学校教育工作等;教师职业标准是对教师素质的具体规范,应当从情感、知识、技术和能力几个方面进行规范。

3. 行动研究对地理教师专业化、地理教师的发展以及地理教育改革有重要的意义,一般包括发现问题、搜集和分析资料、形成行动策略以及实施与检验行动策略等步骤;其类型包括校本研究、博客、论坛、教学日志、教学叙事、教学反思、学习共同体、研究共同体等。

本章思考题

1. 根据现代地理教师的知识结构要求,结合实例,说明目前地理教师的专业能力成长需要解决的问题有哪些,其解决途径有哪些。

2. 地理教师应当选择对学生生活有用的和终身发展有用的地理知识,结合高中地理教学中的一个单元,说明哪些地理知识是对学生生活有用的和终身发展有用的,并说明理由。

3. 乡土地理知识是地理教学的重要内容,作为一名地理教师,应当具备当地的乡土地理知识。阅读有关文献,学习当地乡土地理知识。

拓展学习

1. 针对案例11-2中出现的问题,请你设计另外一套行动研究方案。
2. 走访附近中学,了解中学地理教师行动研究的现状。

课程链接

中国教师成长网:http://teacher.cersp.com/theo/action/
西南教育网:http://www.xinanedu.com/
地理教学网:http://www.dljxw.com
全国中小学继续教育网:http://www.teacher.com.cn/default.aspx

参 考 文 献

[1] 陈澄.新编地理教学论[M].上海:华东师范大学出版社,2007.

[2] 袁书琪.地理教育学[M].北京：高等教育出版社,2001.
[3] 熊大成,黄日耀.教师素质教育论[M].南昌：百花洲文艺出版社,2000.
[4] 胡良民,等.地理教学论[M].北京：科学出版社,2005.
[5] 申继亮.教学反思与行动研究——教师发展之路[M].北京：北京师范大学出版社,2006.
[6] 郑金洲.教师如何做研究[M].上海：华东师范大学出版社,2005.
[7] 蔡清田.教育行动研究[M].南京：南京师范大学出版社,2005.
[8] 孟万金,官群.教育科研——创新的途径和方法[M].上海：华东师范大学出版社,2004.
[9] 冯善斌.新课程理念下教师专业发展的知识结构[J].河北教育(教学版),2006(z1).
[10] 陈向明.实践性知识：教师专业发展的知识基础[J].北京大学教育评论,2003(1).
[11] 刘微.教师专业化：世界教师教育发展的潮流[J].中国教育报,2002-01-03.
[12] 代建军.教师素质结构研究述评[J].天津师范大学学报(基础教育版),2005(4).
[13] 陈祎.美国国家教师教育技术标准[J].信息技术教育,2003(1).
[14] 刘兰.美国伊利诺伊州地理教师专业知识标准简析[J].课程·教材·教法,2005(12).
[15] 黄永久.浅议中小学校如何开展校本研究[J].当代教育论坛,2007(7).
[16] 朱新华.教师博客——构建教师专业成长新平台[J].北京教育(普教版),2007(5).
[17] 王作亮.教师专业化背景下的教师共同体构建[J].继续教育研究,2007(2).
[18] 周耀威,王伯康.基于"研究共同体"的教师成长[J].教育发展研究,2005(21).
[19] 中华人民共和国教育部.中学教育专业师范生教师职业能力标准(试行)[S].2021.

第 12 章 地理教学课题研究

本章概要

地理教学课题研究是地理教师参与地理教学改革,提高地理教学理论水平和实践能力的基本途径。本章概括地介绍了地理教学课题研究的基本内容,主要包括地理教学研究中的课题选择、课题基本内容的设计;常用的地理教学课题研究方法以及这些方法的相应实例;地理教学论文的基本结构、教学论文撰写以及教学论文的修改。

学习目标

通过本章学习你应能做到
1. 举例说明如何进行地理教学课题研究的选题;
2. 说出地理教学课题设计的内容;
3. 掌握地理教学课题研究的基本方法;
4. 说明地理教学论文的结构以及写作中的注意事项。

12.1 地理教学课题研究的过程

关键术语

◆ 地理教学研究选题　◆ 地理教学研究课题设计　◆ 地理教学研究课题申报

地理教师的行动研究着眼于地理教学的实际问题,研究过程可以随时修正,重视研究结果的实效性。地理教学课题研究针对地理教学理论与实践中出现的一些教学问题,注重理论探索,具有时效性、代表性、典型性等特征,具有严格的程序,是行动研究的延伸。

12.1.1 地理教学研究课题选择

12.1.1.1 从地理教学的疑难中寻找研究课题

随着地理新课程改革的推进,随着学生个体和群体变化的加剧,地理教师在教学过程中经常会感受到各种各样的疑难或者困境,这些疑难和困境表现在以下几个方面:其一,地理教师的设想和计划与实际效果之间的差距,例如教师希望通过教学方法的改革来激发学生学习地理的兴趣,但是实施下来有些效果并不明显。其二,地理教学情境中教师与学生、学生与学生之间或者价值取向之间存在冲突与对立,例如地理教师从培养学生的创新精神这一指导思想出发,在教学中布置一些具有挑战性的作业,但是这种做法却造成了一些学生跟不上功课,从而导致学生厌学情绪。其三,地理教学中的两难情境,例如学生个性发展与学生整体教育的矛盾、课堂教学中学生主体地位的确立与教师引导角色的对立等。其四,不同的人或者群体对同一地理教学行为的不同看法,例如有的地理老师在课堂上对教学方式进行改革,但是并不能得到所有人的认可。

这些疑难或者困境,是地理教师在教学过程中经常会遇到的,其中很多问题都没有现成的成功模式可以借鉴,因此只能将这些问题作为研究对象,可以在研究过程中找到相应的对策,并加以推广。

12.1.1.2　从地理教学场景中发现研究课题

地理教师与专业研究者的一个根本的区别,就是他们一直生活在地理教学实践的现场,在教学现场感受教育事实,生发教育理念,提升教育智慧。教学现场是地理教学问题的原发地,是问题产生的真实土壤,进入教学现场的地理教师对教学现场所作的任何真切而深入的分析,都有可能产生大量的待研究课题。因此,真实的教学实践场景既是研究得以进行的主要依托,也是发现地理研究课题的重要所在。

要在地理教学场景中发现这些研究问题,首要的是要求地理老师具有较强的问题意识。要能够在稍纵即逝的现象中捕捉问题,甚至在貌似没有问题的地方发现问题。这一方面要求地理教师在日常的教学实践中积累经验,形成对地理教学的独到见解,一方面需要对问题具有高度的敏感性,不放过任何可以提出问题的细节和现象。

12.1.1.3　从文献阅读中发现研究课题

地理教师都需要不断学习教育教学理论,以提高自己的教育教学理论水平;需要不断吸收别人的教学经验和成果,以提高自己的实践水平;需要经常查阅文献资料,来进行地理教育教学科研。在这些学习和研究过程中,地理教师需要进行大量的阅读,而这些阅读、分析和比较也是发现研究课题的重要方法。例如,地理教师在阅读国外关于地理课程设置以及地理课程实施方面的文献时,就会很自然地将这些方面的情况与我国的实际情况进行对比,如果进一步分析事实上就是进行中外地理教育的比较研究了。

12.1.1.4　从地理学科教育发展中确定研究课题

以学生发展为本,实施以培养学生创新精神和实践能力为重点的核心素养教育已经成为社会发展的需要和人们的共识。为了适应教育改革的这种趋势,新一轮的地理课程改革提出了改革的基本理念,例如培养未来公民必备的地理核心素养、满足学生不同的地理学习需要、重视对地理问题的探究、加强地理实践力、加强地理信息技术的应用以及注重学习过程评价与学习结果评价等。其中一个重要的方面是改变学生的学习方式,把研究性学习作为一种学习方式贯穿到地理课堂教学中。如何将地理基础性课程、拓展性课程以及研究性课程结合起来,形成一个有机的整体,以达到地理教学效果的最优化,是需要深入研究的课题。

12.1.1.5　从社会发展需求中选取课题

教育作为一种社会现象,其发展必然与社会的发展紧密联系,学校地理教育也是如此。目前人类社会已经进入了开放型和高效率的信息时代,环境问题和全球性问题对人类社会产生了深刻的影响,环境伦理道德以及可持续发展观将成为人类新世纪的主流意识,社会结构多样性与趋同性并存,这就要求地理课程要处理好自然地理与人文地理、部门地理与区域地理之间的关系,并加强培养学生的资源意识、人口意识和环境意识;同时,当今社会发展的这些特点也对地理课程的内容设置和传授方法等提出了变革和更新的要求。如何改革学校地理教育,使之适应社会发展的需求,是地理教学研究的重要内容。

12.1.1.6　从国际地理教学发展中选取课题

由于我国学校地理教育发展历史不长,因此在地理教学的理论和实践方面与国外有很大的差距。充分吸收国外地理教学的优秀成果,借鉴国外地理教学的先进经验,是提高我国地理教学质量的重要途径。研究国际地理教学发展的规律,以及根据我国的国情如何将这些规律应用于我国地理教学实践,也是地理教学研究的重要课题。

学习卡片

课题研究方案设计是研究人员为了完成研究任务而进行的总体规划,是行动之前预先拟定的具体内容、研究步骤和方略,它回答研究什么和怎么进行研究的问题。一般包括研究目的、研究问题、预期研究成果、研究方法、研究周期以及成本核算等内容。

孟万金,官群.教育科研——创新的途径和方法[M].上海:华东师范大学出版社,2004.

12.1.2 地理教学研究课题设计

12.1.2.1 课题名称

课题名称要体现出该研究的目的、研究的问题、研究的方法和研究的类型。要求简明贴切、清晰,一般采用陈述句型表述,一般不超过20个字。

12.1.2.2 课题的提出

这一部分的内容实际要求回答"为什么要进行该课题研究"的问题。主要包括四个方面的内容:第一是研究的原因,要求对课题所依赖的时代背景进行阐述,并说明根据时代的要求本课题试图解决的主要问题;第二是本课题的先进性,说明本课题的研究切合国内外相关课题研究的现状和发展趋势;第三是本课题研究的实践意义与理论价值;第四是本课题研究的理论依据。

12.1.2.3 文献综述——研究的基础

文献综述的目的是梳理过去有关的研究,吸收其营养,找出其矛盾或者不足之处,为本课题的深入研究提供基础。其重点是对国内外研究动态的把握,包括国内外相关课题研究的现状和发展趋势以及本课题与国内外相关课题研究的联系与区别。

这部分主要搜集哪些人做了哪些相关的研究,这些研究主要观点是什么,取得了哪些成果,成果发表在何处,研究的进展和发展趋势,尚未解决的问题以及解决这些问题的意义;在此基础上,重点要对已有的研究做一些概括,对已有的研究做出评价,从而为自己的选题确立创意。

12.1.2.4 研究目的与意义

主要说明该项目研究有什么作用,从理论和实践两个方面说明研究有什么意义。

12.1.2.5 研究的内容

课题研究的内容是对课题题目的分解和具体化,即要解决哪些具体问题。只有把研究的问题弄清楚了,研究才能开始。这里的关键是要紧扣题目中的核心成分展开,比较容易的办法是将题目的核心要素分解为若干子要素,也可以对这些子要素进一步分解。对研究问题的分解越细致,研究起来就越轻松。

12.1.2.6 研究的重点和难点——拟解决的关键问题

一项课题通常有很多值得研究的问题,要抓住问题的主要矛盾和矛盾的主要方面,这样才能取得预期的成果。在项目申报书中,研究的重点和难点问题可以概括为几个关键问题。一般来说,拟解决的关键问题不能太多。

12.1.2.7 研究方法与技术线路

研究方法是针对要研究的问题采用的手段和方法。不同的研究类型有不同的研究方法,如理论研究一般采用文献方法和思辨方法,应用研究一般采用实验方法,调查研究一般采用问卷或访谈方法等。在这部分内容中,应根据研究课题的类型、预期的研究成果以及研究的目的确定采用哪些研究方法等。

技术路线一般是指研究的准备、启动、进行、再重复、取得成果的过程,是利用选择的方法对所研究的内容按怎样的时间顺序进行研究,也就是要解决怎样做的问题。技术线路要求合理可行、符合科研规律,一般采用流程图的方式表述。

12.1.2.8 预期成果

预期成果是在研究之前预先考虑到的课题的最终研究成果,预想出成果的形式、成果的数量、成果的应用以及成果应用的对象和范围等。一项研究课题的成果形式的类型是很多的,如学术论文、研究报告、专著、工具书、文献资料汇编、目录索引、研究工作总结、研究工具(如调查问卷、测量表)、教学软件、教学光盘、专题讨论纪要、研究档案、提案与建议等,都是研究成果的不同表现形式。

12.1.2.9 课题的组织与管理

主要说明以下问题:第一是课题研究的类别,说明是独立研究还是集体研究;第二是课题研究的组织形式,说明是集体研究式、总分协作式还是纵向分层式研究;第三是研究周期,主要说明研究工作需要的时间、分为几个阶段、每个阶段的具体时间划分;第四是研究分工及职责;第五是研究过程管理,主要针对课题负责人而言,说明保证课题顺利进行的一些措施;第六是经费管理,进行准确的经费核算与管理。

12.1.3 地理教学研究课题申报

12.1.3.1 课题论证

课题论证就是对所申报的课题进行必要性和可行性的充分论证,有条件的可以组织专家会议或请专家对课题设想做函审,论证课题的必要性与可行性。

12.1.3.2 课题申报

课题申报是在完成课题论证后进行的,需要填写课题申请书。课题申请书一般表现为表格的形式,主要内容包括课题名称和类型、要解决的科学问题、课题研究的科学意义、国内外研究进展、研究内容、研究的技术线路、进度安排、经费预算、已有的研究基础、项目组人员构成及分工、相关附件等。

【案例 12-1】

教学科研课题申请书

编号

全国教师教育课程资源建设科研课题
申请立项书

课题名称:＿＿＿＿＿＿＿＿＿＿＿＿＿＿＿＿＿＿＿＿＿＿＿＿＿＿＿＿＿＿＿＿
课题负责人:＿＿＿＿＿＿＿＿＿＿＿＿＿＿＿＿＿＿＿＿＿＿＿＿＿＿＿＿＿＿
负责人所在单位:＿＿＿＿＿＿＿＿＿＿＿＿＿＿＿＿＿＿＿＿＿＿＿＿＿＿＿
填表日期:＿＿＿＿＿＿＿＿＿＿＿＿＿＿＿＿＿＿＿＿＿＿＿＿＿＿＿＿＿＿

一、教师教育课程资源建设科研课题立项数据表

课题名称					
项目组负责人		所在单位		联系方式	
申请经费		中期检查时间		完成时间	
项目主要参加者	姓名	专业职务	研究专长	工作单位	联系方式

二、负责人和课题组成员近期取得的与本课题相关的研究成果

成果名称	作者	成果形式	出版单位	出版时间

三、课题的设计论证

◇ 本课题国内外研究现状评述以及选题的价值
◇ 本课题的设置、内容和要求的叙述
◇ 本课题所要解决的主要问题、研究的主要内容以及重要观点摘要
◇ 本课题研究的主要思路和方法

四、完成课题的可行性分析

◇ 已经取得的相关研究结果和主要参考文献
◇ 主要参加者的学术背景和人员结构
◇ 完成课题的保障条件

五、预期研究成果

功能描述	
内容描述	

六、经费预算

序号	经费开支科目	经费预算金额(万元)
	文献搜集/专家咨询	
	问卷调查/数据处理	
	消耗品	
	劳务/车旅	
	会议	
	科研管理费	
	预算经费合计	

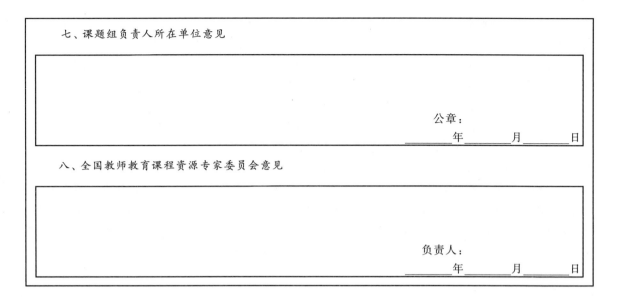

学习实践

1. 你认为当前初中地理课程改革需要研究的地理教学研究课题有哪些,并说明理由。
2. 你认为当前高中地理课程改革需要研究的地理教学研究课题有哪些,并说明理由。

12.2 地理教学课题研究的方法

关键术语

◆ 观察法　◆ 调查法　◆ 实验法　◆ 文献法　◆ 经验总结法

12.2.1 地理教学研究的方法类型

作为一门科学,地理教学论已具有适合和促进本学科发展的研究方法。按照科学研究的一般方法论,有科学事实发现论、科学理论发现论、科学理论评价论和系统科学方法论等。地理教学论是一门应用性很强的科学,其研究方法既要体现地理教学的学科教学特点,又要符合科学研究的方法论。在地理教学科研中最常用的方法有:观察法、调查法、实验法、文献法和经验总结法等(见图 12-1)。

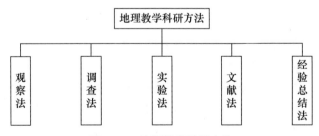

图 12-1　地理教学科研方法

12.2.1.1 观察法

观察法就是人们有目的、有计划地通过自己的感官去反映自然状态下的事物和现象的一种经验方法。观察法有两个基本特征：一是感官认识的活动，二是观察对象在不受任何干扰的情况下进行的观察。在地理教学科研中，观察法可分为地理教学过程观察和学生地理学习过程观察两种形式。

12.2.1.2 调查法

调查法是指围绕课题研究目标，通过对研究对象或熟悉研究对象的其他人，搜集研究对象的客观材料，综合分析研究对象的特点及其与某些教学现象所发生的联系的一种研究方法。常见的调查方式有问卷调查、采访调查、测试调查和座谈调查等。这里主要介绍问卷调查方法。

问卷调查是研究者根据课题研究需要，在特定范围内进行调查的方法。在地理教育改革研究中，一些有关地理教育改革与发展的具有全局性、重大性的问题，例如地理教育观念革新、地理课程标准、地理课程设置、地理新教材、地理高考改革方案等研究，需要在较大范围内了解地理教师、学生及有关人员对该问题所持的观点、态度或认识，此时运用问卷调查法比较适宜。

问卷调查突出的特点就是具有广泛性、简便性、经济性，其基本过程是：设计问卷—发放调查问卷—回收反馈—分析研究—撰写调查报告。

12.2.1.3 实验法

实验法是根据地理教学研究的目的，给教学对象施加一定的实验因子进行教学，然后对其进行追踪研究，并根据获取的信息来分析实验因子与教学对象之间关系的教学研究方法。新的地理教学技术手段、方法应用或地理新教材质量的使用效率、功能评价等研究，运用实验法进行研究效果较好。根据实验研究的特点，实验法可分为地理教学纵向实验法和地理教学横向实验法两种。

地理教学纵向实验法是指设置地理教学实验载体(实验学校或实验班、实验组)，通过对比实验载体在采取实验措施前后的状况，评定实验因子与教学之间的关系，进行地理教学科学研究的方法。地理教学横向实验法是指在实验过程中，设置实验班组和参照班组，对实验班组施加实验因子，根据反馈的结果，与未实施实验因子的参照班组进行对比研究的实验方法。

这两种方法的共同研究步骤是：制订实验计划—确定实验载体—进行实验—得出研究结论。

12.2.1.4 文献法

文献法是指通过文献资料(包括图书期刊资料、各种档案资料、录音录像资料、计算机储存资料)的查阅、整理、分析，从中找出地理教学现象中的本质属性，揭示地理教学规律的一种研究方法。文献法对于地理教育史研究、地理教育思想研究、国内外地理课程标准的比较研究、地理教材发展研究、地理教学模式选择的比较研究等都很适用。文献法的运用一般有以下程序：确定文献资料—进行文献学习—展开文献研究。

12.2.1.5 经验总结法

地理教学实践有无限的创造性。地理教学经验的可贵之处是在一定的情形下教学效果好，便于学习推广。地理教学经验需要总结。

地理教学经验总结法是指对地理教学的教学经验进行分析、综合、提炼、概括等一系列的研究，最后形成科学结论的研究方法。对于地理教师而言，学会运用经验总结法可以很好地提升自身的科研素质，提高地理教学理论水平。

随堂讨论

地理教学课题研究方法的关系如何？举例说明如何综合运用这些方法。

12.2.2 地理教学研究的方法示例

12.2.2.1 观察法示例——地理学习评价的观察法研究[①]

1. 对学生学习过程观察的意义（略）
2. 对学生学习过程观察的内容（略）
3. 对学生学习过程观察的实施方法

为了提高观察的可靠性与精确度，在进行观察活动前编制观察表是必要的。编制观察表时要明确观察的目的、项目，然后依不同的观察方法编制相应的观察表。观察表主要有以下两种格式。

（1）事件描述格式。对学生在地理学习过程中发生的一些比较特殊的表现行为进行记录、分析说明，如表 12-1。

表 12-1 事件描述格式行为记录表

班级_____　　　学生姓名_____　　　日期_____
行为描述：
分析说明：
观察者_____

（2）等级量表格式。对所要观察的具体项目事先划分成几个等级，然后根据学生的具体表现进行评定。等级量表比较适合用于某一次具体的地理学习活动，如一堂地理课、一次地理野外观察活动等，如表 12-2 所示。

表 12-2 等级量表

	优	良	中	差
运用地图的能力				
操作仪器的能力				
辨认方位的能力				
……				

4. 方案

方案一 用观察的方法评价学生对地理方法的领悟、运用及掌握状况。

在复习"世界的陆地和海洋"一节时，可进行"地理数据的表示和运用"的技能训练，通过下面的小练习来完成。

表 12-3 有一组数据表示七大洲的面积：

[①] 韩玉清.地理学习评价的观察法研究[J].中学地理教学参考,2004(5):47.

表 12-3　七大洲面积

	亚洲	非洲	北美洲	南美洲	南极洲	欧洲	大洋洲
面积(10^4 km^2)	4400	3000	2400	1800	1400	1000	900

请你选择一种图示方法,比较七大洲的面积(分别注出七大洲的名称及其面积数据)。

学生采用的图示方法可能是多种多样的,教师评价学生的标准不应是千篇一律的,这里主要关注的是学生是否掌握了各种不同的图示方法,在此基础上再引导学生思考哪种图示方法最适于表示面积的差异。

方案二 用观察的方法对学生情感态度与价值观进行评价

在环保周活动中,结合我国自然资源的基本特征教学,可以采取以下的方法来评价学生尊重自然、保护环境、节约资源的意识和态度。

请学生分组讨论:保护和节约自然资源,我们能够做些什么？通过大家的讨论,提出一些具体的建议,并写一份倡议书。

根据学生讨论和提出的倡议书中评价学生是否建立了良好的环境意识,是否懂得该怎样节约自然资源、保护环境。

节约资源、保护环境从我们做起,从小事做起,我们可以做到:
(1) _____
(2) _____
……
(更多的倡议,请大家提出)

倡议人:_____
_____年_____月_____日

---

5. 观察学生学习过程要注意的几个问题

(1) 观察方式的选择

在实际应用中,观察法的形式是多种多样的,有直接观察(研究者和研究对象之间没有中介的观察)、间接观察(通过借用一些手段或仪器进行观察,如通过课堂教学监视录像、录音等的观察)、长期观察、短期观察、重复观察、一次性观察等。具体采用哪一种形式,要依所研究课题的性质和内容而定。

(2) 避免主观干扰,尽量公正、客观地评价

观察法也有一定的局限性,如有时在观察中会有一定的主观态度渗入,如师生关系、老师对学生的印象等,可能使教师在观察中出现一些主观上的倾向,最终造成判断偏差。观察是人对研究对象在感官上的反映,因感官自身的特点,造成观察的范围、观察精度和速度都有一定的局限性,有时会出现错觉。为弥补这种缺陷,获得比较可靠的第一手资料,观察过程中往往结合多种形式,或延长观察期限,或进行反复观察等。

12.2.2.2　调查法示例——七年级地理课堂教学策略调查问卷

尊敬的_____老师:

您好！随着地理新课改的不断深入,新的地理教育理念已被地理教育工作者们所接受,但在地理

新教学思想的指导下如何实施有效的地理教学,尚在探索当中。

为了确定七年级地理有效的课堂教学策略,我们设计了此问卷。问卷将七年级地理教学内容划分为"地球和地图、世界地理总论、世界地理分区"三个部分,针对每一部分提出了相应的教学策略,附上了每个策略的含义。问卷还附了七年级地理教学内容与其对应的主要的教学策略,供老师们参考。根据您的理解,如果您认为某项策略是有效的,请在该策略后的括号内划"√";如果认为是无效的,请在该策略后的括号内划"×",并在横线上简单说明原因;如果您认为对于相应的教学内容还有其他更好的教学策略,请在"其他策略"处填写上策略名称,并简单说明理由。请您务必于2007年12月25日前交回问卷。

本问卷中地理教学策略是教学策略的下位概念,它主要解决的是地理教师怎么教和学生怎么学的问题,是在地理教学过程中,根据地理课程的具体教学内容和学生的实际情况,为实现所确定的地理教学目标而使用的教学策略,因此,这里的地理教学策略不仅指教学思想,还指在该教学思想指导下的综合性教学方式、方法。

对于您给予我们的帮助,我们在此不胜感激,祝您事业成功,谢谢!

一、在地球和地图教学中,您认为有效的地理教学策略主要有:

1. 演示观察策略:在地理教学中,根据教学的需要,教师利用地理演示仪、计算机等器材,演示地理事物及其发展变化的过程,通过学生的观察分析,帮助他们揭示地理原理、探究地理成因等的教学方式。例如:在"地球自转、地球公转"的教学内容中,可以运用此策略。(   )

_____

2. 制作观摩策略:在地理教学中,为了使不易观察到的地理事物具体化、抽象知识形象化,可通过制作地理模型,师生共同观摩的方式来完成学习任务。例如:在等高线模型、简易地球仪的制作过程中,都可以运用此策略。(   )

_____

3. 地理活动策略:在地理教学中,为克服单一采用抽象符号形式进行教学的弊端,充分调动学生各种感官和认识要素,把感知学习与操作学习融合在一起的教学方式。地理活动策略的开展形式主要有情境创设、联系实际、野外考察等。例如:在学习"巴西热带雨林危机"时,可以运用角色扮演的方式来完成教学任务。(   )

_____

4. 读图认知策略:在地理教学中,学生在教师的指导下,通过对地图和地理图表的阅读、分析,获取地理知识,认识地理事物的空间联系,理解地理图表的内在含义,使地理空间思维能力得到培养的教学方式。例如:在判读世界气温分布图、聚落景观图时,此策略能够起到很好的效果。(   )

_____

5. 典型问题探究策略:在地理教学中,教师将教学内容转化为典型教学问题,让学生去发现问题,提出探究思路,运用有关知识和方法,分析问题和解决问题,从而获得地理知识并掌握地理学习方法的教学方式。例如:"中东地区和澳大利亚"相关内容的学习都可以运用这一策略。(   )

_____

其他策略:_____

_____

二、在世界地理总论教学中,您认为有效的地理教学策略主要有:

1. 读图认知策略:在地理教学中,学生在教师的指导下,通过对地图和地理图表的阅读、分析,获取地理知识,认识地理事物的空间联系,理解地理图表的内在含义,使地理空间思维能力得到培养的

教学方式。例如：在判读世界气温分布图、聚落景观图时，此策略能够起到很好的效果。（　　）

2. 地理活动策略：在地理教学中，为克服单一采用抽象符号形式进行教学的弊端，充分调动学生各种感官和认识要素，把感知学习与操作学习融合在一起的教学方式。地理活动策略的开展形式主要有情境创设、联系实际、野外考察等。例如：在学习"巴西热带雨林危机"时，可以运用角色扮演的方式来完成教学任务。（　　）

3. 自主合作学习策略：在地理教学中，调动学生学习积极性，促使学生主动学习、自主学习、与他人合作学习，从而提高地理自学和合作交流等能力。例如：在"世界的语言和宗教"相关内容的学习中，便可以运用此策略。（　　）

4. 填绘图表策略：在地理学习过程中，教师指导学生通过填绘地图和地理图表来学习地理知识，帮助学生构建"心理图像"，培养学生填绘地图和地理图表技能的教学方式。例如：在填充七大洲的分布图、绘制气温变化曲线图时，便可运用此策略。（　　）

5. 演示观察策略：在地理教学中，根据教学的需要，教师利用地理演示仪、计算机等器材，演示地理事物发展变化的过程，通过学生的观察分析，帮助他们揭示地理原理、探究地理成因等的教学方式。例如：在"地球自转、地球公转"的教学内容中，可以运用此策略。（　　）

6. 典型问题探究策略：在地理教学中，教师将教学内容转化为典型教学问题，让学生去发现问题，提出探究思路，运用有关知识和方法，分析问题和解决问题，从而获得地理知识并掌握地理学习方法的教学方式。例如："中东地区"和"澳大利亚"相关内容的学习都可以运用这一策略。（　　）

其他策略：

三、在世界地理分区教学中，您认为有效的地理教学策略主要有：

1. 突显区域特征策略：在区域地理教学中，师生共同将区域地理组成要素进行分析、比较，找出区域间的异同之处，从而揭示区域的本质特征。例如：在"亚洲人口特征、文化特征"的学习中，该策略常常被运用。（　　）

2. 地理活动策略：在地理教学中，为克服单一采用抽象符号形式进行教学的弊端，充分调动学生各种感官和认识要素，把感知学习与操作学习融合在一起的教学方式。地理活动策略的开展形式主要有情境创设、联系实际、野外考察等。例如：在学习"巴西热带雨林危机"时，可以运用角色扮演的方式来完成教学任务。（　　）

3. 地理综合分析策略：在区域地理的学习中，为了深入研究地理事物，将地理事物的整体分解成若干部分，分析其各部分、各方面的特点及关系，并从总体上把握地理事物特征而采取的教学方式。例如：在"区域地理特征、地理成因"的教学中，便可使用该策略。（　　）

4. 典型问题探究策略：在地理教学中，教师将教学内容转化为典型教学问题，让学生去发现问题，提出探究思路，运用有关知识和方法，分析问题和解决问题，从而获得地理知识并掌握地理学习方法的教学方式。例如："中东地区和澳大利亚"的学习都可以运用这一策略。（   ）

5. 读图认知策略：在地理教学中，学生在教师的指导下，通过对地图和地理图表的阅读、分析，获取地理知识，认识地理事物的空间联系，理解地理图表的内在含义，使地理空间思维能力得到培养的教学方式。例如：在判读世界气温分布图、聚落景观图时，此策略能够起到很好的效果。（   ）

6. 自主合作学习策略：在地理教学中，调动学生学习积极性，促使学生主动学习、自主学习、与他人合作学习，从而提高地理自学和合作交流等能力。例如：在世界的语言和宗教的学习中，便可以运用此策略。（   ）

7. 地理逻辑推理策略：在地理教学中依据一定的事实、经验和科学理论，对观察到的现象做出符合逻辑的推理的教学方式。逻辑推理的过程其外在表现形式主要有归纳推理、演绎推理等。例如：世界城市分布规律的学习、日本多火山地震的学习都可以运用此策略。（   ）

其他策略：

内蒙古师范大学地理科学学院

（×××级地理课程与教学论研究生）

×年×月×日

12.2.2.3　文献法示例——中学地理课程与教材发展研究[①]

1. 研究目的

分析 20 年来（1981—2001 年）我国地理课程与教材研究的发展现状

2. 文献选取

选取这一时期在我国影响较大的《中学地理教学参考》《地理教学》和《地理教育》三种地理教育类期刊，对期刊发表的研究成果进行了统计归类，试图通过对这些期刊文章内容的特征分析，揭示我国地理课程和教材研究的整体状况及其研究的宏观走势，进而预测其今后的发展趋势。

3. 文献统计与分析

（1）20 年来我国地理课程与教材研究成果的初步统计

地理课程改革在学校地理教育改革中居于核心地位，其包含内容最为广泛。而地理课程的研究内容，包括地理课程理论、地理教学大纲、地理教材三部分。因此，对课程和教材研究情况的分析可从这三个方面进行。

20 年来这三种期刊刊登的各类文章总数有 13000 多篇，其中关于课程和教材的文章共 7657 篇，占总篇数的 58.9%；研究的栏目也很多，栏目数共有 69 个，占总栏目数（98）的 70%。具体情况见表 12-4。

[①] 杜晓初，李家清. 中学地理课程与教材发展研究二十年[J]. 中学地理教学参考，2001(12)：6.

表 12-4　1981—2000 年三种主要地理教育期刊论文研究统计

类别	1981—1990 年	1991—2000 年	栏目数(1981—2000 年)
课程理论研究	132(1%)	322(2.5%)	4(4%)
教学大纲研究	44(0.4%)	132(1%)	9(9%)
地理教材研究	1975(15.2%)	5052(38.9%)	56(57%)

资料来源:《中学地理教学参考》《地理教学》《地理教育》(1981—2000 年)

注:括号中数据为占总文章数和总栏目数之百分比。

(2) 20 年来我国地理课程与教材研究现状的分析

① 地理课程理论研究多集中于地理课程设置的研究

从表 12-4 可以看出,对地理课程理论的研究文章共有 454 篇,占刊出文章总数的 3.5%,研究投入较多。涉及的栏目有课程与教材、新高中地理课程研究、乡土地理和课外活动、国外地理课程研究等;研究内容为介绍和评述国内外地理课程设置、我国乡土地理教材和地理活动课的内容及进展。从时间方面来看,乡土地理和课外活动、国外地理教育的研究可持续性明显,而对地理课程和教材的研究大多集中在 20 世纪 80 年代后期和 90 年代中前期。分析其原因,乡土地理教育在我国早期学校地理教育中就占有重要地位,地理课外活动一直是地理课程的重要内容,这与国家对乡土地理教育一直比较重视有关。从研究的成果来看,大部分仍以应用型或介绍型为主,而关于地理课程理论的研究较少。从研究的内容来看,关于课程的指导思想和原则、考核要求、课程设计等方面研究较少,主要集中于国内外地理课程设置研究。

② 地理教学大纲研究以地理教育目的研究和应用研究为主要特征

地理教学大纲是规定中学地理学科的培养目标和教学内容的指令性文件,是教材编写和地理教学活动都必须遵循的依据。从统计情况看,这三种期刊共设新大纲、德育教育、爱国主义等 9 个栏目(占总栏目数的 9.12%)共刊出 176 篇文章(占总文章数 1.24%)。这些文章的研究内容大多是讨论地理大纲中的地理思想品德教育要求和内容体系;探讨义务教育地理大纲和高中地理新大纲的贯彻、实施和进一步完善的内容亦占有一定比重;另外,在"国外地理教育"栏目中,也有一部分介绍和评述国外地理教学大纲的文章,如《国外地理教学大纲结构与功能特点》《美国国家地理标准》等。这些研究工作体现了对地理教学目标的重视,但是对地理教学大纲的整体分析研究较少(除对国外地理教学大纲的研究外)。造成这种现象的主要原因是长期以来教师教学中重视对教材的探讨而对大纲的钻研重视不够。从研究的时段分布来看,除了爱国主义栏目出现较早以外,其余绝大多数都出现在 20 世纪 90 年代以后,这表明对地理思想品德教育的要求越来越高,内容也越来越丰富。

③ 地理教材研究以教材的内容和教学辅导材料研究为主

从统计结果看,对地理教材研究的栏目达到 56 个(占总栏目数的 57%),各类文章达 7000 多篇(占文章总数的 54.12%)。这些研究主要表现在三个方面:一是地理教材的理论研究,包括教材研究、教材探讨以及国外地理教材等 3 个栏目 200 多篇文章;二是教材内容的研究(含广义教材),包括 52 个栏目 6700 多篇文章;三是地理习题的研究,主要栏目有 100 多篇文章。

这些数据表明,无论是研究范围还是研究成果的数量,地理教材内容的研究都占绝对多数,其主要原因在于地理教材内容是各种地理教育目标实现的基础和先决条件。当然,地理教材内容研究也随时间的变化而变化:20 年来区域地理一直是研究的重点;自然地理在前期、人文地理(包括旅游地理、人口地理、历史地理、城市地理等)在后期分别是研究的重点;(广义教材中)关于地理知识、学习指导的研究一直较多,而地理科学进展和地理时事类知识如"新闻地理""热门话题""香港知识"等,则是近年来研究较多的内容,并且有些与热点时事联系紧密。这些变化是由于地理教育目的不断变化而引起的。需要说明的是,对教材的研究大部分也以应用型或介绍型研究为主,理论研究较少。

(3) 我国地理课程与教材研究的前瞻

根据国际地理教育发展的客观走势和我国地理教育改革与实践的需要,我们认为今后还应从以下几个方面加强研究:

① 加强对课程和教材的理论研究

知识经济时代的到来,教育技术在不断进步,教育观念在不断更新,这一切都要求地理课程和教材不断改革与发展,因而对地理课程与教材的理论研究和应用研究应进一步加强。现阶段应以地理课程的设计为研究重点,如探讨发展性课程、研究性课程、素质教育、主体教育、全面发展等新的课程理念在地理课程和教材改革中的功能与机制等。

② 加强对国外地理课程和教材的比较研究

国外地理教育发展已有 300 多年的历史,充分研究和借鉴国外地理课程和教材研究的成果,特别是 20 世纪 90 年代以来的最新成果,如《詹姆斯·麦迪逊课程计划》(美国)中地理以综合课形式出现、在《俄罗斯普通学校基础教学计划》(俄罗斯)中地理作为系统课程出现,同时将这些国家新地理教材的内容和形式与我国地理教材进行比较研究,这对我国地理课程和教材的改革有着重要的借鉴意义。

③ 加强地理学科与相关学科的横向联系研究

地理学科是跨自然科学和社会科学的综合性很强的一门学科,在研究地理学科内部知识构建的同时,注意研究地理学科与相关学科的联系是十分必要的。从地理课程改革的角度看,有必要探求合成课程、融合课程、多学科课程、跨学科课程、主题课程、国际理解教育课程、STS(科学—技术—社会)课程等在地理课程改革中的应用。从实践来看,地理已作为高考文科综合测试内容的一部分,必然会导致这方面的研究是今后一段时期成为热点。

④ 加强对教材编排和表现形式的研究

对地理教材是按逻辑顺序还是按心理顺序、按直线式还是按螺旋式编写这一问题的研究,已经进行得较为深入,并且达成了一些共识。但具体如何从学生心理、学科发展和社会需求三位一体整合优化的角度,探求地理教材编写中"最有价值知识体系",还需要长时间的理论和实践研究;同时,地理教材如何处理好课文、图像、练习之间的关系,达到三者的最优组合,也是今后一段时期应该加强研究的内容。

⑤ 注意从心理学、卫生学、美学方面对教材呈现形式的研究

好的教材除了内容之外,其装帧精美的表现形式也是十分重要的。也就是说,要求教材的版面设计、字体、色彩设计等既美观,又符合学生的心理特征和有利于学生的视力保护。这些方面的研究目前极为少见,今后应该加强。

12.2.2.4 经验总结法示例——浅谈初中地理教学中问题情境的创设[①]

课堂教学离开师生之间的互动交流是难以进行下去的,实现互动交流的关键之一是如何创设问题情境。在合适的背景知识铺垫之上,形成积极的情绪氛围,提出在"最近发展区"的又具有一定挑战性的问题,可以引导学生带着兴趣积极地学、思考着学。

1. 让学生面临已熟知的现象,提出为什么

把学生的生活世界与课堂教学有机地联系起来符合地理学和地理教学的意义与价值,也符合学生的认知需求和发展的需要,因而能够激发学生的学习欲望与兴趣。

---

① 薛重晶.浅谈初中地理教学中问题情境的创设[J].地理教育,2007(2):33.

如关于季风气候的教学,可先让学生谈谈上海的盛行风向:"上海夏季多吹偏南风,冬季多吹偏北风。"如果学生对此并不知晓,那么教师就可以引导学生联系生活实际,提出"在冬季大部分时间,你家朝南的窗户风大,还是朝北的风大;夏季呢?"在生活体验被激活之后,问:"为什么季节变了,风向也变了呢?"这样,为后继的教学创设了良好的情境。在我校就可以看到杨树浦电厂的两根大烟囱,这是学生身边的地理现象。在进行德国鲁尔区和日本工业布局,以及我国宝山钢铁厂布局的等有关内容教学时,可以先问学生,谁知道这是什么工厂? 这样一个不起眼的工厂,为什么建在黄金地段的黄浦江边?

2. 在新认知对象与原有认知背景之间制造冲突

学生有了这种认知的冲突,便产生要解除由此而形成的心理不舒适状态的动机,产生解决问题的愿望,促进学习。如学生已经知道"流域降水量大,河流流量就大,水位就高"。若问"1998 年长江流域的降水量与 1954 年差不多,但 1998 年的长江水位却比 1954 年高出 0.9 米,形成全流域的特大洪涝,这是为什么?"就形成了认知冲突。

"莱茵河是世界上货运量最大的河流,超过水位稳定、水量更大、河面更宽的亚马逊河,这是为什么?"这一问题具有明显的认知冲突。在这一问题情境的铺垫基础之上,学生关于河流运输的自然条件和社会经济条件就可能有一个比较好的理解。

在进行"相对高度"的教学时,出示青藏高原景观图片(在青藏公路上所拍,远处为唐古拉山脉的雪峰)。教师问:远处的山顶为什么有冰雪?学生甲:因为空气少,氧气少。学生乙:因为高,越高温度越低。教师:对,因为海拔高,所以气温低。远处雪峰的海拔高度有 6000 多米,为什么看上去不太高呢? 这时就形成了认知冲突。

3. 提出假设让学生面临新的挑战

前面的"相对高度"教学之后,提出:"假设某一地区不同地点之间的相对高度较大,那么此地区的地势起伏是较大还是较小?"这一问题就使关于相对高度的概念和其在地形地势方面的意义更加清楚。

4. 选择合适的对象进行比较

几乎所有的学习活动都离不开寻找相似点或共同点,以及辨析差异,即比较。学生在地理教学中选择合适的对象进行比较可以更好地提高学习的兴趣,并获得有关地理事物和地理现象的更为深刻的理解。如在"埃及"的教学时,可提出问题:"在古埃及,每年 6 月的 17 日或 18 日早晨,尼罗河开始变绿,这是尼罗河即将泛滥的预兆,这时埃及人举行庆典,而历史上我国黄河的泛滥却给人们带来的是恐惧和灾难,这是为什么?"这一问题由于与我国黄河联系起来,学生很感兴趣,在此基础上去认识尼罗河泛滥时间、泛滥范围就会有一个深刻的认识,更加突出埃及大部分地方气候干旱,以及"没有尼罗河就没有埃及"的重要地理特点。

5. 提出联系时事、应用性强的问题

例如,在进行美国是"世界能源消费大国"和"温室气体排放大国"的内容教学时,提出:美国的人均能源消费量大约是中国的 10 倍,美国大部分能源用于汽车、家庭生活和商业。美国总统乔治·布什在离开里约热内卢世界环境峰会时甚至说:"美国现有的生活方式不是放在桌子上让人指手画脚的。"你是怎么看的? 这样的问题可以引起学生热烈的讨论,虽然在必要时也有教师的讲述,但因为有问题情境的铺垫,就不是简单灌输了。

还可以联系我国的社会实际,随着我国经济的不断发展,人民生活水平不断提高,人均能源消费量也会不断上升。但我国的权威部门认为:我们并不想在资源消耗方面向发达国家看齐,他们的消费方式我们学不起。你是怎么想的?

联系时事、应用性很强的问题往往比较复杂，思维空间较大，有些难以有准确完整的答案，尤其在地理课堂上。这些问题在良好情境的铺垫之上可以突出教学重点内容的一些重要方面，余下的思维空间可能伴随学生以后的学习、生活和工作，促进终身学习。提出联系时事、应用性很强的问题本身可以引导学生感知到地理知识的实际意义，地理是生活中的地理，是关注现代社会发展的地理，是实践与应用的地理。

创设问题情境是一项重要的教学技术。问题情境必须有利于促进师生之间、生生之间信息的交往互动，有利于促进学生萌生学习欲望，启动思维过程，激发创造热情，切实遵循"以学生发展为本"的教学理念。

问题情境只是一个铺垫，还应该与其他各种教学方法有机结合，尤其是与其他各种有效的活动有机结合。地理教学离不开适当的问题情境。研究创设问题情境的基本要求，总结一些基本类型，有助于在实践中形成更多创设问题情境的方法。

学习实践

1. 设计一个学生地理学习问题，进行地理课堂教学现场观察，并写出观察结果。
2. 选择一个地理教学研究课题，运用文献进行研究。

12.3　地理教学研究论文的撰写

关键术语

◆ 地理教学论文结构　◆ 地理教学论文撰写

12.3.1　地理教学研究论文的撰写

12.3.1.1　地理教学论文的特征

地理教学科研论文是地理教学科研成果的最常见的表现形式，通过这种形式对地理教学科研进行总结，揭示地理教学规律，将科研成果进行推广与交流。

地理教学科研论文必须是探讨关于地理教学理论、规律、方法应用或技术方面的论文，论述过程中要求数据处理方法与结果恰当准确，论述逻辑严密、层次结构完整；必须有清晰肯定的论点、有力充足的论据以及科学的结论；论文的主要论点和论据来源于地理教学实践并最终能够用于指导地理教学实践。地理教学论文具有科学性、地理性、时代性、实用性、创新性和理论性等特点。[①]

 学习卡片

教育科学研究成果的形式一般有著作、论文、研究报告、调查报告、实验报告、总结报告、软件、教具等。而软件和教具等成果，最终都要以教育科学研究论文或教育研究报告的形式表述出来。

http://www.w12z.com/Article/ShowArticle.asp?ArticleID=190

---

① 李家清.地理教研论文的写作技能：主要特点、核心概念、基本结构[J].中学地理教学参考,2021(7).

12.3.1.2 地理教学论文的结构

地理教学科研论文一般由以下几个部分组成：

论文题目，论文的题目就是简明扼要地阐明论文的研究内容，字数一般不超过20字。论文的题目可以直接概括论文的内容，或者表述地理教学科研方法及结论。论文题目有时候还可以带有副标题，进一步说明研究内容。

论文作者，主要内容包括作者的姓名、工作单位、联系方式，以方便交流与合作。有的论文是课题组或者几个人共同完成的，在列举作者的姓名时，应按照承担任务的重要程度，分别列出第一作者、第二作者等。

摘要，论文摘要是对论文的研究内容、研究方法以及研究结论进行概要的描述。摘要的字数不要太多，一般不超过500字，放在作者名之后，文章的开始位置。论文摘要中有中文摘要和外文摘要（大多为英文），外文摘要可以置于论文的开头，也可以置于论文的结尾。

关键词，关键词可以认为是采用词或词组的形式对论文做出的一种最精练概括，它一般由3～5个词或词组组成，表明论文研究主题所属的学科、论文研究的主要内容、所用的研究方法以及论文的创新点等。在很多情况下，一部分关键词可以从论文的题目中提炼。

引言，引言也称为前言，其作用是引入论述。引言的内容主要包括开展该项研究的原因、意义以及该项研究的国内外研究进展状况、目前还存在哪些问题等。

论述，部分论述部分是科研论文的主体部分。该部分大体又可以分为三个部分：第一是本论部分，本论是对论文所要论述的问题的总的论说，它先将整篇论文所要论述的问题以及要得出的结论作一个较为详尽的论说，作为分论的铺垫，也是总论点提出的部分；第二是分论部分，分论是对总论点的各个问题、各个方面进行论述的部分，分论的针对性很强，它只对某一部分内容进行论述，是相对独立的；第三部分是结论部分，结论是对整个论述结果的概括，该部分要求论述准确、客观和简练。

后记，后记是对论文成果的评价或对论文所没有完成的或者研究过程中尚未解决的问题做一些说明，便于交流与合作。

参考文献，参考文献是将论文所引用和借鉴的文章、书刊、网站等资料列举出来。每一条参考文献应列出作者姓名、文献的题目、期刊来源、出版社、出版时间、期刊的刊次、文献所在的页码等。

致谢，是对在研究过程和撰写论文过程中对作者有过帮助的人或者单位的感谢说明，有时也放在论文的前面。

12.3.1.3 地理教学论文的写作

地理教学科研论文的撰写一般包括确定主题、拟定提纲、整理资料、完成初稿和修改完善等过程。[①]

地理科研论文的主题一般体现为论文的题目，它以标题的形式对整篇论文的内容进行了高度概括。论文的题目一般是在论文写作前，根据教学科研成果的主要内容来进行确定，也可以在论文的初稿完成后对其进行修改。

提纲是整篇论文的骨架，科学合理的论文提纲是保证论文质量的前提。提纲的拟定一般是由大到小、由粗到细，先确定一级提纲，再确定二级、三级提纲。必要的时候，还需要把每一个提纲下面需要引用的数据、例子、资料、摘引等内容的索引附上以便查找。

地理教学科研论文撰写中所需要的资料与教学研究过程中所需要的资料不尽相同，特别是论文中的一些理论依据资料，往往需要进一步搜集与整理。理顺资料之后，再将各类资料或者摘录的索引

---

① 陈澄.地理教学论[M].上海：上海教育出版社，1999：371.

归纳在相应的论文提纲中。

上面这几个方面的准备工作完成后就可以进行论文的撰写,完成论文的初稿。论文的写作要"写出地理教研论文的主要特点,突出地理教研论文的核心概念(关键词),'完善'地理教研论文的基本结构是地理教研论文写作的基本要求"[①]。在论述过程中应当注意论证充分,逻辑清晰,注意图表资料的恰当运用,注意学术论文撰写的规范,引用的地方务必注明出处。在语言文字方面,要做到言简意赅、朴素通顺,不宜过分追求华丽的辞藻与修饰。

12.3.2 地理教学研究论文的修改

12.3.2.1 论文修改的内容

论文修改有广义和狭义两种理解。广义的理解包括写作过程中每一个环节的修改;狭义的理解,则专指草稿完成之后的加工修改。无论是狭义的理解还是广义的理解,论文修改的内容和范围一般都包括:

思想观点包括主题在内的修改,即审视文章的中心论点是否正确、集中、鲜明、深刻,是否具有创新性,文题是否相符,若干从属论点与中心论点是否一致,某些提法是否全面、准确,对初稿的题目进行斟酌、推敲和改动。

材料使用的修改,主要指对论文引用的材料增加、删减或调整。对选用材料的基本要求一是必要,即选用说明观点的材料;二是真实,即所用的材料必须符合实际,准确可靠;三是合适,即材料引用要恰当,不多不少,恰到好处。

结构的修改,调整结构,要求理顺思想,检查论文中心是否突出,层次是否清楚,段落划分是否合适,开头、结尾、过渡照应如何,全文是否构成一个完整的严密的整体。调整的原则和要求,是要有利于突出中心论点,服务于表现中心论点。

语言的修改,主要是在三方面下功夫:一是表达清楚而简练,用最少的文字说明尽可能多的问题;二是文字表达的准确性,要把似是而非的话,改为准确的文字;三是语言的可读性,把平淡的改为鲜明的,把拗口的改为流畅的,把刻板的改为生动的,把隐晦的改为明快的,把含混、笼统的改为清晰、具体的。

12.3.2.2 论文修改的方法

论文的修改有"冷处理"和"热处理"两种方式。"冷处理"是指初稿完成后,放置一段时间,再以清醒的思路重新审视修改内容,这对于论文布局和结构等全局性修改很有好处。"热处理"是指初稿完成后立即进行修改,这种方式对完善、补充和拓展论文很有帮助。

学习实践

从《地理教学》杂志和《课程、教材、教法》杂志上选取两篇论文,进行论文结构比较,说明它们的共同性和差异性。

本章小结

1. 地理教学研究课题的选题途径比较多,可以从地理教学疑难和地理教学场景中发现研究课题,也可以从地理学科教育发展、社会发展需求以及国际地理教育发展中寻求研究课题,还可以从阅读文献中发现研究课题等。

---

① 李家清.地理教研论文的写作技能:主要特点、核心概念、基本结构[J].中学地理教学参考,2021(7).

2. 地理教学研究课题设计主要包括课题名称、课题的提出、文献综述、研究目的与意义、研究内容、研究重点和难点、研究方法与技术线路、预期成果、课程的组织管理等内容。

3. 地理教学研究的方法主要有观察法、调查法、实验法、文献法以及经验总结法等。

4. 地理教学研究论文的组成包括论文题目、作者、摘要、关键词、引言、论述、后记、参考文献、致谢等内容。

5. 地理教学科研论文的撰写一般包括确定主题、拟定提纲、整理资料、完成初稿和修改完善等过程；修改的内容包括主题、观点、材料、结构以及语言等；修改方法有"冷处理"和"热处理"两种方式。

本章思考题

1. 从地理教学场景中可以发现哪些地理科研课题，举例说明。
2. 地理教学研究中的观察法包括哪些内容，在观察中应当注意什么问题？
3. 你认为在采访调查中应当注意哪些问题？
4. 什么是地理教学研究的纵向实验法和横向实验法，它们之间有什么区别与联系？
5. 论文修改的"冷处理"与"热处理"各有什么优劣？

拓展学习

问卷调查是一种重要的调查方法，设计问卷是其中一个重要的环节，自己拟定一个地理教学研究的调查课题，试编写一份调查问卷。

课程链接

中国教学研究网：http://www.chinajiaoxue.cn/

中国教研网：http://www.jyw.cn/

广州教学研究：http://journal.guangztr.edu.cn/

中国教育学会地理教学研究会：http://www.gezhi.sh.cn/geography/CN/

地理港湾：http://www.dlgw.net/czsxxc/linkin.asp?linkid=hasqpzx

地理频道：http://www.dlpd.com

参 考 文 献

[1] 蔡清田. 教育行动研究[M]. 南京：南京师范大学出版社，2005.
[2] 申继亮. 教学反思与行动研究——教师发展之路[M]. 北京：北京师范大学出版社，2006.
[3] 孟万金，官群. 教育科研——创新的途径和方法[M]. 上海：华东师范大学出版社，2004.
[4] 陈澄. 地理教学论[M]. 上海：上海教育出版社，1999.
[5] 韩玉清. 地理学习评价的观察法研究[J]. 中学地理教学参考，2004(5).
[6] 杜晓初，李家清. 中学地理课程与教材发展研究二十年[J]. 中学地理教学参考，2001(12).
[7] 薛重晶. 浅谈初中地理教学中问题情境的创设[J]. 地理教育，2007(2).
[8] 李家清. 地理教研论文的写作技能：主要特点、核心概念、基本结构[J]. 中学地理教学参考，2021(7).

主要参考文献

1. 课程教材研究所.20世纪中国中小学课程标准·教学大纲汇编·地理卷[M].北京：人民教育出版社,2001.
2. 杨尧.中国近现代中小学地理教育史[M].西安：陕西人民教育出版社,1991.
3. 王策三.教学认识论[M].北京：北京师范大学出版社,2002.
4. 王毓梅,等.中学地理教学法[M].武汉：湖北教育出版社,1983.
5. 曹琦.中学地理教学法[M].北京：高等教育出版社,1989.
6. 陈澄.地理教学论[M].上海：上海教育出版社,1999.
7. 褚亚平,等.地理学科教育学[M].北京：首都师范大学出版社,2000.
8. 卞鸿翔,李晴.地理教学论[M].南宁：广西教育出版社,2001.
9. 夏志芳.地理课程与教学论[M].杭州：浙江教育出版社,2003.
10. 顾明远.教育大辞典[M].上海：上海教育出版社,1998.
11. 白文新,袁书琪.地理教学论[M].西安：陕西师范大学出版社,2003.
12. 王民.地理新课程教学论[M].北京：高等教育出版社,2003.
13. 胡良民,等.地理教学论[M].北京：科学出版社,2005.
14. 陈澄.新编地理教学论[M].上海：华东师范大学教育出版社,2007.
15. 陈可馨,宫作民.地理教育比较研究[M].北京：教育科学出版社,1993.
16. 王民.地理比较教育[M].南宁：广西教育出版社,2006.
17. 陈亚颦.现代地理教学论[M].北京：科学出版社,2007.
18. 段玉山.地理新课程研究性学习[M].北京：高等教育出版社,2003.
19. 段玉山.地理新课程测量评价[M].北京：高等教育出版社,2003.
20. 陈澄.地理教学研究与案例[M].北京：高等教育出版社,2006.
21. 袁孝亭,王向东.新课程理念与初中地理课程改革[M].长春：东北师范大学出版社,2002.
22. 张哲江.地理教学与学业评价[M].广州：广东教育出版社,2005.
23. 王民.地理课程论[M].南宁：广西教育出版社,2001.
24. 王树声.中学地理教材教法[M].北京：高等教育出版社,1995.
25. 袁书琪.地理教育学[M].北京：高等教育出版社,2001.
26. 夏志芳,李家清.基于课程新理念的高中地理教科书编制研究[M].北京：地质出版社,2007.
27. 布鲁纳.教育过程[M].邵瑞珍,译.香港：文化教育出版社,1982.
28. 帕迪丽亚.科学探索者——地表的演变[M].李绿芹,等译.杭州：浙江教育出版社,2003.
29. 皮连生.教学设计——心理学的理论与技术[M].北京：高等教育出版社,2000.
30. 徐英俊,曲艺.教学设计原理与技术[M].北京：教育科学出版社,2011.
31. 常华锋.高中地理新课程教学设计[M].济南：山东教育出版社,2007.
32. 陈澄,江晔.地理课堂教学技能训练[M].上海：华东师范大学出版社,2001.
33. 郭友.新课程下的教师教学技能与培训[M].北京：首都师范大学出版社,2004.
34. 荣静娴,等.微格教学与微格教研[M].上海：华东师范大学出版社,2000.
35. 张武升.教学艺术论[M].上海：上海教育出版社,1993.
36. 金正扬.中学地理教学探索[M].上海：上海教育出版社,1984.
37. 钟启泉,等.基础教育课程改革纲要解读[M].上海：华东师范大学出版社,2001.

38. 教育部基础教育司.走进新课程——与课程实施者对话[M].北京：北京师范大学出版社,2002.
39. 陈澄,樊杰.全日制义务教育地理课程标准(实验稿)解读[M].武汉：湖北教育出版社,2002.
40. 陈澄,樊杰.普通高中地理课程标准(实验)解读[M].南京：江苏教育出版社,2004.
41. 中华人民共和国教育部.全日制义务教育地理课程标准(实验稿)[S].北京：北京师范大学出版社,2001.
42. 中华人民共和国教育部.全日制普通高中地理课程标准(实验稿)[S].北京：北京师范大学出版社,2003.
43. 王斌华.发展性地理教师评价制度[M].上海：华东师范大学出版社,1998.
44. 于向英.教育测量与统计[M].郑州：郑州大学出版社,2004.
45. 王静爱.乡土地理教学研究[M].北京：北京师范大学出版社,2001.
46. 但武钢.活动教育的理论与方法[M].武汉：华中师范大学出版社,2005.
47. 全疆发.地理研究性学习活动与创新思维[M].广州：广东地图出版社,2001.
48. 皮连生.学与教的心理学[M].第4版.上海：华东师范大学出版社,2006.
49. 夏志芳.地理学习论[M].南宁：广西教育出版社,2001.
50. 霍华德·加德纳.多元智能[M].沈致隆,译.北京：新华出版社,1999.
51. Linda Campbell,Bruce Campbell,Dee Dickinson.多元智能教与学的策略[M].王成全,译.北京：中国轻工业出版社,2001.
52. 施良方.学习论[M].北京：人民教育出版社,1994.
53. 张奇.学习理论[M].武汉：湖北教育出版社,1999.
54. 陈澄,夏志芳.地理学习论与学习指导[M].上海：华东师范大学出版社,2001.
55. 王树声.特级教师谈学习策略[M].北京：北京师范大学出版社,1993.
56. 联合国教科文组织.教育——财富蕴藏其中[M].北京：教育科学出版社,2006.
57. H. Lynn Erickson.概念为本的课程与教学[M].兰英,译.北京：中国轻工业出版社,2003.
58. 林成策.走进高中地理教学现场[M].北京：首都师范大学出版社,2008.
59. 奥苏伯尔.教育心理学——认知观点[M].余星南,宋钧,译.北京：人民教育出版社,1994.
60. 中央教育科学研究所.陶行知教育文选[M].北京：教育科学出版社,1981.
61. 约翰·杜威.学校与社会·明日之学校[M].赵祥麟,等译.北京：人民教育出版社,2006.
62. 约翰·杜威.我们怎样思维·经验与教育[M].姜文闵,译.北京：人民教育出版社,2004.
63. 申继亮.教学反思与行动研究——教师发展之路[M].北京：北京师范大学出版社,2006.
64. 郑金洲.教师如何做研究[M].上海：华东师范大学出版社,2005.
65. 蔡清田.教育行动研究[M].南京：南京师范大学出版社,2005.
66. 孟万金,官群.教育科研——创新的途径和方法[M].上海：华东师范大学出版社,2004.
67. 约翰·杜威.民主主义与教育[M].王承绪,译.北京：人民教育出版社,2001.
68. 赵德成.新课程实施中的情感态度与价值观评价[J].课程·教材·教法,2003(9).
69. 李家清,等.论地理新教科书活动性课文的设计策略[J].地理教学,2005(9).
70. 张胜前,李家清.国外中学地理教材的特色探析[J].地理教育,2007(3).
71. 李家清.对编写高中地理新教材的认识与建议[J].课程·教材·教法,1996(3).
72. 吕润美.美国中学地理教材特点简析[J].课程·教材·教法,2006(10).
73. 张胜前,李家清.英国中学地理教材Green Pieces的编写特色[J].地理教学,2008(2).
74. 陈红.英国中学地理教材中的"区域地理"特色[J].外国中小学教育,2005(11).
75. 段玉山,李曼.日本新编中学地理教材特点浅析[J].外国中小学教育,2005(3).
76. 张胜前,林通.刍议高中地理新教材中的双语学习材料[J].华中师范大学研究生学报,2006(4).
77. 郑敏雅.香港《生活地理》教材与地理素质教育[J].中学地理教学参考,2004(z2):7—8.
78. 李家清.地理教学设计的理论基础与基本方法[J].课程·教材·教法,2004(1).
79. 李家清.地理教学目标差异性设计研究[J].中学地理教学参考,2003(11).

80. 李家清,等.走进新课程:论地理教学的设计与创新[J].华中师范大学学报(自然科学版),2003(4).
81. 黄莉敏,李家清.地理教学目标设计的思路与技术[J].中学地理教学参考,2007(5).
82. 常华锋.地理教学设计与备课差异辨析[J].教学与管理,2008(1).
83. 刘妙挺."地理案例"在课堂教学中的实施及应注意的问题[J].教学与管理,2007(6).
84. 黄莉敏.地理教学设计的价值取向[J].地理教学,2006(10).
85. 黄莉敏.中学地理教学设计的基本过程与策略[J].高等函数学报(自然科学报),2007(2).
86. 张胜前.运用系统科学理论 指导地理课堂教学[J].地理教学,2005(11).
87. 杜晓初,李家清.中学地理课程与教材发展研究二十年[J].中学地理教学参考,2001(12).
88. 薛重晶.浅谈初中地理教学中问题情境的创设[J].地理教育,2007(2).
89. 何美珑.追问:提高地理课堂教学效益的有效方式[J].地理教学,2007(6).
90. 鲁献蓉.新课程改革理念下的说课[J].课程·教材·教法,2003(7).
91. 罗小杰.说课及其策略[J],教育科学研究,2005(2).
92. 冯善斌.新课程理念下教师专业发展的知识结构[J].河北教育(教学版),2006(z1).
93. 陈向明.实践性知识:教师专业发展的知识基础[J].北京大学教育评论,2003(1).
94. 刘微.教师专业化:世界教师教育发展的潮流[J].中国教育报,2002-01-03.
95. 代建军.教师素质结构研究述评[J].天津师范大学学报(基础教育版),2005(4).
96. 陈祎.美国国家教师教育技术标准[J].信息技术教育,2003(1).
97. 刘兰.美国伊利诺伊州地理教师专业知识标准简析[J].课程·教材·教法,2005(2).
98. 黄永久.浅议中小学校如何开展校本研究[J].当代教育论坛,2007(7).
99. 朱新华.教师博客——构建教师专业成长新平台[J].北京教育(普教版),2007(5).
100. 周耀威,王伯康.基于"研究共同体"的教师成长[J].教育发展研究,2005(21).
101. 汪宏林.研究性学习的实施原则[J].教师报,2002-01-02.
102. 胡兴宏.研究性学习活动实施中的操作问题[J].上海教育科研,2001(5).
103. 李宗录.开展地理社会调查实施地理研究性学习[J].地理教学,2001(12).
104. 王君威.如何编制提升学生能力的地理试题[J].地理教育,2004(1).
105. 李家清,陈实.新课程高中地理教学评价实做设计[J].中学地理教学参考,2006(z1).
106. 苏庆华.素质教育形式下地理课堂教学评价指标体系的构建[J].中学地理教学参考,2004(9).
107. 郝兴无,李家清.地理教学目标设计初探[J].中小学教材教学,2004(11).
108. 李家清.学习理论与高中地理新教材编写研究[J].地理教学,2007(1).
109. 黄京鸿.广采现代学习理论精华 促进地理学与教的变革[J].地理教育,2000(3).
110. 黄京鸿.现代学习与教学论发展对地理素质教育的启示[J].中学地理教学参考 2001(5).
111. 中华人民共和国教育部.普通高中地理课程标准(2017年版)[S].北京:人民教育出版社,2018.
112. 普通高中教科书地理必修第一册[M].鲁教版.济南:山东教育出版社,2019.
113. 普通高中教科书地理必修第二册[M].中图版.北京:中国地图出版社,2019.
114. 普通高中教科书地理必修第一册[M].人教版.北京:人民教育出版社,2019.
115. 普通高中教科书地理必修第一册[M].湘教版.长沙:湖南教育出版社,2019.
116. 中华人民共和国教育部.中学教育专业师范生教师职业能力标准(试行).2021.
117. 李家清.地理教研论文的写作技能:主要特点、核心概念、基本结构[J].中学地理教学参考,2021(7).

北京大学出版社
教育出版中心 精品图书

21世纪高校广播电视专业系列教材

书名	作者
电视节目策划教程（第二版）	项仲平
电视导播教程（第二版）	程晋
电视文艺创作教程	王建辉
广播剧创作教程	王国臣
电视导论	李欣
电视纪录片教程	卢炜
电视导演教程	袁立本
电视摄像教程	刘荃
电视节目制作教程	张晓锋
视听语言	宋杰
影视剪辑实务教程	李琳
影视摄制导论	朱怡
新媒体短视频创作教程	姜荣文
电影视听语言——视听元素与场面调度案例分析	李骏
影视照明技术	张兴
影视音乐	陈斌
影视剪辑创作与技巧	张拓
纪录片创作教程	潘志琪
影视拍摄实务	翟臣

21世纪信息传播实验系列教材（徐福荫 黄慕雄 主编）

书名	作者
网络新闻实务	罗昕
多媒体软件设计与开发	张新华
播音与主持艺术（第三版）	黄碧云 眭凌
摄影基础（第二版）	张红 钟日辉 王首农

21世纪数字媒体专业系列教材

书名	作者
视听语言	赵慧英
数字影视剪辑艺术	曾祥民
数字摄像与表现	王以宁
数字摄影基础	王朋娇
数字媒体设计与创意	陈卫东
数字视频创意设计与实现（第二版）	王靖
大学摄影实用教程（第二版）	朱小阳
大学摄影实用教程	朱小阳

21世纪教育技术学精品教材（张景中 主编）

书名	作者
教育技术学导论（第二版）	李芒 金林
远程教育原理与技术	王继新 张屹
教学系统设计理论与实践	杨九民 梁林梅
信息技术教学论	雷体南 叶良明
信息技术与课程整合（第二版）	赵呈领 杨琳 刘清堂
教育技术学研究方法（第三版）	张屹 黄磊

21世纪高校网络与新媒体专业系列教材

书名	作者
文化产业概论	尹章池
网络文化教程	李文明
网络与新媒体评论	杨娟
新媒体概论	尹章池
新媒体视听节目制作（第二版）	周建青
融合新闻学导论（第二版）	石长顺
新媒体网页设计与制作（第二版）	惠慈荷
网络新媒体实务	张合斌
突发新闻教程	李军
视听新媒体节目制作	邓秀军
视听评论	何志武
出镜记者案例分析	刘静 邓秀军
视听新媒体导论	郭小平
网络与新媒体广告（第二版）	尚恒志 张合斌
网络与新媒体文学	唐东堰 雷奕
全媒体新闻采访写作教程	李军
网络直播基础	周建青
大数据新闻传媒概论	尹章池

21世纪特殊教育创新教材·理论与基础系列

书名	作者
特殊教育的哲学基础	方俊明
特殊教育的医学基础	张婷
融合教育导论（第二版）	雷江华
特殊教育学（第二版）	雷江华 方俊明
特殊儿童心理学（第二版）	方俊明 雷江华
特殊教育史	朱宗顺
特殊教育研究方法（第二版）	杜晓新 宋永宁等
特殊教育发展模式	任颂羔

21世纪特殊教育创新教材·发展与教育系列

书名	作者
视觉障碍儿童的发展与教育	邓猛
听觉障碍儿童的发展与教育（第二版）	贺荟中
智力障碍儿童的发展与教育（第二版）	刘春玲 马红英
学习困难儿童的发展与教育（第二版）	赵微
自闭症谱系障碍儿童的发展与教育	周念丽
情绪与行为障碍儿童的发展与教育	李闻戈
超常儿童的发展与教育（第二版）	苏雪云 张旭

21世纪特殊教育创新教材·康复与训练系列

书名	作者
特殊儿童应用行为分析（第二版）	李芳 李丹
特殊儿童的游戏治疗	周念丽
特殊儿童的美术治疗	孙霞
特殊儿童的音乐治疗	胡世红
特殊儿童的心理治疗（第三版）	杨广学
特殊教育的辅具与康复	蒋建荣
特殊儿童的感觉统合训练（第二版）	王和平
孤独症儿童课程与教学设计	王梅

21世纪特殊教育创新教材·融合教育系列

书名	作者
融合教育本土化实践与发展	邓猛等
融合教育理论反思与本土化探索	邓猛
融合教育实践指南	邓猛
融合教育理论指南	邓猛
融合教育导论（第二版）	雷江华
学前融合教育（第二版）	雷江华 刘慧丽

21世纪特殊教育创新教材（第二辑）

书名	作者
特殊儿童心理与教育（第二版）	杨广学 张巧明 王芳
教育康复学导论	杜晓新 黄昭鸣
特殊儿童病理学	王和平 杨长江
特殊学校教师教育技能	昝飞 马红英

自闭谱系障碍儿童早期干预丛书

书名	作者
如何发展自闭谱系障碍儿童的沟通能力	朱晓晨 苏雪云
如何理解自闭谱系障碍和早期干预	苏雪云
如何发展自闭谱系障碍儿童的社会交往能力	吕梦 杨广学
如何发展自闭谱系障碍儿童的自我照料能力	倪萍萍 周波
如何在游戏中干预自闭谱系障碍儿童	朱瑞 周念丽
如何发展自闭谱系障碍儿童的感知和运动能力	韩文娟 徐芳 王和平
如何发展自闭谱系障碍儿童的认知能力	潘前前 杨福义
自闭症谱系障碍儿童的发展与教育	周念丽
如何通过音乐干预自闭谱系障碍儿童	张正琴
如何通过画画干预自闭谱系障碍儿童	张正琴
如何运用ACC促进自闭谱系障碍儿童的发展	苏雪云
孤独症儿童的关键性技能训练法	李丹
自闭症儿童家长辅导手册	雷江华
孤独症儿童课程与教学设计	王梅
融合教育理论反思与本土化探索	邓猛
自闭症谱系障碍儿童家庭支持系统	孙玉梅
自闭症谱系障碍儿童团体社交游戏干预	李芳
孤独症儿童的教育与发展	王梅 梁松梅

特殊学校教育·康复·职业训练丛书 （黄建行 雷江华 主编）

书名
信息技术在特殊教育中的应用
智障学生职业教育模式
特殊教育学校学生康复与训练
特殊教育学校校本课程开发
特殊教育学校特奥运动项目建设

21世纪学前教育专业规划教材

书名	作者
学前教育概论	李生兰
学前教育管理学（第二版）	王雯
幼儿园课程新论	李生兰
幼儿园歌曲钢琴伴奏教程	果旭伟
幼儿园舞蹈教学活动设计与指导（第二版）	董丽
实用乐理与视唱（第二版）	代苗
学前儿童美术教育	冯婉贞
学前儿童科学教育	洪秀敏
学前儿童游戏	范明丽
学前教育研究方法	郑福明
学前教育史	郭法奇
学前教育政策与法规	魏真
学前心理学	涂艳国 蔡艳
学前教育理论与实践教程	王维 王维娅 孙岩
学前儿童数学教育与活动设计	赵振国
学前融合教育（第二版）	雷江华 刘慧丽
幼儿园教育质量评价导论	吴钢
幼儿学习与教育心理学	张莉
学前教育管理	虞永平

大学之道丛书精装版

书名	作者
美国高等教育通史	[美] 亚瑟·科恩
知识社会中的大学	[英] 杰勒德·德兰迪
大学之用（第五版）	[美] 克拉克·克尔
营利性大学的崛起	[美] 理查德·鲁克
学术部落与学术领地：知识探索与学科文化	[英] 托尼·比彻 保罗·特罗勒尔
美国现代大学的崛起	[美] 劳伦斯·维赛
教育的终结——大学何以放弃了对人生意义的追求	[美] 安东尼·T.克龙曼
世界一流大学的管理之道——大学管理研究导论	程星
后现代大学来临？	[英] 安东尼·史密斯 弗兰克·韦伯斯特

大学之道丛书

书名	作者
市场化的底限	[美] 大卫·科伯
大学的理念	[英] 亨利·纽曼
哈佛：谁说了算	[美] 理查德·布瑞德利

麻省理工学院如何追求卓越	[美] 查尔斯·维斯特
大学与市场的悖论	[美] 罗杰·盖格
高等教育公司：营利性大学的崛起	[美] 理查德·鲁克
公司文化中的大学：大学如何应对市场化压力	
	[美] 埃里克·古尔德
美国高等教育质量认证与评估	
	[美] 美国中部州高等教育委员会
现代大学及其图新	[美] 谢尔顿·罗斯布莱特
美国文理学院的兴衰——凯尼恩学院纪实	[美] P.F.克鲁格
教育的终结：大学何以放弃了对人生意义的追求	
	[美] 安东尼·T.克龙曼
大学的逻辑（第三版）	张维迎
我的科大十年（续集）	孔宪铎
高等教育理念	[英] 罗纳德·巴尼特
美国现代大学的崛起	[美] 劳伦斯·维赛
美国大学时代的学术自由	[美] 沃特·梅兹格
美国高等教育通史	[美] 亚瑟·科恩
美国高等教育史	[美] 约翰·塞林
哈佛通识教育红皮书	哈佛委员会
高等教育何以为"高"——牛津导师制教学反思	
	[英] 大卫·帕尔菲曼
印度理工学院的精英们	[印度] 桑迪潘·德布
知识社会中的大学	[英] 杰勒德·德兰迪
高等教育的未来：浮言、现实与市场风险	
	[美] 弗兰克·纽曼等
后现代大学来临？	[英] 安东尼·史密斯等
美国大学之魂	[美] 乔治·M.马斯登
大学理念重审：与纽曼对话	[美] 雅罗斯拉夫·帕利坎
学术部落及其领地——当代学术界生态揭秘（第二版）	
	[英] 托尼·比彻 保罗·特罗勒尔
德国古典大学观及其对中国大学的影响（第二版）	陈洪捷
转变中的大学：传统、议题与前景	郭为藩
学术资本主义：政治、政策和创业型大学	
	[美] 希拉·斯劳特 拉里·莱斯利
21世纪的大学	[美] 詹姆斯·杜德斯达
美国公立大学的未来	
	[美] 詹姆斯·杜德斯达 弗瑞斯·沃马克
东西象牙塔	孔宪铎
理性捍卫大学	眭依凡

学术规范与研究方法系列

如何为学术刊物撰稿（第三版）	[英] 罗薇娜·莫瑞
如何查找文献（第二版）	[英] 萨莉·拉姆齐
给研究生的学术建议（第二版）	[英] 玛丽安·彼得等
社会科学研究的基本规则（第四版）	[英] 朱迪斯·贝尔
做好社会研究的10个关键	[英] 马丁·丹斯考姆
如何写好科研项目申请书	[美] 安德鲁·弗里德兰等

教育研究方法（第六版）	[美] 梅瑞迪斯·高尔等
高等教育研究：进展与方法	[英] 马尔科姆·泰特
如何成为学术论文写作高手	[美] 华乐丝
参加国际学术会议必要要做的那些事	[美] 华乐丝
如何成为优秀的研究生	[美] 布卢姆
结构方程模型及其应用	易丹辉 李静萍
学位论文写作与学术规范（第二版）	李 武 毛远逸 肖东发
生命科学论文写作指南	[加] 白青云
法律实证研究方法（第二版）	白建军
传播学定性研究方法（第二版）	李 琨

21世纪高校教师职业发展读本

如何成为卓越的大学教师	[美] 肯·贝恩
给大学新教员的建议	[美] 罗伯特·博伊斯
如何提高学生学习质量	[英] 迈克尔·普洛瑟等
学术界的生存智慧	[美] 约翰·达利等
给研究生导师的建议（第2版）	[英] 萨拉·德拉蒙特等

21世纪教师教育系列教材·物理教育系列

中学物理教学设计	王 霞
中学物理微格教学教程（第三版）	张军朋 詹伟琴 王 恬
中学物理科学探究学习评价与案例	张军朋 许桂清
物理教学论	邢红军
中学物理教学法	邢红军
中学物理教学评价与案例分析	王建中 孟红娟
中学物理课程与教学论	张军朋 许桂清
物理学习心理学	张军朋
中学物理课程与教学设计	王 霞

21世纪教育科学系列教材·学科学习心理学系列

数学学习心理学（第三版）	孔凡哲
语文学习心理学	董蓓菲

21世纪教师教育系列教材

教育心理学（第二版）	李晓东
教育学基础	庞守兴
教育学	余文森 王 晞
教育研究方法	刘淑杰
教育心理学	王晓明
心理学导论	杨凤云
教育心理学概论	连 榕 罗丽芳
课程与教学论	李 允
教师专业发展导论	于胜刚
学校教育概论	李清雁
现代教育评价教程（第二版）	吴 钢
教师礼仪实务	刘 霄

家庭教育新论	闫旭蕾 杨 萍
中学班级管理	张宝书
教育职业道德	刘亭亭
教师心理健康	张怀春
现代教育技术	冯玲玉
青少年发展与教育心理学	张 清
课程与教学论	李 允
课堂与教学艺术（第二版）	孙菊如 陈春荣
教育学原理	靳淑梅 许红花
教育心理学	徐 凯

21世纪教师教育系列教材·初等教育系列

小学教育学	田友谊
小学教育学基础	张永明 曾 碧
小学班级管理	张永明 宋彩琴
初等教育课程与教学论	罗祖兵
小学教育研究方法	王红艳
新理念小学数学教学论	刘京莉
新理念小学音乐教学论（第二版）	吴跃跃

教师资格认定及师范类毕业生上岗考试辅导教材

教育学	余文森 王 晞
教育心理学概论	连 榕 罗丽芳

21世纪教师教育系列教材·学科教育心理学系列

语文教育心理学	董蓓菲
生物教育心理学	胡继飞

21世纪教师教育系列教材·学科教学论系列

新理念化学教学论（第二版）	王后雄
新理念科学教学论（第二版）	崔 鸿 张海珠
新理念生物教学论（第二版）	崔 鸿 郑晓慧
新理念地理教学论（第三版）	李家清
新理念历史教学论（第二版）	杜 芳
新理念思想政治（品德）教学论（第三版）	胡田庚
新理念信息技术教学论（第二版）	吴军其
新理念数学教学论	冯 虹
新理念小学音乐教学论（第二版）	吴跃跃

21世纪教师教育系列教材·语文教育系列

语文文本解读实用教程	荣维东
语文课程教师专业技能训练	张学凯 刘丽丽
语文课程与教学发展简史	武玉鹏 王从华 黄修志
语文课程学与教的心理学基础	韩雪屏 王朝霞
语文课程名师名课案例分析	武玉鹏 郭治锋等
语用性质的语文课程与教学论	王元华
语文课堂教学技能训练教程（第二版）	周小蓬

中外母语教学策略	周小蓬
中学各类作文评价指引	周小蓬
中学语文名篇新讲	杨朴 杨旸
语文教师职业技能训练教程	韩世姣

21世纪教师教育系列教材·学科教学技能训练系列

新理念生物教学技能训练（第二版）	崔 鸿
新理念思想政治（品德）教学技能训练（第三版）	胡田庚 赵海山
新理念地理教学技能训练（第二版）	李家清
新理念化学教学技能训练（第二版）	王后雄
新理念数学教学技能训练	王光明

王后雄教师教育系列教材

教育考试的理论与方法	王后雄
化学教育测量与评价	王后雄
中学化学实验教学研究	王后雄
新理念化学教学诊断学	王后雄

西方心理学名著译丛

儿童的人格形成及其培养	[奥地利] 阿德勒
活出生命的意义	[奥地利] 阿德勒
生活的科学	[奥地利] 阿德勒
理解人生	[奥地利] 阿德勒
荣格心理学七讲	[美] 卡尔文·霍尔
系统心理学：绪论	[美] 爱德华·铁钦纳
社会心理学导论	[美] 威廉·麦独孤
思维与语言	[俄] 列夫·维果茨基
人类的学习	[美] 爱德华·桑代克
基础与应用心理学	[德] 雨果·闵斯特伯格
记忆	[德] 赫尔曼·艾宾浩斯
实验心理学（上下册）	[美] 伍德沃斯 施洛斯贝格
格式塔心理学原理	[美] 库尔特·考夫卡

21世纪教师教育系列教材·专业养成系列（赵国栋 主编）

微课与慕课设计初级教程	
微课与慕课设计高级教程	
微课、翻转课堂和慕课设计实操教程	
网络调查研究方法概论（第二版）	
PPT云课堂教学法	
快课教学法	

其他

三笔字楷书书法教程（第二版）	刘慧龙
植物科学绘画——从入门到精通	孙英宝
艺术批评原理与写作（第二版）	王洪义
学习科学导论	尚俊杰